Kg 79

Konsum

GRUNDLAGEN

Herausgegeben von Alphons Silbermann

Band 4

PETER LANG
Frankfurt am Main · Bern · New York · Paris

Kurt E. Becker
(Hrsg.)

KONSUM

PETER LANG
Frankfurt am Main · Bern · New York · Paris

Die Deutsche Bibliothek - CIP-Einheitsaufnahme

Konsum / Kurt E. Becker (Hrsg.). - Frankfurt am Main ; Bern ; New York ; Paris : Lang, 1992
(Grundlagen ; Bd. 4)
ISBN 3-631-42402-7

NE: Becker, Kurt E. [Hrsg.]; GT

ISSN 0934-0319
ISBN 3-631-42402-7

Satz: Unitext GmbH, Frankfurt am Main

Printed in Germany 1 2 3 5 6 7

Das stets und immer schneller werdende Anwachsen wissenschaftlicher Erkenntnisse hat unvermeidlich dazu geführt, daß sich Lehr- und Sachbücher bei der Darstellung der Entwicklung eines Wissenschaftszweiges auf knappe Literaturhinweise beschränken müssen. Nicht immer jedoch ist es dem Studenten und dem Interessierten möglich, an die zitierten Schriften heranzukommen, zumal vieles von dem, was für Begründung und Evolution einer wissenschaftlichen Disziplin grundlegend war und noch ist, in sehr schwer auffindbaren Fachzeitschriften erschienen ist. Als weitere Schwierigkeit kommt die Internationalität der Wissenschaften hinzu, die nicht an eine einzige Sprache gebunden ist: zwar vieles, aber nicht alles wird übersetzt.

Zur Überbrückung dieser Schwierigkeiten dient der "Reader" – ein Lesebuch, das problemorientiert grundlegende und vielfach schwierig zu erreichende Texte – je nach den Umständen manchmal vollständig, manchmal gekürzt – vorlegt. Auch hier kann nicht alles gebracht werden, zumindest aber soll das nach Ansicht der Herausgeber Wesentliche didaktisch aufbereitet vorgelegt werden.

Universität zu Köln
Prof. Dr. Alphons Silbermann

Inhalt

Kurt E. Becker

Einleitung

Der frühen Nationalökonomie, namentlich deren Begründer Adam Smith, war die "Konsumtion" ganz selbstverständlich Ziel und Zweck aller Produktion. Aber die Ricardos, Mills, etc. wären nie auf den Gedanken verfallen, dieser "Konsumtion" einen eigenen Forschungszweig einzuräumen. Am weitesten gingen noch die Saint-Simonisten, die die Produktion über eine Art Planung und Verordnung der Konsumtion geregelt wissen wollten und deswegen die Funktion der Konsumtion als einen bestimmenden Faktor des Wirtschaftskreislaufs näher analysierten. Diese Funktion bringt Karl Marx, der Kritiker des kapitalistischen Wirtschaftskreislaufs, auf die lapidare Formel: "So wenig eine Gesellschaft aufhören kann zu konsumiren, so wenig kann sie aufhören zu produciren."[1]

Der Marxschen Auseinandersetzung mit der Wechselwirkung zwischen Produktion und Konsumtion ist zunächst in einigen Zügen zu folgen. Von der weltanschaulich wertenden Konnotation einfach einmal abstrahierend, gelangen wir über die Marxsche Analyse in seltener Klarheit zu der Struktur des Produktionsprozesses und der damit verbundenen beziehungsweise darin enthaltenen Funktion der Konsumtion. Karl Marx unterscheidet zwei Arten der Konsumtion: die produktive und die individuelle: "Einen Theil seines Kapitals, das variable Kapital, tauscht der Kapitalist aus gegen Arbeitskraft, die er als lebendige Verwerthungskraft seinen todten Produktionsmitteln einverleibt. Eben dadurch wird der Arbeitsprocess zugleich kapitalistischer Verwerthungsprocess. Andrerseits verausgabt der Arbeiter das für seine Arbeitskraft eingetauschte Geld in Lebensmitteln, durch die er sich erhält und reproducirt. Es ist diess seine individuelle Konsumtion, während der Arbeitsprocess, worin er Produktionsmittel konsumirt und dadurch in Produkte verwandelt, seine produktive Konsumtion und zugleich Konsumtion seiner Arbeitskraft durch den Kapitalisten bildet. Die individuelle und produktive Konsumtion des Arbeiters sind wesentlich verschieden. In der einen gehört er als Arbeitskraft dem Kapital und ist dem Produktionsprocess einverleibt; in der andren gehört er sich selbst und verrichtet individuelle Lebensakte ausserhalb des Produktionsprocesses."[2]

Im Sinne des wohlfunktionierenden kapitalistischen Wirtschaftskreislaufs ist die individuelle dabei jedoch eine notwendige Voraussetzung der produktiven Konsumtion: "Betrachtet man aber nicht den vereinzelten Produktionsprocess der Waare, sondern den kapitalistischen Produktionsprocess in seinem zusammenhängenden Fluss und in seinem gesellschaftlichen Umfang, so bleibt auch die individuelle Konsumtion des Arbeiters ein Moment der Produktion und Reproduktion des Kapitals."[3] Pointiert notiert Marx denn auch: "Innerhalb ihrer nothwendigen Grenzen ist daher die individuelle Konsumtion der Arbeiterklasse Rückverwandlung der vom Kapital gegen Arbeitskraft veräusserten Lebensmittel in vom Kapital neu exploitirbare Arbeitskraft, Produktion und Reproduktion seines nothwendigsten Produktionsmittels, des Arbeiters selbst."[4] Marx vernachlässigt auch nicht eine Spielart der individuellen Konsumtion, mit der wir uns in der Folge auseinandersetzen werden: die unproduktive. Da ja nur ein Teil der individuellen Konsumtion, der zur Aufrechterhaltung der Arbeitskraft dient, als produktiv gelten kann, ist folglich nach Marx alles, "was der Arbeiter ausserdem zu seinem Vergnügen verzehren mag, ... unproduktive Konsumtion."[5]

Dieser "unproduktiven" Konsumtion eignet ein ganz anderer Kontext bei Max Weber. In seinem berühmten Aufsatz "Die protestantische Ethik und der Geist des Kapitalismus" kehrt die unproduktive" Konsumtion als "Luxuskonsumtion" wieder: "Die innerweltliche protestantische Askese ... wirkte also mit voller Wucht gegen den unbefangenen Genuß des Besitzes, sie schnürte die Konsumtion, speziell die Luxuskonsumtion, ein."[6] Nicht nur die "unproduktive" oder "Luxus"-Konsumtion wird hier mit einem Makel belegt, sondern die Konsumtion generell. Wie ist das zu verstehen? Beruf und Berufung im Sinne des Protestantismus kennen nur die Arbeit, das Tätigsein, damit verbunden: die Mehrung von Gewinn und Besitz zur höheren Ehre Gottes. Dazu Max Weber: "Aber die Arbeit ist darüber hinaus, und vor allem, von Gott vorgeschriebener Selbstzweck des Lebens überhaupt. Der paulinische Satz: Wer nicht arbeitet, soll nicht essen, gilt bedingungslos und für jedermann. Die Arbeitsunlust ist Symptom fehlenden Gnadenstandes."[7]

Das unbefangene Genießen des Daseins, die Konsumtion des Erarbeiteten, gilt den Protestanten als gotteslästerlich und verwerflich. Alles Sinnen und Trachten hat sich einem von Gott verordneten Erwerbsstreben unterzuordnen: dies gilt für den Arbeiter genauso wie für den Kapitalisten. Was aber folgt aus dieser Kombination von Konsumtionsverzicht und Erwerbsstreben? "Und halten wir nun noch jene Einschnürung der Konsumtion mit dieser Entfesselung des Erwerbsstrebens zusammen, so ist das äußere Ergebnis naheliegend: Kapitalbildung und asketischer Sparzwang. Die Hemmungen, welche dem konsumtiven Verbrauch des Erworbenen entgegenstanden, mußten ja seiner produktiven Verwendung: als Anlagekapital, zugute kommen."[8]

Ähnlich der Universalität beanspruchenden Marxschen Analyse des Wirtschaftsprozesses findet auch in Max Webers Analyse der Wechselwirkung von protestantischer Ethik und Kapitalismus die Konsumtion, selbst dann, wenn sie als Verzicht beschrieben wird, ihren funktionalen Platz in der Struktur des Produktionsprozesses. Beide, Weber wie Marx, bewegen sich damit innerhalb des Bezugsrahmens der tradierten Nationalökonomie. In Webers Deskription des Protestantismus tritt jedoch auch ein Element zutage, das die "moderne" Beschäftigung mit der "Konsumtion" kennzeichnet: die moralisierende Wertung durch "Betroffene". Weder Smith, noch Ricardo, noch Saint-Simon, noch nicht einmal Marx und schon gar nicht Weber selbst wäre es als Wissenschaftler eingefallen, die deskriptive und analysierende Ebene der Auseinandersetzung zu verlassen und diese mit einem Werturteil zu befrachten. Das Werturteil über den Konsum, vor dem Hintergrund freilich vollständig veränderter Bedingungen, ist modern und wird nicht nur von Betroffenen gefällt, von denen sogar am wenigsten, sondern auch und gerade von Wissenschaftlern. Und mit der Hinwendung zur Gegenwart wollen wir uns auch in der Regel des neueren Begriffs bedienen: aus "Konsumtion" wird "Konsum".

Verständigen wir uns zunächst über den Begriff und bemühen dazu eine Definition der heutigen Volkswirtschaftslehre: "Unter Konsum im weiteren Sinne versteht man die Nutzung von Leistungen knapper Güter zum Zweck der unmittelbaren Befriedigung der Bedürfnisse der Letztverbraucher. Die Letztverbraucher können (rechtlich freie) einzelne Wirtschaftssubjekte bzw. deren Zusammenschlüsse sein; dann spricht man von *privatem Konsum* durch Haushalte, wobei die Haushalte als wirtschaftliche Entscheidungseinheiten eben dieses privaten Konsums definiert sind. Die Letztverbraucher können aber auch die Gesamtheit der Einwohner eines Staates sein; in diesem Falle spricht man von *öffentlichem Konsum.* Öffentlicher Konsum sind alle laufenden Käufe von Gütern und Dienstleistungen der Gebietskörperschaften; diese werden nicht auf einem Markt angeboten, so daß die Nachfragenden grundsätzlich keinen Einfluß auf die Preise der Leistungen haben. Insbesondere sind öffentlicher Konsum alle Dienstleistungen staatlicher Beamten. Der öffentliche Konsum hat somit Zwangscharakter."

Und weiter:

"Unter Konsum im engeren Sinne versteht man die Einkommensverwendung für Zwecke des Konsums im weiteren Sinne oder die Marktentnahme von Konsumgütern. Konsum im engeren und weiteren Sinne muß periodenmäßig nicht übereinstimmen. So ist etwa der Kauf eines Kühlschranks im Zeitpunkt der Zahlung des Kaufpreises (bzw. über die Periode der Ratenzahlung) Konsum im engeren Sinne, hingegen die über die ganze Periode seiner Verwendung (bis zu seiner Verschrottung) Konsum im weiteren Sinne."

Schließlich:

"Wegen der großen Zahl von Gebrauchsgütern und dauerhaften Konsumgütern sind in einer entwickelten Wirtschaft die gesamtwirtschaftlichen Konsummöglichkeiten im weiteren Sinne stets wesentlich größer, als man aufgrund des Einkommens annehmen würde: Die Haushalte verfügen hier meist über konsumtives Vermögen. In wenig entwickelten Wirtschaften hingegen stimmen wegen des Überwiegens der Verbrauchsgüter Konsum im engeren und weiteren Sinne zeitlich viel stärker überein."[9]

Die wirtschaftswissenschaftliche Definition macht deutlich: aus der "Konsumtion", einem Begriff der alten Nationalökonomie, der eine Funktion im Produktionskreislauf beschreibt, ist ein eigenständiges Forschungsgebiet geworden; "Konsum" wird zum essentiellen Wirtschaftsfaktor. Was also hat sich konkret verändert gegenüber der Marxschen Strukturanalyse? Alles und nichts. Nichts insofern, als auch der "Konsum" noch immer eine Funktion im Produktionskreislauf innehat. Alles deswegen, weil der "Konsum" heute zum Movens der Produktion geworden ist: wir leben nicht mehr in einer Produktions-, sondern in einer Konsumgesellschaft. Jenes "stahlharte Gehäuse" des modernen Wirtschaftens, in dessen überwältigenden Zwang Max Weber jeden einzelnen Menschen eingebunden sah, "bis der letzte Zentner fossilen Brennstoffs verglüht ist"[10], ist, je nach Perspektive, im und durch den Konsumismus mittlerweile entweder mit Hilfe einer zusätzlichen Stahlverstrebung noch härter oder aber durch Stahlfraßbefall weicher geworden.

Wie also wurde aus "Konsumtion" "Konsum"? Vielfältige Faktoren spielen dabei eine Rolle. Und letztlich ist die Frage identisch mit jener nach der Genese unserer "so-und-nicht-anders-gewordenen Welt" (Max Weber).

Als mögliche Antworten mögen gelten:

- die Demokratisierung des Gesellschafts- und Staatswesens
- die Verweltlichung der Sitten
- die Perfektionierung und Automatisierung der Produktionsabläufe
- das Anwachsen der Freizeit in ausnahmslos allen Bevölkerungsschichten
- die systematische Vermarktung der Produkte durch Marketingstrategien.

Das Ergebnis dieser Aufzählung, die um weitere Komponenten beliebig zu ergänzen wäre, führt zu Massen-Konsum im doppelten Wortsinn: eine Masse Menschen konsumiert eine Masse Produkte. Und dieser "Konsum" ist dabei, im engen Marxschen Sinn, in erster Linie "unproduktive Konsumtion" und, im Sinne Webers protestantischer Ethik, unter allen Umständen verwerflich.

Diesem Phänomen "Konsum" widmen sich Wissenschaftler aus unterschiedlichen Disziplinen unter verschiedenartigsten Frageansätzen. In den USA wurde mit den wirtschaftspsychologischen Forschungen George Katonas bereits in den dreißiger Jahren die wissenschaftliche Auseinandersetzung aufgenommen, Deutschland ist auch in dieser Hinsicht einmal mehr eine "verspätete Nation" (Plessner). Für die Westdeutschen gewann die "Konsumforschung" erst nach Ende des Zweiten Weltkriegs und nach Abschluß des Wiederaufbaus in den fünfziger Jahren Relevanz, und für die Ostdeutschen ist die "Konsumforschung" und alles, was damit zusammenhängt, Aufgabe und Herausforderung in den neunziger Jahren.

Der vorliegende Reader enthält vornehmlich Beiträge aus deutschen Zeitschriften der letzten 40 Jahre. Angestrebt wird mit dieser Sammlung ein repräsentativer Überblick über die Entwicklung der Forschung; Aktualität wird nicht angestrebt. Entlegene Fragestellungen wurden dabei exemplarisch berücksichtigt, tendenziell wurde jedoch eine Orientierung an den gängigen Problemen versucht.

Eine Einschränkung ist dabei allerdings zu machen: der Reader beschränkt sich auf die Rezeption unserer kulturellen Hemisphäre. Eine Behandlung des unerhört wichtigen Verhältnisses der reichen zur armen Welt und umgekehrt bleibt ausgeklammert. Konsum im hier verstandenen Sinn ist eben an das Vorhandensein bestimmter wirtschaftsstruktureller Voraussetzungen gebunden. Diese aber finden sich derzeit nur in den westlichen Industrieländern.

Die Beiträge des Readers sind thematisch nach vier Gebieten geordnet. Dabei läßt die Interdependenz der einzelnen Teilgebiete und -aspekte in einzelnen Fällen die Grenzen verwischen, so daß die Zuordnung zu den jeweiligen Kapiteln nicht immer ganz eindeutig ist.

Als Beitrag für sich am Anfang des Readers steht mit *Ernest Zahns* "Konsumgeschichte als prosaische Kultursoziologie" ein kultursoziologisches Resumée der Entwicklung des Massenkonsums und damit des Wohlstands der "Ersten Welt" mit ihren strukturellen und kulturellen Auswirkungen auf die Gesellschaft.

Kapitel eins thematisiert "Konsum" unter drei verschiedenen Blickwinkeln: dem wirtschaftswissenschaftlichen, dem soziologischen und dem psychologischen. Durchgängig in allen Disziplinen wiederkehrenden Fragestellungen wendet sich aus soziologischer Sicht zunächst ein Beitrag aus den fünfziger Jahren zu: Grundlagen des Verbrauchsverhaltens, Verbrauchsstruktur und Verbrauchsgestaltung, Verbrauchspolitik *(Charlotte Lorenz)*. Eine sozialpsychologische Studie aus der Feder des Wirtschaftswissenschaftlers beschäftigt sich anschließend unter Rückgriff auf den "Veblen-Effekt" mit dem Phänomen des demonstrativen Konsums *(Emil Küng)*. Zum Gegenstand prinzipiell methodologischer und metatheoretischer Überlegungen macht der darauf folgende Beitrag die "traditionsreiche Kontroverse zwischen Ökonomen und Psychologen zur Erklärung von Konsumentenentscheidungen" *(Walter Bungard)*. Ein Meßverfahren, "das es erlaubt, die komplexen Kaufentscheidungsprozesse in Haushalten detailliert zu erfassen und für Planungszwecke nützlich zu machen", präsentiert der an einer empirischen Untersuchung festgemachte Beitrag eines Betriebswirtschaftlers *(Franz Böcker)*. Auch die Diskussion der Frage nach den Auswirkungen des Fernsehens auf Einstellungen und Verhaltensweisen von Kindern wird anhand statistischer Daten geführt *(Helga Meyer-ter-Vehn)*. Konsum- und Umweltsprobleme in der Beurteilung durch den Konsumenten werden anschließend auf der Basis einer empirischen Untersuchung über das soziale Bewußtsein in der Bundesrepublik in den siebziger Jahren von Wirtschafts- und Sozialwissenschaftlern diskutiert *(Heribert Meffert/Manfred Bruhn)*. Kapitel eins schließt mit einem Beitrag über die begriffliche Klärung und die Messung von Gewohnheitskäufen *(Peter Weinberg)*.

Leitmotivisch ist bereits im ersten Kapitel auch das zentrale Thema des zweiten Kapitels angeklungen: das Verhältnis von Marketing und

Konsum. Im ersten Beitrag dieses Kapitels wird untersucht, "wie der Prozeß der Bedarfsbildung, Bedarfsdeckung und Bedürfnisbefriedigung das Verhältnis der Konsumenten zum Warenangebot bestimmt" und inwieweit aus einer vom Konsumenten abhängigen Bedingungslage des Marktes "Anhaltspunkte für die Absatzpolitik abgeleitet werden können" *(Ernst Gerth)*. Gleichfalls unter absatzorientierten Gesichtspunkten fragt der bereits 1950 entstandene zweite Beitrag in diesem Kapitel nach der Käuferschichtung, pointiert dabei seine Überlegungen zu den verschiedenen Möglichkeiten von Schichtungssystematisierung und der Kombination von Schichtungsgründen im Erkennen und Verstehen des Konsumenten als "Mit-Menschen"[11] *(Arthur Lisowsky)*. Im Spannungsfeld von Verbraucherforschung und Marketing entwickelt ein Konsumtheoretiker als nächstes am Beispiel des Preiswiderstandes die These, daß das Verbraucherinteresse genauso wie das Anbieterinteresse an seiner Bedeutung für die Funktionsfähigkeit des politischen, gesellschaftlichen und wirtschaftlichen Systems gemessen werden muß *(Gerhard Scherhorn)*. Am Beispiel der These vom souveränen Konsumenten kritisiert der folgende Beitrag Weltorientierung und wissenschaftliches Problemlösungsverhalten einer Marketing-Lehre, die diese These zum Axiom stilisiert *(Wolf F. Fischer-Winkelmann)*. Ein Wirtschaftswissenschaftler wendet sich anschließend der Wertedynamik zu und fragt generell nach den daraus ableitbaren Konsequenzen für Markt- und Managementstrategien *(Bruno Tietz)*. Aus der Sicht des Sozial- und Wirtschaftswissenschaftlers werden, dieses Kapitel abschließend, die Auswirkungen der Verbraucherbewegung auf das Marketing-Verhalten der Unternehmen diskutiert *(Heribert Meffert)*.

Der letzte Beitrag aus dem vorangehenden Kapitel ist gleichzeitig die geeignete Überleitung zu Kapitel drei, das sich mit Verbraucherpolitik befaßt. Aus verbraucherpolitischer Sicht setzt sich ein Wirtschaftswissenschaftler zunächst kritisch mit der Konsumwarenwerbung auseinander und liefert Denkanstöße für deren informatorische Neugestaltung *(Udo Beier)*. Anschließend kritisiert ein Fachmann für Marketing und Werbung die gängige verbraucherpolitische Praxis und entwickelt verhaltenswissenschaftlich fundierte Kriterien für leistungsfähige verbrauchspolitische Normen *(Werner Kroeber-Riel)*. Gleichfalls mit der Information des Verbrauchers beschäftigt sich aus wirtschaftspolitischer Sicht der letzte Beitrag dieses Kapitels und diskutiert die Frage, ob durch die staatliche Regulierung von Marktzugängen oder die Förderung von

Unternehmenszusammenschlüssen eine größere Übersichtlichkeit für den Verbraucher erreicht werden kann *(Klaus-Peter Kruber)*.

Das vierte und letzte Kapitel des Readers hat die "Konsumkritik" zum Thema. In einem journalistischen Beitrag wird zunächst das Problem skizziert und kritisch diskutiert: "Markt machen" heißt auch, einen Angriff auf die Freiheit des Verbrauchers zu führen *(Erwin Hasselmann)*. Explizit mit der Manipulation des Verbrauchers und deren Grenzen setzt sich der folgende Artikel aus wirtschaftspolitischer Perspektive auseinander *(Gerhard Scherhorn)*. Die Omnipräsenz des Konsums in der Gesellschaft der Gegenwart wird in der anschließenden Skizze aus sozialpsychologischem Blickwinkel als Ausgangspunkt für die Forderung nach einer Humanisierung des Konsums genutzt *(Kurt E. Becker)*.

Ergänzend war für das vierte Kapitel auch die Behandlung des Themas "Ökologie und Konsum" geplant. In der deutsch-sprachigen Literatur findet eine fundierte Auseinandersetzung mit diesem Thema jedoch nur in Buchpublikationen statt, so daß auf eine entsprechende Berücksichtigung in diesem Band generell verzichtet wurde.

Danken möchte ich dem Herausgeber der Reihe, Herrn Prof. Dr. Alphons Silbermann, der in allen Phasen der Entstehung dieses Readers ein konstruktiver Kritiker war.

Dank auch und vor allem an Sigrid Brachhold-Varga für ihr Engagement bei der Sondierung des bibliographischen Terrains genauso wie bei der konzeptionellen und technisch-handwerklichen Realisierung. Danken möchte ich, last not least, den verschiedenen Autoren und Verlagen für die Erlaubnis, die in diesem Reader zusammengestellten Texte abdrucken zu dürfen.

Anmerkungen

1 *Karl Marx,* Das Kapital. Kritik der politischen Oekonomie. Bd. I: Der Produktionsprocess des Kapitals. Zweite verbesserte Aufl., Hamburg 1872, S. 588.

2 ebenda, S. 594.

3 ebenda, S. 594/595.

4 ebenda, S. 595/596.

5 ebenda, S. 596.

6 *Max Weber,* Die protestantische Ethik und der Geist des Kapitalismus, in: Gesammelte Schriften zur Religionssoziologie, Bd. I, Tübingen 1963, S. 190.

7 ebenda, S. 171.

8 ebenda, S. 192.

9 *Erich und Monika Streißler,* Konsum und Nachfrage, Köln, Berlin 1966, S. 13.

10 *Max Weber,* a.a.O., S. 203.

11 Nicht der Sprache, aber der Sache nach ist diese Pointe sehr aktuell, kehrt sie doch in den unterschiedlichst gewandeten Ethik-Diskussionen dieser Tage wieder.

Ernest Zahn

Konsumgeschichte als prosaische Kultursoziologie

Die Entstehung der Industriegesellschaft wurde meistens als eine Geschichte der Produktionsverhältnisse dargestellt, selten auch als eine der Konsumverhältnisse. Diese erschienen eher als Folge der Massenproduktion und damit von untergeordneter Bedeutung. Man übersah dabei, daß der Kulturwandel, wie er sich an Konsumgewohnheiten und Lebensstilen zeigt, seinerseits auf Produktionsverhältnisse einwirkt. Im Folgenden soll die Geschichte des Massenkonsums in ihren Wirkungen und ihrer Bedeutung für Wirtschaft und Gesellschaft zusammengefaßt werden. In den 50er Jahren, den goldenen Jahren des Wirtschaftswachstums, stand das Thema im Zentrum der Kulturkritik. In den letzten Jahren erschien die Problematik in neuem Licht, in den Perspektiven einer neuen Ära.

Bekanntlich gab es in Europa noch bis ins 18. Jahrhundert Kleiderordnungen: von geistlichen oder weltlichen Behörden erlassene Bestimmungen über Schnitt, Material und Art der Kleidung. Sie sollten die Standesordnungen zum Ausdruck bringen, Anstößigkeiten und Luxus verhindern oder diesen als Vorrecht an höfischen Trachten und Lebensstilen hervortreten lassen. Sogar über Vorschriften für die Länge der Schuhe, die Farbe von Tapeten und die Höhe von Himmelbetten wird berichtet. Als die Gesellschaft bürgerlich wurde, die Konsumgesetze und damit die rechtliche Fixierung der Lebensstile verschwanden, wurde das gleiche Recht auf Konsum noch lange nicht Wirklichkeit. Die "Demokratisierung" des Lebensstils kam spät und allmählich. Das konnte auch nicht anders sein, solange die reale soziale Ungleichheit, die Kluft zwischen arm und reich riesengroß blieb.

Die Sitte, wonach der Güteraufwand dem Stand angemessen sein soll, blieb in den bürgerlichen Gesellschaften Europas noch bis weit ins 20. Jahrhundert fortbestehen. Das zeigte sich gerade dann, wenn einzelne Erfolgreiche sich nicht an die Sitten hielten und mit dem als anmaßend empfundenen Verhalten die Zugehörigkeit zu einer höheren Schicht anmeldeten. Gerade dadurch wurde die Gültigkeit bestehender Normen bestätigt, wie auch durch den umgekehrten Fall: die bewußte Zurückhaltung eines Emporkömmlings, der Bescheidenheit unter Umständen als opportun empfand. Solange es sich nicht schickte, daß sich das Dienstmädchen kleidete wie die gnädige Frau, der Handwerker einherging wie ein Herr, konnten Privilegien in Ruhe genossen werden. Ein Neureicher war eine Einzelerscheinung. Dann aber waren die "Massen", die neuen Mittelschichten der Industriegesellschaft, den alten Eliten ein Dorn im Auge. In der Entrüstung konservativer Kulturkritiker über den "Amerikanismus" kamen noch ständische Affekte zum Ausdruck. Weniger der Wohlstand an sich irritierte die Oberschicht als die Tatsache, daß sich die neuen wohlhabenden Gruppen anders verhielten als die alten Reichen. Die besitzenden Klassen spürten den Anspruch auf Gleichstellung, den sie nicht vertrugen.

Der Massenkonsum wurde ein Angriff auf die fortlebenden Standessitten, jedenfalls in Europa. In den Vereinigten Staaten war das bekanntlich anders. Dort wurden Einkommen und Vermögen früh ein Gradmesser der Tüchtigkeit, ein Dokument des Lebenserfolges. Der starke Druck der Erwartung, daß man sich durchsetzt, wurde sogar ein Thema bei der Entwicklung der soziologischen Theorie (bei Robert Merton). Die europäischen Soziologen hätten nach 1945 ein bezeichnendes Gegenbeispiel bieten können (sie hatten freilich erst einmal viel nachzuholen): Konservative Leitbilder, standes- und klassenspezifische Normen des Konsums kennzeichneten deutlicher als vieles andere den restaurativen Charakter des Wiederaufbaus. Marktforscher konnten das belegen. Nicht wenig Genußmittel, Toilettenartikel, Kleidungsstücke, Möbel und moderne technische Haushaltsgüter galten als Merkmal des Lebensstils höherer Schichten. Mancher gut verdienende Facharbeiter, der sich schon einen Volkswagen leisten konnte, fuhr weiterhin auf dem Fahrrad, weil das Auto noch nicht zum "angemessenen" Lebensstandard gehörte. Entsprechendes läßt sich bei den Mittelschichten zeigen, die sich von der Oberschicht distanzierten.

Den Ökonomen zeigten die Beispiele, daß mit wachsendem Einkommen nicht automatisch auch die Ausgaben steigen, wie mancher Keynesianer anzunehmen geneigt war. Ausgaben sind an Verhaltensmuster und alte Gewohnheiten gebunden, die sich nun einmal nicht so schnell ändern. Bei der Diskussion über die "Verbürgerlichung der Arbeiterklasse" spielte das eine Rolle. Es zeigte sich, daß die Arbeiter mit dem höheren Lebensstandard nicht sogleich auch mittelständische Konsumgewohnheiten angenommen hatten; sie verhielten sich auffallend konservativ. Vor allem britische Soziologen waren es, die diesem konservativen Typ des wohlhabenden Arbeiters (affluent worker) nachgingen (Großbritannien war damals der Fußkranke in der europäischen Entwicklung), während französische Neomarxisten eifrig bemüht waren, Theorien einer "neuen" Arbeiterklasse zu entwickeln. Die Diskussion über die Verbürgerlichungsthese war darum so heftig, weil es dabei um zentrale marxistische Lehrsätze ging.

Bekanntlich entwickelte sich die "klassische" kapitalistische Gesellschaft als eine Arbeitsgesellschaft. Erst in einer folgenden Phase konnte man sie auch als eine Konsumgesellschaft ansprechen. Max Weber sagte, daß die alte protestantische Wirtschaftsgesinnung den Konsum "einschnürte". Auffälliger, unbefangener Genuß von Reichtum und Luxus war verwerflich. Nicht für Fleischeslust und Sünde, heißt es bei dem Theologen Richard Baxter, wohl aber für Gott dürft ihr arbeiten, um reich zu sein. Erstreben sollte man den Besitz, vermehren durfte man ihn, aber nicht genießen. "Der triebhafte Lebensgenuß, der von der Berufsarbeit wie von der Frömmigkeit gleichermaßen abzieht, war eben als solcher ein Feind der rationalen Askese, mochte er sich als seigneurialer Sport oder als Tanzboden- und Kneipenbesuch des gemeinen Mannes darstellen."[1]

Religiöse Lehren waren es natürlich nicht allein, die jene Lebensweisen prägten, die mit dem Begriff "protestantische Tugenden" gemeint sind (Weber wollte bekanntlich auch nur eine Übereinstimmung zwischen Wirtschaft und religiöser Ethik zeigen, keine Kausalerklärung geben). Schumpeter meinte mit Recht, man solle der Bourgeoise keine unrealistische Dosis Großmut und Idealismus zuschreiben. Arbeitsamkeit, Ordentlichkeit und Sparsamkeit waren Erfordernisse bürgerlicher Haushaltsführung, einer Existenz, die eben noch nicht wohlfahrtsstaatlich abgesichert war, sondern einem zumutete, für seine Zukunft selbst zu sorgen. Arbeitsamkeit und Sparsamkeit gedeihen dort, wo der Mensch mit knappen Mitteln auskommen muß. Mangel erzwingt die Kultivierung des Konsumverhaltens. In afrikanischen Stammesgesellschaften, die seit jeher mit Mißernten und Hungersnöten rechnen mußten, ist die tägliche Ernährung strengstens geregelt und ritualisiert. Lagerung und Verwaltung der Nahrungsvorräte sind ein Aspekt der sozialen Organisation in den Hüttendörfern.

Unbefangenes, beliebiges, individuelles Konsumieren ist als Massenerscheinung eine Erscheinung unserer Zeit, einer Gesellschaft, in der nicht wenige viel, sondern viele mehr haben, und vor allem – das ist wesentlich – größere soziale Sicherheit und Freizeit. Die Freizeit wurde zur eigentlichen Dimension des Konsums, was schon 1934 nach der großen Weltwirtschaftskrise in einer für den amerikanischen Präsidenten

Roosevelt und seinen *New Deal* bestimmten Prognose mit Nachdruck betont wurde[2]. Die Freizeit, so heißt es darin, ist selber konsumierbar, aber nur, indem man Güter und Dienstleistungen konsumiert. Freizeit als eine neue existentielle Gegebenheit, möglich durch die gestiegene Arbeitsproduktivität, schuf neue Bedürfnisse, neue Märkte und Güter.

Zum Begriff der Gesellschaft gehören ihre Güter, deren Art und Bedeutung, deren Verteilung und deren Funktionen im menschlichen Zusammenleben. Besitzverhältnisse sind wesentliche Merkmale der Gesellschaftsverfassung, der sozialen Strukturen und Herrschaftsverhältnisse. In der Wirtschaftstheorie hat sich die Unterscheidung zwischen Kapitalgütern (Produktionsmittel) und Konsumgütern eingebürgert. Diese begriffliche und terminologische Unterscheidung legt eine Gleichsetzung mit dem Gegensatz "aktiv-passiv" nahe und leistet damit einer bestimmten psychologischen und kulturellen Bewertung, einer Interpretation der Konsumgüter und des Konsumverhaltens Vorschub. Es ist wichtig, diese sogleich zu betonen, weil man der Bedeutung des Besitzes heutiger Privathaushalte nicht gerecht wird, wenn man suggeriert, daß er "nur für den Verbrauch" da sei. Zudem tragen moderne Familien, die die Wirtschaftstheorie in der Funktion von Verbrauchern sieht, sehr viel zur volkswirtschaftlichen Kapitalbildung bei; sie erfüllen (wir kommen darauf zurück) eminent produktive Funktionen.

Namhafte Autoren, die sich in den 30er Jahren mit den Strukturumwandlungen des Kapitalismus befaßten, insbesondere mit dem Aufkommen der Großunternehmen und Aktiengesellschaften, signalisierten in diesem Zusammenhang eine "Verkümmerung", "Aushöhlung" und "Entpersönlichung" des privaten Produktionsgütereigentums (so Schumpeter, Berle u.a.). Es ist hier nicht der Ort, um auf diese Entwicklung und die Diskussion, für welche die Formel "Trennung von Eigentum und Verfügungsmacht" (ownership and control) das Stichwort gibt, einzugehen. Festgehalten sei jedoch, daß der Produktionsgüterbesitz (Grundbesitz, Geldbesitz) in früheren Zeiten viel mehr als *persönlicher* Besitz in Erscheinung treten konnte als heute, wo wir es mit den komplexen Gebilden von Organisationen zu tun haben, in denen die Mitbeteiligung an der Entscheidungsmacht zur Diskussion steht.

Nur erinnern wollen wir uns: Grundbesitz prägte die feudale, Geldbesitz die bürgerliche Welt. Jener war die immobile, "konservative Macht des Raumes", wie Alfred von Martin charakterisierte, der Rückhalt in der Welt des fürstlichen Schlosses und des geistlichen Klosters, dieser bildete die bewegliche "liberale Macht der Zeit" in der Welt der Handelshäuser, Plantagen und Fabriken. Adelige, bäuerliche und bürgerliche Familien hatten ihrem Stande gemäß an den gesellschaftlichen Gütern Anteil, nur die Arbeiter nicht, wie vor diesen die über hundert Millionen schwarzen Sklaven ihn auch nicht hatten. Sie waren Produkt und Opfer der kapitalistischen und industriellen Entwicklung.

Indes ist diese dann anders weitergegangen, als Marx prophezeit hatte: nicht die revolutionäre Übernahme der industriellen Produktionsmittel, sondern der wachsende Anteil an ihren Produkten veränderte die Gesellschaft. Zu erkennen gilt es nun, wie das geschah und was dies soziologisch bedeutete.

Der *industriellen* Revolution, wie sie sich in den Fabriken vollzog und das System der Massenproduktion einführte, folgte alsbald eine *kommerzielle,* die im privaten Lebensbereich den Massenkonsum stimulierte. Und wie jener Prozeß vorwiegend als technischer Fortschritt zutagetrat, so trat dieser zunehmend als Kulturwandel in Erscheinung.

Die Konsumgüter der neuen Mittelschichten von Arbeitnehmern erlangten eine Bedeutung für neue soziale Einstufungen, in dem Maße, wie das Leben in der verstädterten Welt unpersönlicher und anonymer wurde. Im Gegensatz zu dörflichen und kleinstädtischen Verhältnissen, in denen die meisten Menschen sich kennen, weiß man in urbanisierten Verhältnissen vom Nachbar meist nur, wie er aussieht und was er sich leisten kann. In den Starprodukten des Zivilisationskomforts zeigten sich soziale Ansprüche. Neue Güter machten Leute – einst hatte man das nur von der Kleidung gesagt. Die Kritiker und Deuter der Entwicklung haben diese Erscheinungen sehr übertrieben. Es ist nicht möglich, den ganzen Wert der Wohlstandsgüter auf ihre äußere Wirkung und die Befriedigung von Geltungsbedürfnissen zurückzuführen.

Die Werbung (anfangs hieß sie Reklame) machte sich an die Überwindung der herkömmlichen Konsumnormen und Verhaltensmuster. Sie wurde offensiv, richtete sich gegen Klassenvorurteile, moralische Bedenken und Hemmungen. Sie wurde zum Appell, zur Herausforderung des Aufstiegs- und Fortschrittsbewußtseins. Was als Auflehnung gegen herrschende Sitten verpönt gewesen war, wurde in einer neuen Phase als Tugend verkündet. Jetzt entdeckten die Unternehmer den Verbraucher und proklamierten den Primat der Nachfrage. Waren sie als *captains of industry* noch produktionsorientiert gewesen, darauf aus, von den traditionellen Produkten stets mehr herzustellen, um den bekannten, den gegebenen Bedarf zu decken, davon ausgehend, daß der Konsument wußte, was er wollte, so wurden sie als *captains of marketing* markt-

und konsumorientiert, bestrebt, neue, latente Bedürfnisse zu entdecken und zu stimulieren und dafür neue, noch unbekannte Produkte zu erfinden. Die Einführung wurde als eine Kampagne aufgefaßt. Jetzt wurde auf die Nachfrage Einfluß genommen, jetzt wurde der Konsum zu einem weiten Gebiet der Massenkommunikation.

Schon im vorigen Jahrhundert hat sich Balzac in seinem Roman *L'illustre Gaudissart* über die Handelsreisenden lustig gemacht, die Prediger des Fortschritts, die ihre Botschaft bis in die entferntesten Winkel der französischen Provinz trugen. Er nannte sie Sendboten einer stillen Revolution, die Miliz der friedlichen Durchdringung der Welt mit den Segnungen der Zivilisation. Man wartete nicht mehr, bis der Kunde kam, man ging ihm entgegen, stöberte ihn auf. Im 20. Jahrhundert wurden Verkaufsgespräche bald weniger geführt als gelesen. Mehr und mehr wurden sie ersetzt durch Reklameszenen (*stories* im Fachjargon), zusammengebaute Text- und Bildelemente, in denen mit dem Produkt auch der beglückte Käufer gepriesen wird. Die Reklame wurde ein Ausstattungseffekt in der nun elektrisch beleuchteten, bunter gewordenen Großstadt. Modellhaft fanden Erzeugnisse ihre Abbildung, als Leuchtschrift erschienen sie an den Dächern der City, an den Fassaden viktorianischer und wilhelminischer Gebäude. Von Frankreich aus begann um 1900 das künstlerische Plakat seinen Siegeszug; es befruchtete auch die hohe Kunst in der blühenden Dekadenz der Bourgeoisie, im dekorativen, ornamentalen Jugendstil der *belle époque*.

Heute ist die Werbung eine eigene Branche geworden mit Umsätzen, die in die Milliarden gehen. Bei manchen Artikeln betragen die Reklamekosten ein Fünftel oder ein Viertel vom Selbstkostenpreis. Mit der Anwendung wissenschaftlicher Methoden wurde die Werbung raffinierter und rationeller. Die Streuung der Aktionen ließ sich berechnen, auf "Zielgruppen" einstellen. Wirkungen ließen sich lokalisieren, konzentrieren, prüfen, messen und vorhersagen. So konnte die Werbung mit weniger Risiko angewendet und als langfristige Investition in die Geschäftsplanung einbezogen werden. In dem Maße, wie es mehr und mehr die Werbung war, die die Produkte einführte und verkaufte, änderte sich die Funktion der Verkäufer, die Tätigkeit des verkaufenden Personals, die allerdings überall dort ihre Bedeutung behielt, wo individuelle Beratung unumgänglich blieb.

In der Tat verwischte der Unterschied zwischen Werbung und Verkauf. Beide verschmolzen im Marketing, das die Absatzwirtschaft und den Vertrieb total veränderte. Die Verpackung von Markenartikeln, die

die "lose Ware" verdrängten, machte den Selbstbedienungsladen möglich. Der alte Krämerladen wurde hinfällig, jene "Stätte behaglichen Türkentums" (Sombart), der Ladentisch, das Symbol der Schranke zwischen Angebot und Nachfrage, an welcher Handel oft Selbstzweck und Zeitvertreib war, Preise ausgeredet, Qualität geprüft, Quantität umständlich gewogen oder gemessen und schließlich verpackt werden mußte. Einkaufen wurde Aussuchen und Abholen. Markenartikel (die ersten waren zu Urgroßvaters Zeiten Seifen, Salben, Backpulver, Heilmittel und Putzmittel) sind mehr als Fertigwaren der Fabrik, die an der Verladerampe den Weg zum sogenannten Endverbraucher antreten. Sie sind Ergebnisse psychologischer Auskundschaftung, müssen ganz bestimmten Vorstellungen und Erwartungen entsprechen und existieren durch ihr Vorstellungsbild. Psychologie und Marktforschung sind an ihrem Zustandekommen ebenso beteiligt wie die Fabrik.

Die Geschichte des Verkaufs- und Reklamewesens ist eine prosaische Geschichte, für die sich Wirtschaftshistoriker und Soziologen so gut wie gar nicht interessiert haben. Manch einer empfand die Beschäftigung mit ihr als unter seiner intellektuellen Würde liegend. Dennoch verdient dieses kommerzielle Pendant zur Industrialiserung die Aufmerksamkeit all derer, die die Entwicklung der modernen Gesellschaft verstehen wollen. Die Geschichte der Werbung ist zudem ein Stück Wissenschaftsgeschichte; sie ist verknüpft mit der Entwicklung der angewandten Psychologie und der empirischen Kommunikationsforschung, die aus Werbeetats nicht unbeträchtlich finanziert wurde. Die Untersuchung von Fragen der Werbung trug der Grundlagenforschung bei; sie förderte das allgemeine Wissen der Psychologie und der Verhaltenswissenschaft unabhängig davon, welchen Gebrauch man von den Erkenntnissen machte. Da galt es etwa, die Wirkung von Farben und Farbzusammenstellungen zu ermitteln, die Einprägsamkeit von Schriften und Zeichen, die "Magie" des Wortes in der Schlagzeile und die Suggestivkraft des Bildes, der Photographie. Natürlich wurde auch das unendliche Reich der verborgenen Wünsche und heimlichen Sehnsüchte ausgekundschaftet. Natürlich wird dem Käufer von Produkten nicht nur deren Nutzen, sondern sehr viel mehr versprochen oder auch nur vorgegaukelt: Jugend und Gesundheit, Geltung und Sicherheit, Lebenserfolg und Glück. Was das bedeutet, ist sicher eine notwendige Frage; zu ihrer Klärung forderten die Pauschalurteile voreingenommener Moralisten und Kulturkritiker heraus. Den Einstieg in diese Problematik kann eine Überlegung zur Problematik der Information und zum Begriff der Qualität bieten.

Der Standpunkt, daß sich Verbraucherinformationen auf die materiellen und technischen Eigenschaften der Ware beschränken sollen, läßt sich nicht vertreten, weil die meisten Produkte die verschiedensten Funktionen und Bedeutungen in unserem Alltagsleben haben und nicht nur aus lauter praktischen Gründen etwas wert sind. Der Lebenszusammenhang, in dem sie etwas gelten, bestimmt schon ihre Entwicklung. Viele Produkte der Nahrungsmittelindustrie sollen nicht nur gut schmecken, sondern auch Zeit sparen, die Zubereitung von Mahlzeiten erleichtern, bequem aufbewahrt werden können und Betriebsprobleme des Haushalts lösen helfen. Das alles bildet denn auch Inhalt der werbenden Information. Es ist auch nichts dagegen einzuwenden, wenn beim Anpreisen einer Kaffeemarke eine Verbindung zwischen dem Aroma und dem Brauch, der Atmosphäre im übertragenen Sinne, belegt wird.

Die Werbung schafft eine Szene. Natürlich ist sie auch eine Traumfabrik, eine aber, die neuerdings nach oder neben dem *glamour* des Lebens im Luxus auch schon wieder das einfache Dasein in der Natur, ja der Wildnis verspricht, die Flucht aus der Hektik und den neuen Übeln der Zivilisation. Längst wendet sie sich auch an die Gegner der Konsumgesellschaft, an die, die vom Aussteigen träumen. Die heimlichen Verführer entdeckten die Kritiker als Konsumenten, nicht zuletzt in der Branche der Buchverlage; die alternative Kultur wurde Mode, die Lebensqualität Angebot, das Heimweh nach der guten alten Zeit zur "Nostalgiewelle". Auch Gesellschaftskritik florierte, indem sie lukrativ wurde. So läßt sich sagen, daß die Werbung ihrerseits wieder den Einfluß der Massen, die Wirkungen des sozialen Wandels, an dessen Zustandekommen sie beteiligt ist, zu spüren bekommt. Es ist sicher, daß es sie nicht gäbe, wenn sie uns nicht beeinflussen könnte. Indes sind Art und Wirkung dieses Einflusses komplizierter, als man gemeinhin denkt. Daß Menschen beeinflußt werden können, ist an sich nicht das Problem. Worum es geht, sind die Bedingungen, unter denen wir Beeinflussungen unterliegen oder gerade nicht, und die Bedürfnisse und Werte, die dabei im Spiele sind.

Die Geschichte des Massenkonsums ist aber auch eine Geschichte der Gebrauchsgegenstände, des Hausrats, der Wohnkultur und unserer Umwelt. Sie ist eine Geschichte der Technik und der industriellen Formgebung und damit Kulturgeschichte. Werner Sombart beklagte um die Jahrhundertwende "die schäbige Existenz des deutschen Kleinbürgertums", den "Tiefstand des Geschmacks". Die Künstler seien Ästheten oder Biedermänner gewesen, unfähig, die Welt der täglichen Dinge mit

Schönheit zu durchdringen. Die hohe Kunst habe in der Isolierung gelebt, keinen Einfluß auf das Gewerbe gehabt. Sombart neigte zum Übertreiben, aber er sah die beginnende Durchdringung gewerblicher Gegenstände mit neuen künstlerischen Ideen, die aus neuen technischen und industriellen Gegebenheiten kamen. Industrielle Formgeber *(designers)* eroberten im 20. Jahrhundert alle Sparten der Massenproduktion.

Sombart beobachtete damals auch schon die "Verkürzung des Erneuerungsturnus" beim Hausrat, bei Möbeln, Betten, Wäsche und Geschirr. Es fällt ihm auf: "Der junge Hausstand tritt mit völlig neuer Ausstattung auf den Plan". Von sich selber erzählt der Professor, daß er noch die zurechtgemachten Kleider der Eltern und Geschwister trug. Der "Bratenrock" des Mannes und das Hochzeitskleid der Frau "hielten ein Leben aus und schleppten sich von Geschlecht zu Geschlecht wie eine ewige Krankheit fort"[3]. Der Handel mit gebrauchten und aufgefrischten Sachen war noch um die Mitte des vorigen Jahrhunderts ein blühender Erwerbszweig; Altwarenhändler hatten noch eigene Zünfte.

Die Entwicklung vom Klassenkonsum zum Massenkonsum brachte indes eine große Veränderung in der Art der Abhängigkeit von den Diensten und Leistungen anderer. Jetzt wurden wir von einer Vielzahl von Organisationen abhängig, die uns so ziemlich alles besorgen, was wir zum täglichen Leben brauchen. Der alte Wohlstand der höheren Schichten war nicht ohne persönliche Dienste eigener Leute denkbar, ob es sich um das Hauspersonal der Bourgeoisie, Diener und Leibeigene von Fürsten, Sklaven von Plantagenbesitzern oder um die Knechte und Mägde reicher Bauern handelte. Wenn wir heute von Lebensstandard sprechen, ihn messen, um auf seine Zunahme in den letzten hundert Jahren hinzuweisen, ist die gültige Referenz stets die Armut der breiten Bevölkerung zu Beginn der Industrialisierung, nicht der Reichtum der herrschenden Klassen des Bürgertums oder der des Adels. Konsumgüterbesitz und Versorgungsstaat stehen für einen Wohlstand, der anders beschaffen ist, als jener, den der "Realitätenbesitz" der Bourgeoisie als Rückhalt einer selbstherrlichen, privaten Existenz verkörperte.

Der seigneuriale Lebensstil, dem der Sozialist Schumpeter noch nachtrauerte, ist nicht mehr möglich, weil er sich mit Demokratie und sozialer Gleichheit nicht verträgt. Privilegien der aristokratischen Welt, die ein Attribut "feudalen Lebens" waren, können nun einmal kein Merkmal des Massenwohlstandes sein. Niemand, auch wenn er noch so reich ist, kann "wie ein Fürst leben". Mit Recht wurde darum gesagt, wir seien reicher als der Sonnenkönig, aber nicht königlicher als er. Der Illusion feudalen

Lebens gibt sich freilich mancher, der es sich leisten kann, noch gerne hin, und die Werbung läßt diese Illusion neu erstehen, sei es auch nur mit einem Bild wie dem des weißbehandschuhten Butlers, der auf dem Silbertablett einen uralten Whisky serviert.

Dennoch hat das Bedürfnis, auf solche Weise bedient zu werden, längst beträchtlich abgenommen. Selbstbemühung wurde die Zumutung in einer Gesellschaft, die den Wohlstand *aller* will. Viele persönliche Dienste wollen wir gar nicht mehr. Selbst ein heutiger Multimillionär wird kaum noch die Hilfe eines Kammerdieners beim Aufstehen aus dem Bett in Anspruch nehmen wollen. Die Abhängigkeit verwöhnter Rokokofürstlichkeiten von Kämmerern und Zofen, deren Dienstbarkeit bis in die Intimsphäre reichten, amüsiert nur noch in Opern und Operetten und beginnt auch dort schon langweilig zu werden. Bei zahlreichen Formen der Selbsthilfe benützen wir Apparate. Die Bewohner luxuriöser Apartmenthäuser, die sich samstags in Kellerräumen mit Wäschesäcken treffen und die Zeit, während welcher die Maschinen ihre Arbeit verrichten, mit Kaffee oder Lektüre verbringen, die ebenfalls aus Automaten kommen, bilden das Gegenstück zu den Grandhotels, deren dienstbare Geister Trinkgelder kassierten. Damals warf man die Münze in die Mütze, jetzt fällt sie in die Schlitze von Robotern. Das Umgehenlernen mit den Requisiten der Selbsthilfe ist ein Anpassungsprozeß, dessen Förderung die Fabrikanten als *service* begriffen.

Kinder erleben den Umgang (jetzt auch mit dem Hauscomputer) als Spiel. Späteres Verhalten in den entsprechenden Situationen wird dadurch genauso konditioniert, wie früher die Gewöhnung an Diener, bzw. Herren die Einstellung zu Arbeit und Umwelt prägte. Der *Gewöhnung* an neue Formen der Selbsthilfe entspricht die *Entwöhnung* in bezug auf jene Dienstleistungen, die aus den verschiedensten ökonomischen und sozialkulturellen Gründen nicht mehr in die Zeit passen.

Von Adam Smith, dem Begründer der Nationalökonomie, stammt der bekannte, in so vielen Lehrbüchern zitierte Satz, wonach die Konsumtion das alleinige Ziel und der Zweck der Produktion sei. Der preussische Statistiker Ernst Engel, den Ökonomen bekannt durch den "Satz von Engel", schrieb mehr als ein Jahrhundert später das gleiche und fügte noch hinzu: "Davon sind weder die feinsten Arbeiten des Geistes noch die edelsten Regungen der Seele ausgenommen".[4] Doch weder Smith noch Engel wären auf den Gedanken gekommen, hiermit ein Werturteil über den Konsumenten zu verbinden. Erst mit dem Aufkommen des Massenkonsums wurde das Wort Konsum aus einem ökonomischen Begriff zu einer moralischen Aussage über menschliches Verhalten und den Charakter der Kultur, zum Inbegriff passiver, williger Hingabe an den Zivilisationskomfort. Das Wirtschaftssystem, schreibt der angesehene, vielgelesene Erich Fromm, "transformiert den Menschen in den totalen Konsument, dem homo consumens". Der Mensch sei "der ewige Sauger mit offenem Mund, der alles ohne Anstrengung und innere Aktivität zu sich nimmt, was auch immer die Industrie ihm aufdrängt ..."[5] Die Passivität in der Industriegesellschaft nennt Fromm ihren charakteristischen und pathologischen Zug, den Ausdruck des Syndroms der Entfremdung des Menschen von sich selbst.

Theodor W. Adorno verkündete 1963 im Wiener Rathaus vor einem großen Publikum und im Scheinwerferlicht des von ihm wenig gewürdigten Fernsehens die marxistische Grundthese: "Was man heute, wie aus Gewohnheit, als Massenkultur bezeichnet, ist keine aus den Massen aufsteigende Kultur, sondern eine monopolitisch, also von oben, von zentralen ideologischen Machtzentren aus manipulierte Kultur, die an gewisse Sedimente des herrschenden bürgerlichen Bewußtseins anknüpft, an gewisse kulturelle Grundkategorien gerade der kommerziellen Kultur, wie sie sich etwa zurückdatieren läßt bis auf den englischen Konsumroman um die Wende des 17. und 18. Jahrhunderts, der in seinen Grundstrukturen eine erstaunliche Ähnlichkeit mit dem latenten Skelett etwa der heute vorherrschenden Filme trägt."[6] Der Geist, so Adorno, sei "überhaupt nur noch" eine Ware und ein Herrschaftsmittel. Jürgen Habermas unterschied 1955 auf einer Tagung zwischen Konsum und Kultur: Konsumgüter, so sagte er, seien zweckmäßig, vorgekaut, risikofest und lustweckend, sie ersparen dem Menschen jede Selbstbewegung, Kulturgüter dagegen verlangen innere Bemühung, sie seien auf die "unaufhebbare Bedürftigkeit des Menschen" bezogen, nicht auf den "behebbaren Bedarf".[7]

Wohl nicht zufällig wurde in der Bundesrepublik während der Zeit des "Wirtschaftswunders" jenes schon 1899 erschienene Buch des amerikanischen Ökonomen Thorstein Veblen wiederentdeckt und übersetzt, in dem der Begriff des "auffälligen, kompetitiven Konsums" im Zentrum einer Kulturdeutung stand. Veblen hatte (was den neuen Verwendern seiner Begriffe meistens entging) die prunkenden amerikanischen Reichen seiner Zeit vor Augen. Inzwischen, ein halbes Jahrhundert später, war bei den wohlhabenden amerikanischen Mittelschichten in den neuen *suburbs* gerade eine Tendenz zum unauffälligen Konsum erkennbar geworden, eine neue Zurückhaltung, für die man in Abwandlung der alten

Redeweise vom Schritthalten mit den Nachbarn *(keeping-up with the Jones'es)* den Ausdruck *keeping-down with the Jones'es* fand.

Auch die Ökonomen mußten sich mit den neuen Erscheinungen auseinandersetzen und einige Konzepte korrigieren. Nach Kenneth Boulding hat die Wirtschaftswissenschaft von Smith bis Marshall nie eine Konsumtheorie, die diesen Namen verdient, besessen, uneingedenk des schon genannten Satzes von Smith. Man sei nicht hinausgekommen über das Denken in Mengen, das "Badewannemodell": Zufluß minus Abfluß gleich Akkumulation.[8] Das Wort Konsum selbst wurde problematisch, denn nach der herkömmlichen Lehrmeinung bezog es sich auf die Familienhaushalte (= Verbrauchereinheiten), von denen gesagt wurde, daß sie im Gegensatz zu den Unternehmen und dem Staat kein Einkommen schaffen, sondern Einkommen verbrauchen. Diese Auffassung ließ sich nicht halten. Es zeigte sich, daß in Ländern mit hohem Lebensstandard Millionen Familien finanziellen Entscheidungsspielraum besitzen, daß sie investieren, zum Beispiel durch die Anschaffung von Wohnungen und dauerhaften Gebrauchsgütern, daß sie auf eminent produktive Weise zur volkswirtschaftlichen Vermögensbildung beitragen, nicht zuletzt auch durch die Investitionen in die Ausbildung der Kinder und die berufliche Fortbildung *(human capital).*

Das Studium des Familienhaushalts, dem die Ökonomen sehr viel weniger Interesse schenkten als den Unternehmen und dem Staat, wurde sehr viel mehr als die statistische Erfassung von Geldausgaben. Es wurde Verhaltensforschung, Studium der Menschen und ihres Verhaltens als Teilnehmer an Wirtschaftsprozessen, Studium ihrer Motive und Erwartungen, ihrer Ansprüche, Probleme und Entscheidungen. So wenig wie der Begriff Arbeit auf einzelne Verrichtungen im Produktionsprozeß (Mann-Stunden, Stückleistung) reduziert werden konnte, so wenig konnte der Konsumbegriff auf das beschränkt bleiben, was die abstrakte Theorie das Aufbrauchen der Güter, *destruction of commodities* (Marshall) nannte.

Der Begründer der modernen Wirtschaftspsychologie, George Katona, zeigte nicht theoretisch, sondern anhand empirischer Forschung, daß mit zunehmendem Wohlstand einer Bevölkerung ihr Konsumverhalten unregelmäßiger, dynamischer und darum weniger gut vorhersehbar wird als dort, wo der größte Teil des Einkommens gewohnheitsmäßig für die alltäglichen Notwendigkeiten ausgegeben wird.[9] Mit dem finanziellen Entscheidungsspielraum und der größeren Wahlmöglichkeit wird die Wirtschaft abhängiger von der kumulativen Wirkung subjektiver Verhaltensänderungen. Geldausgaben können verfrüht oder verschoben werden. Plötzlich kann die Neigung aufkommen zu sparen, bzw. Sparguthaben wieder in Anspruch zu nehmen, Konsumentenkredit aufzunehmen oder vorzeitig zurückzuzahlen. Plötzliche Einstellungsänderungen und deren Auswirkungen (z.B. auf Autokäufe) stellten sich als der eigentliche Angelpunkt der Konjunkturforschung heraus, als die intervenierenden Variablen zwischen Einkommen und Ausgaben.

Die Wohlstandszunahme kam somit einer Aktivierung des wirtschaftlichen Verhaltens der Menschen gleich, einer Aufwertung ihrer Rolle als Teilnehmer der Wirtschaft, und damit einer Dynamisierung der Gesellschaft. Wirtschaftliche Entwicklung, welche große Einkommensungleichheiten und ausgeprägte Klassengegensätze abbaut, mobilisiert die Massen, und in der Tat konnte man auch von einer Revolution sprechen. Doch das war keine proletarische, die als Aufruhr aus der Armut kam, sondern eine Revolution steigender Erwartungen. Nicht Entbehrungen *(paupertas),* sondern Ansprüche *(cupiditas)* motivierten. Wohlstand: das ist immer nur die Frage, was wir mit ihm anfangen. Nicht der Reichtum ist es, der uns verdirbt, wir sind es, die ihn ruinieren.

In den 50er Jahren hieß es: Jeder soll sein Auto, seine Waschmaschine, seinen Fernseher haben. Jetzt kann es nicht auch noch heißen: Jeder soll sein Privatflugzeug, sein eigenes Schwimmbad, sein Haus im Süden besitzen. Hier stoßen wir an Grenzen. Zu erkennen galt es aber, daß die Begriffe Wohlstand, Wachstum und Fortschritt keinen feststehenden Inhalt haben, daß dessen Bestimmung willkürlich, die Messung falsch oder problematisch sein kann. Den Fortschritt messen wir durch die Arbeitsproduktivität, nicht durch die Produktivität der Rohstoffe, den Wohlstand am Geldeinkommen, nicht an der Qualität der natürlichen und gesellschaftlichen Umwelt, des Funktionierens unserer Institutionen, dem Ausmaß jener Bedürfnisbefriedigung, die nicht dem Markt, sondern dem Entscheidungsmechanismus politischer und staatlicher Organe überlassen worden ist. Die Preise und Kosten der Rechnung, die Kosten-Nutzen-Rechnung stimmt nicht mehr.

In den 70er Jahren wurde uns klar, daß das (sach)kapitalorientierte Expansionsdenken mit dem Glauben zusammenhängt, wonach der Fortschritt in der wachsenden Macht über die Natur liege. Jetzt bedrohen uns weltweit die Eingriffe in die Natur und die fatale Ungleichheit der Entwicklung: 15% der Weltbevölkerung verbrauchen mehr als 70% aller Weltrohstoffe, den weitaus größten Teil aller Güter der Welt. Die Zahl unterernährter Kinder mit Wachstumsstörungen wird auf dreihundert

Millionen geschätzt. Weltweit betrachtet ist von Massenkonsum keine Rede, und weltweit müssen wir die Dinge sehen, zumal die Entwicklung begonnen hat, sich auf das System unserer eigenen Bedürfnisse auszuwirken. Die "echte" Weltwirtschaft mit globalen Produktionsstrukturen, internationalisierten Kapitalmärkten und der Faszination eines Wohlstands, der als Glück beneideter Privilegierter erneut die Aspiration anderer reizt, wird auf eine gerechtere Verteilung des Anteils an ihm hinwirken müssen, um den Frieden zu sichern.

Hinzu kommen die eigenen Nöte der wohlhabenden Nationen. Das viel diskutierte "qualitative", "selektive", "organische" Wirtschaftswachstum wird eine veränderte Zusammensetzung des Sozialprodukts aufweisen müssen: einen reduzierten Anteil nicht regenerierbarer Ressourcen und umweltbelastender Produkte und einen größeren Anteil des reichlich vorhandenen und heute weitgehend ungenutzten menschlichen Leistungspotentials. Damit ergibt sich das Bild einer "humankapital-orientierten Wirtschaft",[10] deren Realisierung sozialkulturellen Wandel bedeutet. So mündet die relativ kurze Wohlstandsgeschichte der reichen Länder in die Problematik einer sich weltweit bildenden Massenkommunikationsgesellschaft, von der noch niemand weiß, welche Existenzformen sie finden wird.

Anmerkungen

1 *Max Weber,* Die protestantische Ethik und der Geist des Kapitalismus. In: Gesammelte Schriften zur Religionssoziologie, Band I, Tübingen 1920, S. 184.

2 Siehe bei *George A. Lundberg, M. Komarowsky und M.A. McInerny,* Leisure, A Suburban Study. New York 1934, S. 15.

3 *Werner Sombart,* Der moderne Kapitalismus, 6. Auflage, München und Leipzig 1924-1927, S. 293 und S. 327.

4 *Ernst Engel,* Die Lebenskosten belgischer Arbeiterfamilien früher und jetzt. In: Bulletin de l'Institut International de Statistique, Band 9, Rom 1895, siehe Vorwort.

5 *Erich Fromm,* The Revolution of Hope. New York 1968, S. 41.

6 *Theodor W. Adorno,* Laienkunst – organisierte Banausie? In: Wiener Schriften, Heft 20, herausgegeben vom Amt für Kultur, Volksbildung und Schulverwaltung der Stadt Wien, 1964. S. 56.

7 Siehe den Bericht über eine Tagung, die 1955 über das Thema "Kulturkonsum und Konsumkultur" in Wuppertal stattfand, S. 6. Dieser von *H.J. Leep* zusammengestellte Bericht ist nicht in Druckform erschienen.

8 *Kenneth E. Boulding,* The Consumption Concept in Economic Theory. In: The American Economic Review, Papers and Proceedings of the 57th Annual Meeting of the American Economic Association, Mai 1945, 35. Band, No. 2.

9 *George Katona,* Psychological Analysis of Economic Behavior, New York 1951; Psychological Economics, New York und Amsterdam 1975; siehe auch *Günter Schmölders,* Psychologie des Geldes, Hamburg 1966.

10 *Burkhard Strümpel,* Die Krise des Wohlstands, Stuttgart 1977.

Kapitel 1

Aspekte des Konsums

Charlotte Lorenz

Der Aufgabenkreis der soziologischen Verbrauchsforschung

1. Der Verbraucherhaushalt in soziologischer Sicht

Es ist ein besonderes Verdienst des Altmeisters der deutschen Verbrauchsforschung, *Wilhelm Vershofen,* die Verbrauchslehre als *soziologische Forschungsaufgabe* begründet und damit das Wissen vom Verbrauchshaushalt durch Erkenntnis seiner individuellen Wesensformen und seiner eigengesetzlichen Verhaltensweisen bereichert zu haben. Damit erfährt auch die Abzweigung einer verfahrenstechnisch und erkenntnis-theoretisch *verselbständigten Soziologie des Verbrauchslebens* neben der *Ökonomie des Verbrauchsmarktes* ihre Rechtfertigung. Die soziologisch fundierte Verbrauchsforschung setzt sich bewußt von der als "Behaviorismus" auftretenden Verhaltensforschung der amerikanischen Institutspraxis ab, welche das konsumtive Verhalten des Menschen als naturgesetzliche Notwendigkeit, als "psychologisches Gesetz" erkennt und auf dieser Erkenntnis die organisierte Kontrolle des daraus resultierenden Handelns begründet. Abweichend von dieser naturwissenschaftlich-realistischen Auffassung wird vom soziologischen Blickpunkt dem Umstande Rechnung getragen, daß die konsumtive Betätigung der menschlichen Gesellschaft von Impulsen gelenkt wird, die zum Teil *außerhalb* erkennbarer und berechenbarer Fakten liegen. Gerade im Hinblick auf das Mitwirken *irrationaler* Momente bei verbrauchswirtschaftlichen Entscheidungen sind auch der schematisierenden Verbrauchsplanung, wie sie besonders in den Vereinigten Staaten von privatwirtschaftlicher und institutioneller Seite betrieben wird, gewisse Schranken gezogen.

Das *Aufgabengebiet der soziologischen Verbrauchsforschung* wird in der Mannigfaltigkeit seiner materiellen und methodischen Problematik am besten durch die Tatsache verdeutlicht, daß es sowohl als selbständige komplexe Forschungsaufgabe wie auch als mittelbare sekundäre Grundlagenforschung im Dienste der marktwirtschaftlichen Verbrauchs-

Aus: Der Verbraucher. Konsumgenossenschaftliche Rundschau Nr. 33 (1955), 9. Jg., Hrsg. Dr. Erwin Hasselmann, Hamburg; S. 525-529.

beobachtung figuriert. In der für die empirische Sozialforschung in Deutschland charakteristischen Anlage zeichnet sich das verbrauchssoziologische Sachgebiet in zwei Betätigungskreisen ab:

1. im natürlichen Verbrauchsverhalten, d.h. in der spezifisch hauswirtschaftlichen Verbrauchsgebarung und
2. im verbrauchspolitischen Verhalten der organisierten Konsumentenschaft.

Im Beobachtungskreis der eigentlichen Verbrauchssphäre steht die Erforschung der Grundbedingungen, der Ordnung, Gestaltung und Betätigung des Verbrauchshaushalts zum Zwecke der materiellen und kulturellen Lebensbefriedigung im Vordergrund der Untersuchung. Die Betrachtung läßt sich hierbei in drei Unterabschnitte aufgliedern:

a) Die Grundlagen der soziologischen Verbrauchshaltung
b) Die Ordnung und Gestaltung des privaten Verbrauchshaushalts
c) Das Verhalten und die Betätigung des Verbrauchshaushalts.

2. Grundlagen des Verbrauchsverhaltens

Die Erforschung der *Grundlagen des konsumtiven Verhaltens*, die in der gewachsenen Lebensordnung und Funktionsweise der Bedarfsdeckung der Bevölkerung, in den Lebens- und Umweltbedingungen sowie in Veranlagungen und Wunschregungen des Verbrauchers zu suchen sind, richtet sich in der Hauptsache auf die Erfassung zweier wesensverschiedener Ursachengruppen: einmal die in der natürlichen Struktur des Verbrauchshaushalts und im willensmäßigen Verhalten der Verbraucher begründeten Faktoren und zum zweiten auf die außerhalb der verbrauchseigenen Lebenssphäre und der konsumtiven Willensbetätigung liegenden Bedingungen der Konsumgestaltung. In beiden Gruppen sind äußerlich erkenn- und erfaßbare mit inneren, nicht ohne weiteres bestimm- und meßbaren Tatbeständen überlagert.

Im *Lebensstil des Verbrauchshaushalts* findet das Zusammenspiel der vielfältigen, mit unterschiedlichem Gewicht wirksamen Triebkräfte, der sichtbaren und unsichtbaren Gestaltungsbedingungen seinen Ausdruck. Für den soziologischen Beobachter erhebt sich hierbei die methodisch und erkenntnismäßig verwickelte Aufgabe, den tatsächlichen Verbrauchseffekt, d.h. Umfang und Struktur des nachweisbaren Verbrauchs in seinem ursächlichen Zustandekommen zu bestimmen.

Als Kernproblem steht hierbei für den soziologischen Verbrauchsforscher die Frage im Vordergrund, in welchem Verhältnis das Verbrauchspotential und die tatsächliche Verbrauchsleistung zueinander stehen. Für die Ermittlung des Verbrauchspotentials lassen sich vom Blickpunkt des Sozialstatistikers eine Reihe von Zahlendaten beibringen, die an komplexe und partielle Erscheinungen anknüpfen, die also erhebungstechnisch den sozialen Organismus in seiner Gesamtheit oder in repräsentativen Schichten und Einzelsymptomen erfassen. So wird das Verbrauchspotential der Gesamtbevölkerung, unabhängig von der jeweiligen Bedarfsverfassung und von der spezifischen Verbrauchskraft des Individuums durch die sozialbiologische Eigenart des Volkes, insonderheit die altersmäßige Zusammensetzung die für die Haushaltsführung bestimmende Familienstandsgliederung geformt.

Betrachtet man die *Generationenschichtung der deutschen Bevölkerung* (des Reichs und der Bundesrepublik) im letzten Vorkriegs- und Nachkriegszähljahr (1910 und 1950), indem man die Geburtsjahrgänge der noch nicht erwachsenen (0 bis 15jährigen), der eigentlichen Kindergeneration, der Erwachsenen oder Erwerbsfähigen (im Alter von 15 bis 65 Jahren) und der Greisenschicht (der über 65jährigen) zusammenfaßt, so ergibt sich in Anteilssätzen das folgende Bild:

	1910	1950
Kinder	34,0	25,0
Erwachsene	61,0	66,5
Greise	5,0	8,5

Mit dieser Verlagerung in der Generationenschichtung geht nun auch eine grundlegende Veränderung in den konsumtiven Lebensansprüchen und damit in der Versorgungsordnung einher. So zeigt sich die relative Verringerung des Unterhalts- und Aufzuchtbedarfs für die Kinder und die jugendliche Bevölkerung in einem Zurücktreten der zur Ernährung, Bekleidung, Erziehung und Schulbildung benötigten Bedarfsartikel des Wohnraumes usw. Mit der relativen Abnahme des Verbrauchs an Nährmitteln, Kinderkleidung, Schulbedarf, Lehrmitteln, Lehrkräften und Schulbauten geht eine relative Verbrauchssteigerung im Lebensbedarf der erwachsenen, erwerbsfähigen Bevölkerung einher; diese zeigt sich hauptsächlich in einem Mehrverbrauch an Lebensmitteln, insbesondere Fleisch und Fetten, an Genußmitteln aller Art, wie Kaffee und Tee,

Tabak und alkoholischen Getränken, in einem beträchtlichen Mehraufwand an Bekleidung sowie an zivilisatorischen Bedarfsartikeln.

Neben der statistischen Erfassung der Verbrauchskraft in Form quantitativer Daten der Bevölkerungsstatistik geht die Ermittlung der subjektiv willensbestimmten Verbrauchsfaktoren mit Beobachtungsmitteln einher, welche monographische Schilderung mit einer Registrierung der in einzelnen Ausschnitten verfügbaren Daten der qualitativen Merkmalsart verbinden. Eine Direkterfassung dieser Fakten in zahlenmäßiger Form beschränkt sich auf eine repräsentative Ermittlung von potentiellen Verbrauchsfaktoren, die in Anlagen, Neigungen, Gesinnung, gesellschaftlicher Norm, Geschmacks- und Wunschrichtung begründet sind. Hierbei nimmt die laufende Beobachtung und Sammlung der *Bedarfswünsche typischer Verbrauchergruppen* einen besonderen Raum ein.

3. Verbrauchsstruktur und Verbrauchsgestaltung

Neben der Ermittlung der potentiellen Verbrauchskraft, wie sie der Volksorganismus in seiner sozialbiologischen Verfassung, in seinem Lebens-, Wirtschafts- und Kulturniveau repräsentiert, bildet die *Feststellung des tatsächlichen Verbrauchs in seiner Größe, Struktur und Entwicklung* den Hauptgehalt der empirisch-beschreibenden Verbrauchsbeobachtung. Die Statistik des Verbrauchsstandes und der Verbrauchsgestaltung befaßt sich mit einmaligen und laufenden Erhebungen über den Verbrauch und seiner Funktionsabhängigkeit in allen Bereichen des lebensnotwendigen, des zivilisatorischen und kulturellen Bedarfs. Je nach dem Beobachtungszweig und Informationszweck, nach Umfang und Zeitbasis der Ermittlung arbeitet die Statistik mit einer Reihe verschiedenartiger Methoden der Datensammlung und Auswertung. Während bei Ermittlung des volkswirtschaftlichen Gesamtverbrauchs eine Schätzung der mutmaßlichen Verfügungsmenge (auf Grund der Produktions-, Handels- und Vorratsstatistik) vorgenommen wird, arbeitet die Statistik des individuellen Haushaltsverbrauchs mit den Buchführungsergebnissen von repräsentativen Verbraucherschichten. Die in die Berichterstattung einbezogenen Wahlhaushalte werden entweder nur für einen einzigen Buchführungsabschnitt herangezogen, um dann einem neuen Berichterkreis Platz zu machen; oder aber sie wirken als Consumer Panel, d. h. als permanenter Mitarbeiterstab in unverändertem Personalbestand an der Materialgewinnung mit. Als Träger der laufenden Buchführungsstatistik des Verbrauchshaushalts stehen neben den statistischen Fachämtern die Gewerkschaften der Arbeiter und Angestellten sowie die Sozialforschungsinstitute an erster Stelle.

Vom soziologischen Standpunkt bietet die Auswertung dieses weitschichtigen Erfahrungsmaterials die Möglichkeit, den *Stand und die Wandlungen des sozialtypischen Lebensstandards* in den verschiedenen Einkommens- und Berufsschichten zu bestimmen. So verteilen sich nach den Ergebnissen der neueren Wirtschaftsrechnungen für die Bundesrepublik im Gesamtdurchschnitt aller buchführenden Haushalte die eigentlichen Verbrauchsausgaben mit 45 v.H. auf Lebensmittel und mit 55 v.H. auf den sonstigen Bedarf. Bei Zusammenfassung aller existenznotwendigen Aufwendungen einschließlich der Ausgaben für Bekleidung, Wohnungsmiete, Heizung und Beleuchtung entfallen auf den Lebensbedarf rund 75 v.H. und auf den Kulturbedarf rund 25 v.H. des verfügbaren Konsumeinkommens. Demnach verteilt sich der Verbrauchsaufwand im Verhältnis 3 : 1 auf die Gruppen des unelastischen und elastischen Bedarfs. Speziellere Einblicke in die konsumtiven Lebensgewohnheiten und Verbrauchswandlungen des Familienhaushalts gewinnt man jedoch erst auf Grund differenzierender Analysen der einzelnen Bedarfsgruppen, und zwar einmal beim Vergleich der Ausgabestrukturen verschiedener Verdienergruppen oder sozialer Schichten und zum anderen bei Ermittlung der Strukturwandlungen im Ausgabeetat gleicher Verbrauchergruppen bei wechselndem Einkommen. So dient der Vergleich zwischen den Ausgabestrukturen verschiedener Sozialschichten auf gleicher Zeitebene dem Zweck, die Differenzierung der Verbrauchsgebarung und der Lebensbefriedigung in der vom Einkommen, von der sozialen Stellung und vom Beruf her bestimmten Abstufung nach Ausgabebeträgen, Verbrauchsmengen und Güteklassen der Bedarfsartikel, Dienstleistungen und Darbietungen zu erkennen. Die Ermittlungen sollen also verdeutlichen, wie sich Umfang und Struktur des Verbrauchsaufwandes von Stufe zu Stufe verschieben und das Bild einer sozialtypischen Größenordnung in der Bedarfsgruppenfolge als Gesetzmäßigkeit des völkischen Lebensstandards hervortritt. Eine ähnliche Gesetzmäßigkeit wie für die Ausgabestruktur gleichzeitiger Einkommensgruppen läßt sich im zeitlichen Verlauf der Einkommensentwicklung für die tendenzielle Aufwandsgestaltung bei ein und derselben Verbrauchergruppe nachweisen.

Um eine gewisse Vorstellung über die qualitative Verschiedenheit und die zeitlichen Wandlungen in der Verbrauchsversorgung zu gewinnen, ist es erforderlich, die unterschiedliche und wechselnde Veränderung der

Preise für die verschiedenen Bedarfsgruppen und Güteklassen der Konsumartikel und sonstigen Verbrauchsnutzungen bei Anstellung von Zeitvergleichen auszuschalten, d.h. also preisunabhängige Bedarfsposten miteinander in Beziehung zu setzen. Abgesehen von dem reinen Mengenvergleich für einzelne eindeutig bestimmbare Warensorten oder andere Bedarfseinheiten können Rationen für größere Bedarfsgruppen nur dadurch verglichen werden, daß man unter Einsatz konstanter Preise Kostenbeträge für die einzelnen Bedarfsgruppen – gewissermaßen also preismäßig gewogene Mengenrationen – miteinander in Beziehung setzt, um auf diese Weise die Veränderung des typischen Verbrauchsvolumens für typische Sozialschichten nachzuweisen.

So ergibt sich bei Aufgliederung der preisbereinigten Verbrauchsausgaben, wie sie das Statistische Bundesamt auf Grund laufender Haushaltsbuchführung in repräsentativen Verbraucherkreisen ermittelt, für die Jahre 1950 bis 1952 die nachfolgende Aufwandsverteilung:

v.H.-Anteil der Ausgaben für einzelne Bedarfsgruppen

Bedarfsgruppe	in den Jahren 1950	1952
Ernährung	45,1	42,6
Genußmittel	5,6	5,6
Wohnung	10,1	9,1
Hausrat	4,5	6,8
Heizung und Beleuchtung	5,3	5,0
Bekleidung	13,2	14,6
Reinigung und Körperpflege	4,2	4,2
Bildung und Unterhaltung	7,0	7,4
Verkehr	2,1	2,4
Sonstiger Bedarf	2,9	2,3

Aus den Anteilsverschiebungen, die sich der vorstehenden Größenordnung für die unelastischen und elastischen Bedarfsgruppen entnehmen lassen, können gewisse Folgerungen für den mutmaßlichen Fortgang bestimmter Entwicklungstendenzen gezogen und damit Ausblicke auf den künftigen Charakter der hauswirtschaftlichen Ausgabestruktur gewonnen werden. So deutet nach den vierteljahrsweise vorliegenden Wirtschaftsrechnungen die *tendenzielle Entwicklung des westdeutschen*

Verbrauchshaushalts auf eine fortschreitende Kultivierung des Lebensstils, die sich in einem verstärkten Hervortreten der Aufwendungen für den elastisch und variablen Bedarf, namentlich in den Bereichen Bildung und Unterhaltung sowie Verkehr geltend macht.

Neben der familienwirtschaftlichen Verbrauchsstatistik bildet auch die *volkswirtschaftliche Gesamtrechnung* eine geeignete Erkenntnisquelle zur Beobachtung tendenzieller Veränderungen im gesamtvölkischen Verbrauchshaushalt, wobei die Ermittlung genereller Kennziffern des typischen Verbrauchsvolumens, ... eine brauchbare Handhabe bietet.

4. Soziologische Verbrauchspolitik

Die soziologische Erforschung des privaten Verbrauchshaushalts findet – ähnlich wie die Verbrauchsmarktforschung in der marktwirtschaftlichen Verbrauchspolitik – ihre Parallele in der *soziologischen Verbrauchspolitik.* Aus der Einsicht in die Bedarfslage und Verbrauchsbetätigung des Haushalts ergibt sich die Richtschnur für das verbrauchspolitische Handeln im Interesse der gesamten Konsumentenschaft. Hierbei wird die *Lebensbefriedigung des Einzelverbrauchers und des familiären Verbrauchshaushalts zum sozialethischen Gebot erhoben und zugleich den Grundsätzen der sozialen Marktwirtschaft* vorgeschaltet. Für den soziologisch orientierten Verbrauchspolitiker bieten die Erkenntnisse der Verbrauchsforschung wertvolle Ansatzpunkte zur Rechtfertigung seiner Förderungsmaßnahmen und zum Erfolgsnachweis aktiver Verbrauchspolitik.

Die Wahrung des allgemeinen Verbraucherinteresses innerhalb und außerhalb der eigenen Reihen betätigt sich in objektiver Betreuung durch Leitstellen der Sozial- und Wirtschaftsverwaltung, der marktwirtschaftlichen Fachorgane und institutionellen Forschungsstellen sowie in subjektivem Einsatz für die Eigenversorgung in Form der organisierten Verbraucherselbsthilfe.

Die Apparatur, deren sich die verantwortlichen Träger der objektiven Verbraucherförderung zur Durchsetzung ihrer Maßnahmen bedienen, ist äußerst vielgestaltig; sie ruht im wesentlichen auf den Fundamenten der Gesetzgebung, der Erziehung, Belehrung und Berufsausbildung, der Gesundheitspflege, der Kulturpolitik und Marktwerbung. In allen diesen Betreuungszweigen wird eine Hebung des Lebensstandards in den Bereichen der existenznotwendigen und verfeinerten Lebensführung als

Hauptziel oder Nebenzweck direkter und indirekter Verbrauchslenkung verfolgt. Es ist die besondere Aufgabe der objektiven Verbrauchsförderung, sich mit den berufenen Organen der Verbraucherselbsthilfe in gemeinsamer Interessenwahrung zu verbinden oder den von den Konsumentenorganisationen verfolgten Zielen zur Durchsetzung zu verhelfen, ebenso wie von seiten der organisierten Verbraucherschaft eine Koordinierung der Eigeninteressen mit den verbrauchsinteressierten und verbrauchsorientierten Kreisen der Fachverwaltung, Fachverbände und gemeinnützigen Institutionen angestrebt werden muß.

Es ist das vornehmste Ziel der von den Selbsthilfeorganen der Konsumentenschaft betriebenen Förderungspolitik, sich für alle dem *Schutz des Verbrauchers vor Schädigungen in seiner Bedarfsdeckung* dienenden Vorkehrungen und Maßnahmen einzusetzen und in fördernder Lenkung der Verbrauchsgebarung auf eine soziale Hebung des konsumtiven Lebensstandards hinzuwirken. Der Erreichung dieses Zieles dienen vorwiegend drei Maßnahmegruppen: 1. organisatorische Zusammenschlüsse zur Förderung des Konsumentenschutzes, 2. Einflußnahme auf die verbrauchsfördernde Gesetzgebung und 3. Schaffung eines wirksamen Kontaktes mit der gewerblichen Versorgungswirtschaft im Sinne einer verbrauchsgünstigen Marktlenkung.

Welches Gewicht in diesem Bereich der Sozialbetreuung der organisierten Gemeinschaftshilfe zukommt, geht schon daraus hervor, daß auf internationalen Kongressen, die von führenden Organisationsvertretern und Fachwissenschaftlern aller Länder beschickt werden, Erfahrungen ausgetauscht und Möglichkeiten für eine solidarische Ordnung der Verbraucherbetreuung, nicht zuletzt durch Einflußnahme auf eine soziale Gestaltung der Weltmarktpreise erörtert werden.

Wie in allen Zweigen der empirischen Sozialforschung Tatbestandsaufnahme und theoretische Einsicht mit aktiver Sozialpolitik eng verknüpft sind, so begegnen sich auch im *Gemeinschaftswerk der soziologischen Verbrauchsforschung* historisch-statistische Verbrauchsbeobachtung, empirische Verbrauchstheorie und soziale Verbrauchspolitik als Erfolgsrechnung und Verhaltenslehre. Es ist ein besonderes Kennzeichen der verbrauchstheoretischen Arbeit, namentlich in Deutschland, daß sie weniger als abstrakte Modelltheorie und materielle Funktionslehre auftritt, sondern ihre Aufgabe darin sieht, die Eigengesetzlichkeit des Verbrauchs in allen sichtbaren Gesellschaftformen in ihren konkreten und in ihren nicht quantifizierbaren Erscheinungen zu erkennen. Diese Umschreibung des Typus und der Verhaltensregel vergegenständlicht sich in der Verbindung von Geschichte und Gegenwartsbetrachtung, in der Erfassung von Wirklichkeit und Wunschrichtung; sie diktiert die Normen für den sozialen Verbrauchsstandard, der – als Gebot der optimalen Lebensbefriedigung – auch die Leitregel für den Einsatz aktiver Verbrauchsförderung abgibt.

Emil Küng

Der aufwendige Verbrauch

Zielscheibe der Zeitkritik ist heute recht häufig das, was man etwa den demonstrativen Konsum nennt, eine Neigung der Leute also, sich viel zu leisten und durch diesen aufwendigen Verbrauch ihre Selbstachtung und die erwartete Fremdachtung zu heben. Woher rührt diese Tendenz? Ist sie spezifisch für die Gegenwart und die Wohlstandsgesellschaft? Hat sie etwas damit zu tun, daß wir in einem Zeitalter der Dynamik leben? Ist sie verknüpft mit der Demokratisierung der modernen Großgesellschaft?

In ständischen Ordnungen ist es nicht nötig, daß jemand ausdrücklich bekanntgibt, wer er ist und welcher Schicht er angehört. Das kommt in seiner Kleidung, seinem Auftreten, seiner Bedienung (oder dem Fehlen einer solchen) sogleich zum Ausdruck. Es besteht eine pyramidenartige Rangfolge des Sozialprestige, die jedermann einigermaßen bekannt ist und an die man sich selbstverständlich hält. Das ist seit der französischen Revolution und der damit einsetzenden Fundamentaldemokratisierung anders geworden. Für zahlreiche Leute fehlt eine sichere soziale Einstufung – insbesondere natürlich für jene, die sich die ausgeprägte Mobilität zunutze machen, die also Beruf oder Beschäftigung wechseln, von einem Ort zum andern ziehen, gesellschaftlich aufsteigen oder ihre Einkommens- und Vermögenslage ändern. In allen diesen Fällen ist die Gruppenzugehörigkeit keineswegs ein für allemal fixiert. Die soziale Distanz nach oben und nach unten ist durchaus nicht rechtlich festgelegt, sondern bleibt unbestimmt.

Es ist nun psychologisch verständlich, wenn manche Zeitgenossen – vor allem eben jene, die gleichsam auf der Wanderschaft sind – gewisse Gefühle der Unsicherheit nicht unterdrücken können. In der Tat gibt es die "soziale Sicherheit" nicht nur in dem heute geläufig gewordenen materiellen Sinne, sondern ebenso im Sinne der Statussicherheit. Dieses Gefühl der Einordnung und Geborgenheit aber läßt überall dort zu wünschen übrig, wo die Beziehungen mit den andern mehr oder minder anonym sind, also in den Großgruppen, auf der Straße, im Zuge, im Hotel, auf dem Sportplatz, im Kino oder selbst im Großbetrieb. Hier kommt

Aus: GFM-Mitteilungen zur Markt- und Absatzforschung Nr. 1 (1968), 14. Jg., S. 6-8.

es dazu, daß der einzelne bewußt oder unbewußt unter seiner Statusunsicherheit zu leiden beginnt und daß er deshalb bestrebt ist, sein Streben nach gesellschaftlicher Anerkennung mit den Mitteln so gut als möglich zu befriedigen, die ihm zur Verfügung stehen. Orden, Titel oder Uniform gibt es dafür nicht ohne weiteres. Warum also nicht das, was der heutigen Wohlstandsgesellschaft adäquat ist – nämlich der aufwendige Konsum?

In der Tat läßt sich der Hang zum aufwendigen Verbrauch teilweise so interpretieren, daß er gar nicht in erster Linie zurückzuführen ist auf den Willen zum Konsum, sondern auf das Geltungsstreben. In dieser Bedeutung spricht man vom "Geltungskonsum" – obwohl dabei natürlich nicht Geltung konsumiert wird. Es handelt sich um einen unbewußten psychischen Mechanismus, durch den das innere Gleichgewicht wiederhergestellt werden soll, während doch Selbstwertzweifel bestehen. Der Ausgangspunkt ist danach der Eindruck, daß die andern den eigenen Status nicht kennen oder nicht genügend würdigen. Und um diese Würdigung zu erzwingen, verlegt man sich darauf, mit jenen Dingen zu imponieren, die man hat. Das sind die bekannten Statussymbole, die in einer anonymen Gesellschaft naturgemäß in Äußerlichkeiten bestehen müssen.

Es ist klar, daß sich dazu für die Damen in erster Linie Bekleidungs- und Schmuckgegenstände eignen. Haben Sie schon beobachtet, wie eine neu eingetroffene Frau beim Betreten des Speisesaales im Hotel von ihren Geschlechtsgenossinnen taxiert wird? Da geht es von den Schuhen über die Strümpfe, vom Rock zum Pelz, vom Arm- und Ohrenschmuck bis zur Frisur – und natürlich zur Figur. Kritischer könnte man kaum auf dem Laufsteg gemustert werden. Dann erfolgt die Einschätzung. Steht sie über oder unter mir? Tatsächlich wiederholt sich hier, was man in der Tierwelt die Einstufung in der "Hackordnung" nennt, jene Rangfolge also, die dort im Zuge von Ausscheidungskämpfen ermittelt wird. In der anonymen menschlichen Großgesellschaft finden zwar keine solche Kämpfe statt. Wohl aber versucht dennoch fast jeder (und jede), die andern zu übertreffen und möglichst hoch in der Pyramide eingereiht zu werden. Da man den Beruf und die Stellung des Mannes, die Titel und die Herkunft nicht ohne weiteres erkennen kann, bedient man sich dazu notgedrungen kostspieliger äußerer Dinge.

Etwas anders wickelt sich naturgemäß der Kampf um den gesellschaftlichen Stellenwert innerhalb jener Gruppen ab, in denen man sich gegenseitig kennt. Gewiß verleiht auch da die Automarke noch eine gewisse Würde. Pelzmäntel sind sodann ein beliebtes Auszeichnungsmerkmal – wirksam insbesondere dann, wenn die andern abschätzen können, wie hoch der Preis ist. Neuerdings ist sodann die Wohnungsausstattung zu einem beliebten Tummelplatz für den aufwendigen Verbrauch geworden. Der Run auf die Antiquitäten und Negermasken hat wohl auch teilweise seinen Ursprung darin, daß man den Eindruck hat, hier handle es sich um etwas besonders Seltsames und Seltenes, das nicht ohne weiteres reproduziert werden könne. Daß echte Bilder und sonstige Kunstgegenstände nicht bloß deswegen gesammelt werden, weil sie dem Eigentümer einen subjektiven Genuß bereiten, sondern weil sie sich als Demonstrationsobjekte und Erfolgsausweise eignen, liegt auf der Hand. ...

Interessant ist, daß nun auch die Ferienziele in den Bereich jener Objekte geraten sind, mit Hilfe derer man zeigen kann, was man ist und was man vermag. Da werden zunächst massenhaft Postkarten in die Heimat zurückgesandt. Nach der Rückreise ist es in den ersten Tagen der braune Teint, der ein Überlegenheitsgefühl verschafft. Später sind es die Aufnahmen, die man gemacht hat, und die Projektionen, die man den armen Gästen vorführt, welche zeugen sollen von den Erlebnissen. Klar erkennbar ist hierbei in der neuesten Zeit eine Tendenz, die dahin geht, daß der Prestigewert des Urlaubszieles um so größer ist, je weiter entfernt es von zu Hause ist und je fremdartiger dort die Verhältnisse sind. Hinzu kommt auch die Genugtuung darüber, daß man vielleicht "neue Gegenden" entdeckt und "erschlossen" hat. ...

Ganz analoge Dinge ereignen sich nun auch auf dem Gebiet des Verbrauchs. Die Familie B muß einen Wagen anschaffen, weil die Familie A einen hat. Die Kinder drängen darauf, daß man endlich auch nach Mallorca in die Ferien fährt, nachdem schon fast alle andern dort waren. Durch den gleichen Prozeß der seelischen Ansteckung breitet sich der Fernsehapparat oder irgendein anderes neues Gadget aus. Es entstehen mit andern Worten Kaufwellen; die Nachfrage nimmt bloß deswegen zu, weil die andern etwas verlangen. Und konzentrieren sich die Wünsche auf etwas Kostspieliges – nun dann kommt es eben zum aufwendigen Verbrauch.

Ein besonders charakteristisches Beispiel für diese Nachahmung bietet das Leben eines mittleren erfolgreichen amerikanischen Managers. Er steht nämlich unter einem unerhörten "Konformitätsdruck" insofern, als ihm von der Gruppennorm ziemlich genau vorgeschrieben wird, wo und wie er zu wohnen hat. Wird er beispielsweise befördert, so muß er unter Umständen auch das Quartier wechseln und ein neues Haus beziehen –

ob ihm das persönlich paßt oder nicht. Die Wagenmarke, die er fährt, richtet sich nach seiner hierarchischen Stellung in der Firma und nicht nach seinen persönlichen Vorlieben. Der Club, in dem er verkehrt, ergibt sich fast ebenso zwangsläufig aus dieser Position.

Daraus geht hervor, daß der aufwendige Verbrauch solcher Leute unter Umständen keineswegs ihren eigenen autonomen Antrieben entspringt, sondern durchaus einen mehr oder minder unausweichlichen Sozialzwang darstellt, gleichgültig, ob die Betreffenden etwas davon haben oder nicht. Sie sind die Gefangenen eines Systems, in dem der zur Schau getragene Lebensstandard gleichzeitig als Erfolgsausweis fungiert. Wer diesen Erfolg dokumentieren und nicht unter Umständen eine weitere Beförderung verscherzen will, hat sich den verbindlichen Gruppennormen zu beugen. Hier geht es mit andern Worten nicht so sehr darum, sich etwas zu leisten, sondern sich etwas leisten zu müssen. ...

Selbstverständlich muß nun stets jemand da sein, der die Verbrauchsnormen aufstellt. Das sind die "Pace setters", die Schrittmacher oder Bahnbrecher, denen dann die andern ... folgen. Waren früher der Hof und der Adel unbestritten tonangebend, so ist diese Führungsrolle im Zuge des Demokratisierungsprozesses naturgemäß auf andere übergegangen. So wählen z.B. Teens und Twens ihre Leitbilder nicht mehr unter den Reiferen, sondern unter ihren Altersgenossen. Schlagersänger und Filmstars sind hier die Idole, denen nachgeeifert wird. Sie können es sich in einer im übrigen durch und durch nivellierten Gesellschaft noch einigermaßen ungestraft erlauben, aus der Reihe zu tanzen und aufzufallen. ...

Halten wir fest, daß es den Snobs darum geht, exklusiv zu sein und zu wirken, sich von der Masse der übrigen abzuheben. Daß dieses Differenzierungsstreben nicht auf die Dauer erfolgreich sein kann, weil die Nachahmer den Bahnbrechern folgen, liegt freilich auf der Hand. Dann muß eben von neuem etwas Ausgefallenes geschaffen werden. Wo nun der Snob-Effekt dominiert, verhält sich die Nachfrage auf den Märkten genau umgekehrt wie im Normalfall. Während üblicherweise bei niedrigeren Preisen von einem Gut mehr gekauft wird, kann es hier dazu kommen, daß ein höherer Preis die Nachfrage belebt, weil die Kostspieligkeit als Auszeichnungsmerkmal betrachtet wird. Je teurer etwas ist, desto mehr taugt es dazu, einem Snob Genugtuung zu verschaffen und sein Sozialprestige zu erhöhen.

In den Vereinigten Staaten gab es einen bedeutenden Nationalökonomen und Soziologen namens Thorstein Veblen, von dem der Ausdruck und die Beschreibung der "conspicuous consumption" stammt. Es handelt sich um das, was als "demonstrativer Konsum" in den deutschen Sprachgebrauch eingegangen ist. Es liegt nahe, daß das Bestreben, sich durch den sichtbaren Verbrauch hervorzutun, vor allen Dingen bei den Neureichen anzutreffen sein wird. Personen und Familien, die kraft ihrer wirtschaftlichen Erfolge aufgestiegen sind, möchten den gewonnenen höheren Rang auch nach außen zum Ausdruck bringen. Man möchte zeigen, was man sich leisten kann und wie weit man es gebracht hat. Und da dies nicht ohne weiteres mit Titeln oder klugen Gesprächen, mit Kulturverständnis oder Kunstkenntnis möglich ist, greift man eben zu jenen Mitteln, die sich käuflich erwerben lassen. Der demonstrative Konsum wird zu einer Art von Tüchtigkeitsprämie, zum Nachweis für den erfolgten sozialen Aufstieg.

Da indessen in einer Epoche des raschen Wirtschaftswachstums die Neureichen keineswegs zu den Ausnahmen zählen, sondern gleichsam zu einer Massenerscheinung geworden sind, ist es kein Wunder, wenn auch der aufwendige Konsum so sehr um sich greift – unabhängig davon, was die Puritaner davon halten mögen. Verwunderlich erscheint im Gegenteil, daß in zahlreichen Ländern – wie z.B. auch der Schweiz – die Spartätigkeit der Haushalte trotz all den geschilderten Verlockungen und Sozialzwängen noch so außerordentlich rege ist. Mit den Ersparnissen läßt sich doch kein Staat machen – es sei denn, sie würden in dauerhaften Konsumgütern angelegt.

Die hervorgehobene Tatsache deutet doch darauf hin, daß sich nicht jedermann den Gesetzen des aufwendigen Verbrauches unterwerfen läßt. So dürfte feststehen, daß die "Altreichen" im allgemeinen an ihren Spartraditionen festhalten. Sie haben es auch nicht so sehr wie die Neureichen nötig, ihren Status nach außen zur Kenntnis zu bringen. Wenigstens in den Kleingruppen des Bekanntenkreises weiß man darüber ja hinreichend Bescheid. Und den andern zu imponieren wird vielleicht als snobistisch abgelehnt. Ähnlich liegen die Dinge wohl auch in jenen Schichten, die kraft Bildung und Beruf zu angesehenen sozialen Positionen gelangt sind. Glücklicherweise ist bei uns auch im Gegensatz zu den Vereinigten Staaten der erfolgreiche Manager noch nicht unbedingt ein Sklave der "Außenlenkung", der den Signalen der Mitwelt bedenkenlos folgt und sich den Gruppennormen unterordnet.

Schließlich darf auch nicht übersehen werden, daß selbst im Kreise derjenigen, die in den jüngsten Jahren und Jahrzehnten einen beträchtlichen Aufschwung ihrer Realeinkommen erlebt haben und die man insofern als Neureiche bezeichnen könnte, längst nicht alle den aufwendigen

Verbrauch um seiner selbst willen pflegen. Der Umstand jedenfalls, daß die Ausgaben der Eltern für die Ausbildung der Kinder im ständigen Zunehmen begriffen sind, ist ein beruhigendes Symptom dafür, daß durchaus nicht alles dem Gegenwartsverbrauch geopfert wird. Auch das Anwachsen der Haushaltsersparnisse wäre im gegenwärtigen Ausmaße nicht denkbar, wenn nicht auch die Angehörigen der unteren Einkommensschichten sich stärker als früher daran beteiligten.

Darf man sich darauf verlassen, daß die genannten Bremsen und Gegengewichte auch in Zukunft hinreichend funktionsfähig bleiben werden? Das wäre offenbar übertrieben. Denn die Anonymität in unseren gesellschaftlichen Großverbänden wird in Zukunft nur immer stärker werden – in Verbindung damit aber auch die Statusunsichtbarkeit und das Bedürfnis, den eigenen Status deutlich zum Ausdruck zu bringen. Die Dynamik unserer Ordnung ist noch längst nicht am Ende, sondern könnte sich im Gegenteil noch beschleunigen – als Ergebnis davon aber auch die Statusunsicherheit und der Wunsch, mit äußerlichen Merkmalen mehr soziale Sicherheit zu gewinnen. ... Das Verhaltensschema der amerikanischen Pyramidenkletterer – nämlich der "executives" – dürfte früher oder später auch in Europa nachgeahmt werden. Das Wohlstandsniveau wird weiter steigen – und als Resultat aller dieser Tendenzen vermutlich auch der aufwendige Verbrauch.

Walter Bungard

Konsumenten-Entscheidungen

Ein Vergleich ökonomischer und psychologischer Erklärungsansätze

1. Ökonomische Forschungsansätze

Betrachtet man die Geschichte der Nationalökonomie, so kann man feststellen, daß die Frage nach den Entscheidungen von Konsumenten von Anfang an eine zentrale Rolle spielte. Dies muß im Zusammenhang mit zwei Grundideen gesehen werden, die im 18. Jahrhundert entscheidend zur Entwicklung der klassischen Ökonomie beigetragen haben (vgl. *Albert,* 1965, S. 142):

1. Die *theoretische Idee* eines relativ autonomen Marktsystems, das als Anreiz- und Steuerungssystem nach bestimmten analysierbaren Gesetzmäßigkeiten funktioniert.
2. Die *methodische* Idee der Zurückführung der Prozesse in diesem Marktsystem auf die Bedürfnisse und die Bedürfnisbefriedigung der an ihnen beteiligten und von ihnen betroffenen Individuen.

In Anknüpfung an den zweiten Punkt wurde später im *Bentham*'schen Utilitarismus diese psychologische Reduktion in den Vordergrund gestellt und das Ergebnis war dann schließlich die aus den Lehrbüchern bekannte nutzentheoretisch formulierte Lehre vom Marktmechanismus. Man geht davon aus, daß die Nachfrage nach einem Gut – ceteris paribus – sinkt, wenn der Preis steigt und umgekehrt. Die neoklassische Analyse unterstellte dabei das Prinzip der Nutzenmaximierung, wonach sich jedes Individuum als Konsument so verhält, daß es bei einem gegebenen Einkommen und Preis ein Maximum an Nutzen realisiert. Eine der wesentlichen Leistungen der Neoklassik bestand also darin, daß das Konsumverhalten und die Bedürfnisbefriedigung in die theoretische Analyse einbezogen wurde (*Albert* 1965, S. 149), indem so die Preisbildung auf den Konsumgütermärkten erklärt werden konnte, welche ihrerseits zur Steuerung des gesamten Marktgeschehens beiträgt.

Aus: Jahrbuch der Absatz- und Verbrauchsforschung 31 (1985), H. 1, GfK, Nürnberg, S. 74-95.

Die neoklassische Theorie stellt sich insgesamt als ein einheitliches und geschlossenes Theoriegebäude dar, welches unter Verwendung mathematischer Ausdrucksweisen systematisch durchstrukturiert ist und die Ableitung einer Fülle von Aussagen ermöglicht.

Diese marginalistische Revolution mit ihrer Rationaltheorie der Nachfrage war unmittelbar mit der Vorstellung des sog. homo-ökonomicus-Modells verbunden. *Rosenstiel* und *Ewald* (1979, S. 19) geben eine plastische Beschreibung dieses Menschenbildes: "In der theoretischen Literatur begegnet uns der "Homo Oeconomicus" als ein zweckrationales, reinen Nutzerwägungen folgendes, dem Erwerbsstreben verfallenes Wesen, das mit der Fähigkeit ausgestattet ist, sich aufgrund der Kenntnis sämtlicher Marktdaten (Angebots- und Nachfragebedingungen) also vollständiger Informiertheit (Markttransparenz), mit unendlicher Reaktionsgeschwindigkeit auf veränderte Marktkonstellationen einzustellen und entsprechend am höchst erreichbaren Nutzen orientiert zu handeln".

Diese pointierte Formulierung macht unmittelbar deutlich, daß es sich hierbei nicht um ein realistisches Abbild des Konsumenten, sondern um eine Fiktion handelt, deren Wert nicht nach ihrem Wahrheitsgehalt, sondern danach bemessen werden kann, wie weit logische Ableitungen aus diesem Grundmodell zu weiteren fruchtbaren Fragestellungen und Einsichten führen (*Wiswede,* 1973, S. 44).

Es würde den Rahmen dieser Arbeit sprengen, auf die verschiedenen Varianten und Weiterentwicklungen der neoklassischen Ansätze im Rahmen der ökonomischen Theorienbildung einzugehen – man denke z.B. an die Indifferenz-Präferenz-Theorie der Kaufentscheidung (*Hicks* 1939; *Edgeworth* 1954) oder die Theorie der faktischen Präferenz (*Hicks* und *Allen* 1934; *Samuleson* 1938; *Houthakker* 1950; *Little* 1949) – es bleibt aber festzustellen, daß auch in diesen und zahlreichen anderen Konzeptionen die Rationalität des homo öconomicus oder zumindest eine "beschränkte Rationalität" bzw. eine "subjektive Rationalität" aufgrund bestimmter Definitionen axiomatisch vorausgesetzt wird und daß deshalb die Rationaltheorie der Nachfrage in all ihren Versionen in der Nationalökonomie nach wie vor eine große Rolle spielt.

2. *Wissenschaftstheoretische und methodologische Kritik*

Die neoklassische Theorienbildung ist in der Folgezeit vielfach unter verschiedenen Gesichtpunkten kritisiert worden. So wurde innerhalb der Nationalökonomie schon sehr früh die Brauchbarkeit des Rationalitätskriteriums hinterfragt, ohne daß sich aber unmittelbar eine Umorientierung auf breiter Basis vollzogen hätte (*Brentano* 1924; *Streissler* und *Streissler* 1966; *Streissler* 1974).

Hier soll aber im folgenden vor allem die Kritik von Nicht-Wirtschaftswissenschaftlern interessieren. Zunächst einmal haben vornehmlich Psychologen herausgestellt (*Katona* 1953, 1960, 1975, vgl. zusammenfassenden Überblick bei *Rosenstiel* und *Ewald* 1979, *Wiswede* 1964, 1973), daß diese angeblich auf Psychologie reduzierbare Theorie der Konsum-Nachfrage keineswegs den Prozeß der Bedürfnisbefriedigung einbezog, bzw. erklärte (da ja nur die tatsächlichen Marktentscheidungen beachtet wurden, d.h. also daß die Bedürfnisse lediglich als "Daten" behandelt wurden), sondern auf einer "eigenproduzierten psychologischen Basis", wie *Morgenstern* es nannte, beruhte, die losgelöst von der Motivationsforschung der Psychologie, etabliert wurde. Mit a.W. das alles habe, ähnlich wie beim sog. fundamentalpsychologischen Gesetz von *Keynes* (1936) (wonach Konsum eine Funktion des Einkommes ist) mit Psychologie gar nichts zu tun bzw. widerspreche grundlegenden Erkenntnissen der Psychologie. "Das ist diese 'hausgemachte Psychologie' ..., die natürlich den Spott der Psychologen herausfordert" (*Schmödlers,* 1962, S. 47).

In der Tat gab es auch zwischen den Vertretern des Marginalismus und der damaligen psychologischen Forschung so gut wie keine Kontakte. Man vergleiche hierzu die Diskussion auf der Tagung des Vereins für Socialpolitik im Jahre 1932, in der das Bestreben deutlich wurde, sich von der Psychologie zu separieren (*Rosenstiel* und *Ewald* 1979).

Die wenigen Kontakte zwischen Ökonomen und Psychologen erwiesen sich darüber hinaus nicht gerade als sehr fruchtbar, da eine entsprechende Verständnisbasis zu fehlen schien. *Dalton* (1948, S. 107) beschrieb diese Situation wie folgt: "Der Sozialökonom blickt voller Hoffnung auf den Psychologen. Aber dieser neigt dazu, sich mit steinernem Blick und ausdruckslosem Gesicht abzuwenden und von anderen Fragen zu sprechen, beispielsweise von der unzureichenden psychologischen Grundlegung der modernen Wirtschaftstheorie. So sieht sich der Sozialökonom, solange er nicht auf eine etwas nützlichere Hilfe von Psychologen rechnen kann, auf seine eigenen schmalen Reserven an Psychologie angewiesen" (zit. nach *Schmölders* 1962, S. 46).

An dieser Beziehungslosigkeit hat sich auch später nicht viel geändert: Im Zuge der fortschreitenden Formalisierung wurden relevante psychologische Erkenntnisse zugunsten entscheidungslogischer Argumentationsweisen systematisch vernachlässigt, da sich durch die Reduzierung der Konsumproblematik auf Marktprobleme die Phänomene offensichtlich einfacher darstellen ließen. Kurz gesagt: Die nutzentheoretischen Ideen dienten nicht der Erklärung der tatsächlichen Konsumentenreaktionen, sondern sie blieben eine Darstellungsart der Struktur rationaler Entscheidungen unter idealisierten Bedingungen, "ein operationales Prinzip der Entscheidungslogik" (*Wiswede* 1973, S. 43). *Carell* (1951, S. 21) hat in diesem Zusammenhang gefragt, wie wohl der Besucher eines Gasthauses reagieren würde, wenn ihm der Kellner mitteilte, daß er auf das Schnitzel leider verzichten müsse, daß er aber dafür die zehnfache Menge Kartoffel bekäme. "Es ist wohl zu vermuten", so die Antwort von *Wiswede* (1973, S. 48), "daß dieser Gast kopfschüttelnd das Lokal verlassen wird, es sei denn, er wäre zufällig Volkswirt."

Die Kritik zahlreicher Psychologen läuft also zusammenfassend betrachtet darauf hinaus, daß die ökonomischen Ansätze nur den Anschein erwecken, psychologische Sachverhalte zu berücksichtigen, was nach *Kroeber-Riel* (1970) den Eindruck intellektueller Unredlichkeit hinterläßt: "Beim Lesen wirtschaftswissenschaftlicher Texte ergibt sich immer wieder die Frage, warum viele Wirtschaftswissenschaftler nicht wahrhaben wollen, daß ihre Sätze rein theoretische Konstruktionen sind. Die reinen Theoretiker entwickeln immer mehr die Gewohnheit, mit der Wirklichkeit zu liebäugeln. Sie geben an, daß ihre theoretischen Sätze realitätsbezogen sind und vermischen zu diesem Zwecke empirische und theoretische Sprache. Diese Taktik erwirkt manchmal sogar den Eindruck einer intellektuellen Unredlichkeit. Vielleicht ist es auch lediglich der Ausdruck einer unbewußten Rationalisierung von Autoren, die das Gefühl haben, daß die von ihnen entworfenen Theorien für die angestrebte Erklärung der Wirklichkeit nicht relevant sind" (*Kroebel-Riel* 1970, S. 2).

Für die späteren Überlegungen sind darüberhinaus die wissenschaftstheoretischen Argumente von *Albert* interessant, welche in mehreren Publikationen Mitte der 60er, Anfang der 70er Jahre vorgebracht wurden (*Albert* 1964, 1965, 1973). *Albert* wirft der neoklassischen Theorie und deren Derivaten einen sog. Modell-Platonismus vor.

Damit sind die Versuche der reinen Ökonomie gemeint, ihre Aussagen durch die Anwendung sog. "konventionalistischer Strategien" gegen jegliche Erfahrung zu immunisieren. Durch die Bevorzugung von Gedankenexperimenten, der Präsentation plausibler Beispiele und Konstruktion abstrakter Modelle wird eine methodologische Konzeption "aprioristischen" Charakters verwendet, die letztlich eine empirische Prüfung der Theorie verhindert.

Dies läßt sich z.B. am sog. Nachfragegesetz für die Konsumgütersphäre illustrieren, wonach die von den Konsumenten nachgefragte Menge eines Produktes als eine monoton abnehmende Funktion des Preises beschreibbar ist. Dieses Gesetz gilt aber nur unter der "berühmt-berüchtigten" ceteris-paribus-Klausel. Eine derartige Klausel muß aber nun als wesentlicher Bestandteil des Nachfragegesetzes in den Wenn-Satz integriert werden und daraus ergibt sich die wissenschaftslogische Konsequenz, daß der informative Gehalt der Gesamtaussage von der Interpretation der ceteris-paribus-Klausel abhängt. Werden die konstant zu haltenden Faktoren nicht, nur teilweise oder sogar kontradiktorisch präzisiert, so führt eine derartige unqualifizierte Klausel zu einer zunehmenden Immunisierung gegenüber jeglichen empirischen Widerlegungsversuchen, da aufgrund dieses "unbeschränkten Alibis" jedes abweichende Datum auf irgendeinen Faktor zurückgeführt werden kann, der eben nicht konstant geblieben ist. Solche nicht "normalen" Erscheinungen werden dann bestenfalls als Mitläufer-, Snob- oder Veblen-Effekte etikettiert, ohne eine Revision der Nachfragetheorie ins Auge zu fassen.

Vorzugsweise werden nun mit Hilfe dieser Strategie alle außerökonomischen Faktoren aus der näheren Betrachtung ausgeschlossen, so daß die Immunisierung z.B. gegenüber psychologischen Einflüssen mit einer Immunisierung gegenüber jeglicher Erfahrung einhergeht.

Wird die ceteris-paribus-Klausel dagegen im einzelnen spezifiziert, so besteht die Gefahr darin, daß der Dann-Satz des Nachfragegesetzes zu einer logischen Konsequenz des Wenn-Satzes gemacht wird. Durch diese logische Implikation wird dann aber einer Tautologisierung des Nachfragegesetzes Vorschub geleistet (*Albert* 1965).

Die Kritik richtet sich also weder gegen die Idee des autonomen Marktsystems, noch gegen die psychologische Orientierung an menschlichen Bedürfnissen. Problematisch ist nach Meinung *Alberts* die methodologische Konzeption und die damit verbundene methodische Praxis, die die Realisierung des klassischen Erkenntnisprogramms im Sinne

Benthams verhindert hat. "Nicht, daß in der ökonomischen Theorie überhaupt von gewissen Zügen der Realität abstrahiert wird, kann also als Einwand gelten, wohl aber der Umstand, daß in dieser Theorie in stärkerem Maße vom (sozialen) Kontext der analysierten Vorgänge abstrahiert wird, als es der Lösung ihrer Probleme zuträglich ist" (*Albert* 1965, S. 183).

Durch diese Fehlorientierung hat sich aber die theoretische Ökonomie, so *Albert,* zu einer autonomen Wissenschaft ohne Kontakte zu anderen Sozialwissenschaften entwickelt und im Zuge der ursprünglich intendierten "psychologischen Reduktion" grundlegender Marktprozesse ging paradoxerweise die Verbindung gerade zur Psychologie verloren, wie bereits vorher dargelegt wurde. Die angebliche "Psychologisierung" eines Sachverhaltes hat also zu einem aus wissenschafts-theoretischen Gründen scheinbar notwendigen und allenthalben beklagten "Hinauswurf der Psychologie" aus der ökonomischen Theorie geführt. Durch den Rückzug der ökonomischen Analyse hin zu einer weitgehenden Abstraktion von psychologischen Tatbeständen ist also eine originär psychologische Problemstellung merkwürdigerweise mit psychologiefreien Problemlösungen verbunden worden, was notgedrungen in eine Sackgasse geführt hat.

Mit der Eliminierung der Psychologie findet natürlich gleichzeitig auch eine Abstraktion von sozialen Tatbeständen statt, aber diese Orientierung am *Robinson*-Paradigma ist andererseits wiederum die Voraussetzung dafür, daß autonome Präferenzsysteme unterstellt werden können usw.

Fazit: Wissenschaftstheoretische Überlegungen implizierten also offensichtlich die "kultivierte Isolierung gegen soziologische und sozialpsychologische Erkenntnisse" (*Albert* 1964). ...

Natürlich sind auch von den Befürwortern der verschiedenen Versionen der Nutzentheorie Argumente formuliert worden, die u.a. darauf hinauslaufen, daß die Funktion der Nutzentheorie nicht unbedingt in der Erklärung der Phänomene zu sehen ist (vgl. hierzu z.B. *Little* 1949; *Boulding* 1961), d.h. daß keine empirisch unmittelbar überprüfbaren nomologischen Aussagen intendiert werden, da man z.B. von einem idealen Konsumenten ausgehe. Die völlige Substitution des homo öconomicus durch den wirklichen Menschen als forschungsleitende Grundidee wird in diesem Zusammenhang aber mit dem Argument abgelehnt, daß man dann gar keine sinnvollen Aussagen mehr machen könne. Man gerate "damit in Teufels Küche" wie *Wölker* (1961, S. 70) es ausgedrückt hat, "oder was noch schlimmer wäre ..." man fiele "dann in die Hände der Psychologen" (zit. nach *Rosenstiel* und *Ewald* 1979, S. 51).

3. Psychologische Forschungsansätze

In seinem Aufsatz "Zur Theorie der Konsum-Nachfrage" hat *Albert* (1965) nachdrücklich darauf hingewiesen, daß die ökonomischen Theorien nur dadurch aus der Sackgasse geführt werden könnten, daß im Zuge einer Soziologisierung des ökonomischen Denkens insbesondere auch die Resultate der Sozialpsychologie und deren Methodologie beachtet würden; denn in der Sozialpsychologie habe man z.B. die Bedürfnisse, die in der neoklassischen Theorie als "gegeben" hingenommen und nur formal berücksichtigt würden, in ihrer tatsächlichen Bedeutung für das jeweils konkrete Verhalten untersucht (vgl. hierzu weiterhin *Andritzky* 1976). Außerdem müsse das wirtschaftliche Verhalten eines Individuums auf dem Hintergrund der Mitgliedschaft zu verschiedenen Gruppen gesehen werden (*Katona* 1960), so daß die Ergebnisse speziell der Kleingruppenforschung relevant seien und adäquat berücksichtigt werden müßten. *Schmölders* (1962, S. 16) brachte diese Überlegungen bei den "Münchner Gesprächen" auf die Formel: "Psychologie, Soziologie und Sozialpsychologie sind demnach die Zweige einer allgemeinen Wissenschaft von menschlichem Verhalten, die die Volkswirtschaft zur Blutauffrischung derzeit am nötigsten braucht."

In diesem Sinn gingen in der Tat die meisten psychologischen Ansätze zur Erklärung des Konsumentenverhaltens davon aus, daß man mit "unbefangenem Blick" sozusagen der "wirtschaftlichen Wirklichkeit" gegenübertreten wolle, um die Phänomene ohne Vermittlung eines tradierten Auffassungsschemas in den Griff zu bekommen (*Albert* 1965, S. 141).

Symptomatischerweise beginnen auch zahlreiche psychologische Publikationen zu diesem Thema damit, daß zunächst die Weltfremdheit des homo-öconomicus-Modells und damit die Betonung der Rationalität und Nutzenmaximierung angeprangert, auf die Unbrauchbarkeit der damit zusammenhängenden Wissenschaftskonzeptionen und dem methodologischen Apriorismus hingewiesen wird, um dann im Kontrast dazu das eigene Forschungsprogramm positiv herauszustellen: Nicht die ökonomischen Ergebnisse in statistisch aggregierter Form, sondern die individuellen tatsächlichen Entscheidungen sollen nunmehr empirisch analysiert werden (vgl. hierzu z.B. den Aufsatz von *Wiswede* 1964 mit dem bezeichnenden Titel: Über die Dürftigkeit des wirtschaftstheoretischen Konzepts zur Erklärung des Konsumentenverhaltens).

Die Geschichte der psychologischen Forschungsansätze zur Erklärung von Konsumentenentscheidungen war also von Anfang an durch die Bemühung gekennzeichnet, sich von der nationalökonomischen Tradition zu distanzieren. – Am Rande sei dabei vermerkt, daß sich die Fachpsychologen insgesamt betrachtet lange Zeit kaum für marktpsychologische Fragestellungen interessiert haben, da dies offensichtlich nicht karriereträchtig oder reputationsfördernd war (*Jacoby* 1975). Hinzu kommt noch, daß die "Marktpsychologie" häufig ebenfalls mit "hausgemachten Vorstellungen über wirtschaftliche Verhältnisse an wirtschaftliche Fragen herangingen" (*Lersch* 1962, S. 57).

Wie sind nun, rückblickend betrachtet, Psychologen an diese Problematik herangegangen, welches waren ihre forschungsleitenden Grundideen?

Am Anfang standen bezeichnenderweise konsumententypologische Ansätze (vgl. *Wiendieck* u.a. 1983): Es wurde versucht, Personengruppen mit Hilfe von Testverfahren zu identifizieren, deren Mitglieder infolge psychologischer Ähnlichkeit vergleichbare Kaufentscheidungen treffen, sich andererseits aber deutlich von anderen Konsumentengruppen unterscheiden. Die Versuche, mit Hilfe der bereits vorhandenen persönlichkeitspsychologischen Testverfahren derartiger Käufertypologien zu entwickeln, haben auch eine Fülle empirischer Detailergebnisse geliefert, deren Wert allerdings recht fraglich war (*Kassarjian* 1971), weil entweder die Ergebnisse banal, unverständlich oder a-theoretisch waren und sich daher einer sinnvollen Interpretation entzogen. Die Dürftigkeit dieser Befunde hing sicherlich u.a. damit zusammen, daß Persönlichkeitsskalen, die für ganz andere Zwecke entwickelt worden waren, unmodifiziert und weitgehend unreflektiert in der Konsumentenforschung eingesetzt wurden (*Brody* und *Cunningham* 1978; *Kroeber-Riel* 1980). Es wurde also sehr bald deutlich, daß mit der bloßen Anwendung des gewohnten Instrumentariums der Psychologen keine Fortschritte zu erzielen waren, und es folgte konsequenterweise die Suche nach einer mehr theoriegeleiteten Forschung.

In Anknüpfung an die ökonomische Theorie lag es natürlich nahe, motivationspsychologische Ansätze zu entwickeln, zumal diese Thematik auch in der allgemeinen Psychologie nach dem 2. Weltkrieg im Mittelpunkt des Interesses stand.

"Die wohl radikalste Abkehr vom 'Fetisch des Rationalen' (*Dichter* 1964, S. 42) vollzog sich in diesem Zusammenhang durch die psychoanalytisch orientierte Motivforschung, die den unbekannten, irrationalen und hintergründigen Käufer zu analysieren versuchte, um Beeinflussungsstrategien zu entwickeln, die den 'Vorzug' hatten, ebenso wirksam wie unerkannt zu sein (*Packard* 1957)" (*Wiendieck* u.a. 1983, S. 15). Allerdings zeichnete sich dieses von der psychoanalytischen Motivforschung entworfene Bild infolge der nahezu vollständigen Ausblendung des Rationalen und der Vernachlässigung von Lernprozessen ebenfalls durch Einseitigkeit aus, die diese Form der Motivforschung schon bald wieder zu einer Randerscheinung verblühen ließ (*Kroeber-Riel* 1980, S. 10), zumal die zentralen Aussagen und Hypothesen durch die schwer normierbare Auswertungstechnik (z.B. bei den Intensivinterviews oder den projektiven Verfahren) und die beschränkte Mitteilungsfähigkeit der Probanden nicht im gewünschten Sinne überprüfbar waren, auch sie waren gegenüber der Erfahrung immun.

Angesichts dieser Situation ist es nicht weiter verwunderlich, daß stattdessen andere Motivationskonzeptionen aufgegriffen wurden, wie z.B. die Theorie der Leistungsmotivation von *Atkinson* (1964), welche durch ihre Fassung in einer mathematischen Formel als besonders attraktiv erscheinen mußte.

Andere Forscher gingen bei ihren Überlegungen von der sog. Erwartungs-Valenz-Theorie aus, die ebenfalls üblicherweise mit Hilfe von Formeln dargestellt wird. Diese Motivationstheorie unterstellt, daß Verhalten zielorientiert ist, und daß die Motivation zur Wahl einer bestimmten Handlungsalternative einerseits davon abhängt, wie geeignet diese Alternative zur Erreichung weiterer individueller Ziele erscheint und andererseits von der Bewertung dieser Finalziele.

Es fragt sich jedoch, ob nicht die Faszination dieser formalen, in mathematischen Ausdrücken gekleideten Motivationsansätze unversehens dazu geführt hat, daß vor allem die Schwächen der methodischen Vorgehensweisen im Zuge der empirischen Überprüfung vernachlässigt wurden. Die empirischen Daten, soweit sie überhaupt erhoben werden konnten, basieren nämlich fast ausnahmslos auf Befragungsdaten im Rahmen von Ex-post-facto-designs, und es gibt viele Gründe, die dafür sprechen, daß Befragte dazu tendieren, ihre bereits getroffenen Kaufentscheidungen im nachhinein dem Interviewer gegenüber als vernünftig und zielorientiert zu interpretieren, daß also bestenfalls sog. Kulissenmotive erfaßt werden, die Kaschierungs- oder Rationalisierungsbestreben indizieren. Diese Problematik, die in der einschlägigen methodologischen Literatur als Reaktivität des Meßvorgangs bekannt ist (vgl. *Esser* 1975), dürfte also in diesen Fällen letztlich dem formal-rationalen Kern dieser Motivationstheorie entgegengekommen sein.

Im Zuge der sog. "kognitivien Wende in der Psychologie" wurden angesichts der methodischen Probleme bei der Operationalisierung der verschiedenen Motivationskonstrukte (*Wiswede* 1973) auch in der Konsumforschung schließlich einstellungspsychologische Ansätze immer populärer, und es gibt sicherlich kein anderes psychologisches Konzept, das diesen Forschungsbereich nachhaltiger beeinflußt hätte (*Kroeber-Riel* 1972; *Jacoby* 1976).

Die Beliebtheit der Einstellungskonzepte, wie sie im übrigen auch in anderen Bereichen der angewandten Sozialpsychologie zu beobachten ist, dürfte auf zwei Dinge zurückzuführen sein, nämlich

erstens: Die Annahme, daß Einstellungen etwas mit dem Verhalten zu tun haben (vgl. hierzu die klassische Definition von *Allport* 1935, sowie die Kritik bei *Kroeber-Riel* 1975, *Benninghaus* 1976, *Lappe* 1977);

zweitens: Einstellungen lassen sich relativ leicht anhand standardisierter Skalen operationalisieren, so daß von daher bestimmten wissenschaftstheoretischen Maximen eher entsprochen werden kann.

Sieht man einmal von der Fülle der Publikationen ab, in denen mit Hilfe der gemessenen Einstellungen nahezu tautologische Aussagen gemacht wurden – z.B. nach dem Muster: Personen, die ein Konsumgut X positiv beurteilen, werden dieses eher kaufen, als diejenigen, die es negativ beurteilen (*Wiswede* 1980, S. 55) –, so standen im Vordergrund der fundierten einstellungspsychologischen Ansätze im Bereich der Konsumentenforschung einmal Studien zur Informationsverarbeitung der Konsumenten (*Raffée* u.a. 1975) und zum anderen Analysen der Kaufentscheidungen unter Berücksichtigung der Wahrnehmung und Beurteilung des Kaufrisikos (*Cox* 1967; *Schwaiger* u.a. 1976). Derartige Risiko-Theorien zeigten insofern Ähnlichkeit zu den ökonomischen Modellen, als anstelle der Nutzenmaximierung gleichsam das inverse Prinzip der Schadensminimierung als Zielvariable getreten ist und die jeweilige Kaufentscheidung als zweckrationale Strategie begriffen wird (*Wiendieck* u.a. 1983). Die Risikoansätze heben sich jedoch andererseits deutlich von den ökonomischen Modellen ab, da die zentrale Kategorie des Risikos nicht als objektive, sondern subjektive Größe aufgefaßt wird. Damit steht die Frage des subjektiv wahrgenommenen Risikos im Zentrum eines Modells, das einerseits zurückschauend die Bedingungen der Risikowahrnehmung (Produkt-, Persönlichkeits- und situative Merkmale; vgl. *Mazis* und *Sweeny* 1972, *Taylor* 1974) und andererseits vorausschauend die Verhaltenskonsequenzen zur Risikominimierung, insbesondere Informationsverhalten (vgl. *Shet* und *Venkatesan* 1968, *Roselius* 1971, *Schwaiger* u.a. 1976) untersucht.

Man muß sich jedoch auch hier die Frage stellen, ob die Verwendung des zentralen Risikobegriffs nicht wiederum zur Vernachlässigung anderer – vielleicht wesentlicherer – Fragestellungen geführt hat. So hat die im Zusammenhang mit dem Risikobegriff kognitiv orientierte Forschungsrichtung völlig offen gelassen, welche psychologischen Qualitäten und Bedeutungen sich mit dem Risikobegriff verbinden. *Wiswede* (1973, S. 76) erinnert daran, daß das jeweilige Risiko möglicherweise im Zusammenhang mit fundamentaleren Kategorien wie Konflikt, Angst und Schuld gesehen werden muß. So heuristisch wertvoll der Ansatz auch sein mag, man darf auch nicht übersehen, daß der Kern dieser Theorie – nämlich das menschliche Bedürfnis nach Risikominimierung – einem hypothetischen Menschenbild entspringt, welches unmittelbar empirisch nicht überprüft werden kann. ...

Für die Richtigkeit dieser Kritik spricht auch hier der extrem niedrige Prozentsatz der tatsächlich erklärbaren Varianz. Angesichts des gewaltigen empirischen und statistischen Aufwands im Rahmen derartiger einstellungsorientierter Ansätze hat *Hansen* (1976) ironisierend daraufhingewiesen, daß vielfach die simple Regel "Man kauft, was man vorher schon mal gekauft hatte", bessere prognostische Ergebnisse liefere.

Die wohl bekannteste Einstellungstheorie, die im Bereich der Konsumentenforschung in den letzten Jahren verwendet worden ist, ist die sog. Theorie der kognitiven Dissonanz (*Brehm* 1956, *Festinger* 1957, *Hörning* 1970, *Cummings* und *Venkatesan* 1976). Sie besagt, kurz formuliert, daß Individuen bestrebt sind, die Dissonanz zwischen zwei Kognitionen, wenn diese nicht miteinander vereinbar sind, mit Hilfe verschiedener Strategien zu reduzieren, um wieder Konsonanz herzustellen. Diese Theorie von *Festinger* erschien wohl deshalb in der Wirtschaftspsychologie, genau wie auch in anderen Anwendungsbereichen, so attraktiv, weil dieser Ansatz

1. scheinbar unerwartete Phänomene erklären kann
2. so abstrakt formuliert ist, daß er auf die verschiedensten Bereiche angewendet werden kann

3. und weil die Theorie anhand zahlreicher laborexperimenteller Untersuchungen im großen und ganzen bestätigt werden konnte.

Auf die Situation des Konsumenten angewendet besagt die Dissonanztheorie zunächst einmal, daß die negativen Aspekte des gewählten Produktes und die positiven Seiten der nichtgewählten Alternative im Widerspruch zur getroffenen Entscheidung stehen, so daß also zwangsläufig eine Dissonanz entstehen kann. Daraus resultieren folgerichtig Bestrebungen, diese Dissonanz abzubauen, indem z.B. Autokäufer nach ihrem Kauf bevorzugt Anzeigen für die gewählte Marke lesen (*Ehrlich* u.a. 1957). Die Theorie der kognitiven Dissonanz postuliert weiterhin, daß die Situation vor und nach der Entscheidung psychologisch anders sei. Vor der Entscheidung geht es darum, einen Konflikt adäquat zu bewältigen und nach der Entscheidung gilt es – insbesondere bei irreversiblen Entscheidungen – die gewählte Lösung vor sich und anderen zu rechtfertigen. Diese Überlegung führt zu der plausiblen Hypothese, wonach der Konsument vor der Entscheidung Informationen kritisch und objektiv suche und prüfe, während er nach dem Kauf höchst selektiv und parteiisch zu Werke gehe (*Wiendieck* u.a. 1983).

Gegen diese Hypothese lassen sich einige gewichtige Einwände ins Feld führen. (*Kozielecki* 1966; *K. Grabitz* 1969; *Irle* 1971, 1975; *Wiendieck* u.a. 1983), die die uneingeschränkte Beliebtheit dieses Ansatzes in Frage stellen. Die Kritik läßt sich, wenn man die entsprechenden Arbeiten aus der Sozialpsychologie berücksichtigt, auf drei zentrale Punkte reduzieren:

1. Die Dissonanztheorie ist zwar sicherlich heuristisch wertvoll und hat auch die Forschung in vielen Gebieten angeregt, aber sie geht von einem empirisch nicht belegbaren Harmoniegedanken aus, daß nämlich Menschen stets bemüht seien, Dissonanzen abzubauen. Diese homöostatische Grundannahme im Sinn des Theorie-Kerns wird aber von anderen Forschern bestritten (*Zimbardo* 1969). Der Neugiertrieb des Menschen läßt ihn u. U. geradezu nach Dissonanzen suchen (*Berlyn* 1960).
2. Die Aussagen der Dissonanztheorie sind durch die Verwendung entsprechender ceteribus-paribus-Klauseln gegen Falsifikationsversuche teilweise immun, in vielen Fällen sind sie tautologisch. Beispiel: Wenn ein Dissonanzerlebnis in einer bestimmten Situation nicht auftritt, dann hat eben das Individuum zwei Kognitionen subjektiv als nicht sich einander ausschließend interpretiert, wie immer ein Dritter die Situation objektiv wahrnimmt.

3. Die Bestätigung der Dissonanztheorie und auch ein großer Teil der auf diese Theorie Bezug nehmenden wirtschaftspsychologischen Forschung beruht überwiegend auf Laborexperimenten. In diesen Studien werden aufgrund einfallsreicher Täuschungsmanöver Situationen arrangiert, bei denen eine dissonanzauslösende Wirkung hypostasiert wird. Die Berücksichtigung der unkontrollierten Vpn-Kognitionen, d.h. also die Beachtung der solchen Laborexperimenten inhärenten Reaktivitätsproblematik, belastet die Befunde aber mit dem Verdacht des Artifiziellen: Durch die Ignorierung der notwendigerweise ablaufenden kognitiven Prozesse werden Kunstprodukte erzeugt, die Befunde müssen nicht außerhalb des Labors valide sein (vgl. hierzu das Sammelreferat von *Abele* 1980).

Abschließend sei gesagt, daß die Dissonanztheorie angesichts dieser Kritikpunkte im Bereich der allgemeinen Sozialpsychologie bezüglich ihrer einzigartigen Popularität schon seit einigen Jahren von der sog. Attributionstheorie abgelöst wurde.

Aufgrund der offensichtlichen Beschränkungen und Schwächen der verschiedensten psychologischen Forschungsansätze haben einige Wirtschaftspsychologen den Schluß gezogen, daß die bisherigen Theorien sich jeweils nur auf einzelne Ausschnitte, jedoch nicht auf die Gesamtheit der Entscheidungs-determinierenden Aktoren beziehen. Sie haben deshalb versucht, komplexe, z.T. kybernetisch formulierte, Wechselwirkungsmodelle zu entwickeln, die ein weit umfassenderes Geflecht von Einflußfaktoren enthalten und außerdem den Gedanken der Entscheidungsautonomie integrieren. Mangelnde prognostische Validität dieser Modelle wird nicht auf die Fehlervarianz, sondern auf die aktive und selbstbestimmte Rolle des Käufers zurückgeführt (*Wiswede* 1973).

Es würde den Rahmen sprengen, im einzelnen auf diese Modelle einzugehen, bekannt geworden sind z.B. das Modell von *Nicosia* (1966), das *Engel-Blackwell-Kollat*-Modell (1978) und der Ansatz von *Howard-Sheth* (1968). Letzteres Modell hat dabei die wohl positivsten Beurteilungen erfahren (*Schulz* 1972). Es gilt z. Zt. als das vollständigste und am besten gegliederte Modell, das die bisherigen Erkenntnisse in optimaler Weise zu integrieren erlaube.

Es ist sicherlich sehr verdienstvoll, die Komplexität des Erkennungsobjektes in seiner Gesamtheit ins Auge zu fassen, und die Stimulanz für die Konsumentenforschung bzw. der heuristische und pädagogische Wert ist unbestritten, aber gerade die Komplexität ist zugleich die Schwäche des Modells (*Farley* und *Ring* 1970, *Wiswede* 1973, *Wien-*

dieck u.a. 1983). Dieser und erst recht die anderen Ansätze erheben zwar den Anspruch, jeweils ein vollständiges Modell zu liefern, aber die Diskrepanz zwischen Anspruch und Leistungsfähigkeit ist allzu offenkundig. Es werden ohne Prüfung der theoretischen wie methodologischen Vergleichbarkeit empirisch angeblich abgesicherte Befunde aus den verschiedensten Forschungsbereichen zur Stützung der Thesen aufgeführt, obwohl diese singulären Ergebnisse meistens nur bivariate Beziehungen betreffen. *Hunzicker* (1972) erhebt deshalb zurecht den Vorwurf einer spekulativen Überinterpretation der Konstrukte. Zahlreiche Verknüpfungen zwischen den Variablengruppen sind empirisch nicht überprüfbar, die relative Autonomie anderer Faktoren ist teilweise unbegründet und nicht plausibel. Es sind "Schubladen ohne Aussagen" (*Wiswede* 1973, S. 55). Kurz: Die komplexen Modelle sind als solche nicht mehr und nicht weniger empirisch überprüfbar als die so oft kritisierten ökonomischen Ansätze auch.

4. Zusammenfassende Kritik der psychologischen Forschungsansätze

Um noch einmal in Erinnerung zu rufen: die rigide Unterstellung des ubiquitären ökonomischen Prinzips i.S. der Fiktion des "homo öconomicus" hat in den Augen der Psychologen die ökonomische Theorie "an den Rand des Bankrotts empirischer Gehaltlosigkeit gebracht" (*Rosenstiel* 1979, S. 16). Die psychologisch orientierten Ansätze erweisen sich aber bei näherer Betrachtung auch als recht problematisch, da z.T. die gleichen Vorwürfe, wie sie gegen die ökonomischen Theorien vorgebracht wurden, erhoben werden können.

Erstens: Die psychologischen Theorien gehen gleichfalls axiomatisch von einem spezifischen Menschenbild aus. Sie unterstellen teilweise, wenn auch nicht immer explizit angegeben, ebenfalls einen kognitiv rationalen Menschen oder sie gehen, wie z.B. im Falle der Dissonanztheorie von der Fiktion des ständig "rationalisierenden" Menschen aus. Der rationale Konsument wird im Lichte dieser Theorie zum psychologisch konsistenten Verbraucher (*Wiendieck* u.a. 1983). Es wird weiterhin z.B. ein homöostatischer Gleichgewichtsgedanke unterstellt usw.

Leider muß man konstatieren, daß in der Wirtschaftspsychologie fundierte Publikationen, in denen dargelegt wird, von welchen metatheoretischen Prämissen (z.B. i.S. des jeweils hypostasierten Menschenbildes) man jeweils ausgeht, Seltenheitswert haben. Es wird außerdem nur in wenigen Fällen thematisiert, daß derartige spezifische Kernannahmen der Theorien als solche prinzipiell nicht empirisch überprüfbar sind, da sie in ihrer Funktion als forschungsleitende Grundideen der Terminologie *Popper's* folgend metaphysische Aussagen repräsentieren.

Zweitens: Die "Dürftigkeit" der psychologischen Ansätze hängt weiterhin unmittelbar mit deren Methodologie zusammen. Zu diesem Punkt zunächst einige Vorbemerkungen: Wie die kurze Darstellung der Entwicklung der psychologischen Ansätze gezeigt hat, war die Entwicklung der Wirtschaftspsychologie analog zu der der Sozialpsychologie durch einen Prozeß der Adaption naturwissenschaftlicher Standards gekennzeichnet – wenn man von dem phänomenologischen "Schlenker" der psychoanalytisch orientierten Motivforschung einmal absieht –, d.h. also, daß zunehmend der "kritische Rationalismus" i.S. von *Popper* oder *Albert* als wissenschaftstheoretischer Standpunkt vertreten und die damit implizierten forschungslogischen Prinzipien akzeptiert wurden (*Herrmann* 1979). Diese Entwicklung manifestierte sich u.a. in einer zunehmenden Präferierung experimenteller, vor allem laborexperimenteller Konsumentenforschung (*Venkatesan* 1967, *Arndt* 1977, *Salcher* 1978, *Rosenstiel* und *Ewald* 1979), da im Rahmen einer Kausalanalyse dem Experiment grundsätzlich ein interpretativer Vorteil zugesprochen wird.

Mit diesem Plädoyer zusammenhängend konnte auch eine stärkere Adaption sozialpsychologischer Theorien in den 70er Jahren beobachtet werden (*Britt* 1970), die ja überwiegend gerade experimentell ausgerichtet waren, so daß diese methodisch bedingte Konvergenz zwischen Wirtschafts- und Sozialpsychologie nahelag. Dieser Vorgang ist auf dem Hintergrund der Zielsetzung, nämlich empirische Forschung und keine abstrakte Modellkonstruktion zu betreiben, verständlich und entspricht ja durchaus den Vorstellungen *Alberts,* wie man dem Modell-Platonismus der ökonomischen Theorie entgehen könne. Verschiedene Forscher, wie z.B. *Zaltman* u.a. (1973), *Andritzky* (1976) und *Kroeber-Riel* (1980) haben sehr ausführlich darzulegen versucht, warum eine am kritischen Rationalismus ausgerichtete Konsumentenforschung wissenschaftlich fundierte Erklärungen und Prognosen hervorzubringen vermag.

In der Wirtschaftspsychologie, wie im übrigen auch in einigen Bereichen der Sozialpsychologie, ist jedoch bei der Realisierung der entsprechenden Forschungsmaximen zum Zwecke eines wissenschaftlichen Reputationsgewinns ein verhängnisvoller Weg eingeschlagen worden:

Zur Erstellung intersubjektiv nachprüfbarer Basissätze anhand der Standardisierung der Erhebungssituation, eine der Grundbedingungen zur Erstellung nomologischer Aussagen im "context of justification", wurden nämlich rigide Datenerhebungstechniken eingesetzt, die nur unter idealisierten Bedingungen die gewünschten Resultate liefern können (*Esser* 1975). Gemeint ist damit z.B. die Art und Weise des Einsatzes der Befragungsmethode einschließlich der Telefoninterviews im Rahmen der Konsumentenforschung. Das gleiche gilt aber im Prinzip auch für die Laborexperimente (*Bungard* 1984). In beiden Fällen können die Reaktionen der Befragen bzw. der Vpn oft nur dann zur Überprüfung der jeweiligen Theorien so verwendet werden, wie dies in den entsprechenden Arbeiten geschieht, wenn u.a. die Reaktivitätsproblematik außer acht gelassen wird, d.h. also, wenn man alle kognitiven und motivationalen Einflüsse ausklammert. Der Meßvorgang als solcher muß ja gegenüber dem Meßobjekt autonom sein!

Die Befragungssituation wird dann aber genau wie auch die Laborsituation von dem sozialen Interaktionsprozeß zwischen Forscher bzw. Vl oder Interviewer und dem Proband losgelöst, quasi "bereinigt", obwohl gerade bei Fragestellungen im Zusammenhang mit dem Konsumentenverhalten normative Einflüsse nicht unerheblich sein dürften (*Sawyer* 1975). ...

An diesem Punkt können verschiedene Parallelen zur Diskussion bezüglich der ökonomischen Ansätze gezogen werden: Wenn bei einer Befragung von Konsumenten die Reaktivitätseffekte nicht beachtet oder ihnen kurzerhand ein residualer Status zugewiesen wird, d.h. wenn also die Tendenz einer nachträglichen Rationalisierung oder einer sonstigen sozial erwünschten Selbstdarstellung nicht in die Analyse einbezogen wird, dann liegt nämlich der klassische Fall einer *Immunisierungsstrategie* vor. Die empirische Beweisführung soll nur dann gelten, wenn die unterstellten Prämissen bei der Datenerhebung zutreffen. Andernfalls haben Störfaktoren zu einer Verzerrung geführt, obwohl es sich bei diesen sog. "Störgrößen" um Prozesse handelt, die aus dem Vorgang der Datenerhebung gar nicht eliminiert werden können.

M.a.W.: Die immunisierende Wirkung der ceteris-paribus-Klausel, z.B. im Nachfragegesetz, findet ihr Äquivalent bei zahlreichen wirtschaftspsychologischen Forschungsansätzen auf der Ebene der Instrumententheorie, die, wenn man so will, folglich auch *aprioristischen* Charakter hat und, wie besonders im Falle der Laborexperimente, i.S.

einer unantastbaren Doktrin gegen methodologische Kritik institutionell abgesichert wird.

Es hat sich also eine Art "methodologische Eigendynamik" entwickelt bzw. ein Prozeß der zunehmenden "wissenschaftlichen Blickverengung" (*Arndt* 1977), bei der Forscher unbemerkt von ihren ursprünglichen Zielen abgelenkt worden sind und in welchem im Extremfall erst die Bedingungen geschaffen werden, die den favorisierten methodologischen Bedürfnissen entsprechen, um dann erst nach eine geeigneten Fragestellung zu suchen.

Man denke in diesem Zusammenhang z.B. an die Untersuchungen anhand tachistoskopischer Darbietungen, an verschiedene "Deprivations"-Experimente, an die Experimente mit der sog. Schnellgreifbühne (*Galle* 1942, *Jaspert* 1963) oder an die Methode des "Lügendetektors", bei welcher der elektrische Hautwiderstand angeblich "geheime Emotionen" des Konsumenten "entlarvt" (*Salcher* 1978).

Die Gründe für die Verwendung derartiger konventionalistischer Instrumententheorien, die paradoxerweise in der Wirtschafts- und Sozialpsychologie durch einen "Hinauswurf der Sozialpsychologie" aus dem empirischen Erhebungsprozeß charakterisiert sind, liegen auf der Hand: Durch die explizite Berücksichtigung derartiger sozialpsychologischer Prozesse würde die Wenn-Komponente der Gesetzaussagen konjunktiv erweitert, bei ansonsten gleichbleibender Dann-Komponente, und die Folge wäre eine entsprechende Abnahme des Gehaltes der Gesamtaussage. Ein Argument, das *Albert* ja bereits in einem anderen Kontext vorgebracht hat.

Mit der Eliminierung dieser sozialpsychologisch durchaus relevanten Prozesse geht aber gleichzeitig ein wesentlicher Aspekt verloren, nämlich die sozialen Verflechtungen des Konsumverhaltens, der Einfluß sozio-kultureller Faktoren. Damit wird also zwangsläufig eine *Isolierung gegenüber soziologischen Forschungsarbeiten* induziert, die sich ja gerade mit den sozialen Bestimmungsgründen des Konsumentenverhaltens auseinandersetzen (vgl. hierzu *Hillmann* 1971, *Hunzicker* 1972, *Wiswede* 1972, 1973).

Auf diesem Hintergrund werden konsequenterweise amerikanische Forschungsbefunde unkritisch auf deutsche Verhältnisse übertragen.

5. Fazit

Vergleicht man zusammenfassend betrachtet die ökonomischen und psychologischen Forschungsansätze, so kommt man notgedrungen zu dem Schluß, daß in beiden Fällen von teilweise recht unterschiedlichen Forschungzielen ausgegangen wird und das dementsprechend jeweils verschiedene Prämissen unterstellt werden. Bestrebungen, die eigene Autonomie zu bewahren, lassen sich in beiden Bereichen durch entsprechende Immunisierungsstrategien nachweisen: Im Rahmen neoklassischer Gedankenexperimente wird die Fiktion eines idealen generalisierten Konsumenten konstruiert, bei den harten empirischen Untersuchungen der Wirtschaftspsychologen wird eine ebenfalls wirklichkeitsferne Vorstellung des Probandenverhaltens unterstellt. Dieser Sachverhalt ist an sich noch nicht bedenklich, da Forschung im Zuge einer Reduktion der Komplexität von Realität wahrscheinlich immer von spezifischen Annahmen über ihr Objekt ausgehen muß. Erkenntnisfortschritte ergeben sich dabei gerade aus der Variation der jeweiligen Bezugsrahmen.

Verhängnisvoll wird dieser Vorgang erst dann, wenn derartige metatheoretische Voraussetzungen bzw. Basiswerturteile (*Raffée* und *Specht* 1974) nicht reflektiert oder diese Thematik sogar tabuisiert wird. Für den Bereich der Wirtschaftspsychologie, in welchem man sich mit dem Konsumentenverhalten beschäftigt hat, trifft dies aber streckenweise zu, wie zu zeigen versucht wurde, wenn auch die Präzision und Artikuliertheit einzelner Arbeiten darüber hinwegtäuschen mag.

Welche Konzequenzen können nun aus diesen Überlegungen gezogen werden? Aus den bisherigen Ausführungen ergibt sich zunächst einmal die Feststellung, daß es im Bereich der psychologischen Konsumentenforschung nicht damit getan ist, methodologische Diskussionen als unfruchtbar und als gedankliche Exerzitien ohne praktische Relevanz abzulehnen, um dann i.S. konstruktiver Arbeit weiter eine Fülle von Einzelbefunden zusammenzustellen, möglicherweise in der "induktivistischen Illusion" (*Albert* 1965, S. 198), man komme so später irgendwann einmal zu einer Grundlage für eine adäquate Theorienbildung. Auch die Elaborierung noch komplexerer empirisch nicht einzulösender Modelle, verbunden mit einer resignativen Konstatierung eines methodologischen Defizits, wird kaum weiterhelfen können. Es geht auch nicht darum, die Brauchbarkeit der Befragungsmethode und/oder des Laborexperimentes in Frage zu stellen, gleichsam um eine selbstgefällige kritische Distanz zum Methodenapparat der Psychologie zu signalisieren, weil man dann die Methoden zum Sündenbock für Probleme machen würde, die eher auf Mängel der theoretischen Konzeption zurückzuführen sind.

Die Argumente sollen vielmehr dahingehend verstanden werden, daß in der Wirtschaftspsychologie eine Revision theoretischer und methodologischer Auffassungen angezeigt ist, die eine Besinnung auf die in dieser Arbeit thematisierten Probleme voraussetzt. Und dies entspricht ja durchaus der Tradition wissenschaftlichen Denkens, nämlich praktizierte Problemlösungstechniken kritisch zu durchleuchten, um anhand der so analysierten Schwächen nach fruchtbaren Alternativen zu suchen. Dabei könnte die Wirtschaftspsychologie viele Anregungen aus ihrer eigenen Kritik an den ökonomischen Modellen gewinnen. Man könnte sich auch an zahlreiche in Vergessenheit geratene "Klassiker" der Wirtschaftspsychologie halten, die schon sehr frühzeitig, lange bevor es eine etablierte "Artefaktforschung" gab, für die hier beschriebenen Prozesse sensibel waren. ... Fruchtbare Erkenntnisse könnten selbstverständlich aus der Lektüre der Publikationen aus dem Bereich der Marketingforschung resultieren, da hier institutionell bedingt die externe Validität der Befunde eine zentrale Rolle einnehmen mußte, so daß schon frühzeitig nach methodischen Innovationen gesucht wurde.

Legt man die Erfahrungen aus anderen Bereichen der Sozialpsychologie zugrunde, so lassen sich bei der Suche nach methodischen Verbesserungen verschiedene Wege einschlagen.

1. Man kann versuchen einen Teil der Reaktivitätseffekte als solche zu kontrollieren oder teilweise durch entsprechende Versuchsanordnungen zu minimieren (*Bungard* 1984).
2. Neben sog. reaktiven Meßmethoden können auch vermehrt nichtreaktive Meßtechniken eingesetzt werden, wenn man an die Publikationen von *Webb* u.a. (1975) denkt. Es ist im übrigen sicherlich kein Zufall, daß gerade im Bereich der Marketingforschung von Nicht-Psychologen zahlreiche nicht-reaktive Techniken entwickelt worden sind (*Reuter* und *Lück* 1973), die dann später bei ganz anderen sozialpsychologischen Untersuchungen eingesetzt wurden (*Bungard* und *Lück* 1982).
3. Gerade bei der Analyse von Motivationsstrukturen oder Einstellungen wird man aber auf den Einsatz von reaktiven Methoden auch weiterhin angewiesen sein. Die dort auftretenden angeblichen Störeffekte sollten dabei aber explizit erfaßt und als relevante Prozesse in die jeweilige Untersuchung integriert werden, denn derartige Probanden-

reaktionen unterliegen ihrerseits teilweise nomologischen Gesetzmäßigkeiten. Der Wunsch eines Konsumenten, sein Verhalten dem Interviewer gegenüber ex post als eine rationale Entscheidung darstellen zu wollen sagt beispielsweise unter bestimmten Bedingungen möglicherweise mehr aus über die psychologischen Hintergründe des Konsumentenverhaltens als eine von dieser Störung abstrahierende Interpretation im Rahmen irgendeiner Theorie.

4. Zur Untersuchung einer Fragestellung sollten möglichst verschiedene Operationalisierungsarten eingesetzt werden, um durch die Variation der Erhebungstechniken Hinweise auf die Validität der Ergebnisse zu erhalten. Im Rahmen solcher "multi-method"-Ansätze bzw. pluralistischer Forschungsstrategien könnten beispielsweise reaktive (einschließlich quantitativer und qualitativer Interviews) und nicht-reaktive Meßverfahren, aber auch Simulationsexperimente, Rollenspiele oder Untersuchungen mit Hilfe der Methode des Konfrontationsinterviews (*Cranach* u.a. 1980) kombiniert und auftretende Diskrepanzen als wichtige inhaltliche Informationen verwertet werden. In diesem Zusammenhang sollten bei Laborexperimenten wesentlich intensiver als bislang postexperimentielle Interviews eingesetzt werden.
5. Die Brauchbarkeit der Untersuchungen wird schließlich auch durch eine Variation der Untersuchungssituation erhöht, wobei Feld- und Laborforschung nicht als konkurrierende Forschungsstrategien aufgefaßt werden sollten. Wünschenswert wäre hier die Formulierung von Kausalhypothesen, die als konstitutiver Bestandteil auch Kontextangaben enthalten, und die dann in entsprechenden Umgebungen überprüft werden (*Westmeyer* 1982). Das Labor repräsentiert unter einer solchen Perspektive *eine* von vielen möglichen Situationen, wenn auch eine ungewöhnliche.

Bei den verschiedenen Punkten wird jeweils deutlich, daß diese methodischen Vorschläge in enger Verbindung mit inhaltlich-theoretischen und wissenschafts-theoretischen Überlegungen gesehen werden müssen. Auch diesbezüglich kann man an die aktuelle Diskussion in der Sozialpsychologie anknüpfen, wo man zur Zeit nach einer adäquaten Gegenstandskonzeptualisierung sucht. Vier Gesichtspunkte werden dabei in erster Linie diskutiert:

1. Betonung der Interaktion zwischen Person und Situation (*Lantermann* 1980) und die Entwicklung entsprechender Situations-Taxomonien (*Secord* 1977).
2. Das Bemühen um ökologische Repräsentativität.

3. Die stärkere Berücksichtigung des normativen Kontextes (*Pepitone* 1976).
4. Die Verbindung kognitiver und motivationaler Prozesse im Rahmen einer integrativen Theorie, wie sie u.a. von *Bandura* (1979) vorgeschlagen worden ist.

Die Wirtschaftspsychologie, insbesondere die Konsumentenforschung, könnte gerade von diesen Überlegungen profitieren, wie die Ansätze von *Engel* u.a. (1969), *Belk* (1975), *Jacoby* (1975), *Hansen* (1976), *McGuire* (1976) zeigen. Es ist außerdem davon auszugehen, daß sich im Zuge einer solchen neuen Gegenstandsbestimmung zwangsläufig eine stärkere Öffnung zu anderen Nachbardisziplinen, wie z.B. zur Soziologie, nicht zuletzt aber auch zu den Wirtschaftswissenschaften, ergeben könnte, die die Wirtschaftspsychologie aus ihrer teilweise selbstverschuldeten Isolation bzw. Abkapselung herausführt.

Literatur

Abele, A.: Einstellungsänderung durch einstellungskonträres Verhalten, in *Bungard, W.* (Hg.): Die "gute" Vp denkt nicht. München 1980, 31-60.

Albert, H.: Der Marktmechanismus im sozialen Kräftefeld. Zur soziologischen Problematik pretialer Steuerungssysteme, in: *Kloten, N.*, *Krelle, W.*, *Müller, H.* und *Neumark, F.* (Hg.): Systeme und Methoden in den Wirtschafts- und Sozialwissenschaften. Tübingen 1964, 83-105.

Albert, H.: Zur Theorie der Konsum-Nachfrage. Jahrbuch für Sozialwissenschaften 1965, 2/16, 139-198.

Albert, H.: Marktsoziologie und Entscheidungslogik. Ökonomische Probleme in soziologischer Perspektive. Soziologische Texte, Bd. 36, Neuwied, Berlin 1967.

Albert, H.: Der Gesetzesbegriff im ökonomischen Denken, in: *Schneider, H.K.* und *Watrin, C.* (Hg.): Macht und ökonomisches Gesetz. Schriften des Vereins für Socialpolitik N.F. 74/I, Berlin 1973, 129-161.

Allport, G.: Attitudes, in: *Murchison, C.* (Ed.): A handbook of social psychology. Worchester, Mass. 1935, 19-27.

Andritzky, K.: Die Operationalisierbarkeit von Theorien zum Konsumentenverhalten. Berlin 1976.

Arndt, J.: Laboratory Studies and the Laboratory Paradigm of Man: Confessions of an Uneasy Consumer Researcher. Zeitschrift für Verbraucherpolitik, 1977, 1, 33-44.

Atkinson, J.W.: An introduction to motivation. Princeton, N.J. 1964.

Bandura, A.: Sozial-kognitive Lerntheorie. Stuttgart 1979.

Belk, R.W.: Situational Variables and Consumer Behavior. J. of Consumer Research 1975, 157-164.

Benninghaus, H.: Ergebnisse und Perspektiven der Einstellungs-Verhaltens-Forschung. Meisenheim 1976.

Berlyne, D.E.: Conflict, Arousal and Curiosity. New York 1960.

Boulding, L.: Versuch einer Theorie der Bedürfnisse. Leipzig 1924.

Britt, S.H. (Hg.): Consumer behavior in theory and in action. New York 1970.

Brody, R.P. und *Cunningham, S.M.:* Personality variables and the consumer decision process. J. of Marketing Research 1968, 5, 50-57.

Bungard, W. und *Lück, H.E.:* Forschungsartefakte und nichtreaktive Meßverfahren. Stuttgart 1974.

Bungard, W. und *Lücke, H.E.:* Nichtreaktive Meßverfahren, in: *Patry, J.L.* (Hg.): Feldforschung. Bern 1982, 317-340.

Bungard, W.: Sozialpsychologische Forschung im Labor. Göttingen 1984.

Carell, E.: Über die Voraussetzungen und den Erkenntniswert des Indifferenzkurvenkonzepts des Haushalts, in: *Krause, A..* (Hg.): Wirtschaftstheorie und Wirtschaftspolitik. Berlin 1951, 19-32.

Cox, D.F.: The influence of cognitive needs and styles on information handling in making product evaluations, in: *Cox, D.F.* (Ed.): Risk taking and information handling in consumer behavior. Boston, Mass. 1967, 111-132.

Cranach, v. M., Kalbermatten, U., Indermühle, K. und *Gugler, B.:* Zielgerichtetes Handeln. Bern 1980.

Cummings, W.H. und *Venkatesan, M.:* Cognitive dissonance and consumer behavior. A Review of evidence. J. of Marketing Research 1976, 13, 303-308.

Dichter, E.: The strategy of desire. New York, N. Y. 1961. Deutsch: Strategie im Reich der Wünsche. München 1964.

Edgeworth, F.Y.: Mathematical Psychics. New York, N. Y. 1954.

Ehrlich, D., Guttman, I., Schönbach, P. und *Mills, J.:* Postdecision exposure to relevant information. Social Psychology 1957, 54, 98-102.

Engel, J.F., Blackwell, R.D. und *Kollat, D.T.:* Consumer behavior, (3rd ed.); (1st ed.). Hinsdale, III. 1978.

Esser, H.: Soziale Regelmäßigkeiten des Befragtenverhaltens. Meisenheim 1975.

Eucken, W.: Die Grundlagen der Nationalökonomie, (5. Aufl.). Godesberg 1947.

Farley, J.U. und *Ring, L.W.:* An empirical test of the Howard-Sheth model of buyer behavior. J. of Marketing Research 1970, 7, 427-438.

Festinger, L.: A theory of cognitive dissonance. Stanford, Calif. 1957, in: *Irle, M.* und *Möntemann, V.* (Hg.): *L. Festinger* Theorie der kognitiven Dissonanz. Bern 1978.

Galle, G.: Über das Handeln im kurzzeitig dargebotenen Feld. Archiv für die gesamte Psychologie 1942, 110, 361-450.

Grabitz, H.-J.: Experimentelle Untersuchungen von Informationen vor Entscheidungen. Dissertation, Mannheim 1969.

Haedrich, G.: Der Interviewer-Einfluß in der Marktforschung. Wiesbaden 1964.

Hansen, F.: Psychological theories of consumer choice. J. of Consumer Research 1976, 3, 117-142.

Hicks, J.R. und *Allen, R.G.D.:* A reconsideration of the theory of value. Economica.

Hicks, J.R.: Value and capital. Oxford 1939.

Hillmann, K.-H.: Soziale Bestimmungsgründe des Konsumentenverhaltens. Stuttgart 1971.

Hörning, K.H.: Ansätze zu einer Konsum-Soziologie. Freiburg 1970.

Houthakker, H.S.: Revealed preference and the utility function. Economica, N.F. 1950, 17, 159-174.

Howard, J.A.. und *Sheth, J.N.:* A theory of buyer behavior, in: *Kassajian, H.H.* und *Robertson, T.S.* (Eds.): Perspectives in consumer behavior. Glenview, Ill. 1968, 467-487.

Hunziker, P.: Erziehung zum Überfluß. Stuttgart 1972.

Irle, M.: Macht und Entscheidungen in Organisationen. Frankfurt/Main 1971.

Irle, M.: Lehrbuch der Sozialpsychologie. Göttingen 1975.

Jacoby, J.: Consumer psychology as a social psychological sphere of action. American Psychologist 1975 a, 30, 977-987.

Jacoby, J.: Consumer and industrial psychology: Prospects for theory corrobation and mutual contribution, in: *Dunette, M.D.* (Ed.): The handbook of industrial and organizational psychology. Chicago, Ill., 1975 b, 1031-1061.

Jacoby, J.: Consumer psychology. An octennium, in: *Rosenzweig, M.R.* und *Porter, L.W.* (Eds.): Annual Review of Psychology, (Vol. 27). Palo Alto, Calif. 1976, 331-358.

Jaspert, F.: Methoden zur Erforschung der Werbewirkung. Stuttgart 1963.

Kassarjian, H.H.: Personality and consumer behavior. A review. J. of Marketing Research 1971, 8, 409-418.

Katona, G.: Rational behavior and economic behavior. Psychol. Review 1953, 60, 307-318.

Katona, G.: Das Verhalten der Verbraucher und Unternehmer. Tübingen 1960.

Katona, G.: Psychological economics. New York, Oxford, Amsterdam 1975.

Keynes, J.M.: The general theory of employment, interest and money. New York 1936.

Kozielecki, J.: The mechanism of self-confirmation of hypotheses in a probabilistic situation, in Symposion 25: Heuristic processes in thinking. International Congress of Psychology, Moskau 1966.

Kroeber-Riel, W.: Zur wissenschaftstheoretischen Kritik der Nachfragetheorie. Vortrag an der FU Berlin 1970.

Kroeber-Riel, W.: Konsumentenverhalten. München 1975.

Kroeber-Riel, W.: Konsumentenverhalten (2. Aufl.), München 1980.

Lappe, H.: Die Verhaltensrelevanz von Einstellungen als methodologisches Problem, in: *Hartmann, K.D.* und *Koeppler, K.* (Hg.): Fortschritte der Marktpsychologie, Bd. 1, Frankfurt/M. 1977, 71-84.

Lantermann, E.D.: Interaktionen: Person, Situation und Handlung. München 1980.

Little, I.M.D.: A reformulation of the theory of consumer's behavior. Oxford Economic Papers, N.F. 1949, 1, 90-133.

Lück, H.E. und *Reuter, U.:* Marktforschung kann mehr leisten. Marketing Journal 1973, 1, 72-74; 2, 162-165.

Mazis, M.B. und *Sweeney, T.W.*: Novelty and personality with risk as a moderating variable. Proceedings of the American marketing association 1972, 34, 406-411.

McGuire, W.J.: The nature of attitudes and attitude change, in: *Lindzey, G.* und *Aronson, E.* (Eds.): The handbook of social psychology. (Vol. 3), Reading, Mass. 1969, 136-314.

Nicosia, F.M.: Consumer decision processes. Englewood Cliffs, N.J. 1966.

Orne, M.T.: Demand characteristics and the concept of quasi-controls, in: *Rosenthal, R.* und *Rosnow, R.L.* (Eds.): Artifact in behavioral research. New York, N. Y. 1969, 147-181.

Packard, V.: The hidden persuaders. New York, N. Y. 1957; deutsch: Die geheimen Verführer: Der Griff nach dem Unbewußten in Jedermann. Düsseldorf 1962.

Pepitone, A.: Toward a normative and comparative biocultural social psychology. J. of Personality and Social Psychology 1976, 34, 641-653.

Raffée, H. und *Silberer, G.*: Ein Grundkonzept für die Erfassung und Erklärung des subjetiven Informationsbedarfs bei Kaufentscheidungen des Konsumenten. Bericht aus dem SFB 24 der Universität Mannheim, Mannheim 1975.

Roselius, T.: Consumer rankings of risk reduction methods. J. of Marketing 1971, 35 (1), 56-61.

Rosenstiel, L. v. und *Ewald G.*: Marktpsychologie, Bd. I: Konsumentenverhalten und Kaufentscheidung. Stuttgart 1979.

Salcher, F.: Psychologische Marktforschung. Berlin 1978.

Samuelson, P.A.: A note on the pure theory of consumer's behavior. Economica 1938, 61-71, 353-354.

Sawyer, A.G.: Demand Artifacts in Laboratory Experiments in Consumer Research. J. of Consumer Research 1975, 1, 20-30.

Schmölders, G.: Psychologie des Geldes. Reinbek b. Hamburg 1966.

Schulz, R.: Kaufentscheidungsprozesse des Konsumenten. Wiesbaden 1972.

Schweiger, G., Mazanec, J., Wiegele, O.: Das Modell des "erlebten Risikos" ("perceived risk"). Struktur und Operationalisierungskonzepte. Der Markt 1976, 60, 93-102.

Secord, P.F.: Social psychology in search of a paradigm. Personality and Social psychology Bulletin 1977, 3, 41-50.

Sheth, J.N. und *Venkatesan, M.*: Risk-reduction processes in repetitive consumer behavior. Journal of Marketing Research 1968, 5, 307-310.

Sheth, J.N.: Eine zusammenfassende Übersicht zum Käuferverhalten, in: *Bergler, R.* (Hg.): Marktpsychologie. Bern 1972, 143-192.

Skelly, F.R.: Interviewer-appearance stereotypes as a possible source of bias. J. of Marketing 1954, 10 (1), 74-75.

Spiegel, B.: Werbepsychologische Untersuchungsmethoden. Berlin 1959.

Streissler, E. und *Streissler, M.* (Hg.): Konsum und Nachfrage. Köln, Berlin 1966.

Streissler, M.: Theorie des Haushalts. Stuttgart 1974.

Taylor, J.W.: The role of risk consumer behavior. J. of Marketing 1974, 38 (2), 54-60.

Venkatesan, M.: Laboratory experiments in marketing: The experimenter effect. J. of Marketing Research 1967, 4, 142-146.

Webb, E.J., Campbell, D.T., Schwartz, R.D. und *Sechrest, L.:* Unobtrusive measures: Nonreactive research in the social sciences. Chicago, Ill. 1966; deutsch: Nichtreaktive Meßverfahren. Weinheim, Basel 1975.

Westmeyer, H.: Wissenschaftstheoretische Aspekte der Feldforschung, in: Patry, J.L. (Hg.): Feldforschung. Bern 1982, 67-84.

Wiendieck, G., Bungard, W., Lick H.E.: Konsumentenentscheidungen – Darstellung und Diskussion konkurrierender Forschungsansätze in: *Irle, M.* (Hg.): Methoden und Anwendungen in der Marktpsychologie. Göttingen 1983, 1-63.

Wiswede, G.: Über die Dürftigkeit des wirtschaftstheoretischen Konzepts zur Erklärung des Konsumentenverhaltens. Jahrbuch der Absatz und Verbraucherforschung 1964, 10, 141-159.

Wiswede, G.: Soziologie des Verbraucherverhaltens. Stuttgart 1972.

Wiswede, G.: Motivation und Verbraucherverhalten. München 1973.

Wiswede, G.: Kehrtwendung zur Motivation? In: *Hartmann, K.D.* und *Köppler, K.F.* (Hg.): Fortschritte der Marktpsychologie, Bd. 2. Frankfurt/Main 1980, 53-63.

Wölker, H.: Die Bedeutung der empirischen Verhaltensforschung für die ökonomische Theorie. Meisenheim am Glan 1961.

Zaltman, G., Pinson, C.R.A. und *Angelmar,* Metatheory and consumer research. New York 1973.

Zimbardo, P.G. (Hg.): The cognitive control of motivation. Glenview, Ill. 1969.

Franz Böcker

Die Bildung von Präferenzen für langlebige Konsumgüter in Familien

1. Familien als Kaufentscheidungseinheiten

Familien sind die wichtigste nahe soziale Umwelt für eine Mehrzahl der Bundesbürger. Im Familienverbund verleben sie einen guten Teil ihres Lebens, er beeinflußt stark das Welt- und Konsumbild auch der erwachsenen Individuen, aus ihm heraus entwickeln sich die meisten Kauf- und sonstigen Konsumentscheidungen. Trotzdem werden Marketingstrategien heute üblicherweise als auf Einzelpersonen zielende Maßnahmebündel konzipiert und realisiert, nur am Rande wird dabei auch der familialen Einbindung der einzelnen Personen Rechnung getragen.

Realen Marketingplanungen liegen zumeist Denkmuster wie die folgenden zugrunde:

- Personenkraftwagen werden ausschließlich an Männer verkauft – so die übliche Segmentdefinition –; für Personenkraftwagen wird daher so gut wie nie in Frauen- oder ähnlichen Zeitschriften geworben.
- Kücheneinrichtungen werden nur in Frauenzeitschriften, allenfalls in Bauspar- und ähnlichen Medien beworben.
- Fertiggerichte und viele Lebensmittel sind nach der Vorstellung der Planer wohl nur an Hausfrauen zu verkaufen; sie sind daher auch nur in Frauenzeitschriften oder ähnlichen Medien richtig aufgehoben.

Die Folge dieser Denk- und Planungsweise sind "männliche" und "weibliche" Produkte, die scheinbar allein für die eine oder andere Hälfte der Bevölkerung gedacht sind bzw. nur von den 53% der Bevölkerung, die weiblichen Geschlechts sind, oder nur von den 47%, die männlichen Geschlechts sind, nachgefragt und ver- bzw. gebraucht werden. Daß diese Betrachtungsweise nicht den realen Gegebenheiten entspricht, ist einsichtig; daß sie dennoch die Planungspraxis dominiert, ist wohl allein darauf zurückzuführen, daß hinreichend präzise Informationen über das reale Verhalten nicht allgemein zugänglich sind.

Aus: Marketing ZFP 1/1987, Verlag Beck, München; S. 16-24.

2. Besitz und Kauf langlebiger Konsumgüter

Langlebige Konsumgüter bestimmen zu einem guten Teil den Lebensstil von Individuen und Haushalten (vgl. *Kroeber-Riel,* 1984, S. 432; *Valette-Florence,* 1986). Zum Teil ist allerdings nicht der Besitz des Produktes schlechthin, sondern der einer bestimmten Marke bzw. Sorte als Indikator des Lebensstils zu qualifizieren; ganz besonders deutlich wird dies am Beispiel der Personenkraftwagen und der Kleidung. Langlebige Konsumgüter determinieren allerdings nicht nur den Lebensstil eines Individuums bzw. einer Personenmehrheit, sondern absorbieren auch einen erheblichen Teil des Haushaltsbudgets, was aus den Zahlen der *Tab. 1* ersichtlich wird.

Die Alltagserfahrung zeigt, daß bei einem Großteil der Kaufentscheidungen und bei einem nicht unerheblichen Anteil der Verwendungsfälle langlebiger Konsumgüter kein Fall isolierter Entscheidung und isolierter Verwendung, sondern irgendeiner Art sozialer Einbindung vorliegt.

3. Familiäre Kaufentscheidungen für langlebige Konsumgüter

Langlebige Konsumgüter werden zu einem großen Teil wegen ihrer finanziellen und den Lebensstil determinierenden Bedeutung nicht in sozialer Isolation verwendet und/oder gekauft. Angesichts der Vielfalt möglicher Formen gemeinsamer Entscheidungen bzw. einseitiger oder gegenseitiger Einflußnahmen ist es für die Marketingplanung unverzichtbar, gewisse Vorstellungen vom Ablauf der familiären (i.S.v. "in der Familie stattfindenden") Kaufentscheidungen zu gewinnen. Daher sollen zunächst beispielhaft Ergebnisse mehr traditionell orientierter Forschungsansätze zum Kaufverhalten von Familien präsentiert werden, daran anschließend soll ein differenziertes Modell der Kaufentscheidung in Familien entworfen und begründet werden.

3.1. Der Einfluß der Ehepartner auf familiäre Kaufentscheidungen in traditioneller Sicht

Bis Ende der sechziger Jahre standen fast ausnahmslos individuale Entscheidungen im Mittelpunkt der empirischen Marketing-Forschung. Mehr und mehr gewann dann die Einsicht Platz, daß es für die Berücksichtigung von Aspekten der Mehrpersonalität der Entscheidung im Rahmen der absatzpolitischen Planung unverzichtbar ist, von qualitativen Bekenntnissen zu hinreichend genauen quantitativen Meßwerten überzugehen.

Kategorien langlebiger Konsumgüter	Anteil der Ausgaben an allen privaten Verbrauchsausgaben von Haushalten mit			
	4 Personen mittleren Einkommens		4 Personen höheren Einkommens	
	1981	1984	1981	1984
Kleidung, Schuhe	9,2	8,1	9,0	8,9
Möbel, sonstiger Heimtextilien	3,4	3,0	4,0	4,0
Haushaltsmaschinen, Elektrogeräte	2,6	2,2	2,3	2,3
Fahrzeuge	11,5	13,1	12,8	12,3
Unterhaltungselektrik/-elektronik	1,2	1,2	1,1	1,1
alle genannten Gebrauchsgüter	27,9	27,6	29,2	28,6

Tab. 1: Anteil der privaten Ausgaben für langlebige Gebrauchsgüter (Statistisches Bundesamt, 1985, S. 485-459)

Als einen ersten Versuch einer theoriegeleiteten Quantifizierung des Einflusses von Ehefrauen und Ehemännern auf familiäre Kaufentscheidungen langlebiger Konsumgüter kann die Studie von *Davids* und *Rigaux* (1974) gewertet werden. Das zeitlich früher vorgestellte erweiterte *Fishbein*-Modell (*Ajzen/Fishbein* 1973) stellt lediglich ein theoretisches Gerüst dar, dem es an der für den Einsatz im Rahmen der praktischen Marketingplanung unverzichtbaren Quantifizierung der Modellkomponenten auf breiter Ebene mangelt. Die Ergebnisse der Studie von *Davis* und *Rigaux* sind vielfach nachgedruckt worden und haben den weiteren Forschungsprozeß merklich beeinflußt (vgl. z.B. *Kroeber-Riel,* 1984, S.457). Die Autoren wollten zum einen den relativen Einfluß beider Ehepartner ermitteln, zum anderen haben sie das Bestreben, diesen relativen Entscheidungseinfluß dem Wunsch, Entscheidungen gemeinschaftlich zu treffen, gegenüberzustellen.

Ausgangspunkt dieser und ähnlicher Studien ist die Vorstellung, daß es – übertrieben ausgedrückt – so etwas wie eine ganzheitliche bzw. einheitliche Kaufentscheidung für ein bestimmtes Produkt gibt. Diese Entscheidung wird von beiden Beteiligten – es wurden in solchen Studien fast ausschließlich Dyaden betrachtet – in unterschiedlichem Ausmaß geprägt.

Die Idee einer quasi-homogenen Kaufentscheidung wurde später mehr und mehr zugunsten der Erkenntnis partialisierter (*Böcker,* 1987) Kaufentscheidungsprozesse aufgegeben. Ein Aspekt der Partialisierung, der bereits frühzeitig erkannt wurde, ist die Unterscheidung zwischen der Produkt- und Markenwahl. Die Produktwahl wird dabei als die Entscheidung, ob ein bestimmtes Produkt gekauft wird, verstanden, während man unter dem Etikett Markenwahl die Auswahl der bestimmten Marken (bzw. Sorten bzw. Typen) zusammenfaßt. Diese Art der Partialisierung erscheint im Hinblick auf familiäre Kaufentscheidungen ganz besonders relevant, weil einerseits nach "traditioneller Vorstellung" der Haushaltsvorstand (= Mann) die langfristige Finanzplanung innehat und damit bestimmt, ob ein Produkt überhaupt gekauft wird, und andererseits der Mann als "technischer Fachmann" die Erneuerungsbedürftigkeit etwa des fahrbaren Untersatzes konstatiert. Demgegenüber wirkt die Frau vor allem bei der Wahl der Typen, Ausstattungen etc. mit. Eine umfangreiche empirische Untersuchung, die diese Unterscheidung berücksichtigt, wurde 1983 von der *Verlagsgruppe Burda* vorgelegt (*Burda,* 1983); einige beispielhafte Daten aus dem Personenkraftwagen-Bereich sind in *Tab. 2* zusammengestellt.

Die dort wiedergegebenen Werte offenbaren unmittelbar, daß der Einfluß der Frauen auf die Kaufentscheidungen bezüglich Pkw beim Zweitwagen deutlich größer als beim Erstwagen ist, daß gebildete und selbstverdienende Frauen in kleineren Haushalten einen größeren Einfluß als ihre anderen Geschlechtsgenossinnen besitzen und daß die Produktwahl deutlicher von Frauen beeinflußt wird als die Markenwahl, worin ohne Zweifel die dem Mann zugeschriebene größere Technikkompetenz ihren Niederschlag findet.

Eine solche Differenzierung der Einflußanalyse nach Aspekten der Kaufentscheidung und nach Merkmalen der beteiligten Personen stellt einen gegenüber den Ergebnissen von *Davis/Rigaux* erheblichen Zugewinn an marketingrelevanten Erkenntnissen dar. Sie erlaubt es allerdings nicht, exakte Anhaltspunkte für eine absatzpolitische Planung abzuleiten, da es nicht möglich ist, die Quelle und Formen der Einflußnahme zu präzisieren. Um aber zum Beispiel gezielte kommunikationspolitische Maßnahmen einzuleiten sind solche Informationen notwendig.

Stichprobe der Frauen zwischen 18 und 69 Jahren		Einflußanteil der Frau (%) beim					
		Pkw-Kauf		Erstwagen-Kauf		Zweitwagen-Kauf	
		Produktw.	Markenw.	Produktw.	Markenw.	Produktw.	Markenw.
insgesamt		0,42	0,40	0,40	0,38	0,50	0,45
Schulbildung:	Volks-/Hauptschule	0,40	0,37	0,38	0,36	0,47	0,39
	weiterf. Schule	0,45	0,41	0,42	0,38	0,52	0,48
	Abitur/Universität	0,50	0,51	0,49	0,50	0,55*	0,54*
Berufstätigkeit:	berufstätig. in Ausbildung	0,47	0,45	0,45	0,44	0,53	0,47
	nicht berufstätig. Rentner	0,38	0,35	0,36	0,33	0,47	0,42
eigenes Einkommen:	DM 0,--	0,37	0,34	0,35	0,32	0,45	0,41
	bis DM 1 000,--	0,44	0,41	0,42	0,39	0,51*	0,42*
	DM 1 000,-- bis 1 500,--	0,45	0,43	0,45	0,46	0,49*	0,35*
	über DM 1 500,--	0,55	0,56	0,50	0,53	0,63	0,61
Haushaltsgröße:	2 Personen im Haushalt	0,48	0,45	0,45	0,43	0,63	0,57
	3 Personen im Haushalt	0,41	0,39	0,40	0,39	0,45	0,37
	4 Personen im Haushalt	0,41	0,38	0,38	0,34	0,50	0,48
	5 und mehr Personen im Haushalt	0,39	0,36	0,36	0,35	0,47	0,40
Wohnort:	bis 20 000 Einwohner	0,40	0,38	0,39	0,39	0,40	0,32
	20 000 bis unter 500 000 Einwohner	0,44	0,40	0,42	0,39	0,55	0,48
	über 500 000 Einwohner	0,43	0,40	0,39	0,37	0,54	0,52

Tab. 2: Der Einfluß der Frauen beim Kauf von Personenwagen (Zahlen wegen sehr kleiner Stichproben kaum verläßlich; vgl. Burda, 1983, S. 38-47)*

3.2. Das präferenztheoretische Modell der familiären Kaufentscheidung bei langlebigen Konsumgütern

Wenn Kaufentscheidungen bezüglich langlebiger Konsumgüter oder Industriegüter anstehen, kommt es häufig zu komplexen Prozessen, die nicht nur – wie alle Präferenzbildungsprozesse – mehrdimensionaler Natur sind, sondern auch in mehreren Phasen ablaufen und mehrere Personen betreffen (vgl. *Böcker,* 1986 und die dort angegebene Literatur).

Die Mehrdimensionalität, Mehrphasigkeit und Mehrpersonalität der Präferenzbildungs- und damit auch der Kaufentscheidungsprozesse läßt sich am Beispiel von Pkw's gut verdeutlichen: Ein *Opel Corsa* etwa wird nicht deshalb bevorzugt, weil er ein bestimmtes integratives Ganzes darstellt, sondern weil bei ihm die Eigenschaften Sparsamkeit, Wendigkeit und Komfort im gewünschten Ausmaß vorliegen (Mehrdimensionalität der Kaufentscheidung). Mehrstufig sind Kaufentscheidungen insofern angelegt, als das Urteil zugunsten eines *Opel Corsa* nicht das Ergebnis einer Zeitpunktentscheidung, sondern das eines in mehreren Phasen ablaufenden Prozesses darstellt. So kann bereits lange vor dem aktuellen Kaufentscheid im Rahmen von Überlegungen zum Haushaltsbudget festgelegt worden sein, daß nur Personenkraftwagen der unteren Mittelklasse in Frage kommen; einige Zeit später kann als Resultat eigener oder fremder Erfahrungen die Menge kaufrelevanter Automobile auf die Typen *Opel Corsa, Peugeot 104* und *VW Polo* eingeschränkt worden sein; erst zuletzt kommt es dann zur aktuellen Entscheidung für einen bestimmten Pkw-Typ.

Gemeinhin unterscheidet man zwei Phasen der Kaufentscheidung: eine erste Phase, innerhalb der die relevanten von den weniger relevanten Alternativen geschieden werden, und eine zweite Phase, in der die letztlich zu realisierende Alternative ausgewählt wird. Die Kennzeichen der Vorauswahl- und der Entscheidungsphase als der beiden Phasen des Kaufentscheides sind in *Abb. 1* verdeutlicht.

Ist etwa eine Auswahl des Urlaubsgebietes zu treffen, so mögen aus der Gesamtheit der Angebote am Ende von Phase 1 all diejenigen ausgewählt sein, die ein bestimmtes Preisniveau nicht über- und unterschreiten, oder all diejenigen, in denen gute Sportmöglichkeiten bestehen, oder all diejenigen, die einfach zu erreichen sind. In Phase 2 werden dann nur noch diejenigen Gebiete näher analysiert, die in Phase 1 als akzeptabel eingestuft wurden; das letztlich bevorzugte Objekt wird bei einer solchen Vorgehensweise der Menge dieser Objekte entnommen.

Präferenzbildungsphase	zu beurteilende Produkte	Auswahlprozedur	Ergebnis
Vorauswahl der akzeptablen Produkte	alle Produkte, über die Informationen vorliegen	Überprüfung jedes Produktes, ob es bestimmte Mindeststandards hinsichtlich der Vorauswahl-Merkmale erfüllt	Einteilung der Produkte in • relevante, • irrelevante, • nicht näher bekannte Produkte
Auswahl des bevorzugten Produkts	alle als grundsätzlich akzeptabel eingestuften Produkte	Abwägen der merkmalsbezogenen relativen Vor- und Nachteile der einzelnen Produkte	Rangordnung der Produkte nach ihrer Vorziehenswürdigkeit

Abb. 1: Die beiden Phasen einer Kaufentscheidung

Dem Prozeß der Präferenzbildung vorgeschaltet ist der Prozeß der Bildung des Images (zum Begriff: *Böcker,* 1986, S. 554-556) als der kognitiven Realität der Produktwelt ("Perzeptionsbildungsprozeß", *Böcker,* 1986, S. 552). Im Rahmen dieses Imagebildungsprozesses werden die zur Beurteilung anstehenden Produkte erkannt, in bestimmter Weise wahrgenommen und eingestuft. Das Ergebnis dieser geistigen Operationen bildet den Ausgangspunkt der menschlichen Entscheidungsfindung, denn Menschen entscheiden nicht auf der Basis realer Gegebenheiten, sondern auf der Basis dessen, was sie für wahr halten. Daß zwischen beiden Ausformungen der Realität erhebliche Unterschiede bestehen können, ist vielfach belegt. Der Gesamtprozeß der mehrpersonalen Entscheidungsfindung in einer Familie kann somit wie in *Abb. 2* dargestellt werden.

Das in *Abb. 2* skizzierte Abbild realen Kaufentscheidungsverhaltens in Familien stellt die Basis der im folgenden erläuterten empirischen Untersuchung dar. Es verdeutlicht eine gegenüber der herkömmlichen Sicht erhebliche Bereicherung der Erkenntnisse.

4. Der Einfluß einzelner Personen auf die Präferenz einer Personenmehrheit

4.1. Der meßtheoretische Ansatz

In den bisher dargestellten Untersuchungen wurde der Einfluß einer Person auf die Kaufentscheidung einer anderen Person oder einer Personenmehrheit ganzheitlich (Ausnahme: Unterteilung nach Produkt- und Markenwahl) und ex post gemessen. Das Ziel des nachfolgend dargestellten Meßmodells stellt eine detaillierte Erfassung des Einflusses dar, zugleich

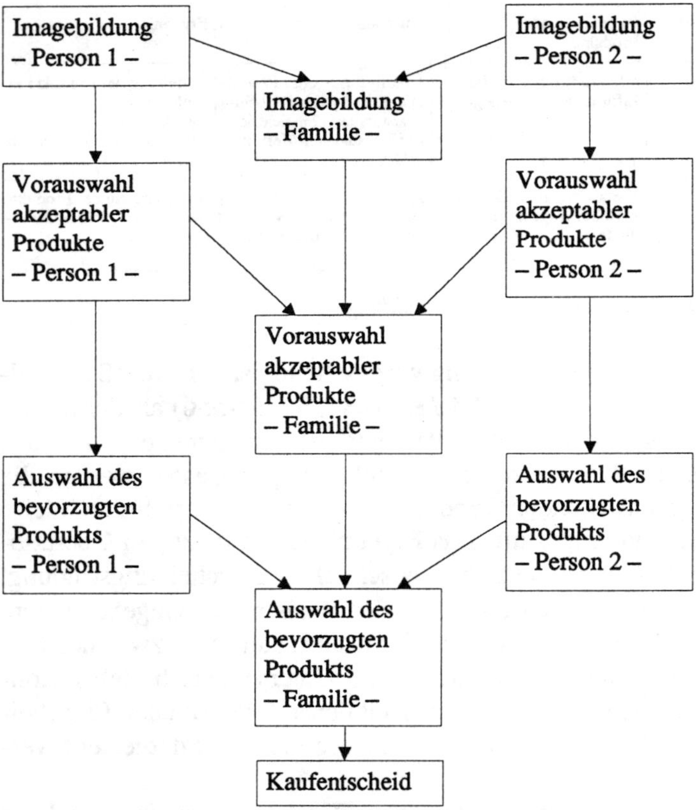

Abb. 2: Der mehrstufige, mehrpersonale Kaufentscheidungsprozeß

soll von der bisher geübten nachträglichen Einflußquantifizierung ("Einfluß nach Erinnerung") Abstand gewonnen werden. Dabei wird logischerweise nicht zwischen dem Fall der Einflußnahme auf eine andere Person und dem Fall der Einflußnahme auf ein Kollektiv (Gruppenentscheidung) unterschieden, da in beiden Fällen eine Art Kompromißbildung abläuft und der Unterschied zwischen beiden Fällen lediglich darin beruht, daß im ersten Fall eine einzige Person den Kompromiß kommuniziert, während dies im zweiten Fall ein Kollektiv ist.

"Einfluß" ist ein höchst schillernder Begriff, der sehr stark differenzierende Ausdeutungen zuläßt (vgl. z.B. *Zelger*, 1975; *Gaski/Nevin*, 1985). Diese Unterschiede sind zu beachten, wenn es um die Quantifizierung dieses Konstruktes geht. Am Beispiel einer Zwei-Personen-Entscheidung sollen die verschiedenen Einflußformen kurz skizziert werden. Dabei ist einerseits zu unterscheiden, ob Einfluß ausgeübt werden soll oder nicht, und andererseits, ob die Tatsache der Beeinflussung erkannt wird oder nicht. Daraus lassen sich vier Einflußformen ableiten, die in *Abb. 3* wiedergegeben sind.

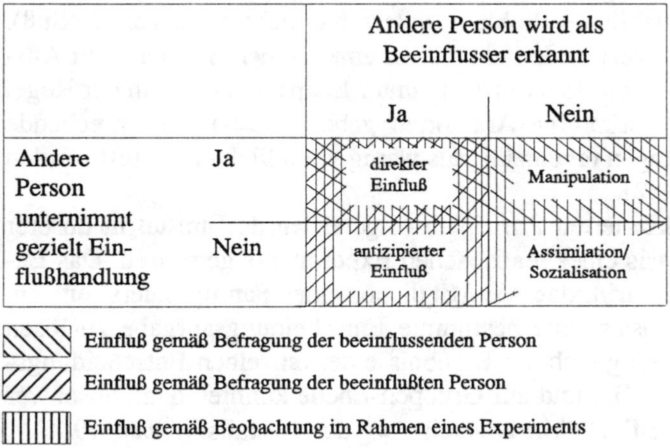

Abb. 3: Formen des Einflusses bei einer Zwei-Personen-Einheit

Wenn man umgangssprachlich von Einfluß spricht, hat man wohl den direkten Einfluß im Auge; er stellt allerdings nur eine von vier Einflußformen dar. Die Sozialisation z.B. stellt diejenige Form der Einflußnahme dar, die Eltern (und die Umwelt) auf die Heranwachsenden ausüben. Alle vier in *Abb. 3* angedeuteten Formen stellen Einflüsse dar, die marketingrelevant sind. Während der direkte Einfluß kurzfristig realisiert werden kann, kommt der assimilierte Einfluß nur sehr langfristig zum Tragen.

Es ist evident, daß abhängig von der Person der Befragten unter Einfluß Verschiedenes verstanden wird. Wird der Beeinflußte befragt, so wird er – bei wahrheitsgemäßer Aussage – Einfluß als Summe von direktem und antizipiertem Einfluß quantifizieren; der Beeinflusser hingegen wird – bei wahrheitsgemäßer Aussage – Einfluß als Summe von direktem Einfluß und Manipulation operationalisieren. Keiner von beiden wird den Einfluß via Assimilation andeuten. Allein, wenn der Einfluß nicht als Ergebnis von Befragungen, sondern im Rahmen einer experimentell gesteuerten Beobachtung ermittelt wird, kann näherungsweise der gesamte Einfluß gemessen werden. Ausschließlich längerfristig wirksame Formen des Assimilationseinflusses können im Rahmen von über kürzere Zeit laufende Experimente allerdings nicht aufgedeckt werden.

Bisher angestellte Einflußmessungen (*Burda,* 1983; *Davis/Rigaux,* 1974) basieren auf Befragungen. Zu den üblichen Genauigkeitsproblemen auch gut angelegter Befragungen tritt – wie *Abb. 3* verdeutlicht – auch noch ein inhaltliches Problem (unterschiedliche Sicht von Einfluß). Es ist daher nicht verwunderlich, daß in empirischen Studien zum Ausmaß der gegenseitigen Beeinflussung unter Ehepaaren diese in der Regel nicht miteinander stimmige Antworten gaben, weshalb entsprechende Operationalisierungen regelmäßig als wenig verläßlich eingestuft werden (*Silk/Kalwani,* 1982).

Den soeben skizzierten Prinzipien folgend wurde Einfluß in unserer Studie auf der Basis eines realistischen Experiments gemessen. Das Experiment bestand darin, daß die Mitglieder einer Familie zuerst einzeln und später gemeinsam eine bestimmte Entscheidungsaufgabe zu lösen hatten. Aus dem Vergleich der Ergebnisse der einzelnen Entscheidungsstufen auf individueller und auf Gruppen-Ebene konnten dann unschwer Indikatoren der Einflußstärke abgeleitet werden (Details: *Huber,* 1986).

Bei nahezu allen Produkten sind in Familien gegenseitige Einflußnahmen zu erwarten, allerdings weniger bei individuell konsumierten Produkten geringeren Werts als bei gemeinschaftlich genutzten Produkten höheren Werts. Die vermutete geringere Einflußnahme für individuell genutzte Produkte kann grundsätzlich in zweierlei Weise begründet sein:

- Person A hat auf die Kaufentscheidung von Person B einen geringen Einfluß, weil ihr Urteil nicht berücksichtigt wird, obwohl miteinander über die anstehende Entscheidung diskutiert wurde. Diese Form des Einflusses soll als Wirkung bezeichnet werden; die zugehörige Maßgröße ist der Wirkungsindex.
- Person A kann auf die Kaufentscheidung von Person B aber auch deshalb keinen Einfluß haben, weil sie nicht am Kaufentscheidungsprozeß beteiligt wird; die zugehörige Maßgröße ist der Beteiligungsindex.

Daraus folgt die grundlegende Formel der Einflußmessung:

Beteiligungsindex x Wirkungsindex = Einflußindex.

Einflußnahmen sind demnach das Ergebnis von Beteiligungen, die als Anteile an historisch abgelaufenen Prozessen festgestellt werden, und von Wirkungen, die auf der Basis der Befragung im Rahmen eines Experiments ermittelt werden.

4.2. Anlage und Objekte der Studie

Der Einfluß einzelner Mitglieder auf die Präferenz ihrer Familie wurde für drei langlebige Konsumgüter ermittelt. Neben einer detaillierteren Analyse der Einflußprozesse, als es bisher üblich war, wurde in der vorliegenden Studie auch insofern Neuland betreten, als nicht mehr nur Ehepartner der Gegenstand der Analyse waren, sondern auch diese zusammen mit ihren heranwachsenden Jugendlichen.

In Abstimmung mit den die Untersuchung finanzierenden Unternehmen wurden folgende Punkte ausgewählt:

- Personenkraftwagen,
- Geschirrspülmaschinen,
- Videorekorder.

Insgesamt waren – bundesweit gestreut – 396 Haushalte in die Befragungsaktion integriert, wovon 215 2- und 181 3-Personen-Haushalte waren. Die Ergebnisse betreffs Pkw basieren auf den Angaben von 202 Haushalten mit insgesamt 499 Befragten, die Ergebnisse betreffs Geschirrspülmaschinen auf den Angaben von 98 Haushalten mit insgesamt 236 Befragten und die Ergebnisse betreffs Videorekorder auf den Angaben von 96 Haushalten mit insgesamt 238 Befragten.

Die Befragung selbst wurde sehr probandenfreundlich angelegt, was angesichts der Menge der zu verarbeitenden Informationen auch dringend geboten schien. Ausgangspunkt der Untersuchung waren in Zusammenarbeit mit Fachleuten ermittelte Listen von Merkmalen und Typen/Marken. Als Merkmale wurden nur objektive Merkmale, die vom Management steuerbar sind, herangezogen.

Die Auswahl der für die einzelnen Befragten relevanten Merkmale bzw. Typen geschah mit Hilfe von Kärtchen, auf denen die Merkmale aufgedruckt bzw. die Typen abgebildet waren. Mit Hilfe dieser Kärtchen hatten die Probanden somit zunächst die für sie individuell bzw. als Familie relevanten Merkmale und Typen auszuwählen und später die als relevant eingestuften Typen in eine Präferenzreihenfolge zu bringen. Die Befragungsaufgaben wurden ausnahmslos leicht, ja fast spielerisch bewerkstelligt.

4.3. Einige Untersuchungsresultate

Der Darstellung der Struktur und Quellen der Einflußnahme innerhalb der Familien vorangestellt werden soll eine knappe Beschreibung des Kaufentscheidungsverhaltens der einzelnen Individuen bzw. der Familien als Ganzes. Aus dem Vergleich beider Strukturen werden dann Aussagen bezüglich des Einflusses der einzelnen Beteiligten abgeleitet.

4.3.1. Die Struktur der individualen und der familiären Präferenzen

Eine der Aufgaben der Probanden bestand darin, aus den insgesamt 65 Pkw-Typen die für sie relevanten Alternativen auszusondern; dies waren bei den Individuen im Durchschnitt 6,6 und bei den Familien im Durchschnitt 4,6 Typen. In der Vorauswahlphase werden also im Durchschnitt ca. 90% der präsentierten Pkw-Typen als irrelevant ausgesondert. Der Aussonderungsgrad ist bei gemeinschaftlichen Entscheidungen noch größer als bei individualen Entscheidungen, was leicht dadurch zu erklären ist, daß mehr Personen ein Veto-Recht besitzen.

Bezüglich der für die Beurteilung wichtigen Merkmale zeigt sich, daß auch hier eine starke Vereinfachung des Entscheidungsverhaltens erfolgt. Je nach Entscheidungssituation (Individuum oder Familien, Vorauswahl oder Endauswahl) werden nur 8 bis 11 von 22 Merkmalen zur Urteilsbildung herangezogen.

Selbst solche komplizierten und allseits diskutierten Produkte wie Personenkraftwagen werden demnach nur anhand von ca. 10 Merkmalen beurteilt. In der Vorauswahlphase, wo es darum geht, "indiskutable Alternativen zu eliminieren", wenden Familien logischerweise mehr Kriterien an als Individuen; in der Endauswahlphase dagegen, wo es darum geht, "die Vorteile und Nachteile der einzelnen Typen gegeneinander abzuwägen", ziehen Familien – aus Einfachheitsgründen – weniger Merkmale als Individuen heran.

Fragt man nun, welche Merkmale in den einzelnen Entscheidungsphasen berücksichtigt werden, so offenbart *Tab. 3*, daß in der Vorauswahlphase die Merkmale Preis und Fabrikat, die naturgemäß eng zusammenhängen, und in der Endauswahlphase die Merkmale Zuverlässigkeit, Sicherheit und Benzinverbrauch sehr wichtig sind.

Die Angaben hinsichtlich der Rangfolge der Bedeutung der einzelnen Merkmale für die Typenwahl bei Geschirrspülmaschinen und Videore-

Phase	Art der Entscheidung	Rangfolge der Merkmale				
		1	2	3	4	5
Vorauswahl	Mann individual	Fabrikat	Preis	Rost	Wiederverkaufswert	Reparaturkosten
	Frau individual	Preis	Fabrikat	Aussehen	Reparaturkosten	Benzinverbrauch
	Familie gemeinsam	Fabrikat	Preis	Rost	Aussehen	Sicherheit
Endauswahl	Mann individual	Zuverlässigkeit	Sicherheit	Preis	Benzinverbrauch	Verarbeitung
	Frau individual	Preis	Sicherheit	Zuverlässigkeit, Benzinverbrauch		Rost
	Familie gemeinsam	Zuverlässigkeit	Preis	Sicherheit	Benzinverbrauch	Verarbeitung

Tab. 3: Die Rangfolge der Bedeutung der einzelnen Pkw-Merkmale in der Vorauswahl- und in der Endauswahlphase

Produkt	Phase	Rangfolge der Merkmale				
		1	2	3	4	5
S	Vorauswahl	Wasserverbrauch	Energieverbrauch, Preis		Fabrikat	Kundendienst
	Endauswahl	Energieverbrauch	Preis	Programmanzahl	Zuverlässigkeit	Reinigungskraft
V	Vorauswahl	System	Fabrikat	Preis	Bildqualität	Tonqualität
	Endauswahl	Bildqualität	System	Tonqualität	Preis	Garantie

Tab. 4: Die Rangfolge der Bedeutung der einzelnen Produktmerkmale bei Geschirrspülmaschinen (S) und Videorekordern (V) in der Vorauswahl- und Endauswahlphase

korder enthält *Tab. 4*. Es sind ausschließlich die Informationen für die Familien insgesamt wiedergegeben.

Neben der Rangfolge der Bedeutung der für die Vor- und die Endauswahl relevanten Merkmale, wie sie in *Tab. 3* und *4* wiedergegeben ist, verdient auch die Anzahl der relevanten Merkmale und Typen der Beachtung (vgl. *Tab. 5* und *6*). Bedenkenswert ist hierbei der Tatbestand, daß die Anzahl der relevanten Merkmale teils deutlich über der sonst genannten Anzahl von vier bis sieben liegt. Bezeichnend ist ferner, daß die Anzahl der relevanten Merkmale in der Vorauswahlphase bei Individuen

Produkt	Entscheidungsphase/Entscheider			
	Vorauswahl		Endauswahl	
	Individuum	Familie	Individuum	Familie
Personenkraftwagen	8,2	10,1	10,7	9,7
Geschirrspülmaschinen	5,1	6,1	8,3	7,7
Videorekorder	4,9	6,2	10,4	10,3

Tab. 5: Durchschnittliche Anzahl relevanter Merkmale, differenziert nach Entscheidungsphase und Entscheider

Produkt	Entscheider	
	Individuum	Familie
Personenkraftwagen	6,6	5,6
Geschirrspülmaschinen	5,7	5,1
Videorekorder	6,9	6,1

Tab. 6: Durchschnittliche Anzahl relevanter Typen bei individualer und gemeinsamer Entscheidung

ausnahmslos kleiner als bei Familien ist, während für die Endauswahlphase das Umgekehrte gilt. Dies bestätigt die allgemeine Annahme (vgl. *Böcker,* 1986, S. 566, 568 und die dort angegebene Literatur), daß

- in der Vorauswahlphase Individuen auf der Basis von für sie selbst wichtigen Merkmalen eine Objektauswahl treffen und
- in der Endauswahlphase alle Betroffenen auf der Basis der für alle wichtigen Merkmale die Auswahl treffen.

Welche praktische Bedeutung der Vorauswahlphase zukommt, macht insbesondere *Tab. 6* deutlich, die anzeigt, daß für Personenkraftwagen ein Durchschnitt von ca. 6 (von 65) Typen, für Geschirrspülmaschinen nur 5 bzw. 6 (von 25) Typen und für Videorekorder nur 6 bzw. 7 (von 32) Typen relevant sind. Die Hypothese, daß das 'relevant set' meist nur aus 4 bis 7 Objekten besteht (*Schobert,* 1979, S. 55-64, und die dort angegebene Literatur) wird eindrucksvoll bestätigt.

4.3.2. Der Einfluß der Beteiligten auf die familiären Präferenzen

Angesichts der teils merklichen Unterschiede zwischen den diversen individualen Vorstellungen und den gemeinsamen Vorstellungen entsteht unmittelbar die Frage, welchen Einfluß die einzelnen Personen auf die gemeinsame Entscheidung besitzen. Nachfolgend werden wiederum zunächst nur die Werte für Personenkraftwagen und nur diejenigen für Mann und Frau, nicht aber die für Heranwachsende (12 bis 18 Jahre) dargestellt.

Voraussetzung für jede Einflußnahme im Rahmen eines Kaufentscheidungsprozesses ist naturgemäß die Beteiligung am Kaufentscheidungsprozeß. Diese Beteiligungsquote hängt stark vom Produkt ab. Für die drei analysierten Produkte sind die Beteiligungsquoten in *Tab. 7* wiedergegeben.

Der letztlich interessierende Einfluß einer Person war als Produkt von Beteiligungs- und Wirkungsindex definiert worden. Der Wirkungsindex bringt dabei den Einfluß einer Person für den Fall zum Ausdruck, daß diese Person am Entscheidungsprozeß beteiligt ist. Aus dem Beteiligungs- und dem Wirkungsindex ergibt sich sodann der Index des Einflusses der einzelnen Individuen, der in *Tab. 8* für alle drei Produktbereiche wiedergegeben ist.

Die Werte von *Tab. 8* sind leicht zu interpretieren: Männer bestimmen demnach in 2-Personen-Haushalten zu 68% das für die familiäre Präferenz relevante Image der einzelnen Personenkraftwagen-Typen, zu 61% bestimmen sie bei denselben Haushalten, welche Personenkraftwagen-Typen als akzeptabel eingestuft werden, und zu 71% bestimmen sie die endgültige Auswahl. Derselben Tabelle ist zu entnehmen, daß Frauen und Heranwachsende zu ca. 50% diese Präferenz bestimmen, wobei die Stellung der Frauen hinsichtlich der Auswahl der kaufrelevanten Personenkraftwagen-Typen relativ stark ist ("kein Sportwagen!") etc. und die Heranwachsenden – wohl aufgrund intensiver Informationssuche – relativ viel Einfluß auf die Imagebildung besitzen. Aus all diesen Angaben schält sich die Struktur eines differenzierten Kaufentscheidungsprozesses heraus, der bei Pkw eindeutig durch den Mann, bei Geschirrspülmaschinen schwach durch die Frau und bei Videorekordern durch Mann und Heranwachsenden gesteuert wird.

4.3.3. Der Einfluß von Männern und Frauen nach Segmenten

Geschlecht und Alter sind ohne Zweifel einfach zu handhabende Faktoren, wenn es darum geht, den Einfluß der Person auf die familiäre Präferenz zu erklären. Dennoch stellen sie nur vordergründige Quellen des

Produkt	2-Personen-Haushalt			3-Personen-Haushalt			
	Mann	Frau	Freunde	Mann	Frau	Heranwachs.	Freunde
Personenkraftwagen	91	76	52	96	83	75	50
Geschirrspülmaschinen	67	89	67	71	86	29	64
Videorekorder	69	54	92	73	36	73	40

Tab. 7: Die Beteiligung verschiedener Personen (in %) an der familiären Kaufentscheidung bezüglich Personenkraftwagen, Geschirrspülmaschinen und Videorekordern

Prozeßphase	Produktbereich	2-Personen-Haushalt		3-Personen-Haushalt		
		Mann	Frau	Mann	Frau	Heranwachsender
Imagebildung	P	0,68	0,32	0,45	0,28	0,27
	S	0,44	0,56	0,38	0,50	0,12
	V	0,65	0,35	0,39	0,20	0,41
Vorauswahl	P	0,61	0,39	0,49	0,30	0,21
	S	0,48	0,52	0,42	0,46	0,12
	V	0,67	0,33	0,44	0,40	0,16
Endauswahl	P	0,71	0,29	0,50	0,26	0,24
	S	0,46	0,54	0,44	0,44	0,12
	V	0,69	0,31	0,46	0,16	0,38

Tab. 8: Der Einflußgrad einzelner Familienmitglieder auf die familiäre Präferenz (P: Personenkraftwagen, S: Geschirrspülmaschinen, V: Videorekordern)

Ausmaßes an Einfluß dar. Geschlecht und Alter stehen – nach allgemeiner psychologischer Erkenntnis – lediglich für tieferliegende Faktoren wie etwa Legitimation, Sympathie, Belohnungsfähigkeit, Kompetenz oder Kommunikationsfähigkeit der entsprechenden Person. Diese Faktoren wurden im Rahmen der Theorie der sozialen Macht (*French/ Raven*, 1959) als Determinanten interpersonaler Einflußnahme definiert. Die Ergebnisse dieser Analysen sollen hier nicht dargestellt werden (vgl. *Hubel*, 1986, S. 190-196), vielmehr wird nachstehend eine Segmentierung der Kollektive nach Ähnlichkeit der Einflußstrukturen dargestellt.

Ausgangspunkt für die hierzu unternommenen Clusteranalysen waren die phasenspezifischen Einflußgrade der Männer für alle befragten Haushalte (die Werte für Männer der 3-Personen-Haushalte wurden vorab derart standardisiert, daß die Summe der Einflußgrade für Männer und Frauen 1,0 betrugen). Als Clusterverfahren wurde ein hierarchisches, agglomeratives Verfahren auf der Basis des Average-Linkage-Prinzips verwandt (*Stenhausen/Langer*, 1977). Die Einflußgrade in den einzelnen Segmenten verdeutlicht *Tab. 9*. Dabei wurden Kleinstsegmente nicht berücksichtigt.

Wie die *Tab. 9* ausweist, existiert ein kleines Segment (3), das rund ein Achtel der Bevölkerung ausmacht, in dem insbesondere die endgültige Entscheidung, aber auch die Vorauswahlentscheidung bezüglich Personenkraftwagen von den jeweiligen Frauen dominiert wird. In diesem Segment sind überdurchschnittlich viele berufstätige Frauen mit höherem Schulabschluß. Ob es sich dabei primär um den Kauf von Zweitwagen handelt, konnte im Rahmen der Untersuchung nicht ausfindig gemacht werden. Ebenso existiert für Geschirrspülmaschinen ein Segment (3), bei dem die Männer ganz eindeutig dominieren; analoge Aussagen gelten auch für den Bereich der Videorekorder.

Produktbereich		Segment 1		Segment 2		Segment 3		Gesamtheit	
		Mann	Frau	Mann	Frau	Mann	Frau	Mann	Frau
Personen-kraftwagen	Imagebildung	0,69	0,31	0,63	0,37	0,65	0,35	0,62	0,38
	Vorauswahl	0,68	0,32	0,60	0,40	0,55	0,45	0,62	0,38
	Endauswahl	0,92	0,08	0,57	0,43	0,13	0,87	0,66	0,34
Anteil an der Gesamtheit		0,46		0,33		0,12		1,00	
Geschirrspül-maschinen	Imagebildung	0,35	0,65	0,38	0,62	0,68	0,32	0,41	0,59
	Vorauswahl	0,36	0,64	0,65	0,35	0,50	0,50	0,45	0,55
	Endauswahl	0,28	0,72	0,84	0,16	0,88	0,12	0,48	0,52
Anteil an der Gesamtheit		0,53		0,22		0,18		1,00	
Videorekorder	Imagebildung	0,74	0,26	0,53	0,47			0,69	0,31
	Vorauswahl	0,76	0,24	0,64	0,36			0,70	0,30
	Endauswahl	0,82	0,18	0,20	0,80			0,74	0,26
Anteil an der Gesamtheit		0,82		0,17				1,00	

Tab. 9: Die Einflußgrade von Männern und Frauen bezüglich der familiären Präferenz nach Segmenten (Segmente sind produktbereichspezifisch)

5. Familiäre Präferenzbildung und Marketingplanung

Die in den verschiedenen Tabellen und Abbildungen wiedergegebenen Resultate der empirischen Studie bieten eine Fülle von Anregungen im Rahmen einer gezielten Marketingpolitik. So sind insbesondere folgende Gesichtspunkte näher zu bedenken:

- Es ist nicht angemessen, von "männlichen" Produkten und "weibliche" Produkten auszugehen. Vielmehr haben bei männlichen Produkten Frauen einen relativ großen Einfluß auf den Entscheidungsablauf und das Ergebnis der Entscheidung und umgekehrt.
- Es ist nicht nur von der Mehrpersonalität der Entscheidung, sondern auch von der Mehrstufigkeit der Entscheidung auszugehen. In diesem Zusammenhang verdient insbesondere die Vorauswahlphase das besondere Augenmerk des Marketing-Praktikers; in der Vorauswahlphase werden nämlich 90% der Produkte ausgesondert. Nur diejenigen 10%, die in der Vorauswahlphase übrig bleiben, kommen überhaupt für die Endentscheidung in Frage.
- Die Bedeutung der Ehefrau bzw. der Heranwachsenden im Rahmen der familiären Kaufentscheidung ist insbesondere, was die Informationssammlung (Imagebildung) und was die Vorauswahl angeht, wesentlich größer als üblicherweise unterstellt.
- Die durchschnittlichen Einflußwerte verstellen den Blick auf gravierende Unterschiede im Einflußausmaß der verschiedenen Personen. So existiert auch bei dem weitgehend durch Männer dominierten Kaufentscheidungsprozeß hinsichtlich Personenkraftwagen ein kleines Segment an Familien, in denen eindeutig die Frauen den "Ton angeben".
- Eine gezielte Informationsversorgung einzelner Haushaltsmitglieder wirkt sich auf die Entscheidung des gesamten Haushaltes aus. Für Personenkraftwagen beispielsweise sollten entsprechend den Befunden dieser Studie die für die Vorauswahl wichtige Mediawerbung vor allem als Firmenwerbung konzipiert werden, in der vor allem das Fabrikat und dessen allgemeines Qualitätsniveau dargestellt werden. Gegenstand detaillierterer Verkaufsunterlagen sollten dagegen Erläuterungen etwa der günstigen Verbrauchswerte und des hohen Zuverlässigkeitsgrades sein. Es hat darüber hinaus den Anschein, daß Frauen beim Personenkraftwagen-Kauf preissensibler als Männer sind.

- Ein Großteil der Kaufentscheidungen langlebiger Konsumgüter wird gemeinschaftlich gefällt, wobei jeder der Beteiligten (Mann, Frau, Bekannte(r)/Freund(in), Jugendlicher) durchaus einen eigenen Beurteilungsprozeß mit eigenständigen Ergebnissen durchläuft. Die Bedeutung der Frauen als Mitgestalter der Entscheidungen ist zwar kleiner als die der Männer, in einem kleinen Marktsegment von ca. 15% der Partnerfälle ist sie aber eindeutig dominierend.
- Jugendliche stellen schließlich eine besonders attraktive Marketing-Zielgruppe dar, da sie besonders Informations-aufgeschlossen sowie leicht beeinflußbar sind und einen merklichen Entscheidungseinfluß ausüben.

Literaturverzeichnis

Ajzen, I.; Fishbein, M. (1973): Attitudinal and normative variables as predictors of specific behavior, in: Journal of Personality and Social Psychology 1973, S. 41-57.

Burda GmbH (Hrsg.) (1983): Kaufeinflüsse '83 – PKW und Zubehör, Offenburg 1983.

Burda GmbH (Hrsg.) (1984): Zeitreihen ausgewählter Wirtschaftsdaten, Offenburg 1984.

Böcker, F. (1986): Präferenzforschung als Mittel marktorientierter Unternehmensführung, in: Zeitschrift für betriebswirtschaftliche Forschung 1986, S. 543-574.

Böcker, F. (1987): Marketing, 2. Auflage, Stuttgart, New York 1987.

Davis, H.L.; Rigaux, B.P. (1974): Perception of marital roles in decision processes, in: Journal of Consumer Research 1974, S. 51-61.

French, J.R.P.; Raven, B.H. (1959): The bases of social power, in: *Cartwright, D.* (Hrsg.): Studies in social power, Ann Arbor 1959, S. 150-167.

Gaski, J.F.; Nevin, J.R. (1985): The differential effects of exercised and unexercised power sources in a marketing channel, in: Journal of Marketing Research 1985, S. 130-142.

Hubel, W. (1986): Der Einfluß der Familienmitglieder auf gemeinsame Kaufentscheidungen, Berlin 1986.

Kroeber-Riel, W. (1984): Konsumentenverhalten, 3. Auflage, München 1984.

Schobert, R. (1979): Die Dynamisierung komplexer Marktmodelle mit Hilfe von Verfahren der Mehrdimensionalen Skalierung, Berlin 1979.

Silk, A.J.; Kalwani, M.U. (1982): Measuring influence in organizational purchase decisions, in: Journal of Marketing Research 1982, S. 165-182.

Statistisches Bundesamt (Hrsg.) (1985): Statistisches Jahrbuch 1985, Stuttgart, Mainz 1985.

Steinhausen, D.; Langer, K. (1977): Clusteranalyse, Berlin, New York 1977.

Valette-Florence, P. (1986): Les démarches des styles de vie: Concepts, chemins d'investigation des problèmes actuels, in: Recherche et Applications en Marketing 1986, S. 93-109.
Zelger, J. (1975): Konzepte zur Messung von Macht, Berlin 1975.

Helga Meyer-ter-Vehn

Zum Konsumverhalten von Schulkindern und der Rolle des Werbefernsehens

Die in den letzten Jahren viel diskutierte Frage nach den Auswirkungen des (Werbe-) Fernsehens auf Einstellungen und Verhaltensweisen von Kindern gewinnt angesichts möglicher Programmerweiterungen durch Satelliten- und Kabelfernsehen zusätzlich an aktueller Bedeutung. Während Kritiker dem Werbefernsehen vorwerfen, es stimuliere Kinder zu einer einseitigen Konsumorientierung und nütze deren Unwissenheit aus, halten die Befürworter des Werbefernsehens dem entgegen, daß das Werbefernsehen u.a. durch Vermittlung von Produkt- und Markeninformationen einen Beitrag zur Verbrauchersozialisation der Kinder leiste. Unbestritten ist, daß Kinder sowohl von ihrem persönlichen Taschengeld her (ca. 1,5 Mrd DM pro Jahr) als auch vor allem über ihren Einfluß auf das Konsumverhalten der Eltern ein ökonomisch wichtiges Kaufkraftpotential darstellen. Der folgende Bericht will demnach zur Klärung der Frage beitragen, wie sich Kinder als Verbraucher verhalten und welche Rolle dabei das Werbefernsehen spielt.

Ausgehend von der Entwicklungstheorie Piagets wird in der vorliegenden Untersuchung die Entwicklung der Kinder zu Verbrauchern als ein Prozeß aufgefaßt, in dem die Kinder je nach Alter, kognitivem Entwicklungsstand, Einfluß von Familie, Schule, Freunden und Medien die Fähigkeiten erwerben, Werbebotschaften zu verstehen bzw. zu durchschauen und sich gemäß ihren eigenen Interessen als Verbraucher zu verhalten. Dementsprechend basiert die Untersuchung auf der Erkenntnis, daß die Wirkung der Fernsehwerbung auf das Konsumverhalten der Kinder sinnvollerweise nicht isoliert von anderen Umwelt- und Werbeeinflüssen betrachtet werden kann.

Informationsniveau der Kinder im Konsumbereich

In ihrem Alltag begegnen Kinder einer Fülle von Produkten und Marken sowie entsprechender Werbung. Je nach Alter, Interesse und Informa-

Aus: Media Perspektiven 4/1981, Verlag SV, Frankfurt, S. 310-318 tionsquelle – Familie, Freunde, Geschäfte oder Werbung – nehmen Kinder solche Informationen mehr oder weniger intentional auf. So wird z.B. das Werbefernsehen selten gezielt eingeschaltet, doch werden selbst bei geringem Interesse an einer Werbesendung Markennamen memoriert. Um sich im Konsumbereich orientieren und Kaufentscheidungen treffen zu können, brauchen Kinder u.a. Informationen über Produkte, Marken und Preise. Andere, in diesem Zusammenhang ebenfalls wichtige Gesichtspunkte wie z.B. Kosten/Nutzen-Überlegungen konnten im Rahmen der Studie nicht untersucht werden. Folgende Aspekte des Informationsniveaus und - verhaltens wurden in die Untersuchung einbezogen:

– Markenkenntnis: Die Kinder wurden aufgefordert, zu jedem der acht vorgegebenen Produktbereiche alle Namen von Produkten zu nennen, die ihnen spontan einfielen.
– Informationsquellen: Für jede zuerst genannte Marke pro Produktbereich sollten die Kinder anhand einer Liste angeben, woher ihnen die Marke bekannt war. Auf der Liste waren je zwei personale Informationsquellen (Familie, Freunde), zwei elektronische Werbemedien (Fernsehen, Radio), zwei Print-Medien (Anzeigen, Prospekte) und zwei Medien der Außenwerbung (Schaufenster, Plakate) vorgegeben.
– Preisvorstellungen: Die Kinder wurden gebeten, die DM-Preise von sieben Konsumgütern des täglichen Lebens frei (ohne Preisklassenangaben) zu schätzen.

Markenkenntnis kann als ein Indikator für Werbeverarbeitung angesehen werden, wenngleich zu berücksichtigen ist, daß Markennamen auch durch den Umgang mit Produkten im täglichen Leben erworben werden. Kinder haben eine Fülle von Markennamen gespeichert: im Schnitt können acht von zehn Kindern auf Anhieb zwei oder mehrere Marken in fast jedem der acht angesprochenen Produktbereiche nennen (Tabelle 1). Am bekanntesten sind Markennamen von Waschmitteln, doch sind den Kindern Markennamen aus den übrigen Produktbereichen fast gleichermaßen geläufig. Es mag überraschen, daß Marken aus den Bereichen "Bonbons" und "Spielzeug" deutlich seltener erinnert werden. Offensichtlich ist das Interesse an bestimmten Produkten zwar auch ein Faktor beim Merken von Markennamen (selektive Wahrnehmung), doch nicht der einzig ausschlaggebende. Der hohe Erinnerungswert der Waschmittelwerbung – bei Berücksichtigung des Anteils dieser Branche an der Fernsehwerbung – ist auch bei den Antworten der Kinder auf die

	Alle Kinder	Werbefernsehnutzung im Alter von ...								Soz. Schicht	
		6-13 Jahren		6-8 Jahren		9-11 Jahren		12-13 Jahren			
		mehr	weniger	mehr	weniger	mehr	weniger	mehr	weniger	I	IV/V
Zigaretten											
Marke aus dem Produktbereich genannt	86	92	82	88	67	95	89	93	92	88	81
Durchschnittlich genannte Anzahl	3	4	3	3	2	4	3	4	4	3	4
Häufigste Marke: HB	22	22	23	11	23	30	22	19	24	12	29
Waschmittel											
Marke aus dem Produktbereich genannt	90	96	87	94	76	98	92	96	91	93	82
Durchschnittlich genannte Anzahl	3	3	2	2	3	3	3	3	3	3	3
Häufigste Marke: Persil	30	30	31	31	25	33	34	71	65	34	23
Schokolade											
Marke aus dem Produktbereich genannt	82	90	79	90	73	89	80	90	84	89	72
Durchschnittlich genannte Anzahl	2	2	2	2	2	2	2	3	2	2	2
Häufigste Marke: Milka	22	21	22	20	15	18	27	27	25	20	17
Bonbons											
Marke aus dem Produktbereich genannt	51	60	47	44	41	61	46	72	55	53	49
Durchschnittlich genannte Anzahl	2	2	2	2	1	2	2	2	2	2	2
Häufigste Marke: Nimm 2	15	22	12	19	10	21	10	25	16	16	14
Limonaden											
Marke aus dem Produktbereich genannt	80	86	77	75	66	85	80	94	84	85	73
Durchschnittlich genannte Anzahl	2	3	2	2	2	3	2	3	3	3	2
Häufigste Marke: Coca Cola	20	23	19	18	19	22	17	27	21	16	19
Spielzeug											
Marke aus dem Produktbereich genannt	66	74	63	65	52	75	64	78	73	73	59
Durchschnittlich genannte Anzahl	2	2	2	1	2	2	2	2	2	3	2
Häufigste Marke: Lego	11	10	12	14	12	8	12	9	12	10	10
Autos											
Marke aus dem Produktbereich genannt	86	93	84	88	73	92	86	97	93	85	81
Durchschnittlich genannte Anzahl	4	4	4	3	3	4	4	5	4	4	4
Häufigste Marke: VW	23	24	22	28	20	24	20	22	28	15	24
Zahnpasta											
Marke aus dem Produktbereich genannt	82	92	77	88	63	92	83	97	86	89	76
Durchschnittlich genannte Anzahl	2	2	2	2	2	3	2	2	2	2	2
Häufigste Marke: Blendamed	28	26	28	14	15	30	32	31	37	33	22

Frage: Kannst Du bitte einmal alle Namen von Marken aufzählen, die Dir bei den folgenden Dingen einfallen, die ich Dir jetzt vorlese.

Tabelle 1 Markenkenntnis von Schulkindern bis 13 Jahren

Frage nach Werbefernsehsendungen festzustellen, die ihnen spontan einfielen. Art und Häufigkeit der Werbung spielen für die Erinnerung an bestimmte Marken ebenfalls eine Rolle, wobei – wie z.B. bei der Waschmittelwerbung – hohe Erinnerungswerte an eine bestimmte Werbung auch mit ablehnenden Gefühlen wie Überdruß einhergehen können.

Folgende Faktoren beeinflussen das Ausmaß der Markenkenntnisse:

- Mit zunehmendem Alter steigt die Markenkenntnis, wobei der größte "Sprung" zwischen den 6-8jährigen und den 9-11jährigen zu beobachten ist.
- Kinder mit "mehr" Werbefernsehkonsum (Kinder, die jeden/fast jeden Tag Werbung *und* eine der Werbefernsehfiguren sehen, etwa jedes dritte Kind gehört dieser Gruppe an. Zwei Drittel der Kinder gehören zur Gegengruppe mit "weniger" Werbefernsehnutzung) haben durchweg mehr Markennamen präsent, wenngleich die Differenz zur Gegengruppe nicht sehr gravierend ist. Der Zusammenhang zwischen Werbefernsehkonsum und Markenkenntnis wird besonders deutlich bei den 6-8jährigen.
- Eine gewisse Rolle spielt auch die soziale Herkunft der Kinder. Zu erklären ist dies u.a. mit dem höheren Lebensstandard von Oberschichtfamilien, der die Kinder mit mehr Produkten in Berührung bringt. Ferner lassen weitere Ergebnisse der vorliegenden Studie erkennen, daß Kinder der oberen sozialen Schicht Werbung in ihrer Umwelt bewußter wahrnehmen. Z.B. erinnern sie sich – gemessen an ihrem tendenziell leicht unterdurchschnittlichen Werbefernsehkonsum – an mehr Sendungen aus dem Werbefernsehen.

Welchen Stellenwert haben nun die verschiedenen Werbemedien und die personale Kommunikation beim Erwerb von Markennamen? Aufgrund der Daten ergeben sich zwei etwa gleich wichtige Hauptinformationsquellen: die Familie bzw. die häusliche Umgebung und das Werbefernsehen. An dritter Stelle rangiert bei allen acht untersuchten Produktbereichen die Schaufensterwerbung, während die übrigen fünf Informationsquellen je nach Produkt eine unterschiedlich wichtige, aber insgesamt geringere Rolle spielen. (Tabelle 2)

Einen großen Teil ihrer Markenkenntnis erwerben Kinder durch konkrete Erfahrungen mit Produkten zuhause, vor allem betrifft dies Zigaretten, Limonade, Spielzeug und Autos. Das Werbefernsehen steht bei Waschmitteln, Bonbons, Schokolade und Zahnpasta an erster Stelle der Informationsquellen. Offenbar messen Kinder dem Werbefernsehen allerdings einen etwas zu hohen Stellenwert bei, da z.B. jedem dritten

	Zigaretten HB	Waschmittel Persil	Schokolade Milka	Bonbons Nimm 2	Limonade Coca Cola	Spielzeug Lego	Auto VW	Zahnpasta Blendamed
Kenne ich von/aus:*								
Zuhause	49	52	54	45	61	60	61	57
Freunden	11	1	9	14	13	7	14	7
Schaufenstern	29	23	28	31	26	34	19	16
Werbefernsehen	36	69	58	59	52	36	42	67
Radiowerbung	9	16	10	12	12	4	5	12
Anzeige	16	12	9	11	12	10	15	14
Prospekt	2	3	1	1	2	10	8	3
Plakat	18	11	6	8	10	5	11	10

* Frage: Woher kennst Du diese Marke/diesen Namen?

Tabelle 2 Informationsquellen für Markenkenntnis

Kind Zigarettenmarken angeblich aus dem Werbefernsehen bekannt sind, es aber seit 1973 keine Zigarettenwerbung mehr im Fernsehen gibt.

Außer gewissen Produkt- und Markenkenntnissen gehört auch die Einschätzung der Kosten bestimmter Konsumgüter zu den "Fertigkeiten" eines jungen Verbrauchers. Das Vorhandensein – oder Fehlen – von Preisvorstellungen über Gebrauchsgegenstände des täglichen Lebens zeigt an, inwieweit Kinder interessiert und fähig sind, sich in der Konsumwelt zu orientieren. Im Unterschied zu Markenkenntnissen, die zu einem guten Teil durch Werbung erworben werden, können Preiskenntnisse eher durch selbständiges Einkaufen oder entsprechende Gespräche zuhause oder mit Freunden angeeignet werden. Wie die hier referierte Untersuchung zeigt, hat die überwiegende Mehrheit der Schulkinder bis 13 Jahren recht präzise Preisvorstellungen über sechs von sieben vorgegebenen Konsumgütern. Lediglich bei der Frage nach dem Preis eines neuen VW Golf muß fast jedes zweite Kind passen. Die Aufgliederung nach sozialstatistischen Merkmalen und Werbefernsehkonsum macht folgende Zusammenhänge deutlich:

- Noch stärker als bei den Markenkenntnissen hängt das Wissen über Preis vom Alter des Kindes ab.
- Kinder mit "mehr" Werbefernsehkonsum wissen im Schnitt, verglichen mit ihrer Gegengruppe, besser über Preise Bescheid. Diese Kenntnisse vermittelt ihnen jedoch kaum das Werbefernsehen. Vielmehr zeigen verschiedene weitere Ergebnisse der Studie, daß diese

Starke Nutzung der Werbung*	alle Kinder	Werbefernsehnutzung im Alter von ... 6-13 Jahren mehr	6-13 Jahren weniger	6-8 Jahren mehr	6-8 Jahren weniger	9-11 Jahren mehr	9-11 Jahren weniger	12-13 Jahren mehr	12-13 Jahren weniger
– gesamt	28	51	18	29	7	56	16	61	31
– in elektronischen Medien (Fernsehen, Radio)	25	50	13	34	5	54	14	58	20
– in Printmedien (Zeitschriften, Prospekte, Comics, Anzeigen usw.)	17	30	11	20	2	26	10	42	42
– Außenwerbung (Plakate, Schaufenster usw.)	40	56	33	42	19	58	35	65	45

* Bewertung: Jeden/fast jeden Tag = 12
Einige Male in der Woche = 6
Etwa einmal in der Woche = 3
Seltener = 2
Nie = 1

Starke Nutzung = 18 und mehr

Tabelle 3 Nutzung der Werbemedien durch Schulkinder bis 13 Jahre

Kinder im Konsumbereich durchweg etwas besser informiert sind als Kinder der Gegengruppe. Sie beachten die Werbung *aller Werbeträger* stärker. (Tabelle 3)

– Soziale Herkunft und Haushaltseinkommen, die hinsichtlich der Markenkenntnisse von Kindern deutlich differieren, wirken sich bei der Preiskenntnis von Konsumgütern kaum aus.

Sparen und Konsumieren – der Umgang mit dem Taschengeld

Als ein Indikator für die Konsumorientierung der Kinder wurde der Umgang mit ihrem Taschengeld bzw. das Verhältnis von Sparen und Konsumieren gewählt. Werden "Werbefernsehkinder" von ihren Eltern großzügiger mit Taschengeld ausgestattet, und tendieren sie stärker als andere dazu, ihr Geld schnell auszugeben, statt damit hauszuhalten? Zu dem Thema "Taschengeld – Verbrauch und Sparen" wurden die Mütter befragt, da insbesondere die jüngeren Kinder überfordert gewesen wären, über ihren monatlichen Taschengeldverbrauch zu berichten.

Schulkinder bis 13 Jahre haben im Schnitt ca. 13.-- DM im Monat zur Verfügung (einschließlich Geldgeschenken und anderer Einkünfte).

Das monatliche "Einkommen" ist stark an das Alter der Kinder gekoppelt: 6-8jährige verfügen im Schnitt über 8.-- DM, während es 17.-- DM pro Monat bei 12-13jährigen sind. Kinder mit höherem Werbefernsehkonsum sind mit monatlich 14.-- DM etwas besser mit Taschengeld versehen als Kinder der Gegengruppe, die 12.-- DM erhalten. Doch läßt die relativ geringe Differenz nicht auf eine wesentlich großzügigere Haltung der Eltern in bezug auf die Konsummöglichkeiten von "Werbefernsehkindern" schließen. Soziale Herkunft oder Haushaltseinkommen wirken sich auf die Höhe des Taschengeldes *nicht* aus. Die starke Nivellierung des Taschengeldes ist vor allem damit zu erklären, daß Eltern aus der unteren sozialen Schicht ihre Kindern in diesem Bereich offensichtlich nicht schlechter stellen wollen als andere Kinder. Im übrigen ist es eine weit verbreitete Haltung der Eltern, sich bei der Höhe des Taschengeldes an Mitschülern und Altersgenossen zu orientieren.

Aus dem Verhältnis zwischen Konsum und Konsumenthaltung bzw. Sparen läßt sich zu einem gewissen Grad ableiten, inwieweit elterliche Normen in bezug auf Sparen bzw. Konsumieren internalisieren. Den Ergebnissen zufolge ist dieses Verhalten wohl schichtspezifisch, nicht aber durch die Dauer der Werbefernsehnutzung bestimmt. Kinder mit "mehr" Werbefernsehkonsum sind nicht in dem Sinne konsumorientierter, daß sie ihr Taschengeld schneller ausgeben, um sich ihre materiellen Wünsche zu erfüllen. Auffällig sind hingegen die schichtspezifischen Unterschiede. Kinder der unteren Sozial- und/oder Einkommenschicht neigen in stärkerem Maß dazu, ihr Taschengeld völlig auszugeben, ohne etwas zu sparen: 38 Prozent der Unterschichtkinder verglichen mit 20 Prozent der Oberschichtkinder konsumieren 100 Prozent ihres monatlichen Taschengeldes. Dabei ist allerdings nicht bekannt, ob Unterschichtkinder von ihrem Taschengeld häufiger als andere notwendige Dinge wie z.B. Unterrichtsmaterial bestreiten müssen. Offenbar werden Oberschichtkinder von ihren Eltern aber stärker dazu angehalten, mit ihrem Geld zu haushalten und längerfristig zu planen.

Einfluß der Kinder auf das Konsumverhalten der Eltern

Mit dem Taschengeld können Kinder sich nur einen Teil ihrer materiellen Wünsche erfüllen, ökonomisch bedeutender ist der Einfluß, den Kinder in Konsumfragen auf ihre Eltern ausüben. Drei Aspekte dieses Einflußes wurden untersucht:

- Wunsch der Kinder nach bestimmten Produkten und Marken in elf vorgegebenen Produktbereichen (einschließlich Frequenz der Kaufwünsche),
- Bereitschaft der Eltern, Kinder in Konsumfragen sowohl beim Kauf kurzfristiger Konsumgüter wie z.B. Frühstücksprodukten als auch bei langfristigen Besitzgütern, etwa bei Autos oder Stereoanlagen, mitentscheiden zu lassen,
- Frequenz, mit der Kinder aufgrund von Werbefernsehsendungen Kaufwünsche an die Mutter richten und die übliche Reaktion der Mutter.

Insgesamt melden Schulkinder ihre materiellen Wünsche recht deutlich an: Mehr als jedes zweite Kind spricht seine Mutter in sieben von elf vorgegebenen Produktbereichen gelegentlich an, bestimmte Produkte zu kaufen. Am meisten begehrt sind Spielzeug/Bastelsachen und Schokolade: drei von vier Kinder äußern ab und zu solche Wünsche. Mehr als jedes zweite Kind bittet seine Mutter manchmal bzw. oft, Schallplatten/Kassetten, Schul- und Sportartikel, Limonaden und Bonbons zu kaufen. Auch bezüglich der Marken haben die Kinder in der Regel recht genaue Vorstellungen, wobei tendenziell der Wunsch nach bestimmten Marken oder Titeln bei Spielzeug, Schallplatten und Schulartikeln häufiger, dagegen bei Süßwaren und Limonaden etwas seltener geäußert wird.

Je nach Alter und Geschlecht der Kinder und nach Haushaltseinkommen der Familie sind folgende Differenzierungen festzustellen:

- Mit zunehmendem Alter – besonders deutlich bei Kindern ab etwa neun Jahren – steigen die Ansprüche der Kinder an ihre Eltern in bestimmten Bereichen. Vor allem betrifft dies Schallplatten und Kassetten, Schul- und Sportartikel, aber auch Bücher und Kleidung. In dieser Altersstufe werden Kaufwünsche zunehmend durch die peer group-Freunde, Schulkameraden und Nachbarkinder beeinflußt. Auch im Hinblick auf bestimmte Marken werden präzisere Wünsche geäußert.
- Ihrer geschlechtsspezifischen Interessenstruktur entsprechend wünschen sich Jungen häufiger Comics und Sportartikel, während besonders ältere Mädchen ausgeprägtere Bücher- und Kleidungswünsche haben.
- Haushaltseinkommen und soziale Schicht wirken sich insgesamt relativ wenig auf die Häufigkeit der Kaufwünsche aus. Lediglich Bücher und Sportartikel werden von Kindern der höheren Sozial- und/oder Einkommensschicht häufiger verlangt.

Wertet man die Frequenz von Kaufwünschen als einen Indikator für Konsumorientierung, so sind Kinder mit "mehr" Werbefernsehnutzung zwar nicht als durchweg wesentlich konsumorientierter zu bezeichnen, doch gibt es besonders bei den 9-11jährigen Tendenzen, die auf eine stärkere Konsumhaltung hinweisen.

Die Kaufwünsche der Kinder sind nur eine Perspektive zur Einschätzung ihres Einflusses auf das elterliche Konsumverhalten. Das Pendant dazu ist die Bereitschaft der Eltern, ihre Kinder in Konsumfragen mitentscheiden zu lassen. Diese Mitbestimmung der Kinder kann als wichtiger Teil der Verbrauchererziehung angesehen werden, wenn er z.B. dazu führt, daß Eltern mit den Kindern exemplarisch Kaufüberlegungen und -entscheidungen diskutieren. Die Mehrheit der Eltern läßt ihre Kinder beim Kauf von solchen Produkten mitentscheiden, für die Kinder häufig Kaufwünsche anmelden. Dies sind auf der einen Seite wieder Eß- und Genußwaren (Frühstücksprodukte, Schokolade etc.) und auf der anderen Seite für Kinder interessante Konsumwaren wie Schallplatten, Spielzeug und Sportartikel. Hinsichtlich langfristiger Besitzgüter wie z.B. eines Autos oder der Wohnungseinrichtung entscheiden Eltern dagegen weitgehend allein, während immerhin jedes dritte Kind bei der Planung von Urlaubsreisen mitberaten darf. Mit zunehmendem Alter der Kinder akzeptieren Eltern ein größeres Mitspracherecht, was u.a. bei Schallplatten/Kassetten, Sportartikeln, Kleidung und bei der Urlaubsplanung deutlich wird.

Deutlicher als bei den Kaufwünschen der Kinder, die je nach sozialer Herkunft nur wenig differieren, variiert das von den Eltern eingeräumte Mitspracherecht nach Bildungs- und/oder Einkommensschicht. Oberschichteltern gewähren ihren Kindern in verschiedenen Bereichen, u.a. bei Spielzeug, Sportsachen, Kleidung, Schallplatten, Frühstücksprodukten und Urlaubsreisen, mehr Mitbestimmung. Dies ist zum einen als Indiz für eine bewußtere Verbrauchererziehung zu interpretieren, zum anderen aber auch durch die besseren finanziellen Möglichkeiten dieser Familien zu erklären. Ein weiterer Faktor, der die Mitspracherechte von Kindern in Konsumfragen bestimmt, ist die Haushaltsgröße: Kinder in Haushalten mit sechs und mehr Personen haben durchweg weniger Mitbestimmungsmöglichkeiten als Kinder in Drei-Personen-Haushalten.

	Werbefernsehnutzung im Alter von ...							
	6-13 Jahre		6-8 Jahre		9-11 Jahre		12-13 Jahre	
	mehr	weniger	mehr	weniger	mehr	weniger	mehr	weniger
Spielzeug/Bastelsachen								
Produkt*	78	73	83	73	82	76	69	70
bestimmte Marke**	56	57	52	53	68	62	47	56
Schokolade								
Produkt	72	68	58	77	80	63	71	65
bestimmte Marke	49	55	47	52	57	53	42	57
Schallplatten, Kassetten								
Produkt	73	62	55	56	79	65	81	64
bestimmte Marke	62	56	41	43	73	63	65	61
Schulsachen								
Produkt	64	60	50	53	65	70	73	58
bestimmte Marke	52	50	35	39	58	58	46	51
Limonaden								
Produkt	63	59	50	61	73	56	61	59
bestimmte Marke	43	45	34	43	50	48	41	43
Sportsachen								
Produkt	61	50	44	37	67	55	67	56
bestimmte Marke	41	43	29	28	44	51	46	48
Bonbons								
Produkt	53	54	46	61	60	51	50	46
bestimmte Marke	38	37	34	33	47	39	29	37
Bücher (ohne Schulbücher)								
Produkt	50	47	34	38	58	51	51	52
bestimmte Marke	42	42	28	31	48	46	45	49
Comics								
Produkt	49	44	49	48	57	44	38	44
bestimmte Marke	44	43	38	39	54	46	46	45
Kleidung								
Produkt	51	41	28	35	57	44	59	44
bestimmte Marke	44	32	27	22	41	35	56	40
Zeitschriften								
Produkt	28	25	23	18	30	26	27	31
bestimmte Marke	28	27	16	17	27	30	39	35

* Frage: Wie oft hören Sie von dem Kind, daß Sie für Ihr Kind selbst oder für die Familie bestimmte Dinge besorgen sollen? Sagen Sie es für jedes Produkt.

** Frage: Bei manchen dieser Dinge möchten Kinder ja bestimmte Marken (also z.B. nicht irgendein Pfefferminzbonbon, sondern "Vivil"). Wie ist das mit Ihrem Kind bei ...

Tabelle 4 Wunsch von Schulkindern bis 13 Jahren nach bestimmten Produkten und Marken

Heribert Meffert/Manfred Bruhn

Die Beurteilung von Konsum- und Umweltproblemen durch Konsumenten

Ergebnisse einer empirischen Untersuchung über das soziale Bewußtsein in der Bundesrepublik Deutschland

1. Bedeutung von Konsum- und Umweltproblemen für die Marketing- und Verbraucherpolitik

1.1. Konsumerismus und soziales Bewußtsein von Konsumenten

In den letzten Jahren sind Probleme des Verbraucher- und Umweltschutzes verstärkt in den Mittelpunkt der öffentlichen Diskussion gerückt. Die Auseinandersetzung mit einer seit Anfang der 70er Jahre in allen hochindustrialisierten Ländern zu beobachtenden Verbraucherbewegung hat dazu beigetragen, daß die Verhaltensweisen von Unternehmungen und insbesondere die Marketingaktivitäten zunehmend unter dem Gesichtspunkt von Umweltbelangen betrachtet werden. In Anlehnung an die amerikanische Verbraucherschutzbewegung spricht man auch in der Bundesrepublik teilweise von *Konsumerismus* und meint damit das Engagement unterschiedlicher Personen und Gruppen zum Schutz von Verbraucherinteressen (z.B. Gesundheit und Sicherheit) und übergeordneten Interessen der Allgemeinheit (z.B. Umweltschutz)[1]. Die Auseinandersetzungen zahlreicher Bürgerinitiativen zur Verhinderung umweltschädlicher Investitionen sei hier nur als aktuelles Beispiel genannt.

Mit den Forderungen des Konsumerismus ist zunächst die *soziale Verantwortung des Marketing* angesprochen, d.h. die Bereitschaft von Unternehmungen, einen Beitrag zur Lösung von Konsum- und Umweltproblemen zu leisten. Es bedarf keiner Begründung, daß die Unternehmungen z.B. im Rahmen der Produktpolitik eher eine Bereitschaft zur Berücksichtigung von Umweltbelangen zeigen, wenn sie damit rechnen können, daß die Konsumenten durch ihr Verhalten diese Aktivitäten honorieren. Die Akzeptanz von Neuerungen, die sich auf eine Lösung von Konsum- und Umweltproblemen beziehen, wird vor allem von dem

Aus: Die Betriebswirtschaft 38 (1978) 3, Verlag Poeschel, Stuttgart, S. 371-382.

sozialen Bewußtsein von Konsumenten abhängen. Dabei handelt es sich um die Einsichten und Verhaltensweisen von Individuen im Zusammenhang mit den sozialen und ökologischen Konsequenzen des Konsumverhaltens (Kauf, Verbrauch, Gebrauch, Nutzung von Produkten und Dienstleistungen).

Zu den sozialen und ökologischen Konsequenzen des Konsumverhaltens zählen eine Reihe unterschiedlicher *Konsum- und Umweltprobleme*. Als Beispiele seien die Probleme der Gesundheit und Sicherheit von Produkten der Umweltbelastung (Wasserverschmutzung, Luftverunreinigung, Lärmbelästigung, Abfallbeseitigung), der Reparaturanfälligkeit und Rohstoffverschwendung genannt. In einer Meinungsbefragung konnte festgestellt werden, daß diese sozialen und ökologischen Problembereiche in der Meinung der deutschen Bevölkerung überwiegend als wichtig eingestuft werden[2]. So ordneten etwa im Jahre 1976 zwischen 72% und 95% der deutschen Konsumenten diesen Konsum- und Umweltproblemen eine hohe Bedeutung zu. Darüber hinaus zeigte die Befragung, welche Produkte oder Produktbereiche die Konsumenten mit den einzelnen Themen assoziieren. Im einzelnen sind dies:

Gesundheitsgefahr
Alkohol, Tabakwaren, Lebensmittel, chemische Produkte, Kunstdünger, Atomenergie, Kosmetika

Sicherheitsmängel
Kindersitze, elektrische Geräte, Haushalts- und Heimwerkergeräte, Atomenergie, Autos, Flugzeuge

Wasserverschmutzung
Waschmittel, Heizöl, chemische Produkte, Kunstdünger

Luftverunreinigung
Industrieabgase, Benzin, Autos, Heizöl, Flugzeuge

Lärmbelästigung
Autos, Flugzeuge

Abfallbeseitigung
Flaschen, Plastikverpackungen, Papierabfälle, Spraydosen, Reifen

Reparaturanfälligkeit
Elektrische Geräte bzw. Haushaltsgeräte, Autos

Rohstoffverschwendung
Holzprodukte, Papierabfälle, Plastikverpackung, Flaschen

Informationen über die Beurteilung von Konsum- und Umweltproblemen sind für die *Marketing- und Verbraucherpolitik* gleichermaßen von Bedeutung. So ist es im Rahmen von Segmentierungsüberlegungen von Interesse, welche Konsumenten etwa über einen hohen Grad des sozialen Bewußtseins verfügen und damit auch in ihren Verhaltensweisen soziale und ökologische Aspekte berücksichtigen (z.B. Gruppe der sozial bewußten Konsumenten). Soll das soziale Bewußtsein von Konsumenten für die Zwecke der *Marktsegmentierung* herangezogen werden, dann sind vor allem zwei Problembereiche angesprochen:

1. Segmentbildung, d.h. Entwicklung von Kriterien zur Unterscheidung alternativer Ausprägungen des sozialen Bewußtseins von Konsumenten (z.B. Bildung von Gruppen der sozialen Bewußtheit) und die Charakterisierung der sozial bewußten Segmente durch konsumrelevante Merkmale (z.B. sozio-demographische Beschreibung der sozial bewußten Konsumenten).
2. Segmentbearbeitung, d.h. Entwicklung von Maßnahmen zur differenzierten Ansprache sozial bewußter Segmente (z.B. Kommunikationsstrategien für die Gruppen der sozialen Bewußtheit).

Im folgenden sollen die mit der Bildung und Ansprache von Segmenten sozial bewußter Konsumenten verbundenen Probleme aufgezeigt werden. Dabei wird auf eine empirische Untersuchung in der Bundesrepublik Deutschland Bezug genommen[3].

1.2. Soziales Bewußtsein als theoretisches Konstrukt der Käuferverhaltensforschung

Das soziale Bewußtsein von Konsumenten ist eine nicht direkt beobachtbare Größe. Im Zusammenhang mit der Analyse des Konsumentenverhaltens ist es als *intervenierende Variable* zu charakterisieren. Dabei handelt es sich beim sozialen Bewußtsein von Konsumenten um ein *theoretisches Konstrukt,* das auf der empirischen Ebene durch sog. Indikatoren operationalisiert werden muß. Ähnliche theoretische Konstrukte sind beispielsweise Emotionen, Einstellungen, Produkttreue u.a.

In den Vereinigten Staaten liegen einige Ansätze vor, das soziale bzw. ökologische Bewußtsein von Konsumenten durch Beobachtungen und/oder Befragungen zu operationalisieren. So wurde etwa die Berkowitz-Daniels-Skala verwendet, die durch acht Statements zu allgemeinen Fragen die »soziale Verantwortung« eines Individuums angeben soll[4]. Darüber hinaus ist in der Literatur die Bildung von Indizes zu finden (z.B. Socially Conscious Consumer Index, Index of Ecologically Concern), bei denen die Untersuchungspersonen im Rahmen einer Befragung sozial und ökologisch relevante Fragen beantworten müssen, die sich auf bestimmte Themen und Produkte beziehen[5]. Nicht zuletzt bestehen Ansätze, die sich bei der Messung des sozialen Bewußtseins im Rahmen von Beobachtungen an den tatsächlichen (offenen) Verhaltensweisen der Untersuchungspersonen orientieren (z.B. Nutzung von Recycling-Center, Kauf von bleifreiem Benzin bzw. phosphatfreiem Waschmittel)[6].

Die bisher durchgeführten empirischen Untersuchungen machen die Verschiedenartigkeit der Ansätze zur Operationalisierung des theoretischen Konstrukts »soziales Bewußtsein von Konsumenten« deutlich. So werden etwa alternativ allgemeine soziale Fragestellungen oder auf bestimmte konsumrelevante Themen und Produkte bezogene Fragen in die Auswahl der Indikatoren einbezogen. Darüber hinaus werden alternativ sozial relevante Einstellungen bzw. Meinungen oder sozial relevante Verhaltensweisen erfaßt. Die Gültigkeit und Zuverlässigkeit der Indikatoren des sozialen Bewußtseins werden allerdings in den amerikanischen Untersuchungen nur selten kontrolliert.

Die bisherigen Ansätze der Operationalisierung des sozialen Bewußtseins von Konsumenten in den USA weisen zwei grundlegende Probleme auf. Zunächst muß berücksichtigt werden, daß zwischen den einzelnen Bereichen der menschlichen Psyche (z.B. Einstellungen, Verhaltensweisen, Kenntnisse) bisher keine konsistenten Beziehungen nachgewiesen werden konnten (Konsistenzproblem). Es besteht bei dem sozialen Bewußtsein von Konsumenten kein Grund für die Annahme, daß aufgrund von sozial relevanten Einstellungen auch sozial relevante Verhaltensweisen resultieren. Deshalb muß jede Vorgehensweise als problematisch angesehen werden, die z.B. nur von sozial relevanten Einstellungen oder Meinungen auf das soziale Bewußtsein von Konsumenten schließt. Im Rahmen der theoretischen und empirischen Erforschung des sozialen Bewußtseins erweist es sich vielmehr als sinnvoller, verschiedene Teilbestimmungen bei der Operationalisierung der sozialen Bewußtheit gleichzeitig aufzunehmen. Darüber hinaus ist die Vorgehensweise in den amerikanischen Studien insofern problematisch, als das soziale Bewußtsein dichotomisch interpretiert wird. Die Untersuchungspersonen werden ausschließlich in sozial bewußte oder sozial nicht bewußte Konsumenten aufgeteilt.

1.3. Mehrdimensionale Konzeption der Messung des sozialen Bewußtseins

Eine mehrdimensionale Konzeption des sozialen Bewußtseins geht über eine dichotomische Interpretation des sozialen Bewußtseins hinaus. Hierbei werden verschiedene Teilbestimmungen bei der Operationalisierung einbezogen. Diese Teilbestimmungen orientieren sich zweckmäßigerweise an den möglichen Reaktionsarten eines Individuums, die es aufgrund eines sozial relevanten Stimulus zu zeigen in der Lage ist. In der verhaltenswissenschaftlichen Literatur werden vor allem drei Bereiche (Sphären) der menschlichen Psyche unterschieden, die potentielle Reaktionsarten widerspiegeln[7]. Bezogen auf das vorliegende theoretische Konstrukt lassen sich drei *Dimensionen des sozialen Bewußtseins von Konsumenten* unterscheiden:

1 Die *kognitive* Dimension enthält die mit dem Bewußtsein verbundenen Gedanken, d.h. das subjektive *Wissen* der Konsumenten über die sozialen und ökologischen Konsequenzen des Konsumverhaltens.

2 Die *affektive* Dimension beinhaltet die mit dem sozialen Bewußtsein verbundene gefühlsmäßige Einschätzung eines Objektes – die sich z.B. durch Meinungen, *Einstellungen,* Überzeugungen oder Bewertungen dokumentiert.

3 Die *konative* Dimension verkörpert die mit dem Bewußtsein verbundene Handlungstendenz. Es handelt sich dabei vor allem um *Verhaltensweisen,* die auf die Bereitschaft des Individuums zur Lösung von Konsum- und Umweltproblemen hinweisen.

2. Das soziale Bewußtsein von Konsumenten in der Bundesrepublik Deutschland

2.1. Zum Design der empirischen Studie

Die drei Dimensionen des sozialen Bewußtseins wurden in der empirischen Studie durch das *soziale Wissen* (kognitive Dimension), die *sozialen Einstellungen* (affektive Dimension) und das *soziale Verhal-*

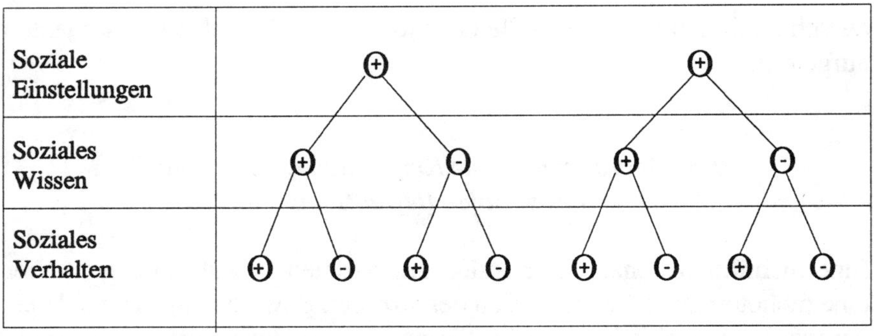

Gruppen-Nr.	1	5	2	6	3	7	4	8
Gruppengrößen Isoliert (in %)	16,4	8,0	14,5	9,2	9,4	10,4	15,3	17,0
Gruppengrößen zusammengefaßt (in %)	16,4	8,0	33,1			42,7		

Abb. 1: Gruppen des sozialen Bewußtseins von Konsumenten in der Bundesrepublik Deutschland

ten (konative Dimension) erfaßt. Bildet man für jede einzelne Dimension eine Skala und dichotomisiert sie am Mittelwert (+:-), dann lassen sich durch diese Vorgehensweise acht Gruppen der sozialen Bewußtheit unterscheiden[8]. In der Abbildung 1 werden die Zusammenhänge graphisch verdeutlicht.

Die empirische Untersuchung bestand aus einer mündlichen Befragung, die im Mai 1977 bei einer für die Bevölkerung der Bundesrepublik Deutschland repräsentativen Stichprobe von 1.003 Personen durchgeführt wurde. Neben der Ermittlung der Gruppengröße sollten die Gruppen ebenso nach bestimmten Merkmalen charakterisiert werden. Dazu wurden sozio-demographische Variablen sowie Variablen des Gruppenverhaltens (Meinungsführerschaft, Beschwerdeverhalten, Bereitschaft zur Vertretung von Verbraucherinteressen), Medien- und Informationsverhalten bei Kaufentscheidungen in die Studie einbezogen.

2.2. Gruppen des sozialen Bewußtseins

Die prozentuale Verteilung der einzelnen Gruppen des sozialen Bewußtseins in der Bundesrepublik Deutschland ist in der Abbildung 1 wiedergegeben. Bei der einen »Extremgruppe« handelt es sich um die *sozial bewußten Konsumenten* (Gruppe 1). Diese Konsumenten verfügen über soziale Einstellungen, soziales Wissen und soziale Verhaltensweisen. Die Gruppe umfaßt 16,4% in der Bevölkerung der Bundesrepublik Deutschland. Demgegenüber sind bei den *sozial nicht bewußten Konsumenten* keine der drei Dimensionen ausgeprägt (Gruppe 8). Sie erreichen eine Gruppengröße von 17,0%.

Zwischen diesen beiden »Extremgruppen« lassen sich weitere Konsumentengruppen abgrenzen, bei denen jedoch keine konsistente Beziehung zwischen den drei Skalen des sozialen Bewußtseins besteht.

Bei der Datenauswertung interessierten auch die Beziehungen zwischen den Gruppen der sozialen Bewußtheit. Mit Hilfe einer schrittweisen, multiplen Diskriminanzanalyse wurde festgestellt, daß einige Gruppen zu einem »Cluster« zusammengefaßt werden können. Durch die Positionierung der Einzelgruppen entstanden 4 Gruppen, deren prozentuale Verteilung ergänzend in der Abbildung 1 aufgeführt ist. Es handelt sich dabei um sozial bewußte Konsumenten (16,4%), Konsumenten mit sozialem Wissen und sozialen Einstellungen (8%), sozial teil-bewußte oder sozial weniger bewußte Konsumenten (33,1%) sowie um Personengruppen, die den sozial nicht bewußten Konsumenten zugeordnet werden können (insgesamt 42,7%).

Neben der Klassifikation von Gruppen der sozialen Bewußtheit wurden die Segmente nach sozio-ökonomischen und demographischen Merkmalen charakterisiert. Die Ausprägungen dieser beschreibenden Merkmale für die einzelnen Segmentgruppen sind in den Abbildungen 2 und 3 wiedergegeben.

In der Abb. 2 sind die *demografischen Variablen* aufgeführt. Die Angaben beziehen sich auf prozentuale Anteile von Wertepaaren, oder auf Durchschnitts-Kennziffern.

Betrachtet man z.B. die Variable *Geschlecht*, dann ist der Männeranteil bei den Gruppen 1 und 7 überproportional hoch vertreten. Die Frauen sind besonders in den Gruppen stark vertreten, bei denen eine Diskrepanz zwischen den sozialen Einstellungen und dem sozialen Wissen einerseits und den sozialen Verhaltensweisen andererseits besteht. Die Verteilung der Variable *Alter* gibt das Durchschnittsalter der Gruppen

Gruppen der sozialen Bewußtheit	Geschlecht		Alter	Familienstand			Alter der Kinder				Religion		Haushaltsgröße
	Männer	Frauen	Durchschnitt in Jahren	ledig	verheiratet	verw., gesch.	unter 6 Jahr.	6-14 Jahren	unter 6-14 Jahr.	keine Kinder	katholisch	evangelisch	Durchschnitt in Personen
Gruppen Nr.	in %	in %		in %	in %	in %	in %	in %	in %	in %	in %	in %	
1	59,8	40,2	40,384	22,6	70,1	6,7	11,0	26,2	5,5	57,3	51,0	37,2	3,165
2	44,1	55,9	45,917	18,6	68,3	11,0	6,9	20,0	7,6	65,5	54,5	39,3	3,262
3	50,0	50,0	46,755	14,9	67,0	17,0	2,1	21,3	6,4	70,2	47,9	46,8	3,053
4	37,9	62,1	46,562	13,7	71,2	13,1	9,8	21,6	5,9	62,7	49,0	41,2	3,242
5	40,0	60,0	41,150	20,0	65,0	12,5	7,5	32,5	5,0	55,0	45,0	50,0	3,250
6	37,0	63,0	42,978	22,8	66,3	9,7	8,7	23,9	7,6	59,8	52,2	41,3	3,185
7	54,8	45,2	41,702	27,9	62,5	8,6	8,7	37,5	5,8	48,1	49,0	45,2	3,375
8	41,5	58,5	45,655	18,7	66,1	9,4	9,9	33,3	5,3	51,5	49,7	39,8	3,404
Gesamtstichprobe	46,0	54,0	44,058	19,6	67,5	11,2	8,5	26,8	6,1	58,6	50,4	41,7	3,251

Abb. 2: Demografische Merkmale der Gruppen der sozialen Bewußtheit

wieder. Ein relativ geringes Durchschnittsalter ist bei den sozial bewußten Konsumenten, den Konsumenten mit sozialem Wissen und sozialen Einstellungen sowie den Konsumenten mit ausschließlich sozialem Wissen festzustellen (Gruppen 1, 5, 7). Demgegenüber ist ein hohes

Gruppen der sozialen Bewußtheit	Schulbildung				Netto - Haushalltseinkommen							Beruf Befragter						Berufs-tätigkeit Befragter		Soziale Schicht					
Gruppen Nr.	Index 2 - 4	Volksschule in %	Realschule in %	Abitur, Stud. in %	Index 3 - 8	bis 1500 DM in %	1500-2000 DM in %	2000-2500 DM in %	2500-3000 DM in %	3000-4000 DM in %	über 4000 DM in %	Index 1 - 3	Selbst., Freie in %	Angestellte in %	Beamter in %	Arbeiter in %	Selbst. Landw. in %	voll berufstätig in %	nicht/noch nie berufstätig in %	Index 1 - 5	Schicht V (oben) in %	Schicht IV in %	Schicht III in %	Schicht II in %	Schicht I (unten) in %
1	2,65	51,2	32,9	15,9	6,4329	12,8	22,6	20,1	18,9	9,1	6,7	1,884	12,3	35,5	14,5	34,1	3,6	53,7	21,3	3,342	10,8	38,6	28,5	18,4	3,8
2	2,45	69,7	15,9	14,5	6,3310	20,0	9,7	26,2	11,7	15,2	7,6	1,959	12,9	37,1	9,8	36,4	3,8	42,8	38,6	3,197	7,0	21,1	28,9	31,0	12,0
3	2,31	77,0	13,8	8,5	6,3511	19,1	27,7	17,0	17,0	5,3	8,5	1,851	14,1	31,8	7,1	43,5	1,5	41,5	37,3	3,065	6,5	22,8	33,7	31,5	5,4
4	2,31	75,2	18,3	6,5	6,2288	19,0	26,1	20,3	9,8	7,2	9,8	1,719	6,5	35,5	8,9	44,4	4,8	33,3	34,7	2,973	6,8	24,5	36,7	28,6	3,3
5	2,31	73,7	21,2	5,0	6,4250	15,0	27,5	22,5	16,2	8,7	3,7	1,762	9,5	41,3	6,3	38,1	4,8	41,2	41,2	3,087	3,7	25,0	35,0	31,3	5,0
6	2,30	72,8	23,9	3,3	5,9239	26,1	26,1	13,0	9,8	8,7	5,4	1,674	13,0	36,2	4,3	44,9	1,4	37,0	32,6	2,864	5,7	15,2	31,5	21,6	6,7
7	2,25	78,8	17,3	3,8	6,0865	17,3	26,9	21,2	7,7	8,7	6,7	1,904	11,1	40,4	4,0	44,4	-	50,0	25,9	2,962	10,6	19,2	40,4	23,1	6,7
8	2,28	74,9	22,2	2,9	6,1520	26,3	19,3	18,1	12,3	6,4	9,4	1,778	13,8	35,2	3,4	44,8	2,8	37,4	35,1	2,911	6,5	29,0	32,0	27,2	4,7
Gesamt-stich-probe	2,37	70,7	21,2	8,1	6,2483	19,6	22,4	20,1	13,0	8,8	7,6	1,822	11,7	36,4	7,7	41,1	3,2	42,2	32,8	3,066	6,3	24,2	33,0	29,0	6,0

Abb. 3: Sozio-ökonomische Merkmale der Gruppe der sozialen Bewußtheit

Durchschnittsalter bei den Konsumenten auffällig, die soziale Verhaltensweisen bekundeten, aber die sozialen Einstellungen und/oder das soziale Wissen nicht ausgeprägt ist sowie bei den sozial nicht bewußten Konsumenten (Gruppen 2, 3, 4, 8).

Die Unterschiede bei den Variablen *Familienstand, Alter der Kinder* und *Religion* können nicht als bedeutsam angesehen werden. Bei dem Merkmal *Haushaltsgröße* deuten die sozial bewußten Konsumenten auf eine relativ geringe, und die sozial nicht bewußten Konsumenten auf eine hohe durchschnittliche Haushaltsgröße hin.

In der Abb. 3 sind die Gruppen der sozialen Bewußtheit nach *sozioökonomischen Merkmalen* beschrieben. Dabei sind Ausprägungen der Variablen *Schulbildung, Einkommen* und *Beruf* aufgeführt. Darüber hinaus wurde aus diesen drei Variablen durch ein Punktbewertungsverfahren ein Index gebildet, der die Zugehörigkeit des Befragten zu einer *sozialen Schicht* angeben soll. Nach den Ergebnissen der Studie verfügen die sozial bewußten Konsumenten über den höchsten Index der sozialen Schichtung. Einen relativ geringen Index weisen Konsumenten mit ausschließlich sozialem Wissen und die sozial nicht bewußten Konsumenten auf (Gruppen 6, 8). Die differenzierteren Ergebnisse der Ausprägungen einzelner Variablen können den Abb. 2 und 3 entnommen werden.

Um die charakteristischen Unterschiede zwischen den einzelnen Gruppen zu verdeutlichen, sollen im folgenden die sozial bewußten und sozial nicht bewußten Konsumenten näher betrachtet werden. Dabei werden neben den sozio-demografischen Variablen auch die signifikanten Ergebnisse der anderen in die Studie einbezogenen Variablen berücksichtigt[9].

2.3. Sozial bewußte Konsumenten

Die Gruppe der sozial bewußten Konsumenten läßt sich dadurch charakterisieren, daß sie sich aus überdurchschnittlich vielen Männern zusammensetzt, über ein geringes Durchschnittsalter verfügt, daß ihre Mitglieder vor allem weiterführende Schulen besucht haben, überwiegend voll berufstätig sind, den mittleren und oberen sozialen Schichten angehören, in durchschnittlichen Haushaltsgrößen leben, häufiger die Rolle des Haushaltsvorstandes übernehmen und selten den Haushalt führen.

Ebenso wurde festgestellt, daß die sozial bewußten Konsumenten über einen hohen Grad des Kommunikations- und Interaktionsverhaltens verfügen, d.h. sie erfüllen die Funktionen von Meinungsführern. Ferner stellte sich heraus, daß die Gruppenmitglieder bei persönlich wahrgenommener Unzufriedenheit mit Produkten ein aktives Beschwerdeverhalten zeigen.

2.4. Sozial nicht bewußte Konsumenten

Bei den sozial nicht bewußten Konsumenten sind überdurchschnittlich viele Frauen vertreten. Die Gruppenmitglieder verfügen über ein hohes Durchschnittsalter und haben vorwiegend einen Volksschulabschluß. Tendenziell sind diese Personen den mittleren bis unteren sozialen Schichten zuzuordnen. Darüber hinaus sind die sozial nicht bewußten Konsumenten in geringerem Maße voll berufstätig und leben in überdurchschnittlichen Haushaltsgrößen.

Das Kommunikations- und Interaktionsverhalten der sozial nicht bewußten Konsumenten ist vergleichsweise gering ausgeprägt. Ebenso ihre Bereitschaft, sich bei unzufriedenen Produkten aktiv zu beschweren.

In der Abbildung 4 sind die wichtigsten Merkmale der sozial bewußten bzw. sozial nicht bewußten Konsumenten gegenübergestellt. Durch diese Ergebnisse können tendenziell die auf sozio-demographischen

Gruppen / Merkmale	Sozial bewußte Konsumenten	Sozial nicht bewußte Konsumenten
Geschlecht	Überdurchschnittlich viele Männer	Überdurchschnittlich viele Frauen
Alter (Durchschnitt)	gering	hoch
Schulbildung	vor allem weiterführende Schulen	vorwiegend Volksschulabschluß
Soziale Schicht	mittlere und obere soziale Schicht	mittlere bis untere soziale Schicht
Haushaltsgröße	Durchschnitt	Überdurchschnittlich hoch
Berufstätigkeit	überwiegend voll Berufstätig	geringer Anteil voll Berufstätiger
Kommunikations- und Interaktionsverhalten	hoch	gering

Abb. 4: Merkmale der sozial bewußten und sozial nicht bewußten Konsumenten

Merkmalen bestehenden Unterschiede zwischen diesen beiden Gruppen in den USA und in der Bundesrepublik Deutschland als gering angesehen werden[10].

2.5. Medien- und Informationsverhalten der sozial bewußten Gruppen

Um noch genauere Informationen über eine Zielgruppenansprache der sozial bewußten Konsumentengruppen zu erhalten, wurden in die Untersuchung gleichermaßen Merkmale des Medienverhaltens und Merkmale des Informationsverhaltens im Rahmen von Kaufentscheidungen einbezogen. Bei der allgemeinen *Mediennutzung* ergaben sich kaum nennenswerte Unterschiede zwischen den sozial bewußten und sozial nicht bewußten Konsumenten. Dagegen traten starke Unterschiede bei dem Informationsverhalten im Zusammenhang mit Kaufentscheidungen auf. Hier geht es beispielsweise um die Frage, ob sich die sozial bewußten Konsumentengruppen stärker nach unternehmensgesteuerten oder neutralen Informationsquellen orientieren und ob sie stärker persönliche oder unpersönliche Quellen bevorzugen

Aus dem Vergleich der sozial bewußten mit den sozial nicht bewußten Konsumenten in der Untersuchung wurde deutlich, daß beide Gruppen den *Informationsgehalt* der Quellen unterschiedlich beurteilen. Bei sämtlichen Informationsquellen ergaben sich signifikante Unterschiede zwischen den beiden Konsumentengruppen. Den Informationsgehalt *unternehmensgesteuerter Quellen* stufen die sozial bewußten Konsumenten geringer ein als die sozial nicht bewußten Konsumenten. Diese Beziehung ergab sich bei der Verkäuferberatung, Zeitungsanzeigen, Prospektmaterial, Zeitschriftenanzeigen, Schaufenster, Werbefernsehen und Werbefunk.

Im Zusammenhang mit den *neutralen Informationsquellen* ergab sich eine andere Beziehung. Der Informationsgehalt der unpersönlichen neutralen Quellen wird von den sozial bewußten Konsumenten höher eingestuft als von den sozial nicht bewußten Konsumenten (Testergebnisse, Berichte in Funk, Fernsehen und Fachzeitschriften, Auskünfte in Verbraucherberatungsstellen).

Ähnliche Ergebnisse zeigten sich bei der Beurteilung der *Nützlichkeit von Informationsquellen.* Insgesamt werden von den sozial bewußten Konsumenten die Testergebnisse als »nützlichste« Informationsquelle angesehen, gefolgt von persönlichen Gesprächen mit Bekannten und der

Verkäuferberatung. Vergleichsweise wenig Hilfestellung im Rahmen der Kaufentscheidung konnten sie dem Werbefunk, Werbefernsehen und den Zeitschriftenanzeigen entnehmen. Auch bei diesen Ergebnissen kommt nochmal zum Ausdruck, daß die sozial bewußten Konsumenten die unternehmensgesteuerten Quellen als wenig hilfreich ansehen, um ihre Kaufentscheidung zu verbessern.

Aus den empirischen Ergebnissen ist ebenso ein *Vergleich* zwischen *der Beurteilung des Informationsgehaltes* und der *Nutzung von Informationsquellen* möglich. Aus der Abb. 5 wird deutlich, daß bei den *sozial bewußten Konsumenten* bei einer Reihe von Informationsquellen eine Konsistenz zwischen der überdurchschnittlichen (bzw. unterdurchschnittlichen) Beurteilung und Nutzung von Informationsquellen besteht. Jedoch konnte bei den Berichten in Fachzeitschriften und Verbraucherberatungsstellen ermittelt werden, daß diese Informationsquellen besonders positiv beurteilt, aber unterdurchschnittlich genutzt werden. Aus der Abbildung 6 wird ersichtlich, daß sich diese Beziehung bei den *sozial nicht bewußten Konsumenten* insbesondere bei den Berichten in Funk, Fernsehen und Fachzeitschriften sowie bei den Testergebnissen und Verbraucherberatungsstellen ergab.

Informationsnutzung / Informationsbeurteilung	überdurchschnittliche Nutzung	unterdurchschnittliche Nutzung
überdurchschnittliche Beurteilung	• Prospektmaterial • Persönliche Gespräche • Verkäuferberatung • Testergebnisse • Berichte im Rundfunk und Fernsehen	• Berichte in Fachzeitschriften • Verbraucherberatungsstellen
unterdurchschnittliche Beurteilung	• Schaufenster	• Zeitungsanzeigen • Zeitschriftenanzeigen • Werbefernsehen • Werbefunk

Abb. 5: Vergleich zwischen der Beurteilung des Informationsgehalts und der Nutzung von Informationsquellen zur Kaufentscheidung durch die sozial bewußten Konsumenten

Informationsbeurteilung \ Informationsnutzung	überdurchschnittliche Nutzung	unterdurchschnittliche Nutzung
überdurchschnittliche Beurteilung	• Prospektmaterial • Persönliche Gespräche • Verkäuferberatung	• Berichte in Funk und TV • Berichte in Fachzeitschriften • Testergebnisse • Verbraucherberatungsstellen
unterdurchschnittliche Beurteilung	• Schaufenster	• Zeitungsanzeigen • Zeitschriftenanzeigen • Werbefernsehen • Werbefunk

Abb. 6: Vergleich zwischen der Beurteilung des Informationsgehalts und der Nutzung von Informationsquellen zur Kaufentscheidung durch die sozial nicht bewußten Konsumenten

Die empirische Analyse des sozialen Bewußtseins von Konsumenten in der Bundesrepublik Deutschland zeigt Möglichkeiten auf, um durch Segmentierungsstrategien bestimmte Konsumenten gezielter ansprechen zu können. Damit sind die sich aus den empirischen Ergebnissen ergebenden Implikationen für die Marketing- und Verbraucherpolitik angesprochen (Segmentbearbeitung).

3. Implikationen für strategische Überlegungen der Marketing- und Verbraucherpolitik

3.1. Auswirkungen für die Marketingpolitik

Betrachtet man zunächst die Marketingpolitik von Unternehmungen, dann ist eine differenzierte Ansprache von sozial bewußten Konsumentengruppen besonders für Hersteller von Interesse, deren Produktprogramm sozial bzw. ökologische Aspekte aufweisen (Lebensmittel, Waschmittel, elektrische Haushaltsgeräte, Autos). Einen Beitrag zur Lösung der Konsum- und Umweltprobleme können diese Hersteller etwa durch die *Entwicklung »umweltfreundlicher« Produkte* leisten. Als Beispiel seien stichwortartig genannt: Phosphatarmes bzw. phosphatfreies Waschmittel, »Langzeit«- und »Sicherheits«-Autos, nikotin- und teerarme Zigaretten, »gesundheitsfördernde« Lebensmittel, Getränke in Rückgabeflaschen, elektrische Geräte mit besonderen Sicherheitseinrichtungen, Produkte aus Recycling-Materialien u.a.m.

Eine Bearbeitung der Segmente ist etwa durch eine *»konzentrierte Marketingstrategie«* (»Marktnischenstrategie«) denkbar. Hier werden die sozial bewußten Konsumentengruppen als eigenständige Märkte angesehen. So ergibt sich etwa für die Hersteller »umweltfreundlicher« Produkte die Möglichkeit, ihre Absatzbemühungen auf das Segment der sozial bewußten Konsumenten zu konzentrieren.

Neben einer produktpolitischen Differenzierung des Marketingprogramms bieten sich im Rahmen der Marktsegmentierung vor allem alternative *Kommunikationsstrategien* zur Ansprache von Gruppen der sozialen Bewußtheit an. Die sozial bewußten Konsumenten beurteilen die neutralen Informationsquellen besonders positiv. Berücksichtigt man ihre hohe Nutzung der unternehmensgesteuerten Quellen »Prospektmaterial« und »Verkäuferberatung«, dann wird es zweckmäßig sein, durch diese Quellen ebenso neutrale Informationen über die eigenen Produkte aufzugreifen (z.B. Hinweise auf Testergebnisse).

Die unterdurchschnittliche Beurteilung und Nutzung der unternehmensgesteuerten *Werbung* in Printmedien sowie elektronischen Medien durch die sozial bewußten Konsumenten gibt Hinweise auf den begrenzten werblichen Einsatz dieser Quellen zur Ansprache der sozial bewußten Konsumenten. Dabei muß berücksichtigt werden, daß diese Konsumentengruppe nicht nur eine Bedeutung als Käufer der eigenen Marke einer Unternehmung aufweist, sondern daß sie aufgrund ihrer Rolle als *Meinungsführer* ebenso in der Lage ist, durch eine Meinungsbeeinflussung Dritter die öffentliche Diskussion über die sozialen und ökologischen Aspekte von Produkten sowie den Absatz einer Unternehmung zu beeinflussen. Es ist zu erwarten, daß eine werbliche Ansprache dieser Gruppe mit einem *höheren Informationsgehalt der Werbeaussage* ebenso mit einer größeren Wirksamkeit verbunden ist. Besonders unter dem Gesichtspunkt, daß die sozial bewußten Konsumenten die sozialen und ökologischen Aspekte von Produkten in der Bevölkerung diffundieren, ist eine gezielte Ansprache dieses Segmentes von besonderer Bedeutung.

Dabei müssen ebenso die Möglichkeiten der *Publicity* hervorgehoben werden. Die Berichte über Produkte in nicht-unternehmensgesteuerten Medien eignen sich für die sozial bewußten Konsumenten in besonderer Weise, da sie diesen neutralen Informationen eine höhere Glaubwürdigkeit zuordnen als den Publikationen in unternehmensgesteuerten Informationsquellen. Darüber hinaus sind aber gleichermaßen die Maßnahmen der *Public Relations* geeignet, um sozial bewußte Konsumenten über das Produktprogramm einer Unternehmung zu informieren. Es bedarf keiner ausführlichen Begründung, daß diese PR-Aktivitäten über eine reine Werbestrategie hinausgehen müssen. Ziel der PR-Maßnahmen sollte es vielmehr sein, bei dieser Konsumentengruppe durch gezielte Informationen Vertrauen und Verständnis für die Unternehmung und die angebotenen Produkte zu gewinnen bzw. auszubauen. ...

3.2. Auswirkungen für die Verbraucherpolitik

Neben der Marketingpolitik ist es auch für die *Verbraucherpolitik* zweckmäßig, ihre Maßnahmen differenziert für einzelne Segmente einzusetzen. Die Verbraucherpolitik zielt durch unterschiedliche Aktivitäten darauf ab, direkt oder indirekt die gemeinschaftlichen Interessen der Verbraucher wahrzunehmen. In der Bundesrepublik Deutschland haben die verbraucherpolitischen Aktivitäten bisher nur mangelhaft die durch den Konsum verursachten Umweltbelange berücksichtigt. Dies betrifft insbesondere die *differenzierte Information und Beratung* der Verbraucher über Konsum- und Umweltprobleme. Hier bietet sich eine Segmentierung nach dem sozialen Bewußtsein von Konsumenten an. Als Instrumente stehen dafür beispielsweise Warentests, Verbraucherberatungsstellen, Publizierung von Verbraucherinformationen, Verbraucherbildungsmaßnahmen u.a.m. zur Verfügung.

Die *sozial nicht bewußten Konsumenten* sind als eine wichtige Zielgruppe der Verbraucherpolitik anzusehen. Hierbei handelt es sich um Personen, bei denen sich die Notwendigkeit zur Verbraucherinformation und -beratung in besonderem Maße ergibt. Durch verbraucherpolitische Maßnahmen muß besonders bei dieser Konsumentengruppe die Bedeutung der neutralen Informationsquellen für die Kaufentscheidung deutlich gemacht werden. Es bedarf keiner ausführlichen Begründung, da dabei nach neuen Möglichkeiten gesucht werden muß, die Effizienz der verbraucherpolitischen Aktivitäten für diese Konsumenten zu erhöhen, etwa durch eine zielgruppengerechtere Ansprache (z.B. Gestaltung der Werbebotschaft, Medienauswahl) oder durch neue Kommunikationskanäle (z.B. fahrbare Verbraucherberatungsstellen). Generell ist die *Erhöhung des sozialen Bewußtseins* ein *Ziel der Verbraucherpolitik.* Dies betrifft Maßnahmen, die sich bei den einzelnen Gruppen auf eine Vermittlung des sozialen Wissens, auf die Intensivierung sozialer Einstellungen und/oder auf soziale Verhaltensweisen konzentrieren. Ein Schwerpunkt in der Verbraucherpolitik dürfte dabei die *Vermittlung von sozialem Wissen* sein. Über ein unterdurchschnittliches soziales Wissen verfügen vor allem ältere Personen mit einer geringen Schulbildung sowie einem geringen beruflichen Status und einem unterdurchschnittlichen Einkommen. Darüber hinaus lassen sich zu diesen Konsumenten besonders viele Frauen zählen. Das Ziel der verbraucherpolitischen Maßnahmen wird darin bestehen, die produktbezogenen Probleme und das Wissen in solchen Medien zu verbreiten, die von dieser Konsumentengruppe besonders häufig genutzt werden (Zeitschriften, Radio). Ebenso kommen andere Möglichkeiten der Kommunikation (z.B. Hausfrauengemeinschaften, Altenclubs) in Betracht.

Für eine Intensivierung von sozialen Einstellungen sind zahlreiche Möglichkeiten gegeben, durch die Ansprache mit Referenzgruppen oder durch Mitgliedschaftsgruppen auf die Bedeutung der Konsum- und Umweltprobleme hinzuweisen. Dies gilt in gleichem Maße für die *Aktivierung von sozialen Verhaltensweisen.* Ein wesentlicher Grund für mangelnde soziale Verhaltensweisen besteht häufig in dem fehlenden Wissen, durch welche konsumrelevanten Verhaltensweisen die sozialen und ökologischen Probleme berührt werden.

Aber auch die *sozial bewußten Konsumenten* sind eine Zielgruppe der Verbraucherpolitik. Da diese Konsumenten die Funktion von Meinungsführern ausüben, sind sie am ehesten in der Lage, soziales Wissen, soziale Einstellungen und soziale Verhaltensweisen in der Bevölkerung zu diffundieren.

Zwei weitere in die empirische Studie einbezogene Variablen weisen eine Bedeutung für die Verbraucherpolitik auf. Dabei handelt es sich einmal um das *Beschwerdeverhalten.* Bei den sozial nicht bewußten Konsumenten konnte ein vergleichsweise hoher Anteil eines passiven Beschwerdeverhaltens festgestellt werden. Wenn sich die verbraucherpolitischen Maßnahmen auf die »Erziehung« des Verbrauchers zum aktiven und kritischen Konsumenten beziehen, dann haben sie sich besonders mit diesen Konsumentengruppen zu beschäftigen. Darüber hinaus weist die Variable *Bereitschaft zur Vertretung von Verbraucherinteressen* darauf hin, daß etwa ein Fünftel der Verbraucher in der Bundesrepublik Deutschland bereit sind, sich aus gemeinschaftlichen Gründen für Verbraucherinteressen einzusetzen. In diesem Segment wird man die sogenannten »Verbraucheraktivisten« finden, bei denen die Verbraucherorganisationen für ihre Aktivitäten mit Unterstützungen rechnen können und die für Verbraucherorganisationen ebenso ein Potential für eigene Mitarbeiter (z.B. auf freiwilliger, ehrenamtlicher Basis) darstellen. Aus der Verteilung der Variable ist ebenso zu entnehmen, daß bei einer bekundeten Bereitschaft zur Vertretung von Verbraucherinteressen häufig individuelle (persönliche) Gründe angegeben werden und daß etwa ein Fünftel der Bevölkerung der Bundesrepublik Deutschland nicht bereit ist, sich für Verbraucherinteressen einzusetzen. Insgesamt kann diesem Ergebnis entnommen werden, daß die Verbraucher nur in sehr geringem Maße bereit sind, sich für gemeinschaftliche Interessen der Verbraucher aktiv einzusetzen. Damit verbunden werden auch die Möglichkeiten zu einer aktiven – die Betroffenen selbst einzubeziehenden – Verbraucherpolitik eingegrenzt. Es dürfte eine Aufgabe der zukünftigen Verbraucherpolitik sein, den Verbrauchern ihre »gemeinsamen Interessen« deutlich zu machen.

3.3. Soziales Bewußtsein von Konsumenten im Widerstreit der Marketing- und Verbraucherpolitik?

Die aufgezeigten Implikationen der empirischen Ergebnisse konnten deutlich machen, daß es sich bei dem sozialen Bewußtsein von Konsumenten um einen Problembereich handelt, der für die Marketing- *und* Verbraucherpolitik gleichermaßen von Bedeutung ist. Betrachtet man die Konsumerismus-Diskussion in der Bundesrepublik Deutschland in den letzten Jahren, so konnte keineswegs eine Einigkeit darüber erzielt werden, welchen Stellenwert die Forderungen des Konsumerismus (z.B. Lösung bestimmter Konsum- und Umweltprobleme) für die Marketingwissenschaft, – aber auch für die Verbraucherpolitik aufweisen.

Diese Auseinandersetzungen geben ein Bild von den Vorstellungen einzelner Forscher über das Selbstverständnis der Marketing- und Verbraucherpolitik wieder. So fehlt es beispielsweise nicht an Vorschlägen zum Entwurf einer pluralistischen Marketingwissenschaft, in der die Probleme der Marketing- und Verbraucherpolitik harmonisch miteinander vereinbar sind (Vertreter eines Harmoniemodells). Demgegenüber neigen vor allem Funktionäre zu der Auffassung, daß die Aktivitäten der Marketing- und Verbraucherpolitik aufgrund der gegenteiligen Interessenlagen grundsätzlich nicht miteinander vereinbar und daß verbraucherpolitische Maßnahmen vor allem als ein Anti-Marketing anzusehen sind (Vertreter eines Konfliktmodells). Darüber hinaus weisen einige Forscher auf eine partielle Zuständigkeit der Marketingwissenschaft hin, bei der die Marketingpolitik bei der Lösung verbraucherpolitischer Probleme eine unterstützende Funktion übernehmen kann (Partialmodell)[10].

Die Schwierigkeiten bei der Diskussion dieser drei unterschiedlichen Auffassungen über die Beziehungen zwischen der Marketing- und Verbraucherpolitik liegen nicht zuletzt an den mangelnden Informationen über die beide Disziplinen gemeinsam interessierenden Problembereiche. Dies betrifft insbesondere eine unzureichende empirische Fundierung der Konsumentenwünsche und Konsumentenprobleme. So fehlt es beispielsweise an aussagefähigen Methoden zur Bestimmung von Verbraucherinteressen sowie zur Analyse der durch die angebotenen Produkte verursachten (funktionalen und dysfunktionalen) Wirkungen auf Konsumenten, Volkswirtschaft und Umwelt. Die Konzeptionen der Sozialkosten und der Sozialindikatoren scheinen einen Weg in diese Richtung zu weisen, sind jedoch zum derzeitigen Stand nur wenig operational. In der Zukunft wird es vor allem darauf ankommen, methodische Instrumente zur Analyse von Konsum- und Umweltproblemen zu entwickeln und eine stärker theoriegestützte empirisch orientierte Konsumentenverhaltensforschung auch für die verbraucherpolitischen Probleme nutzbar zu machen.

Damit sollen jedoch die Probleme des Konsums und der Umwelt sowie die Beziehungen zwischen der Marketing- und Verbraucherpolitik nicht zu einem empirischen Problem »reduziert« werden. In diesem Zusammenhang ist es häufig auch eine Frage des Parteilichkeit des Forschers, die ihn veranlaßt, sich bestimmte Probleme auszuwählen und bei der Bearbeitung besondere Schwerpunkte zu setzen. Unabhängig von dem Mangel an empirischen Informationen und der Frage der Parteilichkeit des einzelnen Forschers sollte jedoch bei einer Diskussion über das Selbstverständnis der Marketingwissenschaft vor einigen Fehlentwicklungen gewarnt werden.

So verbirgt sich beispielsweise häufig hinter dem Entwurf sog. neuer Marketingkonzeptionen der Hang einzelner Forscher zur Proklamierung von Ideologien. Es dürfte sich bei den an der Lösung praktischer Probleme interessierten Vertretern der Disziplin die Meinung durchgesetzt haben, daß Konsumentenprobleme nicht dadurch gelöst werden, indem von Menschen- und Gesellschaftsbildern ausgegangen wird, die zumindest in der Nähe von Utopien liegen. Hier handelt es sich mehr um ein »Marketing der Fiktionen«, bei dem bezweifelt werden muß, ob eine vollständige Abstrahierung von den Realitäten und der Annahme einer Gesellschaft aus der »Retorte« die Marketingdiskussion befruchtet. Ähnliche Zweifel drängen sich bei einem »Marketing der schönen Worte« auf, indem an das Marketing Forderungen gestellt werden, die nicht zu operationalisieren sind oder neu auftretende Probleme verniedlichen. Zur Lösung praktischer Probleme vermögen diese Vorschläge keinen Beitrag zu leisten[11].

Bei einer Diskussion des Selbstverständnisses der Marketing- und Verbraucherpolitik sollte u.E. berücksichtigt werden, daß die Interessen der Marktpartner (Hersteller, Handel, Konsumenten) nicht immer harmonisch miteinander zu vereinbaren sind. Häufig bestehen auch Auffassungsunterschiede zwischen den Marktpartnern. Dies wurde in einer Meinungsbefragung deutlich, bei der unterschiedliche Auffassungen über das Problem der Lösung von Konsum- und Umweltproblemen festgestellt wurden. Diese unterschiedlichen Meinungen werden durch die Abbildung 7 deutlich. In einer Meinungsbefragung von Konsumenten und Unternehmen sollten die Befragten einstufen, wer nach ihrer Meinung am ehesten einen Beitrag zur Lösung von Konsum- und Umweltproblemen leisten kann. Konsumenten und Unternehmer sind sich darin einig, daß den Verbrauchern selbst und dem Staat bei der Problemlösung die größte Bedeutung zukommt.

In der weiteren Rangfolge bestehen jedoch Auffassungsunterschiede. Die Unternehmer ordnen den Medien eine hohe Bedeutung zu. Ebenso werden die Wirtschaftsverbände sehr hoch eingestuft – jedoch im Gegensatz zu den Konsumenten, die ihnen keinen bedeutenden Einfluß zutrauen. Genau umgekehrt verhält es sich dagegen bei den Verbraucherverbänden. Die Konsumenten ordnen ihre Mitwirkung wesentlich höher ein als die Unternehmen. Die Befragtengruppen scheinen daher von der Einflußnahme »ihrer eigenen« organisierten Interessenvertretung mehr überzeugt zu sein als von dem Verband der anderen Marktpartei. Bemerkenswert ist auch die Ansicht der Konsumenten, daß die Hersteller selbst durch freiwillige Maßnahmen einen wichtigen Beitrag leisten können. Demgegenüber scheinen die Unternehmer selbst von ihrer eigenen

	Bevölkerung	Unternehmen
Die Verbraucher durch ihr Kaufverhalten	1	1
Der Staat durch Gesetze und Verordnungen	2	2
Die Hersteller durch freiwillige Maßnahmen	(3)	(9)
Die Verbraucherverbände durch ihre Aufklärungsmaßnahmen	(4)	(8)
Fernsehen, Rundfunk, Zeitungen und Zeitschriften	5	3
Die Testinstitute durch vergleichende Warentests	6	6
Der Handel durch das Sortiment	7	7
Die politischen Parteien durch ihre Abgeordneten	8	5
Die Wirtschaftsverbände durch ihre Vertreter	(9)	(4)

Abb. 7: Lösung von Konsum- und Umweltproblemen aus der Sicht von Konsumenten und Unternehmen

Möglichkeit wenig zu halten, da sie sich bei der Problemlösung sehr niedrig einstufen.

Sicherlich wird es unterschiedliche Interpretationen und Bewertungen dieser Ergebnisse geben. Für die zukünftige Forschung scheint es u.E. zweckmäßig zu sein, sich den komplexen Problemen durch eine stärkere empirische Forschung anzunähern. Mit den vorliegenden Ergebnissen des sozialen Bewußtseins von Konsumenten in der Bundesrepublik Deutschland konnten lediglich erste Ansatzpunkte eines vielschichtigen Problems aufgezeigt werden. Zukünftig sind in diesem Bereich weitere Forschungen erforderlich. So ist es beispielsweise notwendig, das soziale Bewußtsein von Konsumenten gegenüber bestimmten Themen und Produkten zu untersuchen, um auf diese Weise differenzierte Aussagen über die Beurteilung von Konsum- und Umweltproblemen durch Konsumenten zu gewinnen.

Anmerkungen

1 Vgl. zur Konsumerismus-Diskussion beispielhaft Knoblich und Arnold (1974); Meffert (1975) sowie die dort angegebene Literatur.
2 Hierbei handelt es sich um eine Untersuchung des Instituts für Marketing/EMNID-Institut. Die Ergebnisse sind abgedruckt in Bruhn (1978) S. 197.
3 Zu einer ausführlichen Darstellung der Konzeption und Ergebnisse der empirischen Untersuchung vgl. Bruhn (1978).
4 Vgl. Anderson/Cunningham (1972); Anderson/Henion/Cox (1974); Webster (1975).
5 Vgl. Webster (1975); Brooker (1976); Kinnear/Taylor/Ahmed (1974); Kinnear/Taylor (1973).
6 Vgl. Anderson/Henion/Cox (1974); Webster (1975).
7 Vgl. Krech/Crutchfield/Ballachey (1962).
8 Vgl. zum Fragebogen, zur Hypothesenformulierung und Prüfung des methodischen Instrumentariums Bruhn (1978).
9 Vgl. zu den Signifikanzprüfungen und zur Diskussion der anderen Gruppen des sozialen Bewußtseins Bruhn (1978).
10 Vgl. zum »Harmoniemodell« z.B. Fischer-Winkelmann/Rock (1978); Raffée/Specht (1976); Vgl. zum »Partialmodell« z.B. Kroeber-Riel (1977); Meffert (1975); Meffert/Bruhn (1978).
11 Vgl. vor allem Fischer-Winkelmann/Rock (1975, 1977).

Verzeichnis der zitierten Literatur

Anderson Jr., W. T./Cunningham, W. H. (1972): The Socially Conscious Consumer, in: Journal of Marketing. Vol. 36, No. 3, S. 23-31.

Anderson Jr., W. T./Henion, K. W./Cox III, E. P. (1974): Socially vs. Ecologically Responsible Consumers, in: American Marketing Association Proceedings. Series No. 36, Chicago, S. 304-311.

Brooker, G. (1976): The Self-Actualizing Socially Conscious Consumer, in: Journal of Consumer Research, Vol. 3, No. 2, S. 107-112.

Bruhn, M. (1978): Das soziale Bewußtsein von Konsumenten. Erklärungsansätze und Ergebnisse einer empirischen Untersuchung in der Bundesrepublik Deutschland, Wiesbaden.

Fischer-Winkelmann, W./Rock, R. (1975): Vor einem neuen Selbstverständnis in der Marketing-Wissenschaft?, in: Die Unternehmung, Nr. 4, S. 237ff.

Fischer-Winkelmann, W./Rock, R. (1977): Konsumerismus, Verbraucherinteressen und Marketinglehre. Zum Stand der absatzwirtschaftlichen Konsumerismusdiskussion, in: Zeitschrift für Betriebswirtschaft, Nr. 3, S. 129-152.

Kinnear, T. C./Taylor, J. R. (1973): The Effect of Ecological Concern on Brand Perceptions, in: Journal of Marketing Research, Vol. 10, No. 5, S. 191-197.

Knoblich, H./Arnold, U. (1974): Marketing und Verbraucherschutz, in: Zeitschrift für Betriebswirtschaft, Nr. 1, S. 19-30.

Krech, D./Crutchfield, R./Ballachey, E. L. (1962): Individual in Society, New York.

Kroeber-Riel, W. (1977): Kritik und Neuformulierung der Verbraucherpolitik auf verhaltenswissenschaftlicher Grundlage, in: Die Betriebswirtschaft, 37. Jg., Heft 1, S. 89-103.

Raffée, H./Specht, G. (1976): Zum Selbstverständnis der Marketing-Wissenschaft, in: Die Unternehmung, Nr. 2, S. 169-176.

Meffert, H. (1975): Marketing und Konsumerismus, in: Zeitschrift für Betriebswirtschaft, Nr. 2, S. 69ff.

Meffert, H./Bruhn, M. (1978): Marketingtheorie – Quo Vadis?, in: Absatzwirtschaft-Marketing. Betriebswirtschaftliche Probleme und gesellschaftlicher Bezug, Hrsg.: R. Bratschitsch und E. Heinen.

Webster Jr., F. E. (1975): Determining the Characteristics of the Socially Conscious Consumer, in: Journal of Consumer Research, Vol. 2, No. 3, S. 188-196.

Peter Weinberg

Habitualisierte Kaufentscheidungen von Konsumenten

1. Zur Problemstellung

1.1. Arten des Entscheidungsverhaltens von Konsumenten

Habitualisierte Käufe kennzeichnen eine spezifische Art des Entscheidungsverhaltens von Konsumenten[1]. Zentrale Kriterien zur Differenzierung zwischen verschiedenen Arten des Entscheidungsverhaltens sind:
– das Anspruchsniveau der Konsumenten, das als subjektiv vorgegebene Zielnorm den Kaufentscheidungsprozeß mehr oder weniger beeinflussen kann, und
– die kognitive Steuerung der Produktauswahl, die unterschiedlich stark sein kann.

Nach diesen beiden Kriterien lassen sich vier *idealtypische* Arten des Entscheidungsverhaltens von Konsumenten differenzieren, wobei es schwierig ist, konkrete Entscheidungssituationen anzugeben, in denen sie auftreten. Dazu benötigt man die Kenntnis weiterer Bestimmungsgrößen, zu denen insbesondere das zu wählende Produkt, die Reizkonstellation in der Kaufsituation und die persönlichen Prädispositionen (wie Risikoneigung, Informationsniveau und Involvement) zählen.

Impulsive Kaufentscheidungen

Impulskäufe lassen sich durch ein rasches Handeln kennzeichnen. Da impulsive Kaufentscheidungen ungeplant sind und durch eine spontane Motivation gesteuert werden, ist es schwierig, den Einfluß des Anspruchsniveaus zu bestimmen. Man kann annehmen, daß Impulskäufe besonders häufig auftreten, wenn ausgeprägte Bedürfnisse (zumindest latent) vorliegen, der Konsument durch Reize stark stimuliert wird und keine situativen Hemmnisse die spontane, kognitiv gering gesteuerte Kaufentscheidung beeinträchtigen.

Aus: Die Betriebswirtschaft 39 (1979) 4, Verlag Poeschel, Stuttgart, S. 563-571

Habitualisierte Kaufentscheidung

Bei habitualisierten Kaufentscheidungen spielt das Anspruchsniveau keine Rolle. Der Kaufentscheidungsprozeß läuft weitgehend »automatisch« ab, und auch einmalige Käufe könne gewohnheitsmäßige Züge (z.B. die Wahl der Produktfarbe) aufweisen. Die kognitive Steuerung von Gewohnheitskäufen[2] ist also ebenfalls gering. Das Ergebnis habitualisierten Entscheidungsverhaltens ist meist der wiederholte Kauf der gleichen Marke bzw. des gleichen Produktes[3].

Vereinfachte Kaufentscheidungen

Bei vereinfachten Kaufentscheidungen der Konsumenten steuert das Anspruchsniveau die Alternativenwahl. Man verfügt über feste Prädispositionen hinsichtlich einer Produktklasse, ohne eine bestimmte Marke eindeutig bzw. ausschießlich zu präferieren. Die konkrete Wahl in der Kaufsituation erfolgt mit Hilfe bewährter Entscheidungskriterien. Sobald der Konsument eine Alternative findet, die seinen Ansprüchen in etwa genügt, wird der Entscheidungsprozeß beendet. Der kognitive Problemlösungsaufwand ist limitiert, das Entscheidungsverhalten also trotz stärkerer kognitiver Steuerung vereinfacht.

Extensive Kaufentscheidung

Bei extensiven Kaufentscheidungen ist die kognitive Beteiligung der Konsumenten groß, da das Anspruchsniveau während des Entscheidungsprozesses präzisiert wird. Es fehlen zunächst kognitive »Anker«, der Konsument geht von ersten Vorstellungen über seine Kaufabsichten aus und lernt im Laufe des Entscheidungsprozesses, was er konkret will und wie er es erreicht. Die Kaufentscheidung ist also das Ergebnis komplexer Lernprozesse.

1.2. Ökonomische Relevanz habitualisierter Kaufentscheidungen

Gewohnheitskäufe spielen beim täglichen Einkauf eine bedeutende Rolle. Man findet sie vor allem bei sozial unauffälligen und nicht prestigebeladenen Gütern, die relativ häufig und risikolos gekauft werden.

Habitualisierte Kaufentscheidungen verhelfen zu schnellen, risikoarmen und bewährten Einkäufen. Ohne Gewohnheiten wäre die tägliche Lebensführung kaum zu bewältigen. Daher ist es aus *Verbrauchersicht* von Interesse, wie alltägliche Gewohnheiten erfaßt werden können, wie ein habitualisierter Kaufentscheidungsprozeß entstanden ist und wie Gewohnheiten verstärkt bzw. gelöscht werden können.

Aus *Herstellersicht* interessieren die Möglichkeiten, valide Stimulus-Reaktionsbeziehungen zwischen dem Einsatz absatzpolitischer Instrumente und dem habitualisierten Einkauf der Konsumenten herzustellen. In Anbetracht der fehlenden empirischen Befunde bechränkt man sich auf globale Strategien der Absatzpolitik, die den Konsumenten preiswerte und bequeme Einkäufe des gleichen Produktes ermöglichen sollen. Das umfaßt die Informationspolitik zur Stabilisierung der Wahrnehmung, die Strategien des »psychological pricing« zur Vermeidung kognitiver Verunsicherungen und die Maßnahmen der Verkaufsförderung zur Standardisierung schneller und problemloser Einkäufe. Absatzpolitisches Ziel ist ja, daß der wiederholte Kauf des gleichen Produktes zu regelmäßiger Zufriedenheit führt.

2. Das Konzept der Habitualisierung

2.1. Definition der Habitualisierung

Überwiegend wird in der Literatur[4] unter Habitualisierung die *kognitive Entlastung* von Entscheidungsprozessen verstanden. Darunter ist folgendes gemeint: Aus einer Vielzahl von Entscheidungsvariablen, die ein Konsument als kaufrelevant wahrnimmt, werden nur wenige (oder auch keine) in der konkreten Entscheidungssituation explizit berücksichtigt. Der Konsument entscheidet also auf der Grundlage reduzierter kognitiver Prozesse, es überwiegen vorgefertigte Teilentscheidungen in der Kaufsituation, so daß insgesamt die kognitive Steuerung des Einkaufs gering ist.

Die Habitualisierung, die zu bewährten, schnellen und risikorarmen Einkäufen verhelfen soll, läßt sich also als ein *psychischer* Prozeß *unterschiedlichen Ausmaßes* auffassen. Bereits Hull differenziert zwischen intervenierenden und beobachtbaren Aspekten der Habitualisierung. Er verwendete den Begriff der Gewohnheit für die »internalisierte Tendenz« gewohnheitsmäßig zu handeln, und faßte die Gewohnheitsstärke als nur *eine* Einflußgröße auf das Reaktionspotential des Individuums auf.

Die Auffassung, unter Habitualisierung eine intervenierende Variable zu verstehen, erlaubt es, motivationale Prozesse und gleichbleibende Handlungsabläufe zu entkoppeln. Während Motive sich im Laufe der Zeit ändern können, kann das Handeln noch gleichförmig verharren. Dann kann man von einem Motivwechsel in dem Sinne sprechen, daß das ursprüngliche Motiv durch das Bedürfnis nach Habitualisierung erfolgreicher Handlungen ersetzt wird, um – wie bereits gesagt – kognitiv entlastet, risikoarm und zügig handeln zu können.

Diese Betrachtungsweise – Habitualisierung als ein *psychischer* Prozeß – erlaubt auch die Differenzierung zwischen mehr oder weniger stark habitualisierten Kaufentscheidungen. Je nach dem *Ausmaß* der kognitiven Entlastung kann man zwischen Entscheidungen differenzieren, die nur geringfügig oder auch stark habitualisiert vollzogen werden. Erst bei einer totalen Habitualisierung läuft die Kaufentscheidung quasi automatisch ab und führt mit hoher Wahrscheinlichkeit zu einem Wiederholungskauf.

2.2. Operationalisierung der Habitualisierung

Ob partielle oder totale Habitualisierung – hier geht es um die Gewohnheitskäufe, an die sich der Konsument erinnert, auch wenn er sie gedankenlos durchgeführt hat. Die so verstandene *Wahrnehmbarkeit* habitualisierter Handlungen ermöglicht es erst, die kognitive Entlastung als Definitionskern der Habitualisierung zu erfragen.

Man ist also besonders darauf angewiesen, daß der Konsument sich seines Gewohnheitsverhaltens bewußt ist bzw. daran wieder erinnert werden kann[5]. Eine Hilfestellung kann die Befragung in der Kaufsituation sein, um die Erinnerung an den Prozeß der kognitiven Entlastung zu reaktivieren. Dann darf man erwarten, daß erinnertes Kaufverhalten und tatsächliches Kaufverhalten möglichst weit übereinstimmen.

Die *Messung* der kognitiven Entlastung kann in mehrfacher Weise erfolgen. Folgt man wieder der Literatur, so empfiehlt sich eine Eingrenzung des Entscheidungsfeldes auf *produktbezogene* Entscheidungsvariablen in der Kaufsituation. Vorgelagerte Entscheidungen, wie z.B. die Geschäftswahl oder der Kaufrhythmus, die ebenfalls gewohnheitsmäßig vollzogen werden können, bleiben unberücksichtigt.

Erstens soll hier die individuell wahrgenommene, produktbezogene Entscheidungsvereinfachung in der Kaufsituation erfaßt werden. Dazu benötigt man zwei Größen: Zum einen die beim Kauf berücksichtigten Eigenschaften, zum anderen die für eine Kaufentscheidung grundsätzlich als *relevant* wahrgenommenen Eigenschaften. Die *Differenz* gibt das Ausmaß der kognitiven Entlastung an[6].

Die Berechnung dieser Differenz ist nicht unproblematisch. Die kognitive Entlastung wird nicht in *qualitativer,* sondern in *quantitativer* Hinsicht ermittelt. Dieses grundlegende Maß für die quantitative Reduktion der entscheidungsrelevanten Variablen bedarf der zusätzlichen qualitativen Wertung derjenigen Variablen, die die jeweilige Habitualisierung charakterisieren. Dazu zählen vor allem produktspezifische Faktoren und Persönlichkeitsmerkmale.

Hier geht es also vor allem um die quantitative Dimension der kognitiven Entlastung. Doch auch die numerischen Differenzwerte können fehlinterpretiert werden. So kann eine Differenz von einer Einheit auf eine geringe kognitive Entlastung verweisen, aber auch nur eine einzige verbliebene kognitive Entscheidungsvariable in der Kaufsituation beinhalten. Dagegen mag ein um drei Entscheidungsvariablen kognitiv entlasteter Entscheidungsprozeß noch immer auf zwei Entscheidungsvariablen in der Kaufsituation beruhen. Das hier gewählte Maß gibt also primär die *Stärke* der kognitiven *Entlastung* an, zur Beurteilung des Entscheidungsverhaltens in der Kaufsituation muß man zusätzlich die beiden Einzelwerte heranziehen, auf denen das Differenzmaß aufbaut:

- die beim Kauf berücksichtigten Eigenschaften, sowohl in quantitativer als auch in qualitativer Hinsicht, und
- die für eine Kaufentscheidung grundsätzlich als relevant wahrgenommenen Eigenschaften, die in der Regel auch die sein werden, mit denen Erstkäufer im Rahmen der persönlichen Kommunikation (und auch über die Werbung) konfrontiert werden.

Die hier gewählte Operationalisierung der Habitualisierung bedarf einer besonderen *Prüfung* hinsichtlich ihrer inhaltlichen *Gültigkeit.* Dazu können eine Reihe von Indikatoren herangezogen werden, die in der Literatur häufig – wenn auch unscharf und ungeprüft – habitualisierten Kaufentscheidungen zugrunde gelegt werden. So wird behauptet, daß Gewohnheitskäufer wenig Zeit zum Einkauf benötigen, in der Regel Wiederholungskäufer sind, Informationen über präferierte Produkte besonders schnell wahrnehmen, mit den gekauften Produkten besonders zufrieden sind und ihr Entscheidungsfeld besonders auf situative Variablen (z.B. Preis, Erhältlichkeit, Service) beschränken.

Da die hier gewählte Operationalisierung der kognitiven Entlastung den *dynamischen* Aspekt der Habitualisierung besonders betont, liegt es nahe, von *Tendenzhypothesen* in Form von »Je-desto-Aussagen« zwischen der Habitualisierungsstärke einerseits und den oben zusammengestellten Aussagen andererseits auszugehen und mittels Befragung, Beobachtung und Tachistoskopie die Beziehungen zu prüfen. Das geschieht in der folgenden, empirischen Studie.

Zweitens läßt sich die kognitive Entlastung global als eine psychische Größe erfassen, und zwar an Hand der Wahrnehmung der betroffenen Konsumenten, inwieweit sie gewohnheitsmäßig einkaufen. Dazu kann man auf einer Ratingskala von z.B. »gar nicht« bis »ausschließlich« erfragen, wie sehr sich Konsumenten beim Einkauf des betreffenden Produktes von Gewohnheiten leiten lassen. Die Messung der Selbsteinschätzung des Gewohnheitsverhaltens ist auf Ratingskalen natürlich problematisch, und es ist interessant zu prüfen, ob und wie die beiden gewählten Operationalisierungen der Habitualisierung zusammenhängen. Eine Hypothese darüber verbietet sich mangels empirischer Vorkenntnisse.

2.3. Entstehung der Habitualisierung

Über die Entstehung von Gewohnheiten im allgemeinen und von habitualisierten Kaufentscheidungen im besonderen bietet die Literatur mehrere hypothetische Erklärungen an. Sie lassen sich folgendermaßen untergliedern:

a) Habitualisierung als Persönlichkeitsmerkmal
b) Habitualisierung durch eigene Gebrauchserfahrungen
c) Habitualisierung durch Übernahme von Verhaltensmustern

Zu a): Man kennt das Bedürfnis nach Vereinfachung der täglichen Lebensführung als eine zeitlich stabile Disposition mit individuell differentieller Ausprägung. Die so verstandene Habitualisierung im Sinne eines *Persönlichkeitsmerkmales* ließe sich beispielsweise am Wunsch nach kognitiver Entlastung und nach Vertrautheit mit Produkten des täglichen Bedarfs ausdrücken. Allerdings hat die Persönlichkeitspsychologie bislang nur wenige Beiträge zur Erklärung des Konsumentenverhaltens geliefert.

Zu b): Überwiegend wird die Entstehung von Gewohnheiten jedoch als ein Ergebnis von *Lernprozessen* aufgefaßt[7]. Der Beginn sich ausbreitenden Gewohnheitsverhaltens ist in der Regel ein extensiver Kaufentscheidungsprozeß, der bei wiederholt zufriedenen Erfahrungen mit dem gleichen Produkt kognitiv vereinfacht wird und zu einem habitualisierten Kaufentscheidungsprozeß erstarrt. Es liegt dann ein rational entstandenes Gewohnheitsverhalten vor. Diese Vorstellung von einer schrittweisen kognitiven Entlastung dominiert in der Literatur zum Entscheidungsverhalten von Konsumenten. Wie das durch eigene Gebrauchserfahrungen erlernte Gewohnheitsverhalten erklärt werden soll, wird exemplarisch am Modell von Howard[8] gezeigt (vgl. Abb. 1).

Der Entscheidungsprozeß wird durch Stimuli ausgelöst, die den Konsumenten als *Informationen* erreichen (information available). Diese Informationen werden vom Konsumenten im Gedächtnis (memory) gespeichert, selektiert und interpretiert. Bei Gewohnheitskäufen wird von Howard nicht zwischen sensorischen Speichern, Kurzzeit- und Langzeitspeichern differenziert. Man kann aber annehmen, daß bei habitualisierten Entscheidungen der Langzeitspeicher zur Bewertung der aufgenommenen Informationen besonders »geladen« und stabil sein muß.

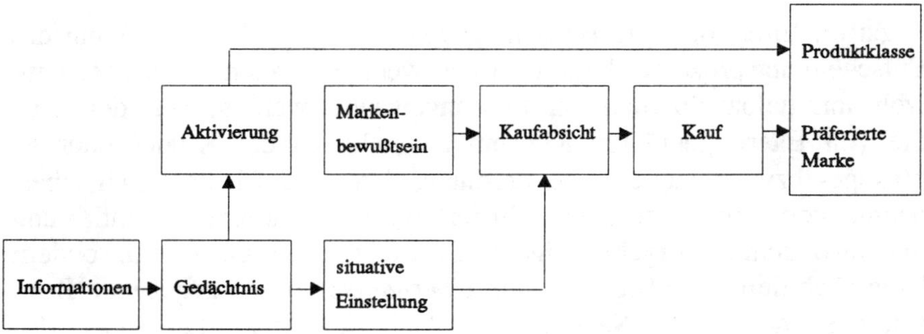

Abb. 1: Prozeßstruktur habitualisierter Kaufentscheidungen nach Howard

Die gespeicherten Informationen können nun Bedürfnisse (motives) auslösen, worunter Howard die grundsätzliche Handlungsbereitschaft des Konsumenten versteht, die sich durch psychische *Aktivierung* (arousal) manifestiert. Die Aktivierungsstärke drückt die Intensität der Bedürfnisse aus, läßt sich physiologisch messen und leitet zu der für die Bedürfnisbefriedigung relevanten Produktklasse (product class). Dabei wird noch nicht markenspezifisch entschieden, sondern nur die »evoked set« anvisiert.

Erst der Einfluß des Konstruktes Markenbewußtsein (brand concept) konkretisiert den Entscheidungsprozeß auf eine bestimmte Marke. Das Markenbewußtsein spiegelt die subjektive Bedeutung und Bewertung einer Marke wider, in die nicht nur sensorisch empfangene Stimuli über die Marke eingehen, sondern auch ihre Bewertung durch Erfahrungen in der Vergangenheit. Dieses Konstrukt läßt sich durch subjektiv wahrgenommene *Markenimages* feststellen, es drückt dann bereits eine Wertung innerhalb der betreffenden Produktklasse aus. Vom »brand concept« gelangt man nach Howard direkt zur Kaufabsicht (intention).

Die Kaufabsicht wird nicht nur durch das Markenbewußtsein, sondern auch durch eine zweite Größe beeinflußt, die Howard »impersonal attitude« nennt. Diese Variable drückt die *spezifische Einstellung* des Konsumenten in der Kaufsituation aus, z.B. infolge der Preise, der Erhältlichkeit, des Services usw.

Diese eigentümliche Definition von Markenbewußtsein und situationsspezifischer Einstellung ist für Howard von zentraler Bedeutung zur Erklärung habitualisierter Kaufentscheidungen. Er meint, daß stabile Kenntnisse und Wertungen (erfaßt in »brand concept«) dann nicht zu bewährten Käufen führen, wenn die Bedingungen in der Kaufsituation (erfaßt in »impersonal attitude«) nicht akzeptabel sind oder den Kauf verhindern.

In der *Kaufabsicht* (intention) vereinigen sich nach Howard die Konstrukte »brand concept« und »impersonal attitude«. Sie ist in prognostischer Hinsicht für das konkrete Kaufverhalten von entscheidender Bedeutung und kann auch direkt erfragt werden. Mit dem *Kauf* ist der Entscheidungsprozeß nach Howard beendet.[9]

Zu c): Eine kognitive Entlastung *ohne* vorherige Vereinfachung des Entscheidungsprozesses liegt dann vor, wenn Verhaltensmuster der Umwelt unmittelbar übernommen und angewendet werden. Man denke an die von Eltern geprägten Konsumgewohnheiten der Kinder oder an prestige- bzw. risikobeladene Produkte, deren Kaufrisiko durch Übernahme von Konsumnormen reduziert wird. Die kognitive Entlastung muß also nicht das Ergebnis eigener Gebrauchserfahrungen sein, sondern kann auch durch *Beobachtung und Übernahme* von vorgegebenen Konsummustern entstehen. Nach Bandura[10] läßt sich dieses »Lernen am Modell« durch folgende Phasen charakterisieren: Aufmerksamkeit, zunächst gedankliche und dann faktische Übernahme des Verhaltens, Stabilisierung des Verhaltens durch Verstärker.

Vorstellbar ist ferner, daß ein *Impulskauf* gewohnheitsmäßige Kaufentscheidungen einleitet. Eine spontane Kaufentscheidung führt dann zu einer Produktzufriedenheit, die den Konsumenten veranlaßt, beim Kauf des gleichen Produktes zu bleiben. Auch in diesem Falle liegt eine bewußte Entscheidung vor, das Kaufverhalten zu vereinfachen, ohne unbedingt mehrere Stufen der Entscheidungsvereinfachung zu durchlaufen.

Hier soll nicht entschieden werden, welcher Erklärungsansatz zur Entstehung habitualisierter Kaufentscheidungen zu präferieren wäre. Dazu fehlt die Kenntnis der Realisationsbedingungen. Man kann außerdem vermuten, daß in vielen Fällen eine eindeutig kategoriale Unterscheidung nach einzelnen Entstehungsarten nicht möglich sein wird.

Wesentlich ist aber, daß die hier versuchte Messung der kognitiven Entlastung als Definitionskern der Habiutalisierung mit allen skizzierten Erklärungsansätzen *kompatibel* ist. Für die Erfassung der Habitualisierung kommt es also nicht darauf an, ob Gewohnheiten als dispositionale Eigenschaften verstanden werden oder das Ergebnis von Lernprozessen sind. Erst muß die definierte Habitualisierung empirisch faßbar sein, dann können Erklärungshypothesen zur Entstehung des Gewohnheitsverhaltens geprüft werden.

3. Eine empirische Studie

3.1. Ziele der Untersuchung

Entsprechend Kapitel 2.2 geht es in der empirischen Studie um dreierlei:

a) Es soll die *kognitive Entlastung* als Definitionskern der Habitualisierung gemessen werden. Dazu werden erfaßt:

- die beim Kauf eines Produktes von den Konsumenten *berücksichtigten* Produkteigenschaften und
- die von ihnen für die Kaufentscheidung grundsätzlich als *relevant* wahrgenommenen Produkteigenschaften.

Die *Differenz* soll ein Maß für die kognitive Entlastung sein.

b) Auf einer Ratingskala wird die subjektive *Einschätzung* des Gewohnheitsverhaltens beim Kauf des betreffenden Produktes ermittelt.

c) Um inhaltlich auch das zu messen, was in der Literatur überwiegend – wenn auch im Rahmen einer gewissen Definitionsbreite – mit habitualisierten Kaufentscheidungen assoziiert wird, werden folgende *Orientierungshypothesen* über den Zusammenhang zwischen kognitiver Entlastung und Indikatoren des Gewohnheitsverhaltens geprüft:

Mit Zunahme der kognitiven Entlastung beschleunigt sich der Einkauf, steigt die Zahl der Wiederholungskäufe, werden Informationen über präferierte Produkte besonders schnell wahrgenommen, steigen die Zufriedenheit und das Preisbewußtsein (nach Howard).

3.2. Herkunft des Datenmaterials

Die Untersuchung habitualisierter Kaufentscheidungen von Konsumenten erfolgte im Rahmen eines empirischen Praktikums am Fachbereich Wirtschaftswissenschaft der Gesamthochschule Paderborn im Sommersemester 1978[11]. Insgesamt wurden 793 Konsumenten im Juni 1978 in einem Paderborner Selbstbedienungs-Warenhaus befragt. Zuvor waren in mehreren Pretests die relevanten Produktmerkmale ermittelt und die Verständlichkeit des Fragebogens geprüft worden. Erfahrungsgemäß dürfte ein Interview nicht länger als fünf Minuten dauern, um keine Widerstände gegen eine Befragung während des Einkaufens aufkommen zu lassen.

Durch die Befragung der Konsumenten unmittelbar nach dem Kauf des interessierenden Produktes sollte eine möglichst enge Verknüpfung zwischen dem *erinnerten* und dem *tatsächlichen* Kaufverhalten in der Vergangenheit erreicht werden. Dieses Erhebungsdesign hat sich wiederholt bewährt[12].

Besondere Probleme bereitete die Produktwahl, da es auf ein bekanntes, überschaubares Sortiment verwendungsgleicher Marken ankam, die häufig benötigt und wiederholt gekauft werden. Die Wahl fiel auf Margarine, Vollwaschmittel und Zigaretten.

Die tachistoskopischen Untersuchungen wurden am Lehrstuhl für Marketing durchgeführt[13]. Die studentische Stichprobe von insgesamt 135 Personen bestand aus Rauchern und Nichtrauchern, die durch Beobachtung in der Cafeteria der Hochschule ausgewählt und gebeten wurden, sich einem ihnen unbekannten Test zu unterziehen.

3.3. Messung der Variablen

Für die Messung der Variablen boten sich die in Abb. 2 dargestellten Methoden an.

Messung der kognitiven Entlastung

Die Konsumenten sollten angeben, welche Eigenschaften der gekauften Marke sie *soeben* bei der Kaufentscheidung berücksichtigt hatten. Die möglichen Einkaufskriterien wurden auf Produkteigenschaften

Methode:	Messung:
Befragung	Kognitive Entlastung, Gewohnheitsverhalten, Einkaufszeit, Wiederholungskauf, Zufriedenheit, Preisbewußtsein
Beobachtung	Einkaufszeit
Tachistoskopie	Wahrnehmungsgeschwindigkeit

Abb. 2

beschränkt, da die untersuchten Produkte quasi überall erhältlich und kaum prestigebeladen sind.

Diese Frage geht von der bereits erläuterten Voraussetzung aus, daß gedankenlose Käufe nachträglich durchaus bewußt erlebt werden können. Die Sicherheit und Zügigkeit, mit der die Konsumenten die Eigenschaften nannten, die sie gerade beim Einkauf berücksichtigt hatten, stützt diese Annahme. Vorlage war ein Katalog von Produkteigenschaften, der mit Hilfe der Pretests und aufgrund früherer Untersuchungen erstellt worden war. Er konnte von den Befragten beliebig ergänzt werden.

Um die kognitive Entlastung von Gewohnheitskäufern messen zu können, wurden die Konsumenten ferner gebeten, die Eigenschaften zu nennen, auf die es beim Kauf des betreffenden Produktes überhaupt ankommt, d.h., die sie bei einer Empfehlung der von ihnen präferierten Marke angeben würden. Dabei wurde auf die Vorlage von Produkteigenschaften verzichtet. Der Fragebogen war so konzipiert, daß möglichst kein Zusammenhang zwischen den relevanten und den beim Kauf berücksichtigten Eigenschaften gesehen werden konnte.

Messung der Selbsteinschätzung des Gewohnheitsverhaltens

Mittels einer fünffach untergliederten Ratingskala (von »gar nicht« bis »ausschließlich«) wurden die Konsumenten nach ihrer subjektiven Wahrnehmung gefragt, inwieweit sie sich beim Einkauf jeweils eines der drei Produkte von Gewohnheiten leiten lassen. Zusätzlich zum quantitativen Maß der kognitiven Entlastung sollte damit eine qualitative *Bewertung* des Gewohnheitsverhaltens erfolgen. Es zeigte sich, daß die

Beantwortung auf dieser Ratingskala den Konsumenten keine Mühe bereitete.

Messung des Wiederholungskaufes

Der wiederholte Kauf der gleichen Marke ist bekanntlich der übliche Indikator für habiutalisiertes Kaufverhalten. Die Konsumenten wurden deshalb gefragt, wie oft sie die soeben gekaufte bzw. eine andere Marke des betreffenden Produktes gekauft hatten. Die Befragung in der Kaufsituation sollte das Erinnerungsvermögen der Konsumenten besonders reaktivieren.

Messung der Einkaufszeit

Die Konsumenten sollten auf einer fünfstufigen Ratingskala (von »sehr wenig Zeit« bis »sehr viel Zeit«) angeben, wieviel Zeit sie nach ihrer Meinung für den Einkauf der betreffenden Produkte benötigen. Es wurde erwartet, vor allem einen Indikator für die Selbsteinschätzung des Gewohnheitsverhaltens zu gewinnen.

Da die subjektive Beurteilung der Einkaufszeit eine qualitative Interpretation des Zeitbedarfs wiedergibt, mußten die Interviewer zusätzlich den tatsächlichen Zeitbedarf beim Einkauf messen und auf einer Ratingskala einordnen, die die Gründe für zeitliche Verzögerungen beim Einkauf ausdrückte. Dabei wurde folgendermaßen differenziert: Einkauf ohne Zögern, nach Preisprüfung, nach Prüfung von Produktalternativen, nach Beratung und nach Markenwechsel in der Kaufsituation.

Der Grund dieser Mehrfachmessungen, die mehrere Pretests, ein spezielles Interviewertraining und besondere Möglichkeiten zur Beobachtung des Verhaltens am Einkaufsort erforderten, ist darin zu sehen, daß zunächst die Gründe für zeitliche Verzögerungen beim Einkauf mit einem quantitativen Zeitmaß belegt und sodann mit der subjektiven Interpretation des Zeitbedarfs verglichen werden sollten. Die subjektive Wertung der Konsumenten, »schnell« einzukaufen, muß ja nicht einem »zügigen« Einkauf entsprechen, den die Interviewer beispielsweise festhielten. Die Einkaufszeit wurde also einer besonderen Interpretationsprüfung unterzogen.

Messung der Wahrnehmungsgeschwindigkeit

Im Rahmen der tachistoskopischen Untersuchung ging es um den Zusammenhang zwischen Wahrnehmungsgeschwindigkeit und kognitiver Entlastung, Selbsteinschätzung des Gewohnheitsverhaltens sowie Wiederholungskauf. Während die drei zuletzt genannten Variablen in den Labortests in gleicher Weise erfragt wurden, wie bei den Felduntersuchungen, erfolgte die Messung der Wahrnehmungsgeschwindigkeit tachistoskopisch an Hand speziell am Lehrstuhl angefertigter Dias von den Verpackungen der untersuchten Marken. Dabei wurde mit Expositionszeiten ab $^{1}/_{1000}$ Sekunden gearbeitet.

Bekanntlich ist die Wahrnehmungsgeschwindigkeit ein Indikator für den Lernerfolg, und Gewohnheiten werden – wie oben bereits erläutert wurde – in mehrfacher Weise erlernt. Bei den tachistoskopischen Tests wurde der Einfluß des Positionseffektes auf die Wahrnehmungsgeschwindigkeit nicht berücksichtigt, indem das markenspezifische Stimulusmaterial gleich verteilt plaziert wurde.

Messung der Zufriedenheit und des Preisbewußtseins

Als weitere Indikatoren für die Habitualisierung wurden die subjektiv wahrgenommene Zufriedenheit und das Preisbewußtsein der Konsumenten erfaßt. Die Konsumenten mußten sich auf einpoligen, fünfstufigen Ratingskalen jeweils selbst einschätzen, und es zeigte sich, daß Ratingskalen in diesen Fällen hohe Anforderungen an die Fähigkeiten zur Introspektion stellten.

Messung soziodemographischer Daten

Als Segmentierungsvariablen dienten Geschlecht, Beruf, Alter, Haushaltsgröße, Schulbildung und das Nettoeinkommen der Haushalte. Die Erhebung erfolgte mit Hilfe bewährter Kategorien.

3.4. Auswertung der Studie

Kognitive Entlastung und Selbsteinschätzung des Gewohnheitsverhaltens

Die Tabelle 1 weist folgende Variablen aus:
Variable I:
Die Zahl der Produkteigenschaften, die beim aktuellen Kauf berücksichtigt wurden,
Variable II:
Die Zahl der Produkteigenschaften, die für den Kauf des jeweiligen Produktes grundsätzlich von Bedeutung sind, und
Variable III:
Die Selbsteinschätzung des Gewohnheitsverhaltens.

Produkt	Variable	Stichprobe	Mittelwert	Standardabweichung
Vollwaschmittel	I	288	0,99	0,97
	II	288	1,95	2,09
	III	288	2,57	1,17
Margarine	I	347	1,22	1,06
	II	347	1,79	1,41
	III	347	2,75	1,15
Zigaretten	I	158	0,51	0,68
	II	158	2,11	2,38
	III	158	3,23	1,26

Tab. 1

Die Ergebnisse zur Variablen III zeigen, daß die Konsumenten sich nur »wenig« bis »etwas« nach ihrer eigenen Meinung von Gewohnheiten beim Kauf dieser Produkte leiten lassen. Diese Selbsteinschätzung des Gewohnheitsverhaltens wird verständlich, wenn man die Differenzen zwischen den arithmetischen Mitteln der Variablen II und I, also die kognitive Entlastung, berechnet, die für $a \leq 0{,}05$ signifikant sind (t-Test):

Vollwaschmittel: 0,96
Margarine: 0,57
Zigaretten: 1,60

Die kognitive Entlastung ist tatsächlich relativ gering, was aber nicht an einer hohen Ausprägung der Variablen I, sondern an einer geringen Ausprägung der Variablen II vor allem liegt, wie die arithmetischen Mittel der beiden Variablen zeigen. Und dieses Ergebnis belegt auch, was aus der Theorie des Konsumentenverhaltens bekannt ist: Konsumenten differenzieren und beurteilen Produkte des täglichen Bedarfs in der Regel nur nach wenigen Eigenschaften. Die mögliche Zahl produktspezifischer Entscheidungskriterien wird offensichtlich grundsätzlich als begrenzt empfunden, und folglich ist der Spielraum für eine kognitive Entlastung auch gering. Das belegen sowohl die quantitativen Daten als auch die qualitativen Wertungen des Gewohnheitsverhaltens.

Kognitive Entlastung und Wiederholungskauf

Bei allen Produkten dominieren Wiederholungskäufer, was auch erwartet wurde, da es sich um problemlose Produkte des täglichen Bedarfs handelte. Die *Kontingenzanalyse*[14] zeigt für die drei Produkte einen positiven Zusammenhang zwischen kognitiver Entlastung und Wiederholungskauf (C_{korr} = 0,30 bis 0,43). Bei der Interpretation dieser und der folgenden Kontingenzwerte ist neben der Höhe von C_{max} insbesondere zu berücksichtigen, daß die Variablen II und I (und folglich auch die Differenz zwischen ihnen) nur wenige Produkteigenschaften (siehe oben) beinhalten.

Kognitive Entlastung und Einkaufszeit

Aus den oben erläuterten Gründen wurde zum einen die Zeitwahrnehmung der Konsumenten erfragt und zum anderen der tatsächliche Zeitbedarf durch die Interviewer geschätzt und auf einer Skala den möglichen Gründen für zeitliche Verzögerungen beim Einkauf zugeordnet. Die auf Ratingskalen vergleichbaren Ergebnisse zeigt Tabelle 2.

Die Daten zeigen, daß die Ergebnisse aus Beobachtung und Befragung bei Vollwaschmitteln und Margarine für $a \leq 0,05$ nicht signifikant voneinander abweichen (t-Test) und daß zügig eingekauft wurde. Das bedeutet, daß die Konsumenten für ihren Einkauf »sehr wenig« bis »wenig« Zeit nach ihrer eigenen Meinung benötigten, und von den Interviewern wurde der Einkauf als »zügig« interpretiert, wobei allenfalls etwas Zeit für »Preisprüfungen« benötigt wurde. Diese Ergebnisse zeigen also, daß beobachteter und wahrgenommener Zeitbedarf

Produkt	Einkaufs- zeit	Stich- probe	Mittel- wert	Standard- abweichung
Voll- wasch- mittel	erfragt beobachtet	288 288	2,00 1,80	0,85 1,20
Marga- rine	erfragt beobachtet	347 347	1,89 1,68	0,90 1,18
Ziga- retten	erfragt beobachtet	158 158	1,54 1,04	0,75 0,43

Tab. 2

offensichtlich vergleichbar sind und es nicht darauf ankommt, welchen Wert man als Indikator der kognitiven Entlastung wählt. Die Kontingenzanalyse bestätigt für $C > 0,2$ auch tendenziell, daß die Einkaufszeit als ein Indikator der Habitualisierung aufgefaßt werden darf.

Kognitive Entlastung und Wahrnehmungsgeschwindigkeit

Bei den tachistoskopischen Labortests ging es um das Kaufverhalten von *Rauchern.* Zunächst wurde festgestellt, daß Raucher die vorgelegten Dias mit Abbildungen von Zigarettenpackungen wesentlich schneller wahrnehmen als Nichtraucher. Die diskriminierende Expositionszeit betrug $^1/_{1000}$ Sekunde für $^2 = 11,21 > X^2 (0,95;1) = 3,84$ bei $n = 135$ Personen.

Da die Variablenausprägungen infolge der starken Habitualisierung der Raucher schief verteilt waren, empfahl sich eine Dichotomisierung, um den Vierfelderkoeffizienten Φ zu berechnen. Dabei wurde zwischen fehlender und vorhandener kognitiver Entlastung sowie zwischen schwacher und starker Selbsteinschätzung des Gewohnheitsverhaltens differenziert. Die Wahrnehmungsgeschwindigkeit ließ sich bereits bei 0,003 Sekunden diskriminieren.

Die Tabelle 3 zeigt, daß auch im Rahmen der tachistoskopischen Untersuchungen ein Zusammenhang zwischen beiden Maßen der Habitualisierung nachgewiesen werden konnte. Vor allem ging es aber um den Zusammenhang zwischen kognitiver Entlastung und Wahrnehmungsgeschwindigkeit, der ebenfalls bestätigt wurde (Tab.4)

		Kognitive Entlastung	
		ja	nein
Selbsteinschätzung des Gewohnheits-verhaltens	schwach	6	11
	stark	30	15

$[\Phi \text{ korr}] = 0{,}39$ für $X^2 = 4{,}98 > {}^2(0{,}95;1) = 3{,}84$ bei $n = 62$

Tab. 3

		Kognitive Entlastung	
		ja	nein
Wahrnehmungs-Geschwindigkeit	größer als 0,003 Sek.	17	19
	bis 0,003 Sekunden	19	7

$[\Phi \text{ korr}] = 0{,}36$ für $X^2 = 4{,}13 > {}^2(0{,}95;1) = 3{,}84$ bei $n = 62$

Tab. 4

Kognitive Entlastung, Zufriedenheit und Preisbewußtsein

Die Mittelwertanalyse zeigt, daß die Käufer aller drei Produkte mit den gekauften Marken »überwiegend« zufrieden sind und beim Kauf von Vollwaschmitteln sowie Margarine »etwas« bis »überwiegend« auf den Preis achten. Die Kontingenzanalyse bestätigt einen tendenziellen Zusammenhang zwischen kognitiver Entlastung und Zufriedenheit (C_{korr} = 0,20 bis 0,43) sowie kognitiver Entlastung und Preisbewußtsein (C_{korr} = 0,25 bis 0,41). Besonders interessant ist der Vergleich des zweiten Ergebnisses mit der These von Howard, daß habitualisierte Käufer ihre kognitiven Aktivitäten auf situative Bedingungen in der Einkaufssituation konzentrieren, zu denen vor allem der aktuelle Produktpreis zählt.

Soziodemographische Daten

Erfaßt wurden Geschlecht, Beruf, Alter, Haushaltsgröße, Schulbildung und das Nettoeinkommen der Haushalte. Die Ergebnisse zeigen, daß soziodemographische Daten kaum geeignet sind, nach dem Grad der kognitiven Entlastung zu differenzieren. Lediglich zwei bekannte Ergebnisse konnten bestätigt werden. Die Habitualisierung steigt

- mit Zunahme des Alters und
- mit Abnahme der Ausbildung.

3.5. Prüfung der Ergebnisse

Die *Zuverlässigkeit* der Daten wurde insofern bestätigt, als die Felduntersuchungen und Labortests mehrere Wochen in Anspruch nahmen und keine signifikanten Abweichungen zwischen den einzelnen Erhebungen auftraten. Die Reliabilitätsprüfung erfolgte mit Hilfe einer *Varianzanalyse*.

Die inhaltliche *Gültigkeit* der Befragungsergebnisse wurde in mehrfacher Weise berücksichtigt, und zwar per Befragung, Beobachtung und Tachistoskopie. Zur Validierung der kognitiven Entlastung als Definitionskern der Habitualisierung wurden zum einen die Selbsteinschätzung des Gewohnheitsverhaltens direkt erfaßt und zum anderen eine Reihe von Indikatoren operationalisiert und geprüft, die in der Literatur zur Charakterisierung habitualisierter Kaufentscheidungen von besonderer Bedeutung sind.

Die Daten erheben keinen Anspruch auf *Repräsentativität*. Es handelt sich um methodisch orientierte Tests, um die Habitualisierung zu messen und durch eine Reihe von Indikatoren abzusichern. Es wurde gezeigt, daß die kognitive Entlastung des Entscheidungsverhaltens von Konsumenten grundsätzlich meßbar ist und daß es sich dabei um ein Konstrukt handelt, daß offensichtlich dem umgangssprachlichen Begriff der Gewohnheit und dem fachsprachlichen Begriff der Habitualisierung gerecht wird. Dieses Maß muß nun weiterentwickelt werden, um die *Entstehung* habitualisierter Kaufentscheidungen nicht nur hypothetisch, sondern auch empirisch zu erklären.

Anmerkungen

1 Zur verhaltenswissenschaftlichen Grundlegung vgl. Kroeber-Riel, W.: Konsumentenverhalten, 2. Aufl., München 1979, und zum Entscheidungsverhalten vgl. Weinberg, P.: Konsumentenverhalten, in: Poth, L. (Hrsg.), Marketing, Neuwied 1977, Kap. 2.2.2., S. 11f.

2 Hier werden die Begriffe Habitualisierung, Gewohnheit, Routine, programmiertes Verhalten usw. synonym verwendet.

3 Zur Erklärung der Marken- bzw. Produkttreue als Folge unterschiedlicher Arten von Entscheidungsprozessen vgl. Weinberg, P.: Die Produkttreue der Konsumenten, Wiesbaden 1977.

4 Vgl. die bereits zitierte Literatur sowie die Standardwerke zum Konsumentenverhalten, z.B. Howard, J. A.; Sheth, J. N.: The Theory of Buyer Behavior, New York usw. 1969, S. 27 f. und S. 152 f. sowie Engel, J. F.; Kollat, D. T.; Blackwell, R. D.: Consumer Behavior, 2. Aufl., Hinsdale III. 1973, S. 49 f. und zur Erweiterung der Konzeption vgl. Block, C. E.; Roering, K. J.: Essentials of Consumer Behavior, Hindsdale III. 1976, S. 51f.

5 Vgl. z.B. auch Wiswede, G.: Motivation und Verbraucherverhalten, München 1973, S. 117 f. Anders dagegen Langenheder, W.: Theorie menschlicher Entscheidungshandlungen, Stuttgart 1975, S. 40 und Tostmann, T.: Habituelles Käuferverhalten, in: Markenartikel, Heft 9, 1978, S. 358 f. Hier wird die Ansicht vertreten, daß eine metasprachliche Einengung des Begriffes der Habitualisierung auf unbewußte Handlungsabläufe den dynamischen Aspekt der *partiellen* kognitiven Entlastung vernachlässigt und die Messung obendrein erschwert.

6 Ein anderes Maß für die Habitualisierung ist die Anwendung »gespeicherter Regeln«, das bereits empirisch getestet wurde: Vgl. Bettmann, J. R.; Zins, M. A.: Constructive Processes in Consumer Choice, in: Journal of Consumer Research 4 (1977), S. 75 f. Vgl. in diesem Zusammenhang die Differenzierung zwischen reiz–, eindrucks–, gewohnheits– und neugiergesteuertem Verhalten bei Sheth, J. N.; Raju, P. S.: Sequential and Cyclical Nature of Information Processing, Models in Repetitive Choice Behavior, in: Advances in Consumer Research, Vol. I, hrsg. v. E. Ward und P. Wright. Urbana III. 1974, S. 348 f.

7 Vgl. Jones, G.: Gewohnheit, in: Arnold, W. u.a. (Hrsg.), Lexikon der Psychologie, Band 1, Freiburg 1974, Sp. 787 f. und beispielsweise Raffée, H.: Konsumenteninformation und Beschaffungsentscheidungen des privaten Haushalts, Stuttgart 1969, S. 49; sowie Panne, F.: Das Risiko im Kaufentscheidungsprozeß des Konsumenten, Zürich 1977, S. 31. Zu einzelnen lerntheoretischen Ansätzen vgl. Hilgard, E. R.; Bower, G. H.: Theorien des Lernens I, Stuttgart 1970, S. 30 f., 129 f., 171 f.

8 Vgl. Howard, J. A.: Consumer Behavior-Application of Theory, New York usw. 1977, S. 21 f.

9 Das Konzept von Howard wird derzeit von den Mitgliedern der Forschungsgruppe »Konsum- und Verhaltensmarketing« in Frankfurt getestet, vgl. Kaas, K. P.;

Dieterich M.: Die Entstehung von Kaufgewohnheiten bei Konsumgütern, in: Marketing – Zeitschrift für Forschung und Praxis, Heft 1, 1979.

10 Vgl. Bandura, A.: Social Learning Theory, Englewood Cliffs, N. J. 1977, insb. S. 22 f.

11 Das empirische Praktikum wurde von allen Mitarbeitern am Lehrstuhl für Marketing, insbesondere von Herrn Dipl.-Kfm. V. Kannacher, betreut, Herr H. W. Gaul, Vice-Präsident des Marketing-Clubs in Paderborn, ermöglichte die Erhebung des empirischen Materials. Ihnen sei an dieser Stelle gedankt. Die Auswertung der Daten erfolgte mit Hilfe des »Statistical Package for Social Sciences (SPSS)«.

12 Vgl. Behrens, G.; Schneider, R.; Weinberg, P.: Messung der Qualität von Produkten – eine empirische Studie, in: Topritzhofer, E. (Hrsg.), Marketing – Neue Ergebnisse aus Forschung und Praxis, Wiesbaden 1978, S. 136 f. und Weinberg, P.: Die Produkttreue der Konsumenten, Wiesbaden 1977, S. 62 f.

13 Für die Durchführung der tachistoskopischen Tests sei Herrn Dipl.-Kfm. H.-P. Hossinger gedankt.

14 Da die Daten mittels Ratingskalen erhoben wurden und die Häufigkeitsverteilung der Variablen von der Normalverteilung mehr oder weniger abweicht, wurden nur Kontingenzwerte interpretiert. Die Kontingenzwerte sind für $a \leq 0{,}05$ signifikant von Null verschieden.

Kapitel 2

Konsum und Marketing

Ernst Gerth

Die Bedeutung des Konsumprozesses für die Absatzpolitik

I. Allgemeine Merkmale des Konsumprozesses

Eine Behandlung des Prozesses, der beim einzelnen Konsumenten mit noch ungerichteten Strebungen und Triebwünschen beginnt und schließlich nach der Kaufhandlung im Ver- oder Gebrauch des Gutes seinen Abschluß findet, greift weit über wirtschaftliche Sachverhalte hinaus. Es liegt hierüber eine so umfangreiche wirtschaftswissenschaftliche, psychologische, soziologische und philosophische Literatur vor[1], daß wir die Punkte, auf welche es für die betriebswirtschaftliche Absatzpolitik ankommt, nur in Stichworten nennen, nicht aber wirklich behandeln können; sie sind im folgenden thesenartig zusammengefaßt. Dabei wird die Darstellung, die zunächst von stark vereinfachten Aussagen ausgeht, sukzessive erweitert.

Als frühester Vorstufe des menschlichen Verhältnisses zu Gütern können wir vom motivierten Begehren ausgehen. Formieren sich die noch ungerichteten Triebwünsche zu bewußtem Empfinden, sprechen wir von Bedürfnis. Richtet sich das Bedürfnis auf Güter als Mittel zur Bedürfnisbefriedigung, dann liegt Bedarf vor. Auf den Bedarf an einer Gutsart folgt der Bedarf an einem bestimmten Erzeugnis. Dabei haben wir den Verbrauchsbedarf, der sich auf die Nutzung des Gutes richtet, vom Kaufbedarf zu unterscheiden, der sich auf die Beschaffung bezieht; beide sind nur dann identisch, wenn im Haushalt keine Vorratshaltung stattfindet. Auf der Stufe des Kaufbedarfs können Kaufkraftüberlegungen für den Konsumenten wesentlich sein. Die erste nach außen – in den Markt – gerichtete Handlung zur Bedarfsdeckung bezeichnen wir als Nachfrage. Mit der Bedarfsdeckung oder Marktentnahme gelangt das gewählte Gut in den Besitz des Konsumenten. Hieran können sich die Vorratshaltung und/oder die Vollendung der Konsumreife des Gutes im Haushalt anschließen. Dann findet die Bedürfnisbefriedigung als Verzehr oder Gebrauch des Gutes statt.

Aus: Zeitschrift für Betriebswirtschaft, 36 (1966), S. 632-646; Verlag Dr. Th. Gabler, Wiesbaden

Dieser Ablauf läßt sich wie folgt darstellen[2]:

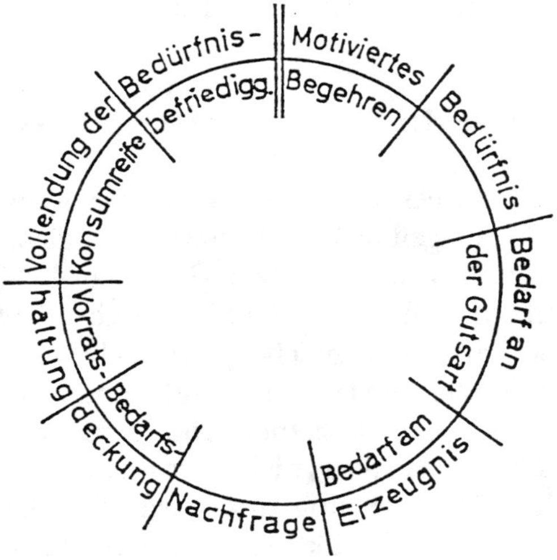

Die Stadien des Konsumprozesses

Nicht jedes dieser Stadien tritt im Konsumprozeß erkennbar hervor; vielmehr können einzelne Stadien unmerklich in die nächsten übergehen. Der Übergang von einem Stadium zum nächsten kann aber auch den Konsumprozeß unterbrechen und den Konsumenten vor eine Wahl stellen. Daher läßt sich der Konsumprozeß danach charakterisieren, wie Prozeßstadien ohne spürbaren Übergang durch Habitualisierung[3] miteinander verkettet sind oder durch Einschnitte den Ablauf unterbrechen. Dafür ist noch wesentlich, daß in späteren Stadien die früheren nicht einfach aufgehoben werden; die Abfolge ist vielmehr die eines lebendigen Hervorbringens, in welchem jede folgende Stufe der vorangegangenen eine neue Determinante hinzufügt. So sind in der Ordnung der Bedürfnisse die Strebungen des motivierten Begehrens mit enthalten, ebenso wie das Stadium des Bedarfs die Bedürfnisse nicht aufhebt, sondern auf Güter spezialisiert. Diese Spezialisierung ist auch bei der Nachfrage noch nicht völlig abgeschlossen, sondern die getroffene Vorauswahl kann – unter dem Einfluß des Angebots auf die motivierten Begehren und die Bedürfnisse – wieder umgestoßen werden. Erst mit der Bedarfsdeckung (Marktentnahme) ist dieser eine Prozeß insoweit zum Abschluß gekommen, als die damit getroffene Wahl nicht mehr revidiert werden kann. Aber hierbei nicht oder weniger berücksichtigte Motive und Bedürfnisse können auf andere derartige Konsumprozesse einwirken, brauchen also mit dem betreffenden Kaufakt nicht außer Kraft gesetzt worden sein.

Für die Absatzpolitik sind sowohl die durch Habitualisierung miteinander verketteten Prozeßabschnitte als auch die Prozeßeinschnitte von Bedeutung. Da die früheren Stadien des Prozesses in die späteren übergehen, werden Einwirkungen der Warenanbieter auf den Konsumenten zugunsten eines Produkts in früheren Stadien von den späteren nicht aufgehoben, sondern mitverarbeitet. Entsprechend sind dann an einem Einschnitt die Alternativen des Wollens oder Handelns des Konsumenten objektiv eingeschränkt. Dieser Zusammenhang ist freilich nicht so zu verstehen, daß ein Warenanbieter wie in einen Mechanismus auch in den Konsumprozeß Eingriffe vornehmen kann, die dann in eindeutig determinierter Weise für den folgenden Ablauf mitverursachend sind; wir sind also nicht der Meinung, daß sich der Konsumprozeß mit Hilfe von Absatzmaßnahmen willkürlich manipulieren läßt. Aber ebenso wie der Konsument auch sonst in seinem Leben Umwelteinflüsse aufnimmt, und diese in sein Wollen und Handeln einfließen, gilt dies für den Konsumprozeß. Zu diesen Umwelteinflüssen gehören auch die Absatzmaßnahmen der Warenanbieter. Dabei ist wesentlich, daß der Konsument nicht jeglicher Art von Beeinflußungsversuchen in gleicher Weise ausgesetzt ist, sondern aus seiner Gefühlswelt und aus seiner Stellung zur Umwelt in Verbindung mit seiner Konsumsituation – aus welcher wir den dargestellten Konsumprozeß isoliert haben – sehr unterschiedliche Grade der Bereitschaft zur Beeinflussung aufweist. Nur wenn sich der Warenanbieter an diese Gegebenheiten anpaßt, kann er den Konsumprozeß beeinflussen.

Daraus läßt sich dann für die Absatzpolitik eines Warenanbieters ableiten, auf welche durch Habitualisierung miteinander verbundenen Prozeßabschnitte er seine Absatzaktivität richten will und wie davon am Einschnitt des Prozesses die Wahlalternativen der Konsumenten zugunsten seines Produkts eingeschränkt werden sollen. Aus der Kenntnis der vorangegangenen Habitualisierung folgt dann am Einschnitt, welche Absatzeinwirkung der Anbieter sich hier noch zum Ziel setzen muß, damit der Konsument schließlich sein Gut wählt. In dieser Weise lassen sich Zielvorstellungen für die Absatzpolitik aus Einwirkungen auf Stadien des Konsumprozesses entwickeln.

II. Konsumprozeß und Absatzfunktionen

Mit der allgemeinen Erfassung der Stadien des Konsumprozesses und – davon ausgehend – ihrer Zuordnung zu habitualisierten Prozeßabschnitten oder zu Einschnitten, bei welchen den Konsumenten Wahlprobleme entstehen, sowie unter Berücksichtigung des Einflusses von vorausgegangenen Habitualisierungen auf die Wahlalternativen, läßt sich bestimmen, an welcher Stelle des Konsumprozesses die Betriebswirtschaft eingreifen kann. Es ergeben sich auch allgemeine Hinweise auf die Arten der Beeinflussungsmöglichkeiten der Konsumenten. Eine genauere Bestimmung der Absatzpolitik aber bedarf noch tieferer Einblicke in den Konsumprozeß. Diese können in der Weise gewonnen werden, daß man für das abzusetzende Gut feststellt, wie die Beseitigung quantitativer, qualitativer, zeitlicher und örtlicher Diskrepanzen zwischen Gut und Konsumenten die Habitualisierung des Konsumprozesses fördert und wie davon bei den verbleibenden Einschnitten die Wahl des abzusetzenden Erzeugnisses begünstigt wird.

Damit beziehen wir die absatzwirtschaftlichen Funktionen[4] in den Konsumprozeß ein. Dies bedingt, daß wir uns von der Vorstellung lösen, daß die Ausübung absatzwirtschaftlicher Funktionen den Konsumenten gewissermaßen "uno actu" gegenübertritt. Der Warenanbieter greift durch absatzwirtschaftliche Funktionsausübung vielmehr in unterschiedliche Stadien des Konsumprozesses ein und diese erfährt vom Konsumenten eine danach differenzierte Wahrnehmung und Würdigung. Damit gewinnen die an sich sehr allgemein nach den Kategorien des Raumes, der Zeit, der Quantität und der Qualität geordneten Möglichkeiten absatzwirtschaftlicher Aufgabenstellung eine zusätzliche und spezifische Charakterisierung. Um nur einige Beispiele zu nennen: Die zeitliche Funktion bezieht sich nicht mehr allein darauf, Diskrepanzen zwischen dem Zeitpunkt des Kaufbedarfs und dem der Kaufmöglichkeit zu beseitigen; vielmehr wird nun in der zeitlichen Kategorie auch die Entstehung des Bedürfnisses und des Verbrauchsbedarfs z.B. mit der Warenentnahme aus dem Haushaltsvorrat und der Zeitdauer der Herstellung der Verbrauchsreife in Beziehung gesetzt und beide werden mit den Zeitpunkten des Kaufbedarfs und der Kaufmöglichkeit verbunden. Die hierbei auftretenden Diskrepanzen hängen wieder eng mit dem Mengenverhältnis des Verbrauchsbedarfs zum Kaufbedarf zusammen. Die Zeitdauer der Herstellung der Konsumreife hängt vom qualitativen Reifegrad des Erzeugnisses ab, die vom Haushalt zu vollziehende Raumüberbrückung beim Einkauf wieder von Zeitpunkten und Mengen des Kaufbedarfes. In dieser Weise sind die verschiedenen Funktionen nicht nur in dem einen Fluß des Konsumprozesses miteinander verbunden und aufeinander bezogen, sondern werden von diesem her überhaupt erst voll verständlich.

Um Mißverständnissen vorzubeugen, sei abschließend noch darauf hingewiesen, daß die einzelnen Stadien des Konsumprozesses nur akzentuierend zu verstehen sind. Es soll weder aus der Ganzheit der menschlichen Person ein willkürlicher Teilbereich des Konsumprozesses herausgelöst werden, noch sollen aus diesem einzelne Abschnitte von andern abgespalten werden; es wird vielmehr nur versucht, von Akzentuierungen – wie diese im tatsächlichen Erleben wahrnehmbar sind – für die absatzwirtschaftlichen Betrachtungen auszugehen. Damit besteht auch grundsätzlich die Möglichkeit, im konkreten Fall mit den Methoden der Marktforschung die einzelnen Stadien des Konsumprozesses, ihre Positionen nach habitualisierten Abschnitten und Einschnitten des Konsumprozesses, sowie die zugehörigen Diskrepanzen im Konsumprozeß nach den Kategorien des Raumes, der Zeit, der Quantität und der Qualität zu verifizieren. Die dargestellten Gesichtspunkte des Konsumprozesses geben daher einen Beitrag zur Hypothesenbildung der Marktforschung ab[5]; denn es bedarf wohl keiner näheren Erläuterung, daß die Marktforschung bei ihren praktischen Ermittlungen von überprüfbaren – und damit zu verifizierenden, zu widerlegenden oder zu modifizierenden – Hypothesen ausgehen muß, die etwas darüber aussagen, welche marktlichen Gegebenheiten in welcher Weise das anstehende betriebswirtschaftliche Absatzproblem betreffen könnten.

III. Die Thematik des Konsumprozesses

Bisher haben wir nur den Ablauf des Konsumprozesses dargestellt, der sich auf die Spezialisierung des Verbrauchsbedarfs und des Kaufbedarfs an einem Gut sowie auf die zugehörige Bedürfnisbefriedigung bezieht und haben diesen von anderen Prozessen dieser Art isoliert. Nun gilt es aber zu beachten, daß die Prozeßabläufe, die zum Erwerb und Verbrauch einzelner Güter führen, in Wirklichkeit nicht unabhängig voneinander sind. So treten viele Bedürfnisse erst auf, nachdem andere ganz oder teilweise befriedigt worden sind. Sie bilden eine hierarchische Ordnung, die z.B. erst nach der Befriedigung lebenserhaltender Bedürfnisse solche der

Lebensgestaltung zum Zuge kommen läßt. Die so miteinander verbundenen Abläufe der Bedarfsbildung, Bedarfsdeckung und des Konsums sind in den Lebenslauf eingelagert. So gehen vom Älterwerden des Menschen und den damit verbundenen Begehrensänderungen, von den im Lebenslauf gesammelten Erfahrungen, den Einkommensveränderungen sowie von den Familien- und Haushaltswandlungen Einflüsse auf die einzelnen Bedürfnisse und ihre Befriedigung aus.

Der Verlauf des einzelnen Menschenlebens ist auch in den geschichtlichen Prozeß einbezogen, in welchem das Individuum viele Konsumgewohnheiten von den Eltern übernimmt und, bereichert durch die Gestaltung des eigenen Lebens, an die Kinder weitergibt.

Der individuelle Prozeß, der zum Kaufakt eines bestimmten Gutes und dessen Konsum führt, ist in allen seinen Abschnitten sozial mitbestimmt: Motive entwickeln sich aus Anlage und Umwelt von frühester Kindheit an. Auf die Bedürfnisse wirkt die menschliche Umgebung wesentlich ein und die Bedürfnisse bilden eine Ordnung, die auch eine Grundlage zur sozialen Einordnung des Individuums abgibt. Bedarf und Bedarfsdeckung hängen auch wesentlich von der Gesellschafts- und Wirtschaftsordnung ab. Die Einfügung des Konsumenten in die Familie oder in eine andere Gemeinschaft des Güterverbrauchs beeinflußt die Vorratshaltung.

Diese soziale Mitbestimmung des individuellen Prozesses vom motivierten Begehren bis zur Bedürfnisbefriedigung trägt wesentlich zur Formierung und Stabilisierung der einzelmenschlichen Verhaltensweisen bei und erleichtert es dadurch, in den einzelnen Prozeßstadien gruppenspezifische Aussagen über das Verhältnis von Konsumenten zu Konsumgütern zu machen. Die vielseitige Verflochtenheit des individuellen Ablaufs, wie wir ihn dargestellt haben, reißt daher diesen Prozeß nicht auseinander und macht ihn auch nicht in sich inhomogen, sondern trägt vielmehr zu seiner Stabilisierung bei. Weil der spezielle Konsumprozeß in die allgemeinen Abläufe des menschlichen Lebens eingebettet ist, wird er durch deren Bestimmungsfaktoren überformt. Damit erfährt jeder solche spezielle Konsumprozeß eine besondere Thematik aus den übergeordneten Beziehungen des Konsums. Diese Thematik hat wesentlichen Einfluß darauf, welche Prozeßphasen durch Habitualisierung miteinander verknüpft werden können – wo also der Konsument nicht zwischen mehreren Möglichkeiten schwankt – und welcher Art die Verfestigung zwischen diesen Stadien des Konsumprozesses ist. Auch die Art der Wahl an Einschnitten wird wesentlich von der Thematik des Konsumprozesses mitbestimmt, so z.B. ob die Empfindung besteht, zwischen an sich belanglosen Möglichkeiten zu wählen, so daß kleine Veränderungen der Situation die Wahl beeinflussen können, oder ob die Wahl als Problem angesehen wird. Damit im Zusammenhang steht die Tiefe der bei der Wahl aktivierten Erfahrung. Auch von den – aus subjektiver Sicht – gegebenen Unterschieden zwischen den zur Wahl stehenden Gütern hängt es ab, ob die Wahl mehr zentrales oder peripheres Interesse des Konsumenten findet. So bezeichnet der Einschnitt im Konsumprozeß nur eine Störung des unmittelbaren Vollzugs und das Gewahrwerden der Mehrdeutigkeit einer Situation, während erst die Thematik des Konsumprozesses die für die absatzwirtschaftlichen Belange wesentlichen Beziehungen sowohl zur Art der Habitualisierung als auch der Wahl herzustellen vermag[6].

In der absatzpsychologischen Literatur wird die Thematik des Konsums hinsichtlich der einzelnen Güter vor allem in der Lehre vom Produktimage behandelt[7]. Aus der absatzwirtschaftlichen Sicht des Betriebswirts hat der Verfasser kürzlich eine längere Arbeit veröffentlicht, die sich mit diesem Problemkreis auseinandersetzt[8]. Deshalb brauchen wir an dieser Stelle nicht näher in die Problematik einzudringen.

Ziehen wir nun das Fazit unserer Betrachtungen: Das Verhältnis der Konsumenten zu den Gütern läßt sich an den einzelnen Stadien des Konsumprozesses erkennen. Insbesondere die Kombinationsmöglichkeiten zwischen habitualisierten Prozeßabschnitten und Einschnitten (als Ausgangslagen von Wahlmöglichkeiten) bilden Ordnungsgesichtspunkte des menschlichen Verhältnisses zu den einzelnen Gütern. Wenn man die Stadien des Konsumprozesses nach den Kategorien der Zeit, der Quantität, der Qualität und des Raumes analysiert, lassen sich in diesen Beziehungen Diskrepanzen zum Warenangebot ermitteln, die zu absatzwirtschaftlicher Funktionsausübung der Warenanbieter Veranlassung geben. Damit erhalten die absatzwirtschaftlichen Funktionen eine Präzisierung nach den Stadien des Konsumprozesses, auf welche sie sich beziehen. Dieser Konsumprozeß ist zwischen den einzelnen Menschen nicht willkürlich verschieden, weil er in die größeren Zusammenhänge des Konsums und damit des menschlichen Lebens eingefügt ist. Er verarbeitet diese allgemeinere Thematik in seinen einzelnen Stadien mit. Daher lassen sich auch aus Unterschieden der Konsumprozesse hinsichtlich eines Gutes Konsumentengruppen so bestimmen, wie davon die Absatzmöglichkeiten betroffen werden. Auf diese Konsumentengruppen muß sich dann die Absatzpolitik des Warenanbieters beziehen. Entsprechend sind für die Bestimmung der betriebswirtschaftlichen Absatzpolitik die Konsumentengruppen Variable. Soweit das Verhältnis der Konsumenten zu einem Gut nicht starr fixiert ist, bilden auch die absatzwirtschaftlichen Funktionen Variable. Da in dieser Hinsicht eine große Zahl von Variationsmöglichkeiten besteht, die auf unterschiedlichen Ausbildungen des Konsumprozesses in seinen verschiedenen Determinanten beruhen, mußten unsere bisherigen Darstellungen recht allgemein bleiben. Wir wollen daher zur Illustration noch zwei Beispiele anfügen, an welchen wir die Ausrichtung der Absatzpolitik an einer solchen Erfassung des Konsumprozesses verdeutlichen wollen.

IV. Zwei Beispiele für die Formulierung von Absatzzielen

Die beiden folgenden Beispiele beziehen sich auf dieselbe Ware. Damit wollen wir zeigen, wie verschieden das Verhältnis der Konsumenten auch zu einem Gut sein kann und welche absatzwirtschaftlichen Folgerungen sich daraus ergeben.

1. Beispiel

Unserem ersten Beispiel legen wir einen stark habitualisierten Konsumprozeß eines Gutes zugrunde, das täglich verbraucht wird; es mag sich z.B. um Kaffee handeln. Wir wollen zeigen, wie ein solches Verhältnis zwischen Konsumenten und Gut nach Prozeßverbindungen und -einschnitten die Absatzaufgabe des Warenanbieters in den Kategorien der Menge, der Zeit, des Raumes und der Qualität präzisiert. In der folgenden Tafel sind die einzelnen Prozeßstadien und die zwischen ihnen bestehenden Verbindungen schematisch dargestellt. In der mit I a bezeichneten Phase gehen die Stadien der noch ungerichteten Triebwünsche (z.B. nach Entspannung), der Bedürfnisse (z.B. nach einer Pause mit einem anregenden Getränk) und des Verbrauchsbedarfs an einer Gutart (z.B. Kaffee) unmerklich ineinander über: Bei der Umformung der noch ungerichteten Triebwünsche zum Bedürfnis gehen frühere Bedürfnisbefriedigungen unterschwellig ein. Die Transformierung der Bedürfnisse zum Verbrauchsbedarf an einer Gutart wird auf der Ebene der Bewußtseins von der Erinnerung an die früheren Bedürfnisbefriedigungen mitbestimmt; mit Unterbewußtsein[9] ist die Vollendung der Konsumreife

Beispiel eines stark habitualisierten Prozesses der Bedarfsbildung, Bedarfsdeckung und des Konsums eines Verbrauchsgutes

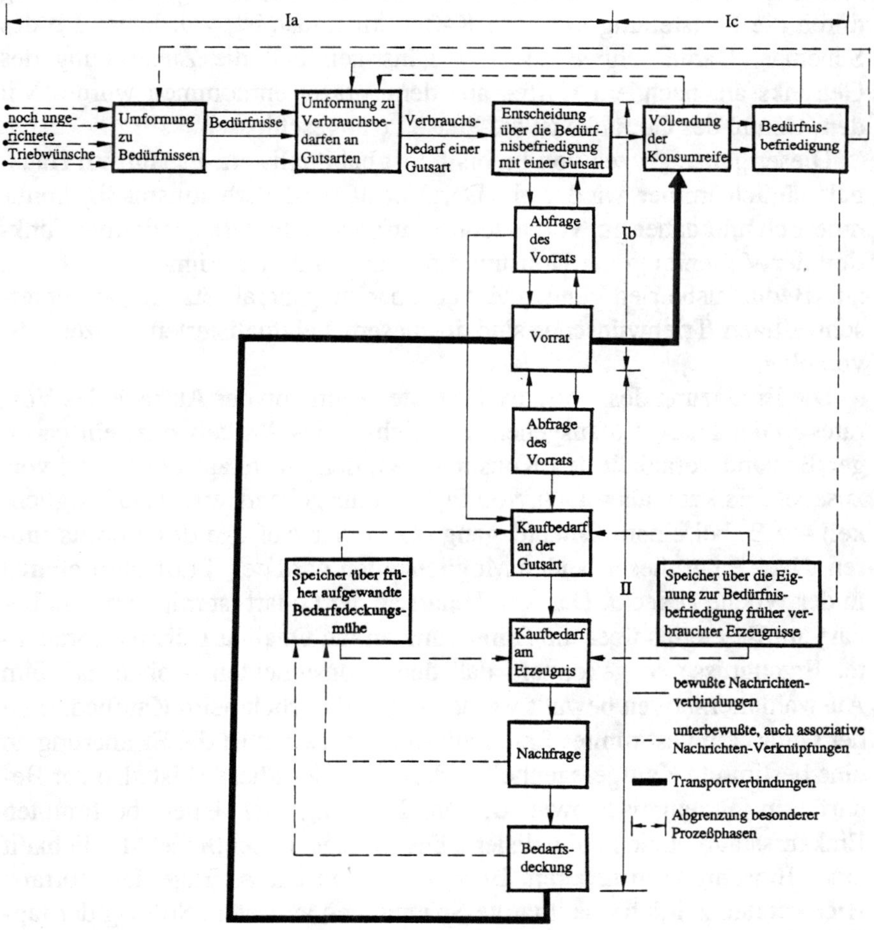

(z.B. die Zubereitung von Kaffee) mit der Verdichtung des Bedürfnisses zum Verbrauchsbedarf verklammert. Die Entscheidung über die Bedürfnisbefriedigung mittels einer Gutart (z.B. Kaffee) erfolgt routinemäßig durch die Feststellung, ob noch Kaffee im Hause ist; vgl. Phase I b des Schemas. Daran schließt sich im günstigen Fall die Zubereitung des Getränks an, nachdem Kaffee aus dem Vorrat entnommen wurde. Mit dem Genuß des Getränks ist die Phase I c abgeschlossen.

Dieser ganze Prozeß von I a bis I c ist habitualisiert. Er läuft im Haushalt täglich immer wieder ab. Der Vorrat wird verhältnismäßig kontinuierlich und daher gut vorhersehbar aufgebraucht. Die qualitative Funktion der Vollendung der Konsumreife, die qualitative Eignung des Gutes zur Bedürfnisbefriedigung und zur Spannungsherabsetzung der unterschwelligen Triebwünsche, sind in diesem habitualisierten Prozeß fest verankert.

Die Ergänzung des Vorrates des Gutes kann von der Abfrage des Vorrates in der Phase I b ausgehen. Das Fehlen des Artikels oder ein geringer Bestand veranlaßt den Konsumenten, den Nachkauf der Gutart vorzusehen. Es kann aber auch, von Phase II ausgehend, eine Kaufmöglichkeit – z.B. bei einem Einkaufsgang – zu einer Abfrage des Vorrats führen. Nach einer dieser beiden Möglichkeiten wird der Kaufbedarf einmal in der Woche gedeckt. Der Kaufbedarf an der Gutart ist mit dem Kaufbedarf am Erzeugnis über die Erinnerung an die Qualität früher verbrauchter Erzeugnisse so gekoppelt, daß dem Konsumenten – ohne daß ihm Auswahlalternativen bewußt werden – unwillkürlich beim Kaufbedarf an der Gutart ein bestimmtes Erzeugnis einfällt. Damit ist die Erinnerung an eine bestimmte Kaufgelegenheit verkettet. In der Phase II ist also der Bedarf am Erzeugnis sowie dessen Deckung bei einer bestimmten Einkaufsstätte stark habitualisiert. Die einzige wesentliche Möglichkeit eines Einschnitts in unserem Beispiel liegt in der Abfrage des Vorrats: Hier können zeitlich-quantitative Spannungen auftreten. So mag der tägliche Verbrauch der Familie z.B. durchschnittlich zehn Tassen Kaffee betragen, die Vorratsentnahme täglich durchschnittlich 70 g Kaffee; dann muß der Vorrat bei pfundweisem Einkauf nach durchschnittlich sieben Tagen aufgefüllt werden. Da die Vorratsentnahme aber um diesen Durchschnitt schwankt, ist bei der Vorratsauffüllung eine quantitativ-zeitliche Dispositionsleistung vom Haushalt zu erbringen. Zu dieser treten bei der Ausübung der Nachfrage räumlich-qualitative und eventuell preisliche Gesichtspunkte. Nur wenn der Haushalt das Erzeugnis räumlich so günstig einkaufen kann, daß auch bei zeitlichen Schwankungen der Vorratsauffüllung keine besondere Beschaffungsmühe entsteht, kann der Kaufbedarf an der Gutsart mit dem Kaufbedarf am Erzeugnis durch Habitualisierung so verkettet sein, wie wir in unserem Beispiel angenommen haben. Andernfalls tritt beim Konsumenten eine Wahlsituation auf, in welcher mit der Beschaffungsmühe der qualitative und preisliche Nutzen des Kaufes des gewohnten Erzeugnisses im Verhältnis zu konkurrierenden Erzeugnissen geringerer Beschaffungsmühe verglichen wird. Je stärker die Prozesse I a bis I c unseres Schemas zugunsten eines bestimmten Erzeugnisses habitualisiert sind, desto eher wird auch in dieser Situation die Wahl auf das bisherige Erzeugnis fallen; aber immerhin können im Prozeß II Habitualisierungen aufgehoben werden und damit ist die Möglichkeit einer Verhaltensänderung gegeben.

In die Phase I a unseres Schemas kann nur die Werbung[10] eingreifen. Dies ergibt sich aus der ihr eigenen Möglichkeit, die Konsumenten auch in ihrer häuslichen Umgebung zu erreichen und sich zu ihrer Ansprache nahezu jeder Aussagemodalität zu bedienen. Die starke Habitualisierung des Prozeßabschnittes I a beruht wesentlich auch auf unterbewußten Verknüpfungen einzelner Stufen von I a mit solchen von I c. Mit anderen Worten: Bei diesen Konsumenten hat der Artikel eine feste Position auch im Unterbewußtsein: Die Umformung der Triebwünsche zu Bedürfnissen ist im Unterbewußtsein, die Umformung von Bedürfnissen zum Bedarf an der Gutart ist im Unterbewußtsein und im Bewußtsein stark auf den Artikel und dessen früher erlebte Bedürfnisbefriedigung bezogen; eine bestimmte Art der Vollendung der Konsumreife ist mit der Umformung des Bedürfnisses zum Verbrauchsbedarf an der Gutsart im Unterbewußtsein verkettet. Diesen Bedingungen, die im Produktimage des Artikels verankert sind, hat sich die Werbung anzupassen. Sie kann sie durch sinnfällige Darstellungen vertiefen und bestimmten Konsumentengruppen durch Hervorhebung einzelner Merkmale zuordnen. So mag etwa eine bestimmte Zubereitungsart, bei welcher erst der Kaffee gemahlen und dann gefiltert oder gebrüht wird, symbolisch sein für die Fürsorge einer guten Hausfrau für ihre Familienangehörigen.

Die Produktgestaltung als physische Veränderung der Ware muß mit den werblichen Aussagen und Hinstimmungen als "psychischer Produktgestaltung" eng harmonieren. Die Produktgestaltung hat ihre Bedeutung vor allem in der Phase I c unseres Schemas; aus den Verbindungen der Vollendung der Konsumreife mit der Vorratshaltung ergibt sich, wie eine bestimmte Produktgestaltung die Haushaltswirtschaft beeinflußt. Die

Einflüsse, die von der Vollendung der Konsumreife und der Bedürfnisbefriedigung auf einzelne Stadien des Prozeßabschnittes I a unseres Schemas ausgehen, zeigen die Verknüpfung zwischen der Produktgestalt und der Bedürfnis- und Bedarfsbildung auf; in diesen Verknüpfungen sind die Bedingungen enthalten, wie Produktgestaltung und Werbung komplementär zum Aufbau des Produktimage beizutragen haben und welche substitutiven Randbeziehungen bestehen.

Die Absatzmethode greift in die Phase II unseres Schemas ein. Sie hat eine Angebotsweise an die Konsumenten herbeizuführen, bei der gewährleistet ist, daß die positiven Beiträge der Werbung und Produktgestaltung möglichst wenig gemindert werden, indem es beim Konsumenten zu keiner Auseinandersetzung zwischen Nutzen und Preis des zu verkaufenden Erzeugnisses und seiner Beschaffungsmühe im Verhältnis zu konkurrierenden Erzeugnissen kommt.

Zusammenfassend ergibt sich, daß in unserem ersten Beispiel das Schwergewicht des Einflusses der Absatzinstrumente Werbung, Produktgestaltung und Absatzmethode jeweils bei anderen Prozeßstadien liegt und sich damit ihre Einsatzmöglichkeiten und -notwendigkeiten wesentlich charakterisieren lassen. Die Prozeßverbindungen kennzeichnen die Harmoniebedingungen, welche bei der Gestaltung der Absatzmaßnahmen zu beachten sind. Lägen zu unserem Beispiel die Ergebnisse einer entsprechend angelegten Marktforschung vor, ließen sich die Einsatzbedingungen für die Absatzinstrumente noch wesentlich präziser formulieren. Hier kommt es uns vor allem darauf an, an Hand des Beispiels die Möglichkeit dazu aufzuzeigen.

2. *Beispiel*

Unserem zweiten Beispiel legen wir einen kaum habitualisierten Konsumprozeß für ein Gut zugrunde, das im Haushalt kurzfristig periodisch verbraucht wird; es mag sich z.B. wieder um Kaffee handeln. In der nachfolgenden Tafel ist am Anfang der Phase I a der Abschnitt von den noch ungerichteten Triebwünschen bis zu den Bedürfnissen habitualisiert; bei bestimmten Erscheinungen des Unbehagens tritt unwillkürlich das Bedürfnis nach Entspannung mit einer Pause auf; damit sind Vorstellungen des Genusses eines anregenden Getränkes (z.B. Kaffee, Tee oder Cola-Limonade) eng verbunden. Ehe es jedoch zum Verbrauchsbedarf an einem dieser Getränke kommen kann, muß der Konsument prüfen, welche er im Haushalt vorrätig hat. In unserem Schema stellt der Verbraucher fest, daß er über zwei Gutsarten, z.B. Kaffee und Tee, verfügen kann. Bei seiner Wahl über die Bedürfnisbefriedigung mit einer dieser beiden Gutsarten vergleicht er die Mühen der Zubereitung und die Eignungen zur Bedürfnisbefriedigung miteinander.

Mit diesem Prozeßabschnitt I a ist in unserem Schema also erst eine "Rückkoppelung mit Sortiervorgang" nach der Vorratslage, dann eine "Rückkoppelung mit Speicher und Sortiervorgang"[11] nach der Zubereitungsmühe im Verhältnis zur Eignung der vorrätigen Gutsarten eingezeichnet (vgl. Abschnitt I b). Im Vergleich zu unserem ersten Beispiel – bei welchem nur zwischen sofortiger Bedürfnisbefriedigung oder deren Hinausschieben mangels Vorrat gewählt werden konnte – hat nun der Konsument auch noch zwischen alternativen Gutsarten zu wählen, da bei ihm keine Gutsart habituell sein Bedürfnis befriedigt.

In unserem Beispiel wählt der Konsument die Gutsart B (z.B. Kaffee). Im Prozeßabschnitt I c folgen dann die Vollendung der Konsumreife (z.B. Zubereitung des Kaffeegetränks) und die Bedürfnisbefriedigung (z.B. der Genuß des Kaffees).

Wenden wir uns nun dem Abschnitt II zu. Da die Bedürfnisbefriedigung mit keiner bestimmten Gutsart habitualisiert ist, unterliegt die Ergänzung des Vorrats im Haushalt viel größeren Schwankungen als in unserem ersten Beispiel. Einzelne Gutsarten können zeitweise im Haushalt fehlen, ohne daß davon ein Anstoß zum Nachkauf ausgehen muß. Irgendwann aber führt ein Abruf des Vorrats einer Gutsart, entweder von Phase I a aus oder von Phase II aus, zum Kauf dieser Gutsart (z.B. Kaffee). Die Verbindung zwischen dem Kaufbedarf an Kaffee und dem Kaufbedarf eines bestimmten Erzeugnisses sei in unserem Beispiel nicht habitualisiert. Auch bestehen aus der Erinnerung an früheren Kaffeegenuß keine Präferenzen zugunsten irgendeines Erzeugnisses. Nach unserem Schema werde das Erzeugnis unter dem Gesichtspunkt der Beschaffungsmühe gewählt. Die Wahl der Einkaufsstätte bestimmt dann die Wahl des Erzeugnisses; stehen in der Einkaufsstätte mehrere Erzeugnisse zur Auswahl, soll wiederum keine Präferenz beim Konsumenten auftreten.

Die mangelnde Habitualisierung des Prozesses I a bis I c geht mit nur gelegentlichem Kaffeekonsum einher. Es besteht daher eine starke zeitlich-quantitative Spannung zwischen dem Vorrat und dem Verbrauch. So möge z.B. im Haushalt durchschnittlich pro Woche eine Vorratsentnahme von 20 g Kaffee (für drei Tassen) stattfinden und im Zusammenhang

Beispiel eines kaum habitualisierten Prozesses der Bedarfsbildung, der Bedarfsdeckung und des Konsums eines Verbrauchsgutes

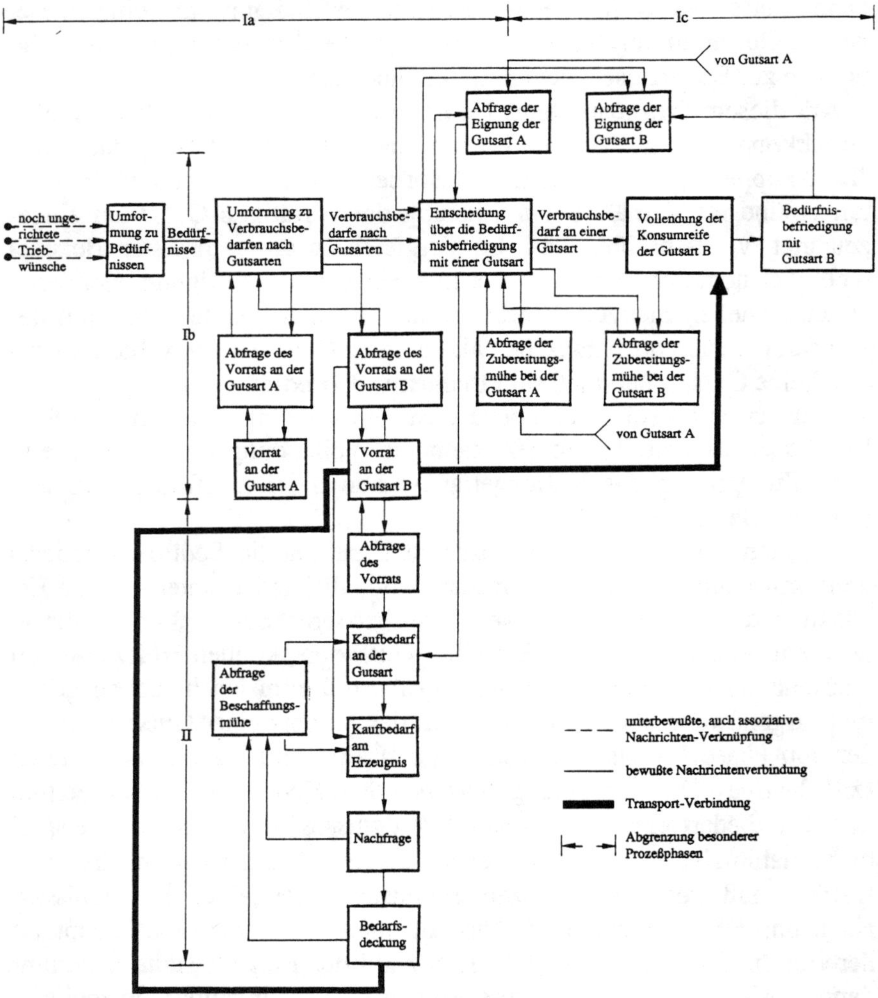

damit der Vorrat alle sechs Wochen mit einem 1/4 Pfund Kaffee aufgefüllt werden. Im Gegensatz zu unserem ersten Beispiel verwischen aber diese beiden Durchschnitte die tatsächlich vorliegenden Extreme: Ist Kaffee vorrätig, wird dieser schneller verbraucht, dann aber die Ergänzung des Bestandes längere Zeit unterlassen. Auffüllungen des Vorrats sind oft mit besonderen Gelegenheiten, z.B. der Einladung von Gästen, verbunden. Diese Unregelmäßigkeiten des Verbrauchs und der Vorratshaltung führen zu einer qualitativen Spannung; durch zu lange Aufbewahrung wird der Genuß beeinträchtigt, wenn der Anreiz des Vorrats zum Verbrauch nicht stark genug ist. Eine weitere Spannung liegt zwischen dem Zeitpunkt des Bedürfnisses und dem der Bedürfnisbefriedigung durch die Notwendigkeit, die qualitative Konsumreife durch zeitraubende Zubereitung herbeiführen zu müssen.

Der Prozeß II ist durch die Minimierung der Mühe der Raumüberbrückung zwischen dem Haushalt und der Kaufgelegenheit durch den Konsumenten gekennzeichnet. Die Qualitätsunterschiede der Erzeugnisse im Verhältnis zum Bedürfnis und die Preisunterschiede zwischen den Einkaufsstätten im Verhältnis zum Einkommen sind in unserem Beispiel nicht groß genug, um den Kauf mitzubestimmen. Der Konsument wählt daher zunächst unter dem Gesichtspunkt der Beschaffungsmühe die Einkaufsstätte. Dort trifft er dann die Wahl des Erzeugnisses, ohne dazu Präferenzen aus dem bisherigen Verbrauch mitzubringen.

In unserem zweiten Beispiel ist der Prozeß der Bedürfnis-, Bedarfsbildung und des Konsums kaum habitualisiert. Entsprechend der größeren Zahl von Entscheidungen des Konsumenten hat die Werbung in mehr Prozeßstadien einzugreifen. Sie hat – in der Reihenfolge unseres Schemas – zu verbreiten, daß

- die Gutsart zur Befriedigung bestimmter Bedürfnisse besonders geeignet ist und daß das Erzeugnis dazu ein hervorragend taugliches Mittel ist (qualitative Funktion sowie Nutzen: Preis – Vergleich);
- eine Vorratshaltung im Haushalt nötig ist (quantitative und zeitliche Funktion) und wie diese infolge besonderer qualitativer Eigenschaften des Produkts und seiner Verpackung einfach durchzuführen ist (qualitative und zeitliche Funktion);
- die Zubereitungsmühe gering ist (zeitliche Funktion) und die dem Produkt zugehörige Zubereitungsart zu einem besonders guten Getränk führt (qualitative Funktion);
- die Beschaffungsmühe gering ist (räumliche und zeitliche Funktion, eventuell in Verbindung mit Sortimentsfunktion).

Neben diesen Erklärungen kann die Werbung auch durch psychische Hinstimmung, die vor allem an der Phase I a unseres Schemas ansetzt, Habitualisierungen zugunsten dieses Erzeugnisses Vorschub leisten. Im ganzen gesehen unterscheiden sich die Einsatzbedingungen der Werbung dieses Beispiels vom vorigen vor allem dadurch, daß die Werbung nun

- in ihren Aussagen stärker rational angelegt sein muß, weil der Konsument mehr Alternativen unter mehr Gesichtspunkten prüft;
- sich nicht nur im wesentlichen auf die Phase I a und die mit dieser verknüpften anderen Stufen des Prozesses beschränkt, sondern alle nun vorhandenen Einschnitte des Konsumprozesses aufgreift.

Die Produktgestaltung hat ihr Schwergewicht in der Phase I c. Mangels Habitualisierung stehen im zweiten Beispiel mehr Möglichkeiten offen, die Zubereitungsmühe durch eine besondere Produkt- oder Verpackungsgestaltung für die Konsumenten zu verringern (zeitliche und qualitative Funktion; vgl. z.B. Vakuumverpackungen für gemahlenen Kaffee, Instant-Kaffee). Aus solchen Lösungen für die Produkt- und Verpackungsgestaltung ergeben sich entsprechende Werbungsmöglichkeiten und -notwendigkeiten. Weiterhin greift die Produktgestaltung in die Phase I b unseres Schemas ein, weil die Lagerhaltung im Haushalt mit dem Risiko der Qualitätseinbuße durch geeignete Verpackung und Produktveränderung verbessert werden kann (zeitliche und qualitative Funktion).

Die Absatzmethode bezieht sich wieder auf die Phase II unseres Schemas. Die Beschaffungsmühe, auf welche es in unserem Beispiel ankommt, wird als Dispositionsmühe desto geringer, je mehr Einkaufsstätten mit Sortimenten vor allem des täglichen und kurzfristig-periodischen Bedarfs das Erzeugnis führen (Sortimentsfunktion) und je kürzer oder bequemer der Weg vom Haushalt zur nächstgelegenen Einkaufsstätte ist (räumliche Funktion).

Es ist eine rein theoretische Abgrenzungsfrage, wie man die Präsentation des Erzeugnisses auf der Einzelhandelsstufe (evtl. unterstützt durch Werbemittel, die dort angebracht werden), die Tätigkeit von sog. Ladenpropagandistinnen und die Empfehlungen des Einzelhändlers der Werbung oder der Absatzmethode zurechnet. In jedem Fall ist die Ausübung solcher qualitativer Funktionen gerade in unserem Beispiel, in welchem der Konsument ohne stärkere Präferenz für ein bestimmtes Erzeugnis die Einkaufsstätte betritt, entscheidend wichtig; denn hier liegt der letzte Einschnitt des Konsumprozesses, von dem es abhängt, ob das Erzeugnis gekauft wird. Je mehr es den in frühere Prozeßstadien eingreifenden Absatzinstrumenten gelingt, Präferenzen für das Erzeugnis beim Konsumenten zu bewirken, desto geringer wird die Bedeutung solcher qualitativen Funktionsausübungen auf der Einzelhandelsstufe. Immer muß aber die Bedingung erfüllt sein, daß die Absatzmethode die Kaufgelegenheit für die Konsumenten herbeiführt.

Auch in unserem zweiten Beispiel greifen die einzelnen Absatzinstrumente schwergewichtig in bestimmte Prozeßphasen bei den Konsumenten ein. Die Unterschiede gegenüber dem ersten Beispiel sind recht gravierend und machen deutlich, wie viel präziser sich der Einsatz der Absatzinstrumente bestimmen läßt, wenn man ihn auf ein Absatzziel bezieht, welches nach den einzelnen Phasen des Konsumprozesses in den Kategorien des Raumes, der Zeit, der Qualität und der Quantität gegliedert ist.

Schlußbemerkung

Betrachten wir den Konsumprozeß im System der Absatzpolitik, so hat er vor allem Bedeutung für die Konsumentenreaktionen auf die Absatzmaßnahmen der Unternehmung. Die Erfassung des Konsumprozesses ermöglicht es der Unternehmung, "bewußt gestaltend" die den Absatz mitbestimmenden Größen des Konsums in der Absatzpolitik zu berücksichtigen. Damit ist der Konsumprozeß eine wesentliche Bestimmungsgröße der Absatzplanung, die über eine pauschale Vorausschätzung des Absatzes hinausgeht und den Einsatz der absatzpolitischen Instrumente einbezieht[12].

Anmerkungen

1 Literatur dazu vgl. bei Ernst Gerth, Die Bedeutung des Verbrauchsnutzens für den Absatz, Berlin 1965, S. 21-32.

2 Vgl. zu dieser Darstellung insbes. Curt Sandig, Bedarfsforschung, Stuttgart 1934, S. 14; Herbert Wilhelm, Werbung als wirtschaftstheoretisches Problem, Berlin 1961, S. 58.

3 Vgl. dazu insbes. Gerhard Scherhorn, Bedürfnis und Bedarf, Berlin 1959, S. 69 ff.; Peter Meyer-Dohm, Sozialökonomische Aspekte der Konsumfreiheit, Freiburg im Breisgau 1965, S. 116 f., 127, 138 f., 158, 199.

4 Vgl. Erich Schäfer, Die Aufgabe der Absatzwirtschaft, 2. Aufl., Köln und Opladen 1950; ders., Absatzwirtschaft, in: Handbuch der Wirtschaftswissenschaften (herausgegeben von Karl Hax und Theodor Wessels), Band I, Betriebswirtschaft, Köln und Opladen 1958, S. 339 ff.; Karl Oberparleiter, Funktionen und Risiken des Warenhandels, 2. Aufl., Wien 1955; Adolf Lampe, Umrisse einer Theorie des Handels, Berlin 1958; Erich Hoppmann, Binnenhandel und Binnenhandelspolitik, Berlin und Frankfurt 1959, S. 4.

5 Vgl. Adolf Bauer, Der freie und unberechenbare Mensch (Kritik der Markt- und Motivforschung), Nürnberg 1961.

6 Vgl. Hans Thomae, Der Mensch in der Entscheidung, München 1960.

7 Umfassende Literaturangaben bei H.F.J. Kropff, Motivforschung – Methoden und Grenzen, Essen 1960; vgl. Bernt Spiegel, Die Struktur der Meinungsverteilung im sozialen Feld, Bern und Stuttgart 1961, S. 29 ff.

8 Vgl. Ernst Gerth, a.a.O.

9 Hier wie im folgenden verwenden wir den Begriff des Unterbewußtseins im allgemeinen Sinn des Nicht-Bewußten.

10 Vgl. hier und im folgenden zur Werbung, Produktgestaltung und Absatzmethode: Erich Gutenberg, Grundlagen der Betriebswirtschaftslehre, 2. Band, Der Absatz, 6. Aufl., Berlin/Göttingen/Heidelberg 1963.

11 Vgl. C. West Churchman, Russel L. Ackoff, E. Leonard Arnoff, Operations Research, Wien und München 1961, S. 73 ff.; Werner Kern, Operations Research, Stuttgart 1964, S. 23ff.; Theo Herrmann, Psychologie und Kybernetik, Psychologische Rundschau, Band XVII/1, 1966, S. 13 ff.

12 Vgl. Erich Gutenberg, Die Absatzplanung als Mittel der Unternehmungspolitik, in: Absatzplanung in der Praxis (herausgegeben von Erich Gutenberg), Wiesbaden 1962, insbes. S. 291 f., 297, 304.

Arthur Lisowsky

Käuferschichtung als absatzwirtschaftliches Problem

I

Während in der ersten Hälfte der modernen, akademisch gepflegten Betriebswirtschaftslehre ganz überwiegend das innerbetrieblich gerichtete Denken betont wurde, mit seiner Dominanz des Rechnungswesens und derjenigen Seite des ökonomischen Prinzips, die lediglich auf Kostensenkung ausgeht, ist in ihrer zweiten Hälfte die Blickrichtung nach außen hinzugetreten. Dem kalkulatorischen Denken trat das Markt-Denken gegenüber und zur Seite, dem "Hineinhorchen in den Betrieb" – wie Schmalenbach es einmal nannte – das "Hinaushorchen in den Markt" (Schäfer), der Aufgabe der Kostendrosselung –, wie sie sich auch in der Formulierung "Prinzip des *kleinsten* Mittels" höchst einseitig ausgedrückt findet – die der Ertragssteigerung, der Zugewandtheit nach innen, die Wendung nach außen, in Richtung des Absatzstroms, auf den Markt.

Markt ist hierbei natürlich nicht der "organisierte Treffpunkt von vielen Käufern und Verkäufern an bestimmtem Ort zu bestimmter Zeit". Markt ist in diesem Sinn auch nicht der abstrakte Inbegriff von Angebot und Nachfrage, als den ihn die Nationalökonomie begreift. Markt ist vielmehr – entsprechend dem Bücherschen Begriff der "Marktproduktion" – das große Unbekannte, die gesamte wirtschaftliche Umwelt des Betriebs, der Inbegriff der Partner, für die und auf die hin die Unternehmung ihre Leistungen durch Produktion, Beschaffung, Absatz und Export bereitstellt – in der Hoffnung, daß sie tatsächlich abgesetzt, verkauft werden. Unter Beschränkung auf die Absatzseite ist Markt somit der Inbegriff aller Erscheinungen, Einflüsse und Faktoren, die auf den Absatz der Unternehmung einwirken.

Es ist klar, daß uns von diesen Erscheinungen ganz besonders die Marktpartner interessieren, die zu befriedigen ja der Sinn alles Wirtschaftens ist. Und daß wir sie ins Auge fassen, um sie möglichst genau zu erkennen und zu charakterisieren, das weist auch auf die Wende des betriebswirtschaftlichen Denkens hin, das – in der alleinigen Vorstellung des Betriebs als einer in sich abgekapselten, sich selbst genügenden Ein-

Aus: Zeitschrift für handelswissenschaftliche Forschung 2 (1950), Westdeutscher Verlag, Köln und Opladen; S. 527-541 heit und als bloße Rechen- und Geldapparatur *ohne* Menschen – zur Konstruktion eines lebensfremden "Homunculus-Betriebes" führt ...

Die "Entdeckung des Menschen in der Wirtschaft", die u.a. auch in der Organisation und innerbetrieblichen Verwaltung vor sich gegangen ist (und beileibe keine amerikanische Erfindung ist, wie man nach manchen Veröffentlichungen heute fast annehmen muß), schlägt sich in der betrieblichen Absatzwirtschaft u.a. in der "Käuferschichtung" nieder.

Indem wir uns ihr nunmehr zuwenden, begeben wir uns innerhalb der Allgemeinen Betriebswirtschaftslehre in jenes Teilgebiet, das – allen in die Marktwirtschaft hineingestellten Unternehmungen eigentümlich – den Absatz, als dem letzten oder wenigstens dem Geldertrag unmittelbar vorgelagerten Ziel der Unternehmung, umgreift und das in der Absatzlehre seinen wissenschaftlichen Niederschlag findet.

Innerhalb der Absatzlehre oder besser der Lehre von der Absatzpolitik brauchen wir immer wieder die Käuferschichtung. Wir brauchen sie in der *vorbereitenden* Absatzpolitik: in der Marktuntersuchung, in der Bedarfs- und Konsum-Forschung und in der Werbeanalyse. Wir brauchen sie aber auch in der *ausführenden* Absatzpolitik: in der Werbung wie im Verkauf selber.

Was verstehen wir unter "Käuferschichtung"?

Rein formal besagt das Wort "Schichtung" – wie die meisten Worte auf "ung" (Zusammenfassung, Bildung, Spaltung) zweierlei, nämlich 1. die (dynamische) Tätigkeit, das Tun, *das* Schichten und 2. das, was dabei herauskommt, die (statische) Gegebenheit, das Ergebnis, *die* Schichten.

Wir haben es hier vorzugsweise mit dem letzteren Inhalt zu tun, mit der Übersicht über die Vielheit der möglichen Gruppierungen innerhalb unserer Partner im Markt.

Indem wir solchermaßen auf den Markt und auf die Menschen schauen, die uns darin, im Hinblick auf unseren Absatz, gegenübertreten, erkennen wir, daß das Wort "*Käufer*schichtung" eigentlich zu eng ist. In der Tat müssen wir seinen Begriffsinhalt von vornherein ausdehnen. Wenn wir es beibehalten, so einmal

1. aus Pietät gegenüber dem Autor, der das Wort zuerst geprägt hat: *Horst Kliemann* in seinem geistvollen Büchlein "Wie und wo erfasse ich Käuferschichten", München 1928 (in welchem es allerdings nur auf ein Teilgebiet des Absatzes, nämlich die Werbung, angewandt worden ist, als Zusammenfassung gleichförmiger Gruppen von

Werbe-Empfängern, um "genauer zielen und besser treffen" zu können); ferner

2. weil es kürzer, bildkräftiger ist und unmittelbarer in die Absatzsphäre hineinführt als etwa das zwar logischere, aber unanschauliche Wort Marktpartner-Schichtung.

Immerhin wollen wir deutlich sagen, daß uns nicht nur die Käufer und nicht nur die Werbe-Empfänger im Markt interessieren, sondern auch alle sonstigen Personen, die unserem Betrieb im Markt gegenüberstehen, wie z.B. diejenigen, die erst "Interessenten" sind, oder es werden können, ja selbst diejenigen, die selber nicht kaufen und die doch interessiert werden können und müssen.

Wir verstehen somit unter "Käuferschichtung" – über das Wort Käufer hinausgreifend, aber unter Beschränkung auf den Absatzmarkt – *jede* für den Betrieb relevante *Zusammenfassung von Marktpartnern,* die uns gestattet, unsere Absatzpolitik danach auszurichten.

Sie ist – wie schon angedeutet – in allen Teilgebieten des Absatzkreises, in der vorbereitenden wie in der durchführenden Absatzpolitik notwendig: im eigentlichen *Verkauf* wie in der *Verkäuferschulung,* (in welcher kein Lehrbuch ohne eine Aufstellung sog. Kundentypen auskommt, z.B. der eilige, der nervöse, der rechthaberische, der sachkundige Käufer usw.), in der *Werbung,* wo die Frage "Wer soll geworben werden, meine Ware zu kaufen und zu gebrauchen" einschließlich derjenigen nach den Kaufmotiven die Grundfrage der gesamten Werbepsychologie geworden ist (nachdem man früher mehr die sog. objektiven Aufmerksamkeitswerte des oberen oder unteren Teils der Inseratseiten usw. untersuchte). – Schließlich ist die Käuferschichtung vor allem in der *Marktforschung* wesentlich, und zwar – interessanterweise und schwierigerweise – ist sie dort sowohl *Voraussetzung* als auch Ziel, was uns noch beschäftigen wird.

II

Innerhalb der Gesamtheit der Marktpartner, die uns als dem absetzenden Betrieb im Markt gegenüberstehen, haben wir mit den schon erwähnten Bezeichnungen Interessenten, Käufer einerseits und Werbeempfänger andererseits, bereits Gliederungen vorgenommen, die wir – wenn auch in einem weiteren Sinn – als Käuferschichtungen bezeichnen können.

Es handelt sich hier – in diesem weiteren Sinn – um eine Käuferschichtung *vom* Betrieb *her,* und hinter ihr steht letzten Endes immer wieder die – jeweils besondere – Art der Beziehung des Marktpartners zum Betrieb.

Da ist zunächst einmal der weiteste, äußerste Kreis derjenigen Marktpersonen, die lediglich ein *Bedürfnis verspüren,* vielleicht nur als ein ganz vages Gefühl einer Spannung, noch ungeformt und ungerichtet, ja vielleicht sogar noch unbewußt. Wir werden diese unserem Betrieb noch ganz fern stehenden Personen die *Bedürfenden* nennen. Und wenn wir beispielsweise an das Wärmebedürfnis denken, so kann hier sehr gut ein Wollhemd oder ein Pelzmantel mit einem Heizkissen, mit einer Wärmeflasche oder mit einem Ofen oder gar einem Glühwein konkurrieren.

Wird das Bedürfnis bewußt auf ein bestimmtes Gut gerichtet und quantifiziert – so sprechen wir vom Bedarf und haben in den *Bedarfsträgern* eine zweite, dem Betrieb, der dieses Gut erstellt, nun schon näher rückende Käuferschicht.

Der Bedarfer hat solchermaßen zwar ein allgemeines Interesse an dem bestimmten Gut, sagen wir einem Wintermantel, aber er hat noch kein spezielles Interesse, ihn gerade bei uns zu kaufen. Er weiß vielleicht noch gar nichts von unserer Existenz und den Kaufvorteilen, die wir ihm bieten können. Wir müssen ihm das erst sagen, wir müssen um ihn werben. Dadurch schaffen wir eine weitere Schicht:

Die *Werbe-Empfänger*. Aber unter ihnen gibt es zwei Arten. Die einen sind z.B. alle, die ein Inserat lesen, obwohl sie für das darin enthaltene Angebot gar kein Interesse haben und auch eigentlich gar nicht angesprochen werden sollten. Die anderen dagegen sind diejenigen, auf die das betreffende Werbemittel gezielt, für die es "bestimmt" war. Wir wollen sie deshalb die *Werbe-Destinatare* nennen.

Manche von ihnen sind uns in keiner Weise bekannt. Wir sprechen sie in ihrer allgemeinen Eigenschaft als Leser einer Zeitung an, aus deren politischen oder fachlichen Gehalt wir allerdings auch bereits auf speziellere Schichtungsgründe und damit zusammenhängende Bedarfe schließen können (Zeitschrift für Briefmarkensammler). Einige Werbedestinatare kennen wir aber beim Namen, sei es aus Adreßbüchern, sei es aus anderen Quellen. Die Praxis nennt sie gelegentlich "Direkt-Kunden" – weil sie durch die sog. "Direkt-Werbung" bearbeitet werden, als welche die Praxis merkwürdigerweise nur die persönlich gezielte Brief- oder Prospektwerbung bezeichnet. Wir wollen sie, weil wir bei ihnen ein

Interesse nur vermuten, aber nichts weiter als ihre Anschrift kennen, *Adressaten* nennen, was wiederum einen Unterfall der Werbedestinatare darstellt.

Aufgabe der Werbung ist es nun, diese Werbeempfänger zu veranlassen, sich unserem Betrieb zuzuwenden, sich speziell für ihn und seine Angebotsleistungen zu interessieren. Ist das gelungen, so haben wir als weitere Schicht: die *Interessenten*. Sie sind dadurch charakterisiert, daß sie in irgendeiner Weise ihr Interesse für unseren Betrieb gezeigt haben, z.B. durch Einsenden eines Koupons, durch Anforderung einer Offerte, durch Besuch des Geschäfts, ja auch nur durch Stehenbleiben vor dem Schaufenster.

Vereinzelt werden unter diesen Interessenten auch *Horcher* oder *Schnüffler* sein – wiederum eine besondere Schicht, die aus Gründen der Konkurrenz-Analyse unsere Leistungen ausspionieren will. Betrachten wir aber nur die echten Interessenten, so ist es unsere nächste Aufgabe: sie zum Kauf zu veranlassen, zu *Käufern* zu machen. Mit diesem neutralen, kühlen Wort, das insbesondere auch den rechenhaft-rechtlichen Umsatz-Akt, den Kaufakt assoziiert, werden wir diejenigen Marktpartner bezeichnen, die, obschon sie mit dem Betrieb in die gewünschte Verbindung getreten sind, das doch ohne ein Gefühl besonderer Verbundenheit getan haben, im Erstkauf, im Zufallskauf, im Gelegenheits- oder Naschkauf.

Wenn wir bei diesen Unterfällen aber auch von Gelegenheits-, Zufalls-, Erst- oder Neu-*Kunden* sprechen, deuten wir die Hoffnung an, daß sich aus dieser mehr zufälligen Verbindung eine dauerhafte, gefühlsbetonte, menschlich wärmere Bindung entwickeln möge, für die nun das Wort *Kunde* geeignet ist. Deren Unterarten – Stammkunde, Dauerkunde, alter oder guter Kunde – deuten an, daß hier das in der Regel als Endziel erstrebte enge und herzliche, auf Treue und anderen irrationalen Komponenten basierende Verhältnis vorliegt, in welchem Käufer und Verkäufer soziologisch gesehen eine "Gruppe" bilden, in der ein "Wir-Gefühl" lebendig ist, das sich u.a. in dem von beiden Seiten gleichermaßen gemeinten Ausdruck "unser Geschäft" manifestieren kann. –

Waren das die von jedem Betrieb anwendbaren, *allgemeinen* Schichtungsgründe, die *vom Betrieb* her die Marktpartner zusammenzufassen gestatten, so zeigen sich in ihnen implicite bereits noch andere Gruppierungsmöglichkeiten, die noch spezieller betriebsbezogen sind.

Der eine dieser speziellen, betriebsbezogenen Schichtungsgründe ist organisatorisch-*technischer* Art. Wenn wir bei der Absatzgewinnung mit Werbebriefen oder Prospekten arbeiten und damit – neben den Adressaten – die von uns in einer Kartei zusammengestellten Käufer und Kunden erfassen, so werden wir einen Unterschied zu machen haben zwischen den "Neukunden" und den "Altkunden", und sie durch verschiedene Reiter oder Tabs kennzeichnen, um diesen verschiedenen Kategorien auch verschiedene Briefe zu schreiben.

Unter den "Altkunden" werden einige bereits jahrelang nicht gekauft haben, andere vielleicht ein Jahr, zwei oder drei Jahre lang dem Geschäft ferngeblieben sein. Diese – "Ausfall-Kunden" – gilt es wiederzugewinnen oder auf alle Fälle nach den Gründen ihres Fernbleibens zu fragen. Je nach den Motiven – Wegzug, kein Bedarf, Geldknappheit, Unzufriedenheit mit dem letzten Kauf usw. – werden hier weitere interne Gruppen zu bilden sein, die verschieden zu bearbeiten sind.

Ein Teil der Befragten wird nicht antworten und einen Nachfaßbrief erhalten, denen vielleicht noch ein zweiter folgen kann. Hier haben wir wieder neue – technisch durch neue Kennzeichen in der Kartei herauszuhebende Kategorien: Einmal bearbeitete, zwei- oder dreimal bearbeitete Ausfall-Kunden. –

Neben diesen internen Schichtungsgründen stehen andere, ebenfalls betriebsbezogene, die sich darauf beziehen, welchem Teilfunktionskreis innerhalb des gesamten Absatzkreises der betreffende Marktpartner zuzuordnen ist.

Der eigentlichen Absatzdurchführung, dem Vertrieb und darin dem Verkauf gehören diejenigen Marktpersonen an, für die der Betriebsgegenstand unmittelbar bestimmt ist. Es sind die *Absatz-Destinatare*. Sie sind vielfach nicht einheitliche, in sich geschlossene Typen, wie z.B. der Konsument, der eine Tafel Schokolade kauft, um sie selber zu verzehren, oder die Hausfrau, die allerdings ihre Suppenwürze kauft, um nicht nur sich, sondern der ganzen Familie das Essen schmackhaft zu machen.

Hier stoßen wir darauf, daß der Absatz-Destinatar mitunter in zwei Personen zerfällt: in eine, die den Gegenstand kauft und bezahlt, und die eine, die ihn gebraucht oder verbraucht. (Der letztere Fall ist der der eben erwähnten Hausfrau oder auch der des Geschenk-Kaufs.) Vielfach kommt sogar noch eine dritte Person hinzu, die in unsere Absatz-Bemühungen eingeschlossen werden muß: Neben den eigentlichen "Käufer" als *Zahler* tritt z.B. als sachverständige, beratende Person ein *Absatz-* oder *Werbehelfer*.

In diesem letzteren Fall haben wir es mit einer Marktperson zu tun, die zwar der Vorbereitung und Herbeiführung des Absatzes dient, auf die es aber mitunter entscheidend ankommt. Sie muß deshalb besonders umworben und gepflegt werden und bildet eine besondere und besonders wichtige Kategorie der Werbedestinatare, auf die in Großbetrieben, insbesondere der Markenartikel-Industrie, oft ganze Abteilungen eingestellt sind.

Diese Kategorie der Absatzhelfer als betriebsbezogene Käuferschicht (auf die das Wort Käufer nun allerdings deutlich gar nicht paßt) ist so wichtig und wird relativ selten bewußt in ihrer Besonderheit gesehen, daß sie noch etwas näher beleuchtet sei.

III

Absatzhelfer sind diejenigen Marktpartner, die *nicht* Absatzempfänger oder Zahler sind, die aber dennoch den Absatz fördern, ja bewirken, und zwar in *freiwilliger* Hilfe, ohne dafür angestellt zu sein – wenigstens in der reinen Form –, auch ohne dafür entlohnt zu werden.

Zu den nicht reinen Formen gehören beispielsweise Oberkellner, Barmaids, die eine bestimmte Sektmarke empfehlen, Verkäuferinnen, die eine Textilmarke forcieren, Installateure, die eine bestimmte elektrotechnische Anlage vorschlagen, Architekten, die sich für eine bestimmte Heizanlage oder Wärmemessungsapparatur einsetzen, Werbeberater, die gewisse Werbemittel innerhalb der Planung für ihre Auftraggeber bevorzugen. Sie alle erhalten häufig irgendeine Entlohnung, sei es eine Provision für den bewirkten Verkauf, sei es ein Geschenk vorher. Da hierdurch aber keine rechtliche, sondern nur eine moralische Verpflichtung entsteht, bleibt es auch in diesen Fällen bei dem freiwilligen Helfen.

Nur gradmäßig ist von diesen Fällen der Übergang zu den Werbegeschenken in Gestalt von Kalendern u. dgl., die von Kindermehlfabriken an Hebammen, Kinderschwestern usw. versandt werden, sowie schließlich auch von Proben von Medikamenten, die von Ärzten in ihrer Praxis verwendet werden sollen.

Auch die Lehrer, die eine Bleistift-Spitzmaschine geschenkt bekommen und bei den Schulkindern dadurch den Eindruck erwecken, daß *nur* der betr. Markenbleistift darin gespitzt werden kann, die Stundenpläne verteilen, auf denen vor Schulbeginn der Vermerk "Zähneputzen (und zwar mit einer bestimmten Zahnpastamarke) zu lesen ist, stehen hier auch an der Grenze zwischen dem doch irgendwie bedachten und dem vollkommen unabhängigen und freiwilligen Absatzhelfer, wie schließlich auch das Kind, das, durch Schokoladebildchen, Bilderschecks, Luftballons, Modellierbögen oder andere Zugaben veranlaßt, die Mutter dazu bringt, nur eine bestimmte Marke oder Firma zu frequentieren.

Die reinste Form des Absatzhelfers – ohne daß hier innerhalb der konkreten Erscheinungen aber scharfe Grenzlinien gezogen werden können – sind diejenigen Personen, die völlig unbeeinflußt von außen, oder wenigstens ohne sich dessen völlig bewußt zu sein, sich für ein Produkt, eine Marke, eine Firma einsetzen, sie empfehlen und dadurch ihren Absatz steigern.

Der vollbefriedigte *Gebraucher* gehört zu ihnen, z.B. der Schüler, der seinen neiderfüllten Kameraden ein "tolles" Velo oder einen noch "tolleren" Kugelschreiber vorführt, der Ferienreisende, der seinen Freunden von dem glücklichen Fund eines Ferienparadieses begeistert berichtet (und der übrigens von den Reisebüros auch planmäßig zu Berichterstattungszwecken ausgenützt wird und auch dadurch zum Absatzförderer wird), ein Raucher, der durch das bloße Vorführen des Duftes neue Konsumenten wirbt.

Die Vielheit z.B. *beratender Personen* gehören zu diesen Absatzhelfern, die Haushaltslehrerin, die sich ihren Schülerinnen gegenüber für Elektroherde oder für Gasherde einsetzt, die Schneiderin, die Stoffe oder Zutaten von einer bestimmten Firma besorgen läßt, die "Familien-Tante", die – haushalts- und küchenerfahren – ihren Nichten im weitesten Sinn ihre Ratschläge für die Verwendung von Mitteln, Verfahren, Geräten usw. erteilt, auch Hausangestellte, Waschfrauen, Kindermädchen gehören hier ebenso hinein wie die schon erwähnten Architekten, Handwerker, Lehrer usf.

Im Zusammenhang des Heilmittel- und medizinischen Bedarfs ist in erster Linie an die *Ärzte* zu denken, auf deren guten Willen (als Ergebnis des Markt-Goodwills!) es doch entscheidend ankommt, ob sie ein Marken-Präparat verordnen oder nicht. Gleichzeitig mit ihnen sind aber auch die *Krankenkassen* zu gewinnen, in deren Katalog zugelassener Präparate das Produkt aufgenommen werden muß, wenn es der Arzt bei Krankenkassenpatienten verwenden will. Um dem Arzt die Überzeugung beizubringen, daß es sich um ein gutes Mittel handelt, bedarf es oft des Gutachtens einer Universitäts-Klinik oder der Empfehlung eines führenden Arztes, wobei sich diese sog. Autoritätswerbung sozusagen der Absatzhelfer zweiten Grades bedient, die ihrerseits die Absatzhelfer in Gestalt der verordnenden Ärzte beeinflussen.

Mit dem Begriff der Autorität tritt im Absatzkreis der Unternehmung die Gestalt des Konsum*führers* auf den Plan, der wiederum eine weitere wichtige Schicht innerhalb der Absatzhelfer verkörpert[1].

Wir finden solche *führenden* Persönlichkeiten u.a. in der Mode, wenn beispielsweise eine zunächst ungewohnte extravagant anmutende Neuheit, wie s.Z. die Lifty-Absätze an Damenschuhen, von einigen wenigen, mutigen Trägerinnen getragen und dadurch eingeführt werden. Wir finden sie in Gestalt aller Führerpersönlichkeiten, aller Maßgebenden in verschiedensten konkreten sozialen Gebilden: in einem Dorfe etwa, wo es für den Absatz Tabak oder Tabakwaren durch die einzige Handlung am Orte entscheidend ist, welche Marke der stillschweigend als Führer angesehene Mitbewohner raucht, oder wo es für den Absatz von künstlichen Düngemitteln entscheidend ist, daß einer, wiederum auf diesem Spezialgebiet führend, ein Versuchsfeld damit bearbeitet hat und seine Ergebnisse dadurch der Öffentlichkeit laufend demonstriert.

All diese Absatzhelfer gilt es zunächst vom Betrieb aus zu erkennen, zu gruppieren und zu umwerben, um sie planmäßig einzusetzen in ihrer Rolle, die sie selber aber freiwillig spielen. Indem ihre absatzfördernde Tätigkeit unwillkürlich und meist auch unbewußt ist, sind sie bedeutsame Träger der gesamten versteckten Werbung, zu der ja auch – als bewußte Organisation – die Pflege der public relations gehört. Ja, wir können sogar sagen, deren sämtliche sonstigen, sachlichen Mittel (wie Geschäftshaus, Ladenfront, Ausstellungen, Messen, Wettbewerbe usw.) dienen mit in erster Linie dazu, die von ihr beeindruckten und beeinflußten Menschen zu Absatzhelfern zu machen. Weil z.B. die Ausstellungsbesucher weitgehend irrational eingestellt und beeindruckbar sind, wird ihnen durch die Darbietung manches unbewußt "zu Gemüte geführt", das sie dann ebenso weitergeben.

Mit der Käuferschicht "Absatzhelfer" als letztes Beispiel wollen wir die Reihe der Zusammenfassungen schließen, die vom Betrieb her die Marktpartner gruppieren und die wir Käuferschichten im weiteren Sinn nannten.

Wenden wir uns nun den Käuferschichten im engeren Sinn zu, so meinen wir all die Gruppierungen der Marktpartner nach Gesichtspunkten, die außerhalb des Betriebs, in ihnen selber liegen.

IV

Mit der Gliederung der Käufer "vom Markt her" meinen wir nunmehr all die Zusammenfassungen nach Gesichtspunkten, die nicht im Betrieb, sondern im Marktpartner selber liegen, wie z.B. Alter, Geschlecht, Art des Wohnorts, Sozialschicht, Kaufkraftklasse u.a.m. Ich möchte die im eigentlichen Sinn des Wortes unendliche Vielfalt der Schichtungsmöglichkeiten in *drei* große Gruppen zusammenfassen:[2]

1. Nach der ganz allgemeinen Zugehörigkeit des Marktpartners zur "Menschheit". Hierzu gehören all die Gleichförmigkeiten, die sich aus dem Menschsein schlechthin ergeben, und denen jeder einzelne unterworfen ist, z.B.:

a) daß man gewissen *kosmischen Erscheinungen* unterworfen ist.

(Der Wechsel von Tag und Nacht gehört u.a. hier hinein, die Mondphasen, die Jahreszeiten – und in der Tat ist es für Absatz, Werbung und Konsum höchst bedeutsam, ob er sich am Tage oder in der Nacht abspielt. Der Werbeempfänger, der ein Schaufenster betrachtet, ist ein anderer, wenn er morgens rasch zum Dienst vorbeigeht, oder ob er abends nach Ladenschluß geruhsam schlendernd davor stehenbleibt. Die Dekorateure sollten für die eine wie für die andere Schicht verschiedene Fenster gestalten!)

b) Ein weiteres Faktum, dem jeder Mensch unterworfen ist, ist seine Zugehörigkeit zu dem einen oder dem anderen *Geschlecht* (einschließlich seiner gegensätzlichen Entsprechungen im Unbewußten, von der die moderne Psychologie zu sagen weiß).

Es ist klar, daß die Frauen eine andere Käuferschicht darstellen als der Mann, und ebenso, daß wir bei Marktuntersuchungen in gewissen Fällen von vornherein nur das eine oder nur das andere Geschlecht ins Auge fassen. – Indem wir die Schichtung nach dem Geschlecht einer Markterhebung zugrunde legen, können wir z.B. gewisse typische, sozusagen ewige Eigentümlichkeiten der Frau als gleichförmig unterstellen, auf sie z.B. auch unsere Werbemaßnahmen abstellen. (Allerdings müssen wir uns dabei vor allzu summarischen psychologischen Aussagen hüten, wie etwa: Der Mann ist rational, die Frau irrational eingestellt. In der Wirtschaft gilt das nur bedingt, denn z.B. ist die wirtschaftende Hausfrau beim Konsumkauf meist viel rechenhafter und rationaler eingestellt als der Mann, sie liest die Anzeigen viel sorgfältiger, insbesondere auch die katalogähnlichen Warenhaus-Angebote, und sie vergleicht die Preise sehr genau.)

c) Neben der Zugehörigkeit zu einem Geschlecht, ist ein weiterer Schichtungsgrund die Zugehörigkeit zu einem bestimmten Temperaments- oder Charaktertypus (einschließlich seiner körperlichen Merkmale), ferner

d) die zu einem bestimmten *Gesundheitszustand* (ein wesentlicher Schichtungsgrund z.B. für die Heilmittelwerbung, ja schon für die für schmerzstillende Mittel) und schließlich

e) zu einer bestimmten *Alters-Stufe* ...

Lassen wir es mit diesen allgemeinsten Schichtungsgründen – die natürlich lange nicht vollzählig aufgeführt werden konnten – bewenden und wenden wir uns

2. den *spezielleren Gliederungsgründen* zu, die im wesentlichen der Zugehörigkeit zu einem bestimmten Kulturkreis und einer aktuellen historischen Epoche entstammen. Auch hier nennen wir nur einige Beispiele, wie

a) Familienstand (verlobt, verheiratet, verwitwet, geschieden)
b) Stellung in der Familie (Vater, Mutter, Sohn, Tochter)
c) Konfession
d) Parteizugehörigkeit
e) Beruf bzw. Tätigkeit (da auch die Freizeitbeschäftigung absatzwirtschaftlich nicht weniger wichtig ist)
f) Bildung
g) Besitz als Grundlage der Kaufkraft.

Am Beispiel dieser letzten Schichtung nach Kaufkraftklassen sei zunächst gezeigt, daß es dabei gar nicht darauf ankommt, ja auch gar nicht möglich ist, die Kaufkraftklasse bis auf zehn DM genau abzugrenzen. Vielmehr genügt es, sie etwa so zu definieren, wie es der Befragungsdienst der Gesellschaft für Marktforschung in der Schweiz gegenüber seinen Befragern tut:

Kaufkraftklasse I = Personen, die sich jeden Luxus leisten können, in vornehmen Quartieren wohnen, ein oder zwei Autos besitzen, mehrere Hausangestellte beschäftigen, kostspielige Ferien machen, kurz: *Reiche Leute.*

Kaufkraftklasse II = Personen der Mittelklasse, ohne wirkliche finanzielle Schwierigkeiten, mit Radio, evtl. bescheidenem Wagen, Ferien in kleinen Hotels usw., kurz: diejenigen, die mit ihrem Verdienst gut auskommen und sich sogar von Zeit zu Zeit etwas Überflüssiges leisten: *Mittelstand.*

Kaufkraftklasse III = schwache Kaufkraft, Personen, die sich kaum drehen können und kaum den Grundbedarf zu decken vermögen, geschweige denn etwas für Luxus übrig haben. Mit einem Wort: *Arme Leute.*

Am Beispiel dieses Schichtungsgrundes wird uns noch ein weiteres deutlich, daß nämlich inhaltlich zwischen der geringen Kaufkraft und dem Preis, den man für manche Güter dennoch darin anlegt, keine Parallelität zu bestehen braucht. Man hat in Deutschland in der Zwischenkriegszeit die interessanten Feststellungen gemacht, daß besonders hochgezüchtete und entsprechend teure Produkte der Technik, wie z.B. die Kleinbildkameras vom Typ der Leica, sehr stark in Arbeiterkreisen des Ruhrgebietes gekauft wurden, und heute beobachtet man dasselbe, daß die kostspieligen Fernsehapparate in USA ebenfalls sehr viel – auf Abzahlung – in den untersten Einkommensschichten angeschafft werden.

Es zeigt sich hier, daß die Marktforschung also von einer bestimmten Käuferschichtung ausgeht, um zu untersuchen, wie Konsum und Bedarf sich in den einzelnen Stufenschichten abspielen, sie dann aber auf Grund der konkreten Tatsachen zu neuen Schichten kommt, wie etwa die derjenigen, die – Symbol unserer Zeit – von Hochleistungen der modernsten Technik so fasziniert sind, daß sie sie sich ohne Rücksicht auf Kaufkraft, Beruf, Bildung usw. zu eigen machen müssen.

Vom absetzenden Betrieb aus ist die Folge z.B. für die Preispolitik evident: Sie braucht sich in solchen Fällen *nicht* – wie man zunächst annehmen muß – nach der Kaufkraft richten.

Hätten wir somit zuerst die allgemeinen, ewigen Schichtungsgründe genannt, sodann an zweiter Stelle die spezielleren, aber auch noch allgemeinen, die sich aus der Zugehörigkeit zu einer bestimmten Kulturlage und -epoche ergeben, so bleibt uns noch der Hinweis auf eine *dritte* – und zugleich unübersehbar große Gruppe von Schichtungsgründen, nämlich

3. die mehr oder weniger *vom Zufall bestimmten* Zugehörigkeiten. Mit anderen Worten, man kann den ihnen zuzuordnenden Kategorien angehören, braucht es aber nicht. Als einzelne Beispiele seien genannt:

a) die Zugehörigkeit zu irgendwelchen *sozialen Kollektiven,* wie Vereinen, Bünden, Schulen, Betrieben,

b) *zufällige (vorübergehende) Zusammenfassungen mit unmittelbarer Formungswirkung:*

Zugehörigkeit zu einem Passantenstrom in der Großstadt am Morgen, am Mittag oder am Abend; Teilnahme an einer Versammlung, an einer

Theatervorstellung usw. Verlassen des Kinos, Bahnfahrt, Reisegesellschaft, Ausflug. – Schließlich

c) Zusammenfassung mit nur *mittelbarer* und doch auch unmittelbarer Formungswirkung: Telefonbesitz, Starkstromanschluß, auch Radio-Besitz.

Mit dem letzten Beispiel ist es so: Weil man ein Radio hat, hat man den *damit sachlich zusammenhängenden* Bedarf nach der Radiozeitung und vielleicht nach einem Kasten für ihre handgerechte Aufbewahrung, für Notizblock und Bleistift daneben – mittelbare Schichtenbildung nämlich als Bedarfsträger für Ergänzungsbedarf. – Unmittelbar dagegen ist die Schichtungsbildung durch das *Radiohören*, das u.U. eine solch intensive Gleichförmigkeit erzeugt, daß die Hörer zu einer zumindest latenten Masse werden, die aber unter besonderen Umständen als aktuelle Masse auf die Straße stürzen und Panik erzeugen kann ...

Für unser Thema können wir aus diesem Beispiel noch die folgende Erkenntnis gewinnen in bezug auf den Zusammenhang zwischen Käuferschicht und sozialem Kollektiv:

Käuferschichtung ist zunächst eine rationale, künstliche und abstrakte Zusammenfassung von Menschen, die irgendeine Gleichförmigkeit haben, aus der wir als Unternehmer gewisse Bedürfnisse und Bedarfe folgern können, und an die wir bei der Absatzgewinnung oder ihre Vorbereitung ansetzen können, damit sie ihre Bedürfnisse mit den *von uns* erstellten Gütern befriedigen. Käuferschicht in diesem Sinn ist also zunächst nur eine im Gehirn des Verkaufsleiters erdachte Konstruktion, welche Menschen zusammenschließt, die sich weder kennen noch sonst real miteinander etwas zu tun haben. Diese Konstruktion *kann* aber auch an einem konkreten sozialen Kollektiv ansetzen, wie es z.B. ein Verein darstellt, an dessen Mitgliedern wir sodann Werbebriefe schreiben, oder an einer latenten Masse, wie sie im verdunkelten Kino zusammensitzt und der gegenüber wir unsere Diapositivreklame zur Wirkung bringen.

Umgekehrt kann aber auch die abstrakte Käuferschicht zu einem konkreten Sozialgebilde werden, wenn die sie verbindende Gleichförmigkeit jedem einzelnen bewußt wird, so daß u.U. eine Gruppe mit ausgesprochenem "Wir-Gefühl" entsteht (z.B. als eine Art der Elite: Verbraucher teurer Markenprodukte: Elisabeth Arden, Kupferberg Riesling oder Gebraucher erster Automarken).

V

Unser Versuch einer Schichtungs-Systematik auf Grund einer Dreiteilung kann nun durch andere ergänzt werden. Brauchbar ist u.a. eine Zweiteilung *nach der Bezogenheit auf die Doppelpoligkeit des Menschen,* Individuum und Gemeinschaftswesen zu sein. Danach hätten wir

1. *sozial bedingte Schichtungsgründe* z.B. Staats- und Familienzugehörigkeit, Angeschlossenheit an Parteien, Konfessionen, Vereine usw.

2. *individuell bestimmte Schichtungsgründe,* z.B. Alter, Geschlecht, Charakter, Gesundheitszustand usw.

Praktisch dürfte auch die sehr allgemeine Scheidung sein *nach der Wichtigkeit* und Bedeutung, den der betreffende Schichtungsgrund für die Absatzwirtschaft hat. So könnte man scheiden:

1. *Hauptschichtungsgründe* – die man immer wieder beachten muß: Alter, Geschlecht, Art des Wohnorts, Beruf;

2. *Nebenschichtungsgründe,* die seltener, sozusagen ausgefallener und deshalb nicht so häufig zu berücksichtigen sind: Radiobastler, Kaninchenzüchter, Mitglieder von Kinderklubs usf.

Alles in allem ergibt es unendlich viele Schichtungsmöglichkeiten, denn vergessen wir nicht: Käuferschichten sind außer den genannten und ihren Unterarten auch all jene Bedarfsträger, die es durch eine bestimmte Bedürfnisart oder Kombination ihrer Teilkomponenten geworden sind[4]. Konkret gesprochen: z.B. all diejenigen Konsumenten, die Schokolade *aus Naschgründen* kaufen, oder aus Gründen der *Nahrung,* der *Anregung,* weil sie *satt macht,* aber nicht dick, weil es *chic oder modern* ist, Schokolade zu essen, oder die es *aus einer Kombination* dieser Motive heraus tun – sie alle bilden Käuferschichten, welche die betriebliche Absatzwirtschaft ins Auge zu fassen hat, um ihren Absatzgegenstand, den ganzen Betrieb oder seine Werbung darauf einzustellen. Käuferschichten sind solchermaßen auch alle durch irgendein Merkmal zu kennzeichnenden Kategorien, das uns gestattet, daraufhin bestimmte Bedürfnisse, Bedarfe oder Verhaltensweisen zu vermuten: Linkshänder oder Einarmige, Allergiker oder Rheumatiker, akustisch, optisch oder motorisch akzentuierte Gedächtnistypen, musikalische oder unmusikalische Menschen, ästhetisch differenzierte oder primitive, Farbenblinde oder Normalsichtige – kurz es gibt nichts, was irgendein Merkmal darstellt und nicht zugleich auch als Schichtungsgrund absatzwirtschaftlich relevant sein kann.

Käuferschichtung als Zusammenfassung von Marktpartnern nach jeweils *einem* Gliederungsgrund ist ein wesentliches Mittel der gesamten vorbereitenden wie durchführenden Absatzpolitik. Sie spielt eine besonders wichtige Rolle in der Marktforschung und dient hier dazu, die marktgerechte Produktion und Leistungserstellung zu ermöglichen, indem man erst fragt, wie denn der Empfänger unserer Leistungen oder wer sonst damit zu tun hat, *aussieht,* damit die für ihn bestimmten Betriebsäußerungen so gestaltet werden können, daß sie ihm entsprechen.

Die Frage "Wie sieht unser Marktpartner aus?" zielt zunächst auf seine Einreihung in die Skala der Stufen innerhalb der jeweils *einen* Merkmalreihe, die wir über *einem* Schichtungsgrund errichten. (Beispiel: die Lebensaltersstufen). Darüber hinaus zielt sie aber auch auf eine *Kombination* dieser einzelnen Schichtungsgründe zu einem Merkmalsbündel, mit einem Wort auf die *"Käufergestalt"* als Ganzes ...

Und wozu machen wir das alles? – Wir suchen den Absatzpartner zu erkennen, um mit unseren Leistungen und Äußerungen genauer zielen und besser treffen zu können, letzten Endes also um unseren Absatz zu steigern oder zu sichern, kurz, um die Wirtschaftlichkeit unseres Betriebes zu erhöhen. Dieses betriebsegoistische Ziel liegt ja auf dem Grund alles Wirtschaftens, dessen Wesen ja überall und immer darin besteht, irgend etwas aufzuwenden, um ein Mehr an Ertrag zu erreichen.

Dieses Wirtschaftsdenken aber – wenn es in Reinkultur praktiziert und immer weiter entwickelt wird, dadurch hypertrophiert und überwuchernd auf andere Lebensgebiete übergreift – führt dazu, daß der Mensch einseitig wird, daß er sein Leben durch die ständige ich-bezogene Nutzkosten-Ergänzungen verzweckt und verwirtschaftet und dadurch in seiner Ganzheit kläglich verkümmert.

Indem wir uns aber im Absatz- und Marktdenken – wenn auch zunächst aus den gleichen wirtschaftsegoistischen Zwecken – bemühen, uns *in den Marktpartner zu versetzen,* uns in ihn hineinzufühlen, um ihm daraufhin mit dem zu kommen, was *er* braucht und zu seinem Glück zu benötigen glaubt – da treten wir für diese Zeit, und sei es nur einen Augenblick lang, aus dem egoistischen Zweckbereich des Wirtschaftens hinaus. In diesem Augenblick aber, indem wir uns *verstehen* – schon in diesem Wort kommt das zum Ausdruck – in ein "Du" hineinversetzen, in die Seele des Nebenmenschen eindringen, der dadurch zum *Mit-Menschen* wird, in dem Augenblick muß der Absatzsucher seine Zweckabsicht vergessen, und die *wirtschaftliche* Einstellung wandelt sich zu einer menschlichen schlechthin.

So wird also in der Käuferschichtung aus dem Marktverstehen ein *Menschenverstehen,* aus einem Werkzeug absatzwirtschaftlicher Rationalisierung wird ein Mittel der Vermenschlichung der Wirtschaft, die diese – das wissen wir alle – dringend nötig hat. Was auf anderen betriebswirtschaftlichen Teilgebieten – in der internen Organisation, in der Personalpflege, in der Menschenführung ebenfalls erstrebt wird – das geschieht hier im Absatzkreis mit dem Blick nach außen.

In dieser Tatsache, daß ein Instrument der Wirtschaftlichkeitserhöhung zugleich zu einem Heilmittel für die Regeneration der menschlichen Beziehungen werden kann, darin liegt vielleicht die zwar überwirtschaftliche, aber gerade dadurch größte Bedeutung des Marktdenkens und seiner Anwendung in der Käuferschichtung.

Anmerkungen

1 Über seine besondere Problematik im Zusammenhang der sich innerhalb der Marktbeziehungen bildenden Kollektive vgl. Lisowsky "Individuum und Kollektiv als Marktfaktoren" in der Festgabe zum 50jährigen Jubiläum der Handels-Hochschule St. Gallen, St. Gallen 1949.

2 Vgl. hierzu den bereits 1932 erschienenen Aufsatz "Werbeinhalte" des Verfassers in der Zeitschrift für Betriebswirtschaft, Heft 1.

3 Vgl. hierzu *Hans Künkel* "Das Gesetz deines Lebens", Jena 1933.

4 Hier ist auf die von Vershofen inaugurierte "Nutzenspaltung" hinzuweisen, wie sie im Handbuch der Verbrauchsforschung Bd. I, Berlin 1940, S. 71, dargestellt worden ist. Vgl. hierzu auch Lisowsky "Steigerung der Marktleistung" in "Leistungssteigerung in Betrieb und Unternehmung", Zürich 1948, S. 44 ff.

Gerhard Scherhorn

Über die Bedeutung des Verbraucherverhaltens für die Funktionsfähigkeit des Marktes

Forschung kann unparteiisch, unvoreingenommen, sogar wertfrei sein; aber nur dann, wenn sie von vornherein zugibt, daß sie es *nicht* ist – daß sie keinen Alleinvertretungsanspruch erhebt, sondern ihr eigenes Forschungsinteresse verfolgt, das mit anderen Interessen konkurriert. Denn die Überzeugung, ein bestimmter Forschungsansatz sei der einem Objekt einzig angemessene, kann die Erforschung dieses Objekts auf einen zu engen Blickwinkel beschränken. So mögen die Verheißungen der Atomforschung zwei Jahrzehnte lang dazu beigetragen haben, daß die Erschließung konkurrierender Energiequellen verzögert wurde. So mag auch die allgemeine Auffassung vom Markt und von der Rolle des Verbrauchers jahrzehntelang auf den Blickwinkel einer marketingorientierten Markt- und Konsumforschung eingeengt worden sein, die nicht den einzelnen Markt insgesamt auf seine Funktionsfähigkeit analysiert, sondern den Absatzmarkt der beteiligten Unternehmen auf seine Aufnahmefähigkeit, die nicht die Interaktion der Anbieter und Nachfrager für relevant hält, sondern die Reaktion der Nachfrager auf die von den Anbietern gesetzten Bedingungen.

Anzeichen dafür, daß dieses partikulare Forschungsinteresse auch heute allgemeine Geltung beansprucht, gibt es genug. Verbreitet ist und wird die Vorstellung, mit den Absatzchancen der Anbieter würden zugleich auch die Interessen der Nachfrager hinreichend erforscht; schon das Fehlschlagen vieler neu eingeführter Produkte zeige überdeutlich, wie entscheidend der Einfluß der Nachfrager auf die Marktentwicklung sei; kein Anbieter könne es sich schließlich leisten, im Aufspüren der Nachfragerwünsche hinter seinen Konkurrenten zurückzubleiben; die Verbraucherbedürfnisse kenne im Grunde niemand besser als der, der sich von Berufs wegen mit den Reaktionen der Nachfrage beschäftigen muß (z.B. Rost, 1976).

Nun soll niemandem das Recht bestritten werden, mit derlei Begründungen für seine Deutung der Welt zu werben, oder vielleicht auch für seine Dienste. Bestritten wird jedoch, daß auf realen Märkten eine posi-

Aus: Zeitschrift für Verbraucherpolitik 1 (1977), H. 1, Verlag Luchterhand, Neuwied; S. 20-31 tive Reaktion der Nachfrage auf die Bedingungen des Angebots als Beweis dafür gelten könnte, daß die Anbieter das Interesse der Nachfrager bestmöglich erfüllen (Heinen, 1973). Die positive Reaktion der Nachfrage schließt niemals aus, daß das Interesse der Nachfrager auf günstigere Bedingungen gerichtet war; und nur in der idealen Welt des vollkommenen oder doch wenigstens voll funktionsfähigen Wettbewerbs sind die realisierten Bedingungen zugleich auch die günstigsten, die überhaupt erzielbar gewesen wären.

Die Erhebung von Verbraucher-Reaktionen genügt nicht

Im folgenden soll gezeigt werden, daß der verbraucherorientierte Ansatz der Verbraucherforschung nicht nur zur Aufhellung des Verbraucherinteresses, zur Klärung seiner Divergenzen mit dem Anbieterinteresse erforderlich ist, sondern darüber hinaus auch zu einem umfassenderen Bild von der Funktionsweise des Marktes und den Bedingungen seiner Funktionsfähigkeit beitragen kann, als die Beschränkung auf einen einseitig anbieterorientierten Ansatz es zu liefern vermag.

Als *Funktion* des Marktes soll dabei die Aufgabe oder Leistung untersucht werden, die Versorgung der Nachfrager an deren Bedürfnissen zu orientieren und gemäß dieser Orientierung weiterzuentwickeln. Es wird nicht behauptet, daß dies die einzige Funktion sei, die dem Markt zugeordnet werden kann, wohl aber – und sicherlich im Einklang mit der allgemeinen Auffassung – daß zu den Funktionen des Marktes diese jedenfalls gehört ...

Auch soll nicht der Eindruck erweckt werden, als könnte Verbraucherforschung sich in der behandelten Fragestellung erschöpfen. Es gibt außerhalb und innerhalb der Analyse von Konsumgütermärkten zahlreiche Probleme der Verbraucherforschung, von denen in diesem Beitrag keine Rede ist. Hier soll lediglich an einem Beispiel veranschaulicht werden, was verbraucherorientierte Forschung bedeutet und in welcher Weise sie anbieterorientierte Forschungsrichtungen ergänzen oder korrigieren kann.

Aber ist es wirklich erforderlich, der Einseitigkeit des marketingorientierten Forschungsinteresses eine verbraucherorientierte Forschungsrichtung entgegenzusetzen, die ihrerseits einseitig angelegt sein muß? Wäre es nicht besser, den dort bereits vorhandenen theoretischen und methodischen Ansatz so weit auszubauen, daß die erzielten Ergebnisse ebensowohl im Nachfrager- wie im Anbieterinteresse verwendbar sind? (z.B. Kroeber-Riel 1975, S. 39). Wenn beispielsweise die empirische Beobachtung der Reaktionen von Verbrauchern auf Werbung ergibt, daß Verbraucher bestimmte Widerstände gegen das Beeinflußtwerden aufbauen, so könnte der Befund einerseits im Anbieterinteresse dazu benutzt werden, solche Wiederstände zu umgehen oder abzubauen, während seine Anwendung im Verbraucherinteresse andererseits zu Maßnahmen führen könnte, den Widerstand eher noch zu verstärken (Kroeber-Riel, 1973).

Doch wird die Vorstellung von einer distanzierten Erforschung der Zusammenhänge im menschlichen Verhalten, deren Ergebnisse unparteiisch zur Verfügung gestellt werden, der Wirklichkeit nicht immer gerecht. Denn es ist nicht Wißbegierde allein, was die Gesellschaft dazu veranlaßt, Forschung zu finanzieren, sondern auch Verwertungsinteresse. Dieses bestimmt oftmals schon die Ansätze der "reinen" Forschung, allemal aber die der angewandten. Und wenn die angewandte Forschung überwiegend anbieterorientiert ist, so gibt es für den Wissenschaftler, der die einseitige Verwertung von Forschungsergebnissen nicht gutheißt, nur einen Weg: er muß selber darauf achten, daß ein Teil der angewandten Forschung verbraucherorientiert ist. Denn oftmals erfordert das die Untersuchung ganz anderer Sachverhalte.

Dafür ein Beispiel. Der Rahmen eines *marketing*orientierten Forschungsprojekts, das auf Absatzmärkte konzentriert ist und die Reaktionen von Verbrauchern auf Werbemaßnahmen analysiert, würde im allgemeinen gesprengt, wenn man ernstlich versuchen wollte, die Frage mitzuberücksichtigen, die bei *verbraucher*orientierter Analyse von Werbemaßnahmen zu stellen wären, mit denen Verbraucher zum Kauf bestimmter Güter bewogen werden sollen: Wieweit die Werbung Handlungsalternativen beiseiteläßt, die die gleichen Zwecke erfüllen würden wie diese Güter; wieweit sie zweckdienlich Angaben über die beworbenen Güter selbst beiseiteläßt oder verändert; welche Informationen es den Verbrauchern ermöglichen würden, eine Übersicht über die Vor- und Nachteile aller verfügbaren Handlungsmöglichkeiten zu gewinnen; wie im Vergleich dazu die Informationen beschaffen sind, die von den Anbietern der beworbenen Konsumgüter ausgesandt werden oder die die Verbraucher aus anderen Quellen erhalten (oder bereits besitzen); wie die Verbraucher unter dem Einfluß dieser Informationen handeln, und wie sich ihr Verhalten ändert, wenn stattdessen oder danach die fehlenden Informationen hinzugefügt und die einseitigen oder unrichtigen korrigiert werden ...

Auch das Verbraucherinteresse darf nicht idealisiert werden

Bei der Untersuchung solcher Fragen darf man auf der anderen Seite nicht der Versuchung erliegen, nun seinerseits das Verbraucherinteresse mit dem Gemeinwohl zu verwechseln. Die von Adam Smith begründete Ideologie, den Konsum als "sole end and purpose" allen Wirtschaftens zu betrachten, hat den ihr zugedachten Zweck nicht erfüllt, sondern die tatsächlichen Verhältnisse eher verschleiert. Dem Wirtschaften kann man ebensogut auch die Aufgabe zuweisen, den Menschen befriedigende Tätigkeiten zu vermitteln. Steht der Wunsch danach im Widerstreit zu den auf Konsum gerichteten Bedürfnissen, so muß dieser Streit ausgetragen statt hinwegdefiniert werden.

Das Verbraucherinteresse darf daher ebenso wenig idealisiert werden wie das Anbieterinteresse. Wie dieses entspringt es einzelwirtschaftlichen Beweggründen, so wenig wie dieses hat es einen Anspruch auf Bevorzugung. Solange man davon ausgehen muß, daß das Verbraucherinteresse in seinen Durchsetzungschancen behindert wird und den ihm entgegenstehenden Interessen weit unterlegen ist, liegt in der Forderung, ihm erst einmal gleichen Rang einzuräumen, eine für das praktische politische Handeln brauchbare Faustformel. Wenn man dagegen nach einer dauerhaften Leitvorstellung für den Rang eines Partikularinteresses sucht, so fragt man nach seiner Bedeutung für die Funktions- und Entwicklungsfähigkeit des politischen, gesellschaftlichen, wirtschaftlichen Systems.

Wir haben uns daran gewöhnt, das Anbieterinteresse nach seiner Bedeutung für den Wettbewerb zu bewerten und ihm diejenigen Rechte einzuräumen, die es für diese Funktion braucht. Doch scheint es, als legten wir dabei eine simplifizierende Vorstellung vom Wettbewerb zugrunde: simplifizierend, weil wir einseitig dem Konkurrenzverhalten der Anbieter Wirkungen zuschreiben, die zugleich auch auf Verhaltensweisen der Nachfrager angewiesen sind; diese jedoch unterstellen wir als selbstverständlich, obwohl sie erschwert und behindert werden, oder lassen sie gar nicht zu, obwohl sie notwendig oder förderlich wären.

Es sei daher nach den Verhaltensweisen der Verbraucher gefragt, die für die Funktionsfähigkeit des Marktes dergestalt erforderlich sind, daß sie den Wettbewerb der Anbieter ermöglichen, verstärken, vielleicht auch ergänzen oder womöglich ersetzen. Die normative Leitvorstellung, von der dieser Versuch ausgeht, sei mit drei Thesen umrissen:

- In der industriellen Arbeitsteilung zwischen Unternehmen und Haushalten fällt den Unternehmen eine Gestaltungs- oder, wenn man will, Führungsrolle zu: sie fällen die Entscheidungen über den Einsatz von Ressourcen, aus denen die Qualität, die Menge und der Preis der Konsumgüter resultiert, mit denen die Haushalte versorgt werden können.
- Die Aufgabe der Konsumenten in diesem Rollenverhältnis besteht darin, durch defensive Reaktion auf Produzenten-Entscheidungen *(Widerstand)* und wo möglich auch durch *Partizipation* an der Vorbereitung dieser Entscheidungen dahin zu wirken, daß ihre Interessen zur Geltung kommen.
- Daran, dies wirksam zu tun, werden sie erstens dadurch gehindert, daß sie im Vergleich zum durchschnittlichen Unternehmen ein geringes Arbeitspotential auf verhältnismäßig kleine Mengen von verhältnismäßig vielen Gütern aufteilen müssen, zweitens dadurch, daß sie infolge eines unausgewogenen Verhältnisses von berufs- und haushaltsbezogener Ausbildung einen ins Gewicht fallenden Wissensrückstand aufweisen, und drittens auch dadurch, daß die gesellschaftlichen Institutionen, die ihnen Widerstand und Partizipation ermöglichen würden, zum Teil mangelhaft oder gar nicht zur Verfügung stehen (Raffée, 1969).

Aus diesen drei Thesen ergibt sich eine vierte, die einen diametralen Unterschied zwischen der Verbraucherforschung und der Marketingforschung (zumindest soweit sie »angewandt« werden) bezeichnet: diese sucht nach Wegen, den Widerstand der Verbraucher gegen Maßnahmen von Anbietern zu vermindern, jene hat im Gegensatz dazu herauszufinden, auf welche Weise den Verbrauchern Widerstand und Partizipation ermöglicht oder erleichtert und deren Wirkung auf die Anbieter erhöht werden kann. Beide sind nicht auf diese Aufgaben beschränkt und daher nicht durch diesen Unterschied allein zu charakterisieren. Beiden geht es, zumindest in diesem Bereich, nicht etwa um *das* Verhalten, sondern um die Frage, wie und wie weit dieses Verhalten ohne Anwendung oder Androhung von Zwang geändert werden kann. Die Richtung der Änderung ist es, die den Unterschied macht. Das Beispiel des Preiswiderstandes soll das anschaulich machen.

Widerstand von Verbrauchern gegen Anbietermaßnahmen kann in verschiedenen Formen auftreten und sich gegen verschiedene Objekte richten. Als Formen des Widerstandes sollen betrachtet werden: Erstens der Aufschub des Kaufs, die Verlagerung des Kaufs auf einen anderen Anbieter und der Verzicht auf den Kauf, die man zusammenfassend als *Nichtkauf* bezeichnen kann. Zweitens die Berufung auf Regeln, die der Anbieter durch sein Verhalten verletzt hat und die mit rechtlichen oder moralischen Sanktionen belegt sind. Sie umfaßt die Kritik, insbesondere die öffentliche, ebenso wie das Appellieren an rechtliche Instanzen, insbesondere an Gerichte. Wir bezeichnen sie zusammenfassend als *Widerspruch* (Hirschman, 1970). Drittens das individuelle »Feilschen« um möglichst günstige Angebotsbedingungen und das kollektive Verhandeln zwischen Vertretern des Verbraucherinteresses (Verbänden oder anderen Organisationen einschließlich Behörden) und Vertretern mehrerer oder einzelner Unternehmen. Zusammenfassend kann man hier von *Verhandlung* sprechen.

Als Objekte des Widerstands kommen alle Ergebnisse von Anbieterentscheidungen in Betracht, die sich für die Verbraucher nachteilig auswirken können: der Preis und die Qualität von Produkten sowie die Entscheidung, das Produkt überhaupt anzubieten oder nicht anzubieten, die Präsentation von Produkten in Verpackung, Display und Werbung, ferner der Standort des Anbieters und die sonstigen Bedingungen des Angebots (Kundendienst, Zahlungs- und Lieferbedingungen) und schließlich auch die Umweltwirkungen von Anbieterentscheidungen.

Die Bedeutung des Verbraucherverhaltens für die Funktionsfähigkeit des Marktes ist nicht nur im Widerstand zu suchen, sondern auch in der Partizipation, die hier nicht behandelt wird, und nicht nur bei einzelnen Objekten des Widerstands, sondern bei allen. Doch mag der *Preiswiderstand,* der hier exemplarisch dargestellt wird, besonders geeignet sein, zugleich auch den Unterschied zwischen der Marketing- und der Verbraucherforschung zu pointieren. Dieser Begriff, in Anlehnung an den in der Finanzwissenschaft gebräuchlichen Begriff des Steuerwiderstandes gebildet (Schmölders, 1965), soll anzeigen, daß der Widerstand gegen Preiserhöhungen oder als zu hoch empfundene Preise gerichtet ist. Er kann am Verhalten der Verbraucher gemessen werden, aber auch an der Einstellung, die diesem Verhalten zugrundeliegt. Preiswiderstand als Einstellung steht im Gegensatz zu dem Begriff der »Preisbereitschaft«

– der Bereitschaft, einen Preis (noch) zu akzeptieren – der in den meist unveröffentlichten Untersuchungen der angewandten Marketingforschung gelegentlich verwendet wird. Dieser entspricht etwa Gabors »buy response« (Gabor, 1973).

Marketing und Marketingforschung widmen einen sehr großen Teil ihrer Aktivität der Verminderung des Preiswiderstandes (der Erhöhung der Preisbereitschaft). Man setzt beispielsweise den Preis möglichst dicht unter der vermuteten Schwelle des Widerstandes an. Man versucht beim Käufer die Bereitschaft zur kritischen Überprüfung des Preises herabzusetzen oder gering zu halten: durch Geschäftsausstattung oder Verkäuferverhalten, durch Erschwerung der Preistransparenz, durch Produktdifferenzierung. Über das Image des Gutes versucht man, den vom Verbraucher noch als angemessen empfundenen (Höchst)-Preis, dessen Überschreitung Widerstand auslösen würde, anzuheben oder auf seiner Höhe zu halten. Die Erhöhung des Preises versucht man durch verschleierte Reduzierung der Menge zu ersetzen, durch Scheininnovation oder Packungskosmetik zu bemänteln, durch Verstärkung des Unternehmens-Image annehmbar zu machen.

Die Funktionsfähigkeit von Märkten, deren Anbieter solche Marketingstrategien verfolgen, setzt keineswegs nur den Wettbewerb der Anbieter und die bewegliche Reaktion der Nachfrager (die Verlagerung des Kaufs) voraus, sondern fordert den Nachfragern auch andere Formen des Preiswiderstands ab; denn auf solchen Märkten findet das Streben der Anbieter nach monopolistischem Handlungsspielraum in der Vielfalt der tatsächlichen und vorgeblichen Qualitätsunterschiede eine allzu wirksame Stütze. *Allzu* wirksam, weil die Heterogenität es ihnen leicht macht, Markterfolge ohne entsprechende Marktleistung zu erringen. Um die Eliminierung *dieser* Markterfolge geht es bei der Verstärkung des Preiswiderstandes, nicht etwa um die Eliminierung desjenigen teureren Angebots, dem eine höhere Leistung entspricht. Auch preisbewußte Verbraucher werden die Tankstelle, die für Benzin einen höheren Preis fordert, dann nicht wechseln, wenn dort der Service besser ist.

Allgemeiner formuliert: Verbraucher sind im allgemeinen bereit, mehr für ein Gut zu zahlen, wenn sie den Eindruck haben, daß es knapper, exklusiver, mit geringerem Risiko behaftet, sozial begehrter und angesehener, qualitativ besser ist. Soweit dieser Eindruck den Tatsachen entspricht, ist die Schwächung des Preiswiderstands unvermeidlich. Soweit er auf Täuschung oder Selbsttäuschung über die tatsächlichen Eigenschaften der Güter beruht, kann die Verbraucherpolitik der so bedingten Schwächung des Preiswiderstandes entgegenwirken.

Das kann auf drei Wegen geschehen: durch Erhöhung der Preistransparenz, durch Verbesserung der Qualitätstransparenz und durch Stärkung der individuellen und kollektiven Fähigkeit von Verbrauchern, beide zu nutzen. Die Verbraucherforschung hat dabei die Aufgabe, zum einen die Ursachen der Minderung des Preiswiderstandes zu untersuchen, zum zweiten für die Verbraucherpolitik geeignete Gegenmaßnahmen zu entwicklen und deren Wirkung zu kontrollieren, und zum dritten bei einigen dieser Maßnahmen selber aktiv zu sein. Dies gilt beispielsweise für die Preiserhebungen, die zur Beschaffung und Vermittlung von Preistranzparenz in ständiger Wiederholung erforderlich sind.

Die Preistransparenz ist zu gering

Betrachten wir zunächst den einfachsten Fall: die Qualität der konkurrierenden Güter sei homogen. Preisunterschiede werden entweder wegen sonstiger Vorzüge der Anbieter oder aus Unkenntnis akzeptiert –also wegen mangelnder Preistransparenz. Der Preiswiderstand werde an der Bereitschaft der Verbraucher gemessen, sich mit den ihnen bekanntgewordenen Preisen für eine Produktvariante, die sie in engere Wahl gezogen haben (z.B. ein Kühlschrankmodell), nicht abzufinden, sondern nach günstigeren Möglichkeiten zu suchen.

Zur weiteren Präzisierung des Falles kann man unterstellen, daß die Zahl der Anbieter großstädtischen Maßstäben entspricht und daß die geforderten Preise deutliche Unterschiede aufweisen; daß die Verbraucher zu Beginn keine Kenntnis von den geforderten Preisen haben und daß sie sich die Übersicht über diese selber beschaffen; daß sie sich dabei nur der von den Anbietern zur Verfügung gestellten Informationen bedienen und daß ihre Fähigkeit, mit Marktinformationen umzugehen, die eines normalen Konsumenten nicht wesentlich übersteigt. Schließlich sei noch angenommen, daß alle Anbieter ihre Produkte mit Festpreisen ausgezeichnet haben, so daß die zu beschaffende Preistransparenz lediglich in der Übersicht über die Verteilung der Preise besteht.

Viele Verbraucher werden die Informationssuche schon beenden, nachdem sie erst einen kleinen Teil der Preise kennen, weil sie den dafür zu leistenden Aufwand in Rechnung stellen und weil sie in ihrer Gesamtheit eine Verteilung der Preise erwarten, die es ihnen ermöglicht, schon durch geringen Informationsaufwand zu einem günstigen Kauf zu gelangen. Die tatsächliche Häufigkeitsverteilung der Preise wird aber in vielen Fällen so beschaffen sein, daß die Realisierung eines günstigen Kaufs einen hohen Informationsaufwand erforderte (Schmidbauer, 1977); sie wird den Preiswiderstand erschweren.

Insgesamt wird das Ergebnis sein, daß schon unter vergleichsweise günstigen, die Marktübersicht noch relativ wenig erschwerenden Verhältnissen im allgemeinen die Übersichtlichkeit des Marktes zu gering ist, um den Verbrauchern die Beschaffung von Preistransparenz aus eigener Kraft zu ermöglichen. Auch gibt es kein Argument, das in diesem Falle dagegen spräche, daß die Funktionsfähigkeit des Marktes durch geringere Preistransparenz beeinträchtigt und durch größere gestärkt wird. Gewiß: die bewegliche Reaktion der Nachfrager auf Preiswettbewerb darf nicht so groß werden, daß den teureren Anbietern die Anpassung nicht mehr möglich ist, weil sie schon vorher schließen müssen (Hirschman, 1970). Aber angesichts der bestehenden räumlichen, persönlichen und sachlichen Präferenzen vieler Verbraucher für bestimmte Anbieter ist die Beweglichkeit der Nachfrage häufig gering genug, diesen im Gegenteil die Anpassung überhaupt zu ersparen. Das erreichbare Mehr an Preistransparenz würde diese Situation gewiß nicht in ihr anderes Extrem verkehren. Auch die Vermutung, hohe Preistransparenz könnte lähmend auf den Preiswettbewerb wirken, dürfte nur auf oligopolistischen Märkten hinreichend viel für sich haben. Dort aber ist der Preiswettbewerb schon bei geringer Preistransparenz schwach.

Nach alledem ist es offenbar im Interesse der Funktionsfähigkeit des Marktes, den Verbrauchern die Beschaffung von Preistransparenz durch Senkung der Informationskosten zu erleichtern, also die Übersichtlichkeit des Marktes etwa dadurch zu erhöhen, daß die Ergebnisse regelmäßig durchgeführter Preiserhebungen den Verbrauchern in einer Form vermittelt werden, die diesen vor Augen führen, daß es sich lohnt, länger nach einem günstigeren Kauf zu suchen, und wo er zu suchen ist. Diese Folgerung scheint auch dann haltbar, wenn wir die Bedingungen des untersuchten Falles verändern – solange nur die Annahme über die Anzahl der Anbieter und die Größe der Preisunterschiede unangetastet bleibt.

Erste Variation: die Preise stehen nicht fest, es kann verhandelt werden. Hier ist es für den Preiswiderstand der Verbraucher sogar noch wichtiger, daß sie von unabhängiger Seite Anhaltspunkte dafür erhalten, was jeweils als »hoher« und als »niedriger« Preis für ein Produkt anzusehen ist.

Zweite Variation: die Preise setzen sich aus mehreren Einzelposten zusammen (Grundpreis, Zubehörpreis, Betriebskosten). Hier ist die unabhängige vergleichende Information über das, was an Kosten bei der Entscheidung für ein bestimmtes Produkt zu erwarten ist, auch aus dem zusätzlichen Grund erforderlich, weil viele Verbraucher die Rechnung nicht durchführen können, sei es aus Mangel an Unterlagen oder an Fähigkeiten.

Dritte Variation: die Qualität der konkurrierenden Produktvarianten ist nicht homogen, korreliert aber positiv mit dem Preis. In diesem Fall wird die Preistransparenz keineswegs schon durch die Information hergestellt, daß ein höherer Preis einer besseren Qualität entspricht, sondern erst dadurch, daß der Verbraucher die Verteilung der Preis- und Qualitätsabstufungen kennt, um für den günstigsten Kauf die seinen Bedarfsvorstellungen genügende Mindestqualität herausfinden zu können (Maynes, 1976).

Vierte Variation: die konkurrierenden Angebote sind in bezug auf ihre Quantität nicht unmittelbar vergleichbar. Für diesen Fall, der sich in erster Linie auf abgepackte Massengüter bezieht, hat sich das Bestreben, Preistransparenz herzustellen, auf die Verpflichtung der Anbieter konzentriert, vergleichbare Packungsgrößen zu verwenden, Mogelpackungen zu vermeiden, die Preise für vergleichbare Größeneinheiten anzugeben (unit pricing). Doch gibt es Anhaltspunkte dafür, daß der Preiswiderstand durch weitere Maßnahmen wesentlich verstärkt werden kann. So fanden Russo, Krieser und Miyashita (1975), daß die übersichtliche Anordnung der Preise für konkurrierende Produkte durch den Anbieter selbst (und zwar in Listenform, geordnet nach der Höhe der Preise, beim niedrigsten beginnend) die Wahrscheinlichkeit eines günstigeren Kaufs beträchtlich über das hinaus erhöhen kann, was durch die bloße Vergleichbarkeit der den Packungen aufgedruckten Preise erreichbar ist.

Imagebildende Marketingstrategien behindern den Preiswiderstand

Die Meinungen der Verbraucher darüber, welcher Preis für ein bestimmtes Gut akzeptabel ist, kann man nach alledem als *die* strategische Größe für den Beitrag des Verbraucherverhaltens zum Preiswettbewerb ansehen. Sie darf nicht als gegeben hingenommen, auch nicht als eine lediglich vom Einkommen und den Qualitätsansprüchen abhängige Variable betrachtet, sondern muß in ihrer Interdependenz mit dem jeweiligen Ergebnis des Preiswettbewerbs gesehen werden. Beide beeinflussen sich wechselseitig. Daß sich dieser wechselseitige Einfluß ungehindert auswirken kann, setzt die Übersichtlichkeit des Marktes für den Verbraucher voraus. Diese erfordert nicht nur übersichtliche Preise. Denn überall dort, wo die konkurrierenden Angebote in bezug auf ihre Qualität nicht unmittelbar vergleichbar sind, wird Preistransparenz überhaupt erst möglich, wenn Qualitätstransparenz hergestellt ist.

Geringe Qualitätstransparenz senkt den Preiswiderstand der Verbraucher, weil sie bei diesen Täuschungen über das Preis-Nutzen-Verhältnis der konkurrierenden Angebote hervorruft oder zuläßt. Daß solche Täuschungen vorkommen, wird nirgends bestritten. Daß sie sehr häufig seien, stößt schon eher auf Widerspruch. Besonders kontrovers aber ist die hier verfolgte These, daß sie systematisch zusammenhängen mit dem Bestreben der Anbieter, ihren Produkten über den reinen Gebrauchswert hinaus Imagewerte zu verleihen, die sich dem kritischen Urteil prinzipiell entziehen. Vertreter des Marketing erheben die Gegenthese, im Regelfall handle es sich um Eigenschaften, die den Verbrauchern wert seien, weil gerade die Differenzierung, die Anreicherung, das Flair, die Exklusivität, die Solidität oder was immer die Anmutung sein mag, die vom Image des Gutes oder des Herstellers ausgeht, ihren besonderen Bedürfnissen entsprächen.

Man muß diese Gegenthese ernstnehmen. Sie führt zu der Erkenntnis, daß Qualität allgemeingültig nur definiert und verglichen werden kann, wenn sie auf den *Gebrauchswert* zurückgeführt wird. Das ist darin begründet, daß die derart abgetrennten (Image-)Bestandteile der Güterqualität vom Verbraucher selbst beurteilt werden können, und nur von ihm, wogegen die objektiv nachprüfbaren Eigenschaften, die den Gebrauchswert der Güter ausmachen, von den Verbrauchern gerade nicht beurteilt werden können. Denn die Unterschiede oder Nichtunterschiede im Gebrauchswert moderner Produkte sind oftmals nur von Fachleuten zu beurteilen.

Da die Verbraucher sich gleichwohl ihr Urteil selber bilden müssen, greifen sie zu Ersatzverfahren der Qualitätsbeurteilung, die ihrer Lebenserfahrung entsprechen, und orientieren sich an Hilfskriterien wie dem Preis, der Marke, dem Image des Gutes und des Herstellers, dem Markterfolg des Gutes, den Aussagen der Werbung, dem Rat des Verkäufers, dem Urteil von Bekannten (Cox, 1967). Dies eröffnet imagebildenden Marketingstrategien die Chance, den Preiswiderstand zu behindern. Denn wenn das Image eines Gutes oder Anbieters das Urteil über den Gebrauchswert beeinflußt, so entsteht unzulängliche Qualitätstransparenz, weil dem Verbraucher verborgen bleibt, daß konkurrierende Produktvarianten unterschiedlichen Preises von gleichem Gebrauchswert oder daß konkurrierende Produktvarianten gleichen Preises von unterschiedlichem Gebrauchswert sind.

Wo diese Täuschung nicht besteht, da ist selbstverständlich nicht zu erwarten, daß sich alle Verbraucher für das Angebot mit dem höchsten Preis-Gebrauchswert-Verhältnis entscheiden. Es kann nicht Ziel der Verbraucherpolitik sein, Verbraucher davon abzubringen, daß in der Kaufentscheidung auch das Image eines Gutes berücksichtigt wird. Doch auf der anderen Seite ist die Funktionsfähigkeit des Marktes gefährdet, wenn dieser Entscheidung eine falsche Information über den Gebrauchswert des Gutes zugrunde liegt. Denn die Reaktion, die in der Kaufentscheidung liegt, gibt dann weder über die tatsächlichen Bedürfnisse der Verbraucher Auskunft, noch entspricht sie den tatsächlichen Marktleistungen der Anbieter.

Den Preiswiderstand durch Förderung der Qualitätstransparenz zu verstärken, kommen beispielsweise in Betracht: das Verbot irreführender Werbung; die Pflicht für den Werbenden, seine Aussagen ggf. zu beweisen; die Einführung von Informations- und Kennzeichnungspflichten für den Anbieter und die Normung der Angaben, die eine informative Warenkennzeichnung enthalten muß; die breitere und häufigere Durchführung vergleichender Warentests; das Bereitstellen leicht zugänglicher Abrufinformationen über Qualitäten und Preise; und schließlich auch die gezielte Gegeninformation.

Voraussetzungen für aktiven Preiswiderstand

Daß Verbraucher auf Grund solcher Maßnahmen den Preiswiderstand nicht nur in ihren Einstellungen, sondern auch in ihrem Verhalten verstärken, dafür gibt es bisher kaum Anhaltspunkte; es gibt aber auch kaum Untersuchungen darüber. Aus einer eigenen Studie über die Wirksamkeit gezielter Gegeninformation haben wir die Erwartung gewonnen, daß der aktive Preiswiderstand der Verbraucher sich auf zahlreichen Märkten noch beträchtlich verstärken würde, wären diese transparenter (Scherhorn & Wieken 1972).

Keineswegs im Widerspruch dazu steht das Ergebnis Thorellis, der zusammen mit Becker und Engledow (1975) aus international vergleichenden Befragungen den Schluß zieht, daß nur ein relativ kleiner Teil aller Verbraucher dazu disponiert ist, sich durch aktive Informationssuche Preis- und Qualitätstransparenz zu verschaffen, wenn diese Aktivität Umwege einschließt wie die Lektüre von Testzeitschriften oder den Besuch von Verbraucherberatungsstellen. Es ist nun einmal nicht zu erwarten, daß das Einschlagen von Informationsumwegen die entlastenden Verfahren ablösen könnte, die heute im Informationsverhalten der meisten Verbraucher eine so große Rolle spielen. Das Bemühen der Verbraucherpolitik, die Übersichtlichkeit des Marktes zu verbessern, muß daher gerade bei den Entscheidungshilfen ansetzen, die der Markt den Verbrauchern zur Verfügung stellt.

Dafür drei Beispiele. Erstens: Die orientierende Funktion der Marke wird entwertet, wenn zulässig ist, daß ein Produkt unter verschiedenen Markennamen angeboten wird. Zweitens: Die orientierende Funktion der Werbung und der Produktkennzeichnung wird erst dadurch hergestellt, daß die Anbieter dazu verpflichtet werden, Normen der Mindestinformation über den Gebrauchswert der angebotenen Güter einzuhalten. Drittens: Die orientierende Funktion vergleichender Preiserhebungen und vergleichender Warentests wird für die Mehrheit der Verbraucher erst wirksam, wenn die Ergebnisse des Vergleichs ihnen dadurch zugänglich gemacht werden, daß sie gleichsam an ihrem Wege aufgestellt werden, also in die Informationsquellen einfließen, die sie ohnehin benutzen.

Mit alledem ist nur der individuelle, nicht der kollektive Preiswiderstand angesprochen. Aus Untersuchungen, in denen keine nennenswerte Reaktion der Verbraucher auf verbesserte Kennzeichnung von Waren festgestellt werden konnte, zieht Padberg – allerdings mit großer Zurückhaltung – den Schluß, daß durch solche Maßnahmen wohl stärker die Aktivität von Verbrauchergruppen als die einzelner Verbraucher gefördert werden (Padberg, 1977). Seine These gilt zwar im Grunde dem Widerstand gegen mangelhafte Qualität, dessen Problematik hier nicht behandelt werden kann. Doch spielt auch für den Preiswiderstand das kollektive Verhalten eine bedeutende Rolle, denn je weniger der Wettbewerb ausreicht, den Verbrauchern Preiswiderstand durch Nichtkauf zu ermöglichen, desto mehr ist der Preiswiderstand auf die verbleibenden

Formen des Widerspruchs und der Verhandlung angewiesen. Diese aber führen bei konsequenter Anwendung zu kollektivem Verhalten:

- der Widerspruch, weil der individuelle Verbraucher nur selten genug Zeit, Kenntnisse und Geld aufbringt, ihn zu erheben, so daß Breitenwirkung vom Widerspruch nur erwartet werden kann, wenn sich Verbraucherorganisationen der Einzelfälle annehmen. In manchen rechtlichen Fragen ist zudem nicht einzelnen Verbrauchern, sondern von vornherein nur Verbraucherorganisationen das Recht eingeräumt, Widerspruch zu erheben;
- die Verhandlung, weil der Versuch des einzelnen Verbrauchers, bessere Angebotsbedingungen auszuhandeln, am ehesten dort Erfolg verspricht, wo er einem vorhandenen Wettbewerb zu besserer Wirkung verhelfen kann, und am wenigsten dort, wo er an die Stelle des Wettbewerbs treten müßte. Dazu kann, wenn überhaupt, nur eine kollektive Aktion stark genug sein.

Preiswiderstand durch Kollektivverhandlung, auf lokaler wie auf überregionaler Ebene, erforderte auf der Verbraucherseite den Nachweis von Kosten- und Preissenkungsmöglichkeiten, sei es an Hand von Vergleichsmärkten, sei es durch Heranziehung von Experten. Solche Verhandlungen, öffentlich vorbereitet und geführt, könnten die Bereitschaft der Verbraucher zum Kaufaufschub oder Kaufverzicht verstärken, die bei nicht lebensnotwendigen Gütern latent stets gegeben ist, und auf diese Weise den Sanktionsdruck erzeugen, der hinter einer erfolgreichen Verhandlung stehen muß.

Unnötig hinzuzufügen, daß dafür zwar Ansätze erkennbar sind, die rechtlich und organisatorischen Voraussetzungen aber weitgehend fehlen. Es ist möglich, daß die Entwicklung des Wettbewerbs in manchen Wirtschaftsbereichen es in Zukunft erforderlich macht, solche Voraussetzungen zu schaffen. Denn die Erfahrung zeigt, daß es bei beschränktem Wettbewerb mit der Methode des (kartell-)rechtlichen Widerspruchs nur in seltenen Fällen gelingt, Anbieter zur Reduzierung überhöhter Preise zu veranlassen.

Der vorliegende Beitrag hat sich ausführlicher mit den Verhaltensweisen der Konsumenten befaßt, die den Wettbewerb der Anbieter ermöglichen und verstärken als mit denen, die den Wettbewerb ergänzen und womöglich ersetzen können. Deshalb sei noch einmal betont, daß die Funktionsfähigkeit des Marktes den Verbrauchern nicht nur die Reaktion des Nichtkaufs abfordert, sondern von ihnen darüber hinaus individuelle und kollektive Aktivitäten im Bereich des Widerspruchs und Verhandlung verlangt...

Literatur

Cox, C. F. (1967). *Risk taking and information handling in consumer behavior.* Boston: Harvard University Press.

Gabor, A. (1973). Price and consumer behaviour – A review. *Omega, 1* 3, 279-296.

Heinen, E. (1973). Determinanten des Konsumentenverhaltens – zur Problematik der Konsumentensouveränität. In: H. Koch (Hrsg.), *Zur Theorie des Absatzes. Festschrift für Erich Gutenberg,* S. 83-130. Wiesbaden: Gabler.

Hirschman, A. O. (1970). *Exit, voice, and loyalty.* Cambridge, Mass.: Harvard University Press. Deutsch: Abwanderung und Widerspruch. Tübingen: Mohr, 1974.

Kroeber-Riel, W. (1973). Werbung als beeinflussende Kommunikation. In: W. Kroeber-Riel (Hrsg.); *Konsumentenverhalten und Marketing,* S. 137-162. Opladen: Westdeutscher Verlag.

Kroeber-Riel, W. (1975). *Konsumentenverhalten.* München: Vahlen.

Maynes, E. S. (1976). *Decision-making for consumers.* New York: Macmillan.

Padberg, D. I. (1977). Non-use benefits of mandatory consumer information programs. *Zeitschrift für Verbraucherpolitik, 1,* 5-14.

Raffée, H. (1969). *Konsumenteninformation und Beschaffungsentscheidung des privaten Haushalts.* Stuttgart: Poeschel.

Rost, D. (1976). Die Vorstellung vom hilflosen Verbraucher. In: *Beratung in der Marktwirtschaft.* Frankfurt: Hauptberatungsstelle für Elektrizitätsanwendung e.V.

Russo, J. E., Kriese, G., & Miyashita, S. (1975). An effective display of unit price information. *Journal of Marketing,* 39 (2), 11-19.

Scherhorn, G., et al. (1975). *Verbraucherinteresse und Verbraucherpolitik.* Göttingen: Schwartz.

Scherhorn, G., & Wieken, K. (1972). On the effect of counterinformation on consumers. In: B. Strumpel, J. N. Morgan, & E. Zahn (Eds.), *Human behavior in economic affairs,* S. 421-431. Amsterdam: Elsevier. Deutsch: Über die Wirksamkeit von Gegeninformationen für Konsumenten. In: K. G. Specht & G. Wiswede (Hrsg.), Marketing-Soziologie, S. 257-266. Berlin: Duncker & Humblot, 1976.

Schmidbauer, K. (1977). Zur Preisstruktur auf Konsumgütermärkten. *Zeitschrift für Verbraucherpolitik, 1,* 90-97.

Schmölders, G. (1965). *Allgemeine Steuerlehre* (4. Aufl.). Berlin: Duncker & Humblot.

Thorelli, H. B., Becker, H., & Engledow, J. (1975). *The information seekers.* Cambridge, Mass.: Ballinger.

Wolf F. Fischer-Winkelmann

Marginalien zur Konsumentensouveränität als einem Axiom der Marketing-Theorie

Bei den folgenden kritischen Anmerkungen zur These von der Konsumentensouveränität als einem grundlegenden Lehrsatz in der deutschen Absatzlehre gehe ich davon aus, daß der jüngste Sproß der deutschen Absatzwissenschaft, die Marketing-Lehre[1], de facto und nicht nur vorgeblich »den gegenwärtigen Wandel im Charakter der betriebswirtschaftlichen Forschung und Erkenntnis von der *verstehenden* zur operationalen, m. a. W. zu einer für das praktische Handeln geeigneten Theorie«[2] reflektiert, wie es jüngst formuliert wurde. Die Referenzpunkte meiner Überlegungen sind das Streben nach einer *operationalen* Marketing-Theorie und die Kriterien, die dieses Streben für eine Marketing-Lehre involviert, wenn ein den neueren wissenschaftslogischen Einsichten verpflichtetes erfahrungswissenschaftliches Konzept betriebswirtschaftlichen Forschens zugrunde gelegt wird[3]. Die Kenntnis der Spielregeln eines empirischen Wissenschaftsspiels in der Betriebswirtschaftslehre, die zugleich die Standards für die Brauchbarkeit betriebswirtschaftlicher Forschungsresultate in der Wirtschaftspraxis abgeben, darf vorausgesetzt werden.

Wenn man die moderne Logik der Betriebswirtschaftslehre zugrunde legt, so scheint mir die Frage noch unbeantwortet zu sein, wie auf diesem Hintergrund eine Marketing-Lehre zu qualifizieren ist, in der laut Bekunden einiger ihrer Exponenten nach einer *operationalen* (Marketing-)Theorie gestrebt wird, für die es aber gleichzeitig als unumstößlich angesehen wird, daß der Konsument König *ist*[4], das heißt mit anderen Worten als eine Art axiologisches Axiom des Aussagengebäudes, das folgende exempli causa herausgegriffene Zitat aus einem weitverbreiteten einführenden Marketing-Lehrbuch betrachtet werden kann: »Bezugspunkt unseres Wirtschaftssystems ist der *Konsument* resp. *Verwender* einer Leistung, dessen Kaufentscheidungen gewissermaßen die Funktion eines Scherbengerichtes über die Anbieter erfüllen!«[5]

Aus: Schmalenbachs Zeitschrift für betriebswirtschaftliche Forschung 25 (1973), Verlag Handelsblatt, Düsseldorf; S. 161-175

Man könnte auch so fragen: Ist es unter einer *deklarierten* theoretischen Zielsetzung *für* eine Marketing-Lehre als eine zweckadäquate Verfahrensweise zu werten, wenn in der neueren deutschen Absatzlehre die aus den USA stammende Marketing-Philosophie adoptiert und weiter ausgebaut wird, eine »Philosophie«, die davon ausgeht, daß die Erfüllung der Wünsche der »souveränen« Konsumenten die wirtschaftliche und gesellschaftliche *Rechtfertigung* der Existenz erwerbswirtschaftlich betriebener Unternehmen ist[6], eine »Philosophie« der Unternehmensführung, die in der deutschen Absatzlehre die Tradition einer gesamtwirtschaftlichen Schau (Beurteilung) des Marktgeschehens[7] neu beleben bzw. bewahren hilft und beispielsweise zu von der »Idee der gesamtwirtschaftlichen Verpflichtung beeinflußten Definition *des* Marketings«[8] anleitet?

Die Antwort auf die gestellten Fragen lassen sich aus den Konsequenzen ablesen, die eine derartige Grundlegung für den Charakter der entsprechenden Marketing-Lehre hat.

Dem Verständnis der Auffassung, man könnte die These der Konsumentensouveränität zum Ausgangspunkt bzw. zur Grundlage eines umfassenden Interpretationsversuches des Geschehens in Unternehmen und auf den Märkten machen, *ohne* gleichzeitig die Realisierung der Zielsetzung »Erklärung und Prognose absatzwirtschaftlichen Verhaltens und Förderung eines effizienteren (= rationaleren) Handelns in der Wirklichkeit« zu behindern oder gar zu verhindern, kommt man ein beträchtliches Stück näher, wenn man in Rechnung stellt, daß viele Betriebswirte den aus der Mikroökonomie übernommenen Satz vom Verbraucher als dem Souverän des Marktgeschehens als eine haltbare Tatsachenaussage begreifen. Lernen doch bereits die Studenten der Betriebswirtschaftslehre in den einführenden Werken, daß das letzte Ziel allen Wirtschaftens die Befriedigung der Konsumentenbedürfnisse mit Sachgütern und Dienstleistungen *ist,* daß dies die gleichsam »in der Sache liegende«, letzte »ökonomische« Zwecksetzung darstellt. Und so dürfte es intuitiv einsichtig sein, daß man in der deutschen Marketing-Lehre teilweise von der »Bedürfnisbefriedigung der souveränen Konsumenten als letztem Sinn und Zweck der Wirtschaft« ausgehen zu können glaubt und die These von der Konsumentensouveränität (d.h. hier u.a. der Willensfreiheit, der Nichtmanipulierung bzw. -manipulierbarkeit der Konsumenten) für unbedenklich verwendbar und nicht weiter reflektierenswert hält[9] bzw. diese These als Grundannahme wissenschaftlich rechtfertigen oder verteidigen zu können meint[10].

Ein Grund, warum in der Literatur unter Hinweis auf die mißlichen Folgen erst sehr spärlich Kritik an diesem Unterbau für eine operable Marketing-Theorie auftaucht, ist m. E. der folgende. Es ist der aufgrund der langen wirtschaftswissenschaftlichen Gepflogenheit sozusagen »selbstverständlich« gewordenen Denkweise und der den angehenden Studenten in der einführenden Grundlagenliteratur[11] bereits vermittelten »ökonomischen« Perspektive zuzuschreiben, wenn unter Betriebswirten als bekannt vorausgesetzt wird, daß die »Aufgabe«, der »Zweck« oder das »Ziel der Wirtschaft« in der Befriedigung der Konsumentenbedürfnisse bestehe[12] und die Wirtschaftstheorie in *nachprüfbarer* Weise über diesen letzten Zweck wirtschaftlicher Betätigung und die Möglichkeiten seiner Verwirklichung[13] informieren könne. Vertraute Argumentationen, die fast den Charakter von Denkschablonen besitzen, und ein ehrwürdiges Alter von Argumenten (wie z. B. dem von der Knappheit) sollten jedoch auch in der Absatzlehre nicht davon abhalten, Fragen wie die nach dem »Ziel der Wirtschaft« auf ihre Fruchtbarkeit unter einer absatztheoretischen Zielsetzung kritisch unter die Lupe zu nehmen und aus den Ergebnissen einer solchen kritischen Analyse für die Forschung wie für die Lehre die entsprechenden Konsequenzen zu ziehen[14].

Und solche Konsequenzen wären zu ziehen! Um ein Teilergebnis unserer Untersuchung vorwegzunehmen. Ist der Entwurf einer operablen Marketing-Theorie ernstlich beabsichtigt, dann »erlaubt« es diese Absicht nicht, in einer Marketing-Lehre weiterhin an der Behauptung, daß das Wirtschaften ausschließlich auf eine »möglichst gute Bedarfsdeckung«, eine »optimale« oder »maximale Bedürfnisbefriedigung« der Konsumenten hin angelegt sei (oder wie die gängigen Formeln sonst noch lauten), *als einer Tatsachenbehauptung* festzuhalten und die These vom souveränen Konsumenten der nationalökonomischen »Theorie« zu übernehmen bzw. eine gesamtwirtschaftliche Sicht des Wirtschaftsgeschehens absatzwissenschaftlichen Untersuchungen zugrunde zu legen. Denn damit wird eine Ausgangsposition bezogen, die die von einem Marketing-Theoretiker zu fordernde vorurteilslose Betrachtung wirtschaftlicher Abläufe ausschließt und zur Produktion ideologischer Aussagen geradezu prädisponiert; es wird nicht sozioökonomisches Geschehen erklärt, sondern im Mantel absatzwissenschaftlicher Erkenntnisse versteckt bewertet!

Diese Behauptung ließe sich noch ausführlicher begründen, als ich es hier anhand einiger beispielhafter Argumente tun werde.

Ein typisches Produkt eines kryptonormativen absatzwissenschaftlichen Problemlösungsverhaltens im Zusammenhang mit der These der Konsumentensouveränität ist z.B. die von Wissenschaftlern wahrscheinlich meist unbewußt vollzogene Verlegung aller *theoretisch relevanten* Zielsetzungen in die Konsumsphäre. Damit wird nichts anderes als eine gediegene Stellungnahme in Form einer »ökonomistischen« Wertung als die »theoretische« Lösung der empirischen Frage angeboten, welche Motive Menschen zu wirtschaften, d.h. *aber nicht nur* zum konsumieren veranlassen. Ein weiteres illustratives Beispiel für eine theoretischen Intentionen in der absatzwirtschaftlichen Forschung zuwiderlaufende Verfahrensweise, das zu erforschende empirische Problem durch ein höchstsubjektives Werturteil vorzuentscheiden und dieses Werturteil als Erkenntnis zu präsentieren, ist das obige Zitat vom souveränen Konsumenten, dessen Kaufentscheidungen die Funktion eines Scherbengerichtes erfüllen – *sollen*[15]! Mit der dahinter steckenden Weltanschauung werde ich mich später noch beschäftigen.

In der der Rede vom »Ziel der Wirtschaft« entspringende versteckt-wertenden Sicht der wirtschaftlichen Prozesse erscheinen die Unternehmer in der Literatur als bloße *Aufgaben*erfüller bzw. -vollstrecker der Konsumentenwünsche, die ihm über den Markt signalisiert werden.

Der seine Entschlüsse frei treffende und immer und überall dem klassischen Rationalprinzip entsprechend handelnde Konsument (ein wirtschaftswissenschaftliches Retortenprodukt) und seine Bedürfnisse sind der Ursprung *und* die Rechtfertigung allen Wirtschaftens zugleich. Daraus ergibt sich dann zwanglos die »vikarische Funktion« *des* Unternehmers der traditionellen nationalökonomischen »Theorie«, klarer *Doktrin*bildung, und der amerikanischen Marketing-Philosophie. Und das Bild einer »optimalen« (im Sinne von »demokratischen«) Organisation der Wirtschaft durch die sich über den Konkurrenzmechanismus vollziehende Ausrichtung der Produktionsprozesse auf die Konsumentenbedürfnisse als die Zielpunkte unternehmerischen Entscheidens kann als Faktum in das sozioökonomische Geschehen hineinprojiziert werden[16].

Auf diese Weise erhält man keinen Abguß der Realität, es wird nicht der faktische Wirtschaftsablauf erklärt; im Gegenteil. Von den in den Bereich der Wirtschaft fallenden Verhaltensweisen werden nur diejenigen als »wirtschaftlich«, »aufgabenkonform« oder ähnlich *positiv* ausgezeichnet, die einzig und allein der Bedürfnisbefriedigung der *Konsumenten* dienen; andererseits will man aber nicht auf eine umfassende

Interpretation des mit »Wirtschaft« umschriebenen Realitätskomplexes verzichten. Was hinter den mit Ausschließlichkeitsanspruch ausgestatteten Aussagen über das »Ziel der Wirtschaft« im Grunde steckt, ist eine rein willkürliche Kombination von *vorausgesetzter* Wertung und einer *definitorischen* Festsetzung. Wenn in einem modernen amerikanischen Marketing-Lehrbuch zu lesen ist: »Adam Smith und andere Wirtschaftswissenschaftler und Philosophen vor und nach ihm haben die grundlegende Bedeutung der Konsumtion dargestellt – sie ist die einzige soziale und wirtschaftliche Rechtfertigung der Produktion« und in deutschen Marketing-Lehrbüchern verwandte Gedankengänge auftauchen, so zeigt dies nur, daß die bereits vierzig Jahre alte Kritik des Nobelpreisträgers *Myrdal:* »Die Konsumtion ist der einzige Zweck der Produktion, so kann man es in allen wirtschaftswissenschaftlichen Handbüchern von Adam Smith an lesen. Mit anderen Worten: Der Mensch arbeitet, um leben zu können. Man beachte, daß das ... eine Welt- und Lebensanschauung ist«[17] nicht rezipiert wird. Die in der Absatzliteratur bei der Diskussion des »Ziels der Wirtschaft« anzutreffende ökonomische Ideologie der Befriedigung der sinnlichen Interessen der Konsumenten als dem im Wesen der Wirtschaft liegenden letzten Zweck, »dieser vulgäre Begriff ›Wirtschaft‹« *(G. Weisser)*, spiegelt die weltanschaulichen Entscheidungen der betreffenden Autoren – die sie bestenfalls für die der Betroffenen halten mögen –, nicht aber irgendeine absatzwissenschaftliche Erkenntnis wider.

In der Marketing-Lehre führt jede Frage nach dem »Ziel der Wirtschaft« unter theoretischem Gesichtspunkt zwangsläufig in eine Sackgasse, wenn im »Ziel der Wirtschaft« mehr als eine lediglich aus stilistischen Erwägungen heraus gewählte Metapher für die Gesamtheit der miteinander übereinstimmenden oder sich widersprechenden oder indifferenten Zielvorstellungen der wirtschaftenden, d.h. hier nicht nur der Sachgüter und Dienstleistungen konsumierenden, sondern auch produzierenden, verteilenden usw. Menschen gesehen wird. Denn die Eigenschaften, Ziele zu formulieren, einen eigenen Willen zu besitzen, Wünsche zu äußern, Bedürfnisse zu haben, sich zu entscheiden, d.h. eine überlegte Wahl zwischen realisierbaren oder nur vorgestellten Situationen zu treffen, zu handeln usw., kommen nur menschlichen Individuen, nicht aber der Wirtschaft, der Gesellschaft, der Gemeinschaft, dem Volk, dem Staat usw. zu. Mit dem Ausdruck »Wirtschaft« führt man nichts anderes als eine bequeme, weil abkürzende Sprechweise ein, um in etwa einen Ausschnitt aus der Wirklichkeit zu bezeichnen; mehr aber nicht! Es wäre ein krasses, aus einer Wort-Sach-Identifikation herrührendes Mißverständnis der Sprache, zu glauben, daß damit, daß wir das Wort »Wirtschaft« besitzen und für seine Verwendung im Sprachverkehr Regeln aufstellen bzw. vorschlagen, zugleich auch die Existenz einer supraindividuellen subjektähnlichen Wesensheit »Wirtschaft« behaupten würden bzw. könnten, über die sich in Analogie zu Menschen theoretische Aussagen über »ihre« Ziele, »ihre« »Handlungen« etc. machen ließen. Für theoretische Aussagen könnte man sogar auf das Wort »Wirtschaft« ganz verzichten!

Die Wirtschaft zu einer Art Kollektiv-Subjekt mit individuumähnlichen Zügen zu machen, gelingt nur über eine – vor allem im wirtschaftswissenschaftlichen Wesenskult nicht unbekannte – Begriffshypostasierung der »Wirtschaft« durch eine essentialistische Definition, die das wissenschaftliche Arbeiten unbestreitbar erleichtert, weil sie für »Erklärungen« des wirtschaftlichen Geschehens vom Interessenpluralismus auf der Produktions- wie Konsumtionsseite wie vom Interdependenzzusammenhang des sozialen Geschehens im sozioökonomischen Raum zu abstrahieren[18] und *den* Unternehmer – ebenfalls eines dieser Erkenntnisfortschritte hemmenden betriebswirtschaftlichen Artefakte – als *Mittel* zur Realisierung der der Wirtschaft inhärenten Zielsetzung zu interpretieren gestattet, womit das für individuelle Entscheidungsprozesse u.U. taugliche Zweck-Mittel-Schema für hinreichende »Erklärungen« eines Teilausschnittes aus dem sozialen Gesamtzusammenhang und der sich darin abspielenden sozialen Prozesse verwertbar erscheint. In Richtung hin auf die Entwicklung operabler absatztheoretischer Aussagen befindet man sich bei einem solchen Vorgehen aber nicht mehr, sondern im Bereich der wirtschaftspolitischen Mythenbildung[19].

Wenn nun jüngst von Vertretern der deutschen Marketing-Lehre die Behauptung aufgestellt wurde, daß durch *das* Marketing – womit in der Literatur meist recht verschwommene Formen marktpolitischen Verhaltens in Unternehmen umschrieben, präziser: *gefordert* zu werden pflegen – »eine bestmögliche Funktionserfüllung gewährleistet« werde, da *das »Marketing* ... implizite eine optimale Bedürfnisbefriedigung« zu sichern bzw. »der Gesellschaft zu einem bestimmten Lebensstandard, zur Wohlfahrt (zu) verhelfen«[20] in der Lage sei, so zeigt sich an diesem Beispiel zweierlei:

Erstens, daß die »bestmögliche« oder »maximale« Befriedigung der *Konsumenten*bedürfnisse immer noch als ein theoretischer Satz betrachtet wird.

Und zweitens den Glauben, es sei Marketing-Theoretikern *allein* mit den Mitteln ihrer Wissenschaft möglich, eine gesamtwirtschaftliche Nutzen- oder Wohlfahrtsfunktion als gesellschaftlichen Wertmesser zu konstruieren, der es dann möglich macht, *objektiv,* d.h. intersubjektiv nachprüfbar, die Höhe der Bedürfnisbefriedigung, des »standard of living« oder Wohlfahrt einer wirtschaftenden Gesamtheit an jedem beliebigen Zeitpunkt festzustellen, an verschiedenen Zeitpunkten miteinander zu vergleichen, die gesamtwirtschaftliche Nutzenstiftung, Wohlfahrtsmehrung bzw. -minderung einzelner wirtschaftlicher Aktivitäten zu ermitteln, und die Bedingungen anzugeben, unter denen die »kollektive« Bedürfnisbefriedigung bzw. die »wirtschaftliche Wohlfahrt« usw. ihr Maximum (Optimum) erreicht usf. Daß letzteres auf rein kognitivem Wege prinzipiell nicht möglich ist – und als Konsequenz solche Problemstellungen aus dem Problemkatalog marketing-theoretischer Forschung gestrichen gehören –, darauf wurde in der Kritik an der Wohlfahrtsökonomie seit *Myrdal* immer wieder hingewiesen[21].

Um keine Mißverständnisse aufkommen zu lassen: *ich behaupte hier nicht,* daß ein bis heute zwar fehlender (multidimensionaler) Maßstab für einen intersubjektiv nachprüfbaren Vergleich der Bedürfnisbefriedigung wirtschaftender Menschen nicht irgendwann einmal aufgefunden und über die interpersonelle Bedürfnisbefriedigung im Bereich der Wirtschaft in verschiedenen historischen Situationen keine empirisch-gehaltvollen Aussagen gemacht werden könnten. Ich behaupte vielmehr nur, daß jede Feststellung eines »wirtschaftlichen« oder »sozialen« Nutzen*maximums* bzw. -optimums *in jedem Falle* von Absatzwissenschaftlern wegen der aus dem wirtschaftlichen Alltag einfach nicht wegleugbaren Interessenkonflikte und unterschiedlichen Interessenlagen der wirtschaftenden Menschen eine subjektive, willkürliche, d.h. von individuellen und durch nichts als die einzig richtigen beweisbaren Wertvorstellungen geprägte Entscheidung logisch notwendig darüber verlangt, *wie* die Befriedigung von Bedürfnissen *zu bewerten ist.* Werturteile, mag ihnen durch ihre äußere sprachliche Einkleidung der Anschein deskriptiver Sätze gegeben werden, wie das in der Absatzlehre bei den Produkten einer »rein wirtschaftlichen Sicht« des Marktgeschehens z.B. meist der Fall zu sein pflegt, sind aber keine absatzwissenschaftlichen Erkenntnisse; sie sind inakzeptabel, wenn empirisch-materiale absatzwirtschaftliche Probleme gelöst werden sollen, und gehören eliminiert.

Aus dem oben Gesagten läßt sich folgender Schluß ziehen: Wer in der deutschen Marketing-Lehre der Marketing-Theorie die Lösung von Problemstellungen wie: »*Was ist das* Ziel *der* Wirtschaft?«, »Wann liegt eine optimale Bedürfnisbefriedigung vor«? oder »Wann erreicht die wirtschaftliche Wohlfahrt ihr Maximum (Optimum)?« zur Aufgabe macht, macht diese Marketing-Theorie wegen des nur weltanschaulich zu bewältigenden Indexproblems für die »optimale Bedürfnisbefriedigung« oder andere in diesem Zusammenhang für bedeutsam erachtete soziale Globalgrößen zu einer unter falscher Flagge segelnden Wissenschaft, *nämlich zu einer Ideologie,* die im Zusammenhang mit der Fiktion des rational und unabhängig agierenden Konsumenten die noch fehlende theoretische Aufklärung über die faktischen sozialen Auswirkungen der in den Unternehmen tatsächlich betriebenen Produktions- und Absatzpolitik z.B. als ein unnötiges Geschäft erscheinen läßt. Eine fehlende Kenntnis der geschilderten Sachlage bzw. eine unterentwickelte konsequent-kritische Haltung im Wissenschaftsbetrieb haben in der Absatzlehre zur Folge, daß »absatzwissenschaftliche« Apologien wirtschaftlicher Erscheinungen und Institutionen mit einer absatztheoretischen Zielsetzung ohne weiteres vereinbar erscheinen und nicht als a-theoretische Beschäftigung demaskiert werden. Ich denke hier beispielsweise nur an die Versuche, sich mit der Produktivität des institutionellen Handelns »theoretisch« auseinanderzusetzen und dessen Existenzberechtigung u.a. über eine »Lehre von den Handelsfunktionen« zu beweisen – eine weitgehend noch unerschlossene Fundgrube für die unterentwickelte betriebswirtschaftliche Ideologiekritik[22] – oder an die Entproblematisierung bzw. Ideologisierung sozialer Bezüge in und außerhalb der Unternehmen.

Kroeber-Riel hat jüngst darauf hingewiesen, daß das Festhalten an der These vom rational und unabhängig handelnden Konsumenten als *der* Entscheidungsinstanz, nach der sich unternehmerisches Handeln in der »Theorie« ausrichtet, das unternehmerische Handeln aus jeglicher sozialer Verantwortung und Verpflichtung entläßt und dem Konsumenten als dem wahren Souverän des Marktes die Verantwortung für die sozial-negativen Auswirkungen (wie z.B. Umweltverschmutzung, Lärm, Streß usw.) der letztlich immer konsumorientierten Produktions- und Vertriebsentscheidungen aufbürdet. Das sozioökonomische Geschehen wird – bewußt oder unbewußt – ausschließlich selektiv zugunsten eines bestimmten Erkenntnisinteresses »erklärt«, womit die wissenschaftliche Praxis ideologische Natur gewinnt[23].

Da die operationale Definition eines *deskriptiv* verwendbaren Maßstabes für eine objektive Messung der interpersonellen Bedürfnisbefriedigung noch nicht geglückt ist[24], bedeutet dies für die Absatzlehre im gegenwärtigen Zeitpunkt, daß den in der literarischen Diskussion um die Bedeutung *des* Marketing als stichhaltig in die Debatte geworfenen marketing-»theoretischen« Aussagen über die Bedürfnisbefriedigung, die gesamtwirtschaftliche Nutzenstiftung, die wirtschaftliche Wohlfahrt usw., den das »im rechten Sinn verstandene« Marketing zwangsläufig nach sich ziehe, jeglicher informative (und damit auch operative) Gehalt abgeht, *daß sie empirisch leer sind* (pseudoempirische Leerformeln)[25].

Diese Aussagen sind Scheinaussagen, pseudowissenschaftliche Sätze, Floskeln – was ihre wissenschaftliche Brauchbarkeit aus-, ihre meist unentdeckt bleibende ideologische Manipulierung und Verwendbarkeit aber einschließt! Das mag in der politischen (einschließlich unternehmenspolitischen) Agitation zur Tarnung der wahren Interessenlagen und der Verschleierung der faktischen sozialen Sachverhalte recht nützlich sein, für den Marketing-Theoretiker bedeutet dies unter dem Aspekt der wissenschaftlichen Objektivität jedoch den Verzicht auf solche »absatztheoretischen« Räsonnements. Echte absatztheoretische Erkenntnisse über die Wirkungszusammenhänge am Markt würden die Möglichkeiten erschließen, die pseudorationale Maskerade der an der traditionellen Rede vom »Ziel der Wirtschaft« aufgehängten ideologischen Denkschemata zu destruieren, um die wahren sozialen Gegebenheiten auf den Märkten zu enthüllen, die verdunkelt werden sollen oder ausgeklammert werden. Als Absatzwissenschaftler gerät man dabei nicht mit dem Wertfreiheitsprinzip in Kollision. Denn das Postulat der wissenschaftlichen Objektivität verurteilt den Absatzwissenschaftler nicht zu einer moralisch-politischen Abstinenz in seiner wissenschaftlichen Arbeit, die theoretische Interpretation des faktischen Geschehens in Unternehmen und auf den Märkten kann – *je nach Wahl der Sachprobleme* – durch den aufklärenden Effekt beträchtliche sozialkritische Wirkungen entfalten.

Wenn dagegen in jüngster Zeit in der deutschen Marketing-Literatur im Rahmen eines deklarierten Strebens nach einer operablen Marketing-Theorie der Versuch unternommen wird, zur Rechtfertigung *des* Marketing (*und* der sich damit beschäftigenden Marketing-Lehre!) gegenüber der empirisch erhärtbaren und auch bestätigten Feststellung, Konsumenten würden im wirtschaftlichen Alltag manipuliert und einer massiven kommerziellen Beeinflussung ausgesetzt und seien keineswegs die das Marktgeschehen souverän dirigierenden und gestaltenden Subjekte, zu der sie in der Absatzlehre (und Mikroökonomie) teils hochstilisiert werden, die »welfare economics« zur Hilfe zu nehmen, um zu zeigen, »wie die Bedarfsweckung die ›Nachfrageproduktion‹, unter wohlfahrtsökonomischen Aspekten zu beurteilen«[26] ist, wenn zu diesem Zweck eine Bestimmungsfunktion der Wohlfahrt eines Wirtschaftssubjektes entwickelt und deren »makroökonomische« Aggregierung zu einer gesamtwirtschaftlichen Wohlfahrtsfunktion für »gesamtwirtschaftliche« Beurteilungen absatzpolitischer Aktivitäten von Unternehmen angeregt wird[27] und aus *analytischen* Prämissen *faktische* Schlußfolgerungen für die Entwicklungspolitik bzw. -»theorie« gezogen werden, so ist dies nur ein Anzeichen dafür, daß in der Betriebswirtschaftslehre das »Ende der Wohlfahrtsökonomie«[28] und der mit einer explikativen Zielsetzung in striktem Widerspruch stehende Charakter solcher Apologien bzw. des Urteilens *von einem wirtschaftlichen Standpunkt aus* noch nicht ausreichend bekannt zu sein scheinen.

Logik und Mathematik sind jedenfalls völlig ungeeignete Instrumente zur Erzeugung von in den Ausgangsprämissen nicht enthaltenen absatzwissenschaftlichen »Erkenntnissen«, in denen sich – bei näherem Zusehen – nur die persönlichen Anschauungen widerspiegeln, was für die soziale Gesamtheit »Wirtschaft« gut oder schlecht sein soll. Eine solche – bewußt oder unbewußt – unter einer theoretischen Zielsetzung verfolgte bzw. darunter nach außen hin subsumierte Wissenschaftspraxis führt nicht zur Formulierung operabler Theorien, sondern von Ideologien. Ein Wissenschaftsbetrieb jedoch, in dem mit einer Prämisse *zuwenig* gearbeitet wird, ist m. E. eine beunruhigende Erscheinung, da sie in einen latenten oder offenen Konflikt mit dem Kodex sachlich-rationaler Argumentation zwingt und deren gesellschaftliche Auswirkungen anhand einiger exemplarischer (nicht nur der Absatzlehre entnommener) Beispiele zu demonstrieren, einmal eine eingehende Untersuchung wert sein sollte.

Man sollte sich in der Absatzlehre nicht dem Trugschluß hingeben bzw. sich nicht darüber hinwegtäuschen lassen, daß man sich als Betriebswirt *logisch notwendig* auf weltanschauliche Entschlüsse bezieht, wenn man empirische Erscheinungen »unter rein wirtschaftlichem Aspekt« beurteilt[29], gleichgültig, ob dabei im Einzelfalle der »betriebswirtschaftliche« (lies »einzelwirtschaftliche«) oder der »gesamtwirtschaftliche Standpunkt« vertreten wird. Es dürfte den nicht in der »ökonomi(sti)schen Perspektive« befangenen, aber mit deren suggestiven Wirkung auf das wirtschaftswissenschaftliche Denken vertrauten kritischen Betrachter nicht überraschen, wenn in der Marketing-Literatur zur

Verteidigung *des* Marketing eingehend auf die Steuerungsfunktion, d.h. die regulative Funktion, hingewiesen wird, die einer an den Konsumenten und ihren Bedürfnissen und zugleich an der Erreichung eines ausreichend gewinnbringenden Absatzvolumens konsequent ausgerichtete Absatzpolitik (»Marketing«)[30] in Verbindung mit dem Konkurrenzprinzip (und dem »Stimmzettelprinzip«) im Hinblick auf die bestmögliche Versorgung einer wirtschaftenden Allgemeinheit zu komme*(n soll)*[31].

Bei der Argumentation werden in einem etwas anderen Vokabular in etwas anderer Form aus der nationalökonomischen Ideologie vertraute Gedanken über die »gesamtwirtschaftlichen« Konsequenzen des Gewinnstrebens nachskizziert und die »gesamtwirtschaftliche« Ideologie der unabdingbaren Steuerungsfunktion des erwerbswirtschaftlichen Prinzips im Kern akzeptiert[32] und nochmals »theoretisch« bewiesen.

Einem so strukturierten absatzwissenschaftlichen Problemlösungsverhalten entspringen als »absatztheoretische« Aussagen beispielsweise dann betriebswirtschaftliche Doktrinen wie die folgenden: »Es gibt nicht Unternehmen, weil Kapitalgeber und Unternehmer damit Gewinn erzielen können, *sondern* weil es Unternehmen geben *soll, dürfen* diese Personen Gewinne erzielen!«[33] Oder: »In einer marktwirtschaftlichen Ordnung *ist* es nicht nur *unvermeidlich* (!), sondern sogar erwünscht, daß eine Unternehmung (!) egoistische Ziele verfolgt, *weil* mit der Gewinnerzielung die Gewähr für die gewünschte Bedürfnisbefriedigung gegeben ist!«[34], die die durch die »linke« Kapitalismuskritik in Unordnung geratene Sicht des wirtschaftlichen Alltags ins rechte Lot zu bringen geeignet sind. Hinter solchen (im günstigsten Falle Glaubens-)Sätzen stecken fiktive Harmonievorstellungen, die aber nicht völlig verdecken können, daß hier nicht auf bewährtes oder bewährbares absatztheoretisches Wissen, sondern auf die liberalistische Wirtschaftsideologie zurückgegriffen wird[35]; und weiter, daß die explikativ untauglichen, für sonstige Zwecke aber recht brauchbaren Konstrukte der Unternehmung an sich, der Unternehmer-Unternehmung, des Ziels *der* Unternehmung, des Zielsystems *der* Unternehmung usw. in der Absatzlehre teilweise immer noch ihr Dasein fristen.

Man liefert auf diese Weise unnötigerweise den gegenwärtigen Angriffen auf die »bürgerliche« Ökonomik weitere Munition zu einer in diesem Falle voll berechtigten, weil logisch angemessenen und m.E. auch nötigen (Ideologie-)Kritik.

In der deutschen Marketing-Lehre sollte man bei einem *theoretischen* Wissenschaftsprogramm in Rechnung stellen, *ehe* man sich solche pseudonormativen Aussagen[36] wie: »Ziel (Zweck, Aufgabe) der Wirtschaft *ist* die maximale (optimale) Bedürfnisbefriedigung der souveränen Konsumenten!« zu eigen und zu Grundannahmen des Lehrgebäudes macht, daß diese Sätze den ganzen logischen Spielraum für sich haben (weil sie nichts normativ auszeichnen bzw. als »verboten« ausschließen) und deswegen sich hervorragend dafür eignen, auch in der Betriebswirtschaftslehre »den Denkprozeß an einer Stelle zu suspendieren, wo weitere Fragen ins Leere stoßen müßten. Sie bilden das ›natürliche‹ dogmatische Scheinfundament für die ideologische Rechtfertigung«[37] jeder beliebigen bestehenden oder angestrebten wirtschaftlichen Ordnung bzw. jeder beliebigen »wirtschaftlichen« oder »unternehmerischen« Verhaltensweise bzw. -maxime. Als inhaltsleere Formeln sind sie jeder beliebigen Interpretation zugänglich und beispielsweise vortrefflich zur sog. »Zieltarnung« geeignet – *auch in der Absatzlehre.*

Hat man den Leerformelcharakter von Aussagen über *das* Ziel der Wirtschaft oder beispielsweise auch über das beliebte klassische Rationalprinzip in seiner »wirtschaftlichen« Ausformung als sog. »ökonomisches Prinzip« erkannt, so erscheinen der absatzwissenschaftliche Nachweis der bzw. die »Integration einzelwirtschaftlicher und gesamtwirtschaftlicher Zielsetzungen im Marketing«[38] oder sonstiger wissenschaftlicher Ausdeutungen solcher allgemeiner Zielsetzungen des Wirtschaftens zur »Ableitung« einer Marketing-Maxime bzw. eines ganzen Bündels konsistenter und immer speziellerer Marketing-Prinzipien oder von Ökonomisierungsgrundsätzen – vorsichtig ausgedrückt – als »Angelegenheit einer logisch gesehen etwas merkwürdigen Strategie, die de facto auf Selbst- und Fremdtäuschung abstellt«[39].

»Logisch merkwürdig« sind diese Ableitungsoperationen deshalb, weil als ein grundlegender logischer Satz gilt, daß sich *niemals* durch rein logische bzw. mathematische Operationen *mehr* an Gehalt gewinnen läßt, als in den Prämissen bereits enthalten ist. Auf die Problemstellung übertragen bedeutet dies, daß *alle* in der Absatzlehre behaupteten speziellen »wirtschaftlichen« Verhaltensmaximen, die angeblich aus dem Ziel der Wirtschaft deduziert sein sollen bzw. deren Kompatibilität mit dieser gesamtwirtschaftlichen Zielsetzung über ein »ökonomisches« Prinzip oder etwas ähnliches beweisbar resp. sichergestellt sein soll, zuvor in die entsprechenden Leerformeln hineinpraktiziert wurden, um dann mittels der »Logik« wieder hervorgeholt zu werden[40].

Ehe ich mich abschließend mit einem kürzlich publizierten Versuch einer Verteidigung der These vom souveränen Konsumenten auseinandersetze, zuvor noch ein kritischer, skizzenhafter Blick auf die Welt- und Lebensanschauung, die dahintersteckt, wenn in der deutschen Marketing-Lehre als grundlegender Satz herausgestellt wird, daß der Konsumenten »Kaufentscheidungen gewissermaßen die Funktion eines Scherbengerichts über die Anbieter« erfüllen.

Hinter dieser Behauptung von der Funktion des Scherbengerichts der Kaufentscheidungen der Konsumenten steckt die Auffassung, daß sich die Bedürfnisstruktur der Konsumenten über die Wertschätzung der einzelnen Güter in den Nachfragepreisen am Markte widerspiegeln und dadurch den Anbietern signalisiert werde. Und weiter, daß ein »egoistisches« Gewinnstreben letztlich im Dienste einer bestmöglichen Bedürfnisbefriedigung stehe. Mißachten die Anbieter die Marktsignale, werden sie aus dem Markt gedrängt; sie gehen »unter«.

Man trifft hier auf die Nationalökonomie in der Diskussion über Konkurrenzmodelle entwickeltes wohlbekanntes Gedankengut wieder[41]. Es hat nichts mit nachprüfbarer Erkenntnis des Wirtschaftsgeschehens zu tun, sondern ist schlicht ein Werturteil, daß die Bedürfnisbefriedigung auf der Konsumseite[42] immer dann die bestmögliche sei, wenn sich die Güterversorgung in der Wirtschaft entsprechend der Kaufkraft der einzelnen Wirtschaftssubjekte eingependelt hat. Das »Scherbengericht« sagt nichts über die faktische Bedürfnisbefriedigung wirtschaftender Menschen aus, sondern zeichnet nur die jeweils in einem Wirtschaftsraum gerade bestehende Einkommens- und Besitzverteilung indirekt als »gerechtfertig« aus. Etwas kraß formuliert, es schimmert im »Scherbengericht« die folgende Weltanschauung durch: Wem es an finanzieller Kraft mangelt, der hat sich mit dem zu bescheiden, was ihm seine Kaufkraft gestattet – mag er auch noch andere, von ihm dringend empfundene Bedürfnisse (im Rahmen von Recht und Ordnung!) nicht befriedigen können; er hat sein Optimum erreicht, auch wenn er es als solches nicht empfindet! Wer mehr besitzt und mehr verdient als ein anderer, der kann und darf sich auch mehr leisten! In einer anderen Überspitzung ließe sich die Weltanschauung auch so charakterisieren: Jedem nach seinem finanziellen Vermögen, nicht aber nach seinen Bedürfnissen, denn über diese entscheiden die kaufkräftige Nachfrage und die Anbieter am Markt.

Die Problematik des »Scherbengerichtes« mögen noch einige Fragen weiter beleuchten.

Wie möchte man in einer Marketing-Lehre, in der den Kaufakten die Aufgaben eines Scherbengerichtes beigemessen wird und in der diese

»Funktion« mit theoretischen Mitteln erhärtet werden soll, den *empirischen Nachweis* antreten, daß die dringliche zugleich auch immer die kaufkräftige Nachfrage ist? Oder hängt nicht vielmehr die Nachfrage neben Bedürfnissen unterschiedlicher Intensität auch noch von Sachzwängen, Vorschriften, Befehlen, Zweckmäßigkeitsüberlegungen, Gewohnheiten, Kaufkraftverteilung, Preisverhältnissen usw. ab? Sollen das Phänomen der Macht, das auf die Gestaltung der Marktbeziehungen keine zu verniedlichende Rolle spielt, sollen Konditionierungs-, Verschleierungs- und Täuschungsstrategien auf der Anbieterseite zur Bedarfsweckung, -steigerung und -stimulierung im Forschungs- und Lehrbetrieb vernachlässigt und das Soziale zwischen den Markt-»Partnern« in der Absatzlehre »entproblematisiert« bleiben – auch auf die Gefahr hin, daß ein solches Verhalten die wissenschaftliche Objektivität berechtigt in Frage stellt und das Interesse an der Erforschung des Faktischen unglaubhaft wird? Interpretiert man nicht die Wirtschaftswirklichkeit einfach hinweg bzw. wird z.B. den Studenten der Blick auf die wirtschaftlichen Realitäten nicht verstellt, um die wirtschaftsliberale Auffassung beweisen zu können, eine bestmögliche – im liberalen Sinne »ideale« – Anpassung der Produktion an die Bedürfnisse der Konsumenten komme nur über das »freie Spiel der Kräfte« an den Märkten zustande?

Was nun die These vom souveränen Konsumenten angeht, so enthält diese These – wie bereits mehrfach implizite angedeutet – keine Tatsachenaussage; sie ist als nomologische Aussage gesehen eine falsifizierte Aussage und müßte deshalb den Spielregeln einer operablen Marketing-Theorie gemäß längst in der Absatzlehre ad acta gelegt werden. Die Tatsache einer Verhaltensbeeinflussung der Konsumenten als nachweisbares Faktum und als eine Zielsetzung im wirtschaftlichen Bereich dürfte von einem unvoreingenommenen Beobachter heute nicht mehr bestritten werden können. Wird aber an der These von der Konsumentensouveränität festgehalten und deren Relevanz für eine Marketing-Lehre, deren Resultate Praktikabilität vorweisen können sollen, »wissenschaftlich« zu begründen versucht, wie es jüngst im Rahmen einer Apologie (!) *des* Marketing geschah[43], so wird nur erneut im Argumentationsverlauf der a-theoretische *Rechtfertigungs*charakter, den diese These seit altersher in der Nationalökonomie besitzt, evident und zusammen mit der empirisch längst desavouierten Annahme der uneingeschränkten menschlichen Willensfreiheit, Relikt einer metaphysischen Philosophie, für die Absatzlehre konserviert und die daran anknüpfende Marketing-Lehre ideologisiert.

Es sind, wie es *Kroeber-Riel* vor kurzem sehr treffend bezeichnete, »ideologische Schönfärbereien der Wirklichkeit«[44] (deren Hintergründe hier nicht interessieren) und keineswegs theoretische Erhellungen der Wirtschaftswirklichkeit, die das folgende grob umrissene widersprüchliche Argumentationsmuster von deutschen Vertretern einer Marketing-Lehre bei der apologetischen Diskussion der Konsumentensouveränität im Gefolge hat[45]: Man gibt – nicht nur bei der expliziten Diskussion der Souveränitätsthesis selbst, sondern auch bei anderen Ausführungen zum absatzwirtschaftlichen Bereich – mehr oder minder offen zu, daß im Wirtschaftsalltag Anbieter mit Erfolg auf verschiedene Art und Weise versuchen, Bedürfnisse zu stimulieren, neue Bedürfnisse zu wecken, Präferenzstrukturen bei Konsumenten zu ändern, vorhandene Reiz-Reaktions-Mechanismen auszunutzen bzw. neue aufzubauen, um den Absatz der eigenen Produkte im gewünschten Sinne zu beeinflussen. Man findet auch nichts dabei, daß man die faktische bzw. mögliche Konditionierung und die damit verbundene Einschränkung der (zu beweisenden) »Willensfreiheit« der Konsumenten im Sinne der Anbieter in der Literatur z.B. im Rahmen absatztechnologischer Überlegungen über erfolgreiche Werbestrategien für eine gezielte Beeinflussung des Käuferverhaltens *voraussetzt;* man leugnet auch im Grunde nicht, daß ein ganzer Erwerbszweig wie die Werbebranche von der Verbraucher- bzw. Verwenderbeeinflussung »seine« Existenzberechtigung herleitet. An der freien, souveränen Entscheidung der Konsumenten als haltbaren Axiom für eine Absatzlehre wird im Grunde dennoch in der Marketing-Literatur nicht gerüttelt, denn, so in etwa wird dieses Festhalten begründet, die Konsumenten besäßen ja einen freien Willen und es bliebe ihnen unbenommen zu tun, wozu sie Lust hätten; sie dokumentieren ja durch ihr Kaufverhalten, daß sie nicht anders wollen[46].

Man bewegt sich nicht nur nicht auf eine praktikable Marketing-Theorie zu, sondern referiert nur seine persönliche Weltanschauung und ersetzt theoretische durch (krypto)normative Aussagen, wenn man wie *Dichtl*[47] et al. z.B. an der These der Konsumentensouveränität prinzipiell festhält, sie aber insofern »relativiert«, daß eine Manipulation der Konsumenten erst dann gegeben sei, wenn sich die Anbieter zur Durchsetzung ihrer Interessen verwerflicher Mittel (!), wie z.B. Übertreibung, List, Lüge, Unmoral, »Gehirnwäsche«, Unlauterkeit, billiger Witze, Clownerien usw., bedienen oder wenn die Verhaltenssteuerung der höheren Einsicht, des Verantwortungsbewußtseins, des guten Geschmacks usw. entbehre. Man gibt bei dieser »Verteidigung« wiederum die Manipulation der Konsumenten, ihre nicht vorhandene »Souveränität« zu, läßt aber verdeckt über eine Art Suggestivdefinition die eigenen Vorstellungen von »gut« und »schlecht« darüber entscheiden, ob die Manipulationen nun »Manipulationen« seien oder nicht; eine weltanschaulich geprägte Entscheidung wird zum Prüfstein für die Lösung einer empirischen Fragestellung! Besonders ausgeprägt ist diese Erscheinung in der Werbelehre[48].

Sowenig wie auf Werturteile aufbauende und auf Pseudolegitimierung entsprechender unternehmerischer Aktivitäten hinauslaufende Definitionen von »Manipulation«, führt auch der Rückgriff auf irgendwelche Theoreme der »welfare economics« zur Klärung der Frage, »wie die Bedarfsweckung, die ›Nachfrageproduktion‹, unter wohlfahrtsökonomischen Aspekten zu beurteilen ist«[49], aus den bereits dargelegten Gründen zu einer sachlich wissenschaftlichen Argumentation der Konsumentensouveränität, sondern letztlich zur Konfrontation von Ideologien.

Entscheidend für den wahren logischen Charakter einer Marketing-Lehre im Zusammenhang mit der Frage der Konsumentensouveränität ist, ob man über die Antwort auf die Frage: »Manipulation oder keine Manipulation, Konsumsouveränität oder nicht«, wie z.B. *Dichtl*[50] die Moral, die individuelle Wohlfahrt, das Handeln im »wohlverstandenen« Interesse, die »volkswirtschaftliche Erwünschtheit« usw. oder die voraussetzungslose Befragung der wirtschaftlichen Realität entscheiden lassen will.

Zum Schluß noch einige das Gesagte teils resümierende, teils ergänzende Gedanken:

1. Ein Marketing-Theoretiker ist in der Eigenschaft als Marketing-Theoretiker nicht in der Lage, in intersubjektiv nachprüfbarer Weise festzustellen, was die »Aufgabe«, der »Zweck« oder das »Ziel« der Wirtschaft ist, daß die Konsumtion die einzig wirtschaftliche und soziale Rechtfertigung der Produktion sei, wie eine der Idee der gesamtwirtschaftlichen Verpflichtung entsprechende Absatzpolitik in Unternehmen aussieht, worin die optimale Bedürfnisbefriedigung der Konsumenten bestehe, wann Bedarfsweckung, -stimulierung und -lenkung »gut« oder zu verwerfen sei, wann die Manipulation der Verbraucher keine Manipulation sei. Denn dazu bedarf es u.a. *normativer Prämissen,* die er nicht seinem theoretischen Wissen entnommen haben kann.

2. Es empfiehlt sich, die Rede vom »Ziel der Wirtschaft« *ersatzlos* aus dem Problemkatalog der Betriebswirtschaftslehre zu streichen und endgültig in die Dogmengeschichte zu verweisen. Es geht den Betriebs-

wirten dadurch keine einzige empirische Information verloren, sondern es wird nur eines der vielen Hindernisse aus dem Wege geräumt, die sich einer unvoreingenommenen Sicht der wirtschaftlichen Realität und deren Erforschung bisher in den Weg gestellt haben.

3. Über den *Sinn* wirtschaftlicher Betätigung läßt sich nichts aussagen, wenn nach einer operablen Marketing-Theorie gesucht wird. Apologien irgendwelcher Formen absatzpolitischen Verhaltens sind keine marketingtheoretischen Problemstellungen. Werden die darunter subsumiert bzw. als solche ausgegeben, resultieren daraus Ideologien.

4. Wenn es stimmt, daß sich die »gegenwärtige absatzwirtschaftliche Forschung ... vorwiegend mit der Abklärung der Marktbeziehungen und wirtschaftssoziologischen Prozesse im Markt und zwischen Unternehmung und Markt« eingehend befaßt *und* zugleich »den *Grundsatz vom Primat des Absatzes* zum Ausgangspunkt einer Lehre von der wirtschaftlichen Absatzführung genommen hat«[51], so liegt dem ein widersprüchliches Forschungskonzept zugrunde. Denn die vom »Ziel der Wirtschaft« resp. von der »These« vom souveränen Konsumenten abgeleitete »Prädominanz der Absatzpolitik«[52] kann weder, wie behauptet, »ihre sachliche Begründung« noch »ihre Bestätigung in der modernen Marketing-Lehre«[52] finden – wenn in dieser mit einem theoretischen und/oder technologischen Wissenschaftskonzept Ernst gemacht werden soll.

5. Mit der »Konsumentensouveränität« als Axiom steht man in der deutschen Marketing-Lehre vor der Entscheidung, welches Sprachspiel unter der Etikette »Marketing-Theorie« nun betrieben werden soll: Ideologie *oder* empirische Wissenschaft, deren Resultate praktisch verwertbar sind und deren Kenntnis z.B. die Entscheidungsfreiheit der manipulierten Verbraucher erhöhen kann.

Anmerkungen

1 Vgl. beispielsweise *Weinhold-Stünzi, H.*, Grundlage wirtschaftlicher Absatzführung, 1964 (im folgenden zitiert als »Absatzführung«); *Dichtl, E.*, Wesen und Struktur absatzpolitischer Entscheidungen, 1967; *Tietz, B.*, Grundlagen der Handelsforschung. Marketing-Theorie, I, 1969; *Weinhold-Stünzi, H.*, Marketing, 1970; *Nieschlag, R./Dichtl, E./Hörschgen, H.*, Marketing, 4. Aufl., 1971; *Hill, W.*, Marketing, S. 29.

2 *Nieschlag, R./Dichtl, E./Hörschgen, H.*, Marketing, S. 29.

3 Siehe dazu *Fischer-Winkelmann, W.*, Methodologie der Betriebswirtschaftslehre, 1971, u. *ders.*, Marketing, 1972.

4 »... it has been considered axiomatic that the consumer is king ... The consumer is the basis determinant of what goods and services will be sold« (*Stanton, W.*, Fundamentals of Marketing, 2nd ed., 1967, S. 76; im folgenden zitiert als »Marketing«).

5 *Nieschlag, R./Dichtl, E./Hörschgen, H.*, Marketing, S. 41; *Dichtl, E.*, Marketing und Wohlfahrtsökonomik, in: Der Markt, 1970, S. 100 (im folgenden zitiert als »Marketing«).

6 Vgl. z.B. *Stanton, W.*, Marketing; *Hill, W.*, Marketing I, 1971; *Weinhold-Stünzi, H.*, Absatzführung; *ders.*, Marketing, 1971; *Nieschlag, R./Dichtl, E./Hörschgen, H.*, Marketing.

7 Besonders deutlich bei den Vertretern der sog. »Österreichischen Schule der Betriebswirtschaftslehre«; oder bei den Arbeiten *R. Seyfferts* und seiner Schüler, Stichwort »Ökonomisierung«.

8 *Dichtl, E.*, Marketing, S. 101; *Nieschlag, R./Dichtl, E./Hörschgen, H.*, Marketing, S. 45 (H. d. V.).

9 Nicht nur in der Marketing-Lehre, sondern in der Absatzlehre fast allgemein.

10 Vgl. *Dichtl, E.*, Marketing, »Zur Fragwürdigkeit der Konsumentensouveränität«; *Nieschlag, R./Dichtl, E./Hörschgen, H.*, Marketing, S. 46 ff.

11 Vgl. beispielsweise *Gutenberg, E.*, Grundlagen der Betriebswirtschaftslehre, Bd. I, 13. Aufl., 1967, S. 453; *ders.*, Einführung in die Betriebswirtschaftslehre, 1958, S. 40; *Kosiol, E.*, Einführung in die Betriebswirtschaftslehre, 1968, S. 19; *Wöhe, G.*, Einführung in die Allgemeine Betriebswirtschaftslehre, 7. Aufl., 1967, S. 2; *Schäfer, E.*, Die Unternehmung, 4. Aufl., 1961, u.a.

12 »Ziel aller wirtschaftlicher Betätigung ist die Versorgung der *Konsumtion«* (*Klein-Blenkers, F.*, Die Ökonomisierung der Distribution, 1964, S. 6; ähnlich auch *Seyffert, R.*, Über Begriff, Aufgaben und Entwicklung der Betriebswirtschaftlehre, 4. Aufl., 1957, S. 9).

13 Zum Beispiel durch »Distributionsökonomisierung« *(Klein-Blenkers).*

14 Eine Konsequenz für die Forschung läge beispielsweise darin, daß man die geäußerte Kritik stichhaltig zu widerlegen trachtet.

15 Oder wenn man wie *Weinhold-Stünzi* (Absatzführung, S. 16) die Erfüllung gesamtwirtschaftlicher Aufgaben zur Existenzursache (!) der Unternehmung macht.

16 Vgl. dazu *Weinhold-Stünzi, H.*, Absatzführung; *Dichtl, E.*, Marketing; *Hill, W.*, Marketing I; *Nieschlag, R./Dichtl, E./Hörschgen, H.*, Marketing; *Stanton, W.*, Marketing; *Kotler, P.*, Marketing Management, 1967 (»Consumer Sovereign Economy«).

17 *Myrdal, G.*, Das politische Element in der nationalökonomischen Doktrinbildung, 1932, S. 210.

18 D.h. Tatsachenprobleme durch Wortprobleme (Definitionsprobleme) und Sollensvorstellungen zu ersetzen.

19 Die crux liegt mit darin, daß man in essentialistischer Manier »Wirtschaft« definiert, um die Natur oder das Wesen der Wirtschaft zu beschreiben, und daß man diese Realdefinition von »Wirtschaft« zu einer Grundprämisse im aristotelischen Sinne macht.

20 *Dichtl, E.*, Marketing; *Nieschlag, R./Dichtl, E./Hörschgen, H.*, S. 44 f.

21 Die Isolierung gegen erkenntniskritische Argumente gegenüber der so beliebten »ökonomischen Perspektive«, die die Schwächen dieses Denkansatzes aufdecken und ein entscheidendes Abrücken nahelegen würden, ist in der Betriebswirtschaftslehre stärker ausgeprägt als in der Nationalökonomie. Der wohl aus einem Autonomiestreben zu verstehende Ressortpartikularismus innerhalb der Betriebswirtschaftslehre mag das Seine dazu beigetragen haben, vor einer »Ansteckung« mit den anscheinend so fern liegenden kritischen Einwänden gegen die Wohlfahrtsökonomie und eine Nutzanwendung für die Probleme im eigenen Bereich abzuschirmen.

22 Ebenso wie Versuche einer »Einordnung der Marketing-Lehre in das wirtschaftspolitische Konzept einer freiheitlichen Wirtschaft« oder »Betrachtungen zur einzel- und gesamtwirtschaftlichen Verankerung der Marketing-Lehre« (*Nieschlag, R./Dichtl, E./Hörschgen, H.*, Einführung in die Lehre von der Absatzwirtschaft, 3. Aufl., 1970, S. 39).

23 Vgl. dazu *Kroeber-Riel, W.*, Ideologische Komponenten in absatztheoretischen Darstellungen, Manuskript (wird veröffentlicht in: *Helle, H.* [Hrsg.], Technik und Gesellschaft, 1972).

24 Zur Nutzenproblematik vgl. z.B. *Kauder, E.*, A History of Marginal Utility Theory, 1965; *Heinen, E.*, Das Zielsystem der Unternehmung, 1966; *Schmidt-Sudhoff, U.*, Unternehmerische Zielmodelle und die Struktur des Zielsystems, Diss. Köln 1966; *Schneeweiß, H.*, Entscheidungskriterien bei Risiko, 1967, und die dort angegebene Literatur.

25 Sie sind nicht nur wegen des fehlenden Maßstabes, sondern auch deswegen gehaltlos, weil es *das* Marketing gar nicht gibt (vgl. *Fischer-Winkelmann, W.*, Marketing, 1972, S. 15 ff.) bzw. die jeweils »Marketing« benannten Absatzkonzeptionen inoperabel formuliert sind. Außerdem würde man zum Nachweis der faktischen Implikationen bestimmter Absatzkonzeptionen allgemeine und informative Aussagen benötigen, über die wir in der Absatzlehre (noch) nicht verfügen.

26 *Dichtl, E.*, Marketing, S. 102.

27 *Dichtl, E.*, Marketing, S. 105 ff., in teilweiser Anlehnung an *Weckstein, D.*, Welfare Criteria and Changing Tastes, in: AER, 1962, S. 133 ff., und *Palda, K.*, Economic Analysis for Marketing Decisions, 1969.

28 So ein Aufsatztitel *Hans Alberts* in: Gewerkschaftliche Monatshefte, 1958, S. 33 ff.

29 Und z.B. »Grundsätze optimaler Konsumtionsversorgung als Richtziel der Distribution« (*Klein-Blenkers, F.*, Die Ökonomisierung der Distribution, 1964, S. 17 ff.) aufstellt; vgl. auch *Seyffert, R.*, Wirtschaftslehre des Handels, 3. Aufl., 1957, S. 295 ff.

30 Wie soll diese in Unternehmen faktisch entworfen bzw. realisiert werden können? Mit den gängigen Slogans wie: Der Kunde ist König! Mit dem Kunden leben! Marktgerechte und damit marktgerichtete Unternehmenspolitik! Primat des Absatzes! Führung im Absatzbereich! Weg vom produktionsorientierten Denken, hin zu einer konsequent marktbezogenen Unternehmenspolitik! Führung der Unternehmen nach den Gegebenheiten des Marktes! Integratives Denken und systematische Entscheidungsfindung in der Absatzpolitik! Systematisches und aggressives Vorgehen, nicht Daten registrieren, sondern selbst Daten setzen! Der Konsument hat die Aufgabe des Scherbengerichtes; er ist die Instanz, welche unerbittlich über Gedeih und Verderb, Erfolg und Mißerfolg der Unternehmung entscheidet! Bezugspunkt aller absatzpolitischen Maßnahmen sind die Interessen, Wünsche und Sorgen der Verwender und Verbraucher! Problemlösungen bieten!, d.h. mit solchen globalen Leerformeln ist *alles* und *zugleich nichts* gesagt. Absatzstrategien lassen sich darauf nicht aufbauen. Die Formeln entnahm ich – nicht ganz wörtlich – den Werken von *Nieschlag, R./Dichtl, E./Hörschgen, H.*, Marketing; *Weinhold-Stünzi, H.*, Marketing; *ders.*, Absatzführung; und *Stanton, W.*, Marketing.

31 Vgl. *Dichtl, E.*, Marketing, S. 100 ff.; *Nieschlag, R./Dichtl, E./Hörschgen, H.*, Marketing, S. 41 ff., oder auch *Stanton, W.*, Marketing, S. 683 ff. Den Beweis führen zu wollen, daß ein bestimmtes Marketing-Konzept der Gesamtheit der wirtschaftenden Menschen zur optimalen Bedürfnisbefriedigung zu verhelfen in der Lage sei, ist ebenso utopisch wie z.B. der Beweis der »besten Staatsform« oder der »besten Wirtschaftsverfassung«.

32 Vgl. z.B. bei *Weinhold-Stünzi, H.*, Absatzführung.

33 *Ulrich, H.*, Gedanken zur Unternehmenspolitik, in: Betriebswirtschaftliche Mitteilungen, 1960, S. 9 (H. D. V.); *Hill, W.*, Marketing I, 1971, postuliert: »Die Leistungserbringung verleiht der Unternehmung (?) volkswirtschaftlich Sinn und Zweck. Ob die Unternehmung diesen Zweck in sinnvoller Weise erfüllt ... das zu entscheiden überläßt die Volkswirtschaft in einer marktwirtschaftlichen Wirtschaftsordnung dem Abnehmer und dem Angebotswettbewerb« (S. 15).

34 *Nieschlag, R./Dichtl, E./Hörschgen, H.*, Einführung in die Lehre von der Absatzwirtschaft, 3. Aufl., 1970, S. 60 (H. d. V.). ...

35 Und daß »die Autoren existentiell im marktwirtschaftlichen System verankert sind und daß ihnen eine berufsideologische Haltung die Verringerung der gesellschaftlichen Problematik der von ihnen abgebildeten unternehmerischen Marketingmaßnahmen nahelegt« (*Kroeber-Riel, W.*, Ideologische Komponenten in absatztheoretischen Darstellungen, Manuskript S. 9).

36 Mit dem Leerformelgebrauch in der Philosophie und politischen Theorien hat sich eingehend und kritisch vor allem *Ernst Topitsch* in seinen Arbeiten auseinandergesetzt. Über die logische Struktur und Funktion von Leerformeln im wirtschaftlichen ALLTAG bzw. in der Betriebswirtschaftslehre fehlt eine Untersuchung.

37 *Albert, H.*, Rationalität und Wirtschaftsordnung, in: Jürgensen, H. (Hrsg.), Gestaltungsprobleme der Weltwirtschaft, 1964, S. 99.

38 *Nieschlag, R./Dichtl, E./Hörschgen, H.*, Marketing, S. 23.

39 *Albert, H.*, Rationalität und Wirtschaftsordnung, in: Jürgensen, H. (Hrsg.), Gestaltungsprobleme der Weltwirtschaft, 1964, S. 99.

40 Der Eindruck einer zeitlosen Gültigkeit, den solche Leerformeln wie die vom »Ziel der Wirtschaft« eben wegen ihres fehlenden Sach- oder Normgehaltes erwecken, überträgt sich auf die aus ihnen »deduzierten« Formeln, womit sie bei den Adressaten dieser zirkelhaften Argumentation besonders emotive Wirksamkeit entfalten können. Die Tatsache, daß bestimmte sprachliche Formeln wie beispielsweise die vom Ziel der Wirtschaft wegen ihres Leerformelcharakters sich für geschickte Manipulationen sehr trefflich eignen, sollte m. E. in der Absatzlehre Grund genug sein, in ideologiekritischen Untersuchungen der Verschleierung der wahren sozio-ökonomischen Sachverhalte entgegenzutreten und die Absatzlehre gründlich zu »entmythologisieren«.

41 Vgl. *Fischer-Winkelmann, F.*, Marketing, 1972, S. 57 f.; *Kade, G.*, Die Grundannahmen der Preistheorie, 1967.

42 Die nicht in die Konsumsphäre fallenden Bedürfnisse werden ja durchwegs »ausgeklammert«.

43 *Dichtl, E.*, Marketing; *Nieschlag, R./Dichtl, E./Hörschgen, H.*, Marketing, S. 41 ff.

44 *Kroeber-Riel, W.*, Über die Schönfärberei in der Werbelehre, in: WiST, 1972, S. 128.

45 Vgl. *Dichtl, E.*, Marketing; *Nieschlag, R./Dichtl, E./Hörschgen, H.*, Marketing. In der amerikanischen Marketing-Literatur läßt sich Vergleichbares nachweisen.

46 Dieses an sich widersprüchliche Verhalten in der Marketinglehre wird vielleicht durch die folgende These: »Die ideologische Entproblematisierung der betriebswirtschaftlichen Erkenntnis wird ... um so größer, je stärker der Druck zur Wahrnehmung einer nicht genehmen sozialen Realproblematik auf das wissenschaftliche Erkennen wird«. (*Kroeber-Riel, W.*, Ideologische Komponenten in absatztheoretischen Darstellungen, Manuskript, S. 10) teilweise verständlich. Die ideologische Entproblematisierung (man sieht z.B. nur das, was man gern sehen will, weil es in das eigene Bild paßt, man unterdrückt störende Eindrücke wie z.B. soziale Konfliktsituationen oder verschönt die Wirklichkeit) dient dann der Vermeidung bzw. Beseitigung kognitiver Dissonanzen.

47 Vgl. *Dichtl, E.*, Marketing, und auch *Nieschlag, R./Dichtl, E./Hörschgen, H.*, Marketing, S. 46 ff. und passim.

48 *Kroeber-Riel, W.*, Über die Schönfärberei in der Werbelehre, in: WiST, 1972, ... Vgl. auch *ders.*, Ideologische Komponenten in absatztheoretischen Darstellungen, Manuskript, S. 10 ff., wo sich *Kroeber-Riel* mit *Seyffert, Hundhausen* und anderen auseinandersetzt.

49 *Dichtl, E.*, Marketing, S. 102.

50 Vgl. *Dichtl, E.*, Marketing, S. 105 ff., und auch *Nieschlag, R./Dichtl, E./Hörschgen, H.*, Marketing, S. 46 ff.

51 *Weinhold-Stünzi, H.*, Der Mensch zwischen Unternehmung und Markt, in: Zukunftsaufgabe in Wirtschaft und Gesellschaft, 1963, S. 103 (H. d. V.).

52 *Dichtl, E.*, Über Wesen und Struktur absatzpolitischer Entscheidungen, 1967, S. 21.

Bruno Tietz

Die Wertedynamik der Konsumenten und Unternehmer in ihren Konsequenzen auf das Marketing

1. Die Fragestellungen

Veränderte Wertvorstellungen sind Ausdruck für veränderte Auffassungen über das, was man will, und darauf beruhende Verhaltensweisen. Diese veränderten Verhaltensweisen prägen Wirtschaft und Gesellschaft und haben somit auch Wirkungen auf das Marketing. Mit den vorliegenden Überlegungen soll schwerpunktmäßig auf folgende Fragen eine Antwort gegeben werden:

(1) Wie verändern sich die allgemeinen gesellschaftlichen und wirtschaftlichen Werte und die darauf beruhenden Rahmenbedingungen in der Bundesrepublik Deutschland?

(2) Welche Entwicklungstendenzen lassen sich aus der Wertedynamik für die zukünftige quantitative wirtschaftliche Entwicklung ableiten?

(3) Welche generellen Konsequenzen ergeben sich daraus für Industrie- und Handelsunternehmen?

(4) Welche markt- und managementstrategischen Konsequenzen lassen sich hieraus ableiten?

2. Ausgewählte Probleme der Projektionen

Im Gegensatz zu den sechziger Jahren, in denen in der Bundesrepublik Deutschland ein reales Wachstum von 5,0%, und teilweise zu den siebziger Jahren, in denen noch ein reales Wachstum im Jahresdurchschnitt von 3,1% zu verzeichnen war, sind Projektionen für dieses Jahrzehnt durch einige fundamentale Probleme erschwert.

Zunächst ist die Frage zu beantworten, welche gesellschaftlichen und technischen Innovationen überhaupt auftreten werden. Die viel wichtigere Frage ist jedoch, wenn man quantifizieren will, bis zu welchem Zeitpunkt sich schon existierende Erfindungen in Wirtschaft und Gesell-

Aus: Marketing ZFP 2/1982, Verlag Beck, München; S. 91-102 schaft durchsetzen und marktwirksam werden, d.h. bis zu welchem Zeitpunkt welcher Diffusionsgrad in Wirtschaft und Gesellschaft erreicht ist.

Eine hochentwickelte industrielle Wirtschaft ist eine schwerfällige Maschine, die aufgrund der Investitionsrituale und der Abschreibungsfristen so leicht und so schnell nicht umgestellt werden kann. Man muß zu jedem Zeitpunkt wissen, was eigentlich aus ökonomischen Gründen im Zeitablauf noch abgeschrieben werden muß, ehe der Zeitpunkt erreicht ist, an dem eine Innovation, ob als additive, komplementäre oder – unter dem Aspekt der Rationalisierung – substitutive Innovation, eingeführt werden kann. Außerdem sind in der Wirtschaft Beharrungstendenzen zu erkennen, z.B. sozial begründete Ablehnungen der neuen Medien.

Noch etwas wird die achtziger Jahre mitbestimmen: Im Gegensatz zu der ersten großen Phase nach dem Zweiten Weltkrieg, die m.E. gerade jetzt erst abgeschlossen ist, werden in der Phase der uneingeschränkten Friedenswirtschaft Gesetzmäßigkeiten der gegenläufigen Trends wirken. In bestimmten Bereichen werden in den nächsten Jahren Wachstumsmärkte eines beachtlichen Umfangs auftreten. Aufgrund der Einführung von Bildbändern und Bildplatten z.B. werden, wie in den fünfziger und sechziger Jahren in anderen Sektoren, boomartige Entwicklungen auftreten. Auf der anderen Seite werden auch stark rückläufige Märkte zu verzeichnen sein. Sogar in einer einzigen Branche werden gegenläufige Trends auftreten. Dazu ein Beispiel: Sportschuhe und sonstige leichte Schuhe bewegen sich zur Zeit gut im Markt, Lederschuhe sind rückläufig.

Ein wichtiger Grund für solche divergierenden Trends ist die Wertedynamik. Man muß daher erkennen,
- welche Werte sich im Zeitablauf verändern,
- wie man die Werteprioritäten erfassen kann,
- wie die Wertekonsequenzen für das Marketing zu beurteilen sind,
- wie man das Phänomen der "Werteschizophrenie" bewältigt.

Zwei Jahrzehnte wurden die Bürger durch Fernsehen und Medien in Richtung auf eine pluralistische Gesellschaft motiviert. Jetzt haben wir dieses Ziel erreicht – mit einem weitgehenden Verlust des Common Sense. Es gibt keine gemeinsame Wertebasis mehr, dafür um so mehr Hyperegoismus. Heute ist der Leitsatz von *Friedrich dem Großen* realisiert: Jeder kann nach seiner Façon selig werden. Es herrscht Werte- und Ideologiekonkurrenz. Wollten wir das denn nicht? Oder haben wir es uns anders vorgestellt?

3. Zum allgemeinen Konzept der Wertedynamik

3.1. Einige Beispiele

Bei einem Dahindümpeln der Wirtschaft mit erwarteten Wachstumsraten des Bruttosozialproduktes um etwa zwei Prozent kann man leicht darüber reden, wie man zuverlässige Signale zur Auffindung von positiven oder negativen Entwicklungstendenzen entdeckt. Im konkreten Einzelfall ist es aber eine schwierige Arbeit, die die strategische Planung zu bewältigen hat. Die Begriffe Wertedynamik und Gruppendynamik sind bereits in den sechziger Jahren in die Diskussion getragen worden. Sie werden jetzt aufgrund faktischer Wirkungen griffig, verstanden und allgemein diskutiert. Diese Veränderungen der Wertehaltungen im Zeitablauf beeinflussen die quantitativ-materiellen Bedingungen, und von diesen gehen wiederum Rückwirkungen auf die Werte aus.

Dazu ein Beispiel: Die derzeitige Umweltbelastung beruht auf einer Unterentwicklung des Umweltbewußtseins in der Vergangenheit, und das Aufkommen des Wertes Umweltbewußtsein verändert zwangsläufig die Produktionsprozesse sowie die Produkte mit Auswirkungen auf die Produktpreise. Allein im vergangenen Jahrzehnt sind in der Bundesrepublik Deutschland 170 Mrd. DM für Umweltschutz aufgewendet worden. Früher freie Güter wie sauberes Wasser und saubere Luft müssen von den Konsumenten und Bürgern heute bezahlt werden, weil dafür große Investitionen erforderlich sind.

Ein weiteres Beispiel: Das veränderte Geburtenverhalten, nicht nur bedingt durch die Kontrazeptiva sondern auch bedingt durch das völlig veränderte Berufsverhalten der Frauen, hat Rückwirkungen auf die Zahl der Geburten und damit auf die Gesellschaft.

Nun weniger weitreichende Aspekte: Die Jeanskultur ist Ausdruck der Demokratisierung der Mode, aber auch ein Symbol der Freizeitgesellschaft.

In bestimmten Subkulturen läßt sich eine fundamentale Werteveränderung gegenüber Marketing und Handel feststellen: Das Auftreten von in der Demokratie nicht mehr verankerten kleineren Gruppen kennzeichnet als Wertehaltung ein Demokratiedefizitbewußtsein mit dem Streben nach Veränderung des politischen Steuerungskonzeptes. Aber: Warum wendet sich in bestimmten Fällen dieses Änderungsstreben ausgerechnet gegen Marketing und Handel? Warum zerstört man gerade die Bahnhofstraße in Zürich, die Freßgasse in Frankfurt oder auch Einzelhandelsgeschäfte in Münster und in anderen Orten? Die junge Generation, die gegen das bestehende Gesellschaftssystem Stellung nimmt, hat damit den Wert von Marketing und Handel mehr als klar erkannt, sie greift deren "Tempel" an! Man hätte sich auch andere Angriffspunkte zur Dokumentation gesellschaftspolitischer Unzufriedenheit vorstellen können.

3.2. Die Verunsicherung als Aspekt der Wertedynamik

Ein herausragendes Phänomen der Wertedynamik ist die Zunahme der Verunsicherung auf allen Gebieten. Dazu gehören:

- Zweifel an der Bewältigung ökologischer, sozialer und politischer Probleme,
- zunehmende Kritik an den Markt- und Wettbewerbsprinzipien.

Ein weiterer Wert ist das Vereinfachungsstreben. Ein symptomatischer Ausdruck dieses Vereinfachungsstrebens sind die No Names. Sie substituieren Markenartikel wegen deren Komplexität, insbesondere wegen des fehlenden Einsichtsvermögens der Konsumenten in die Differenzierungen der bestehenden Marken.

Es gibt immer mehr Übertragungen von Marktentnahmeentscheidungen auf Institutionen. Der Konsumerismus ist eine fundamentale Kritik an der Funktionsfähigkeit der Marktwirtschaft. Konsumerismus ist der Ausdruck dafür, daß die Konsumenten verunsichert sind. Sie glauben nicht mehr, daß die Unternehmer für sie – für die die Wirtschaft schließlich veranstaltet wird – die besten Leistungen erbringen und sie sind nicht mehr davon überzeugt, daß der Wettbewerb funktioniert. Deswegen sind die Produkttests entstanden und daraus resultiert in den letzten Jahren die enorme Bedeutungszunahme dieser Tests. Daraus läßt sich ein einfacher Leitsatz ableiten: Wer in Zukunft Produkte produziert, die nicht getestet sind, wird eher der Gefahr unterliegen, vom Markt zu verschwinden.

Die Konsumenten wünschen neutrale Informationen, die ihnen die Tests zu geben scheinen. Die Wirtschaft wäre daher gut beraten, wenn sie sich nicht nur auf das Testmonopol der Stiftung Warentest verlassen würde, sondern zusätzliche Testalternativen finden könnte. Hier liegt eine Aufgabe für Verbände und Wirtschaftsverbände, die im übrigen generell aktualisierte Leitbilder benötigen. Nur einem Teil der Konsumeristen wird man heute das Streben nach noch besserem Funktionieren der

Marktwirtschaft zugute halten können. Es gibt auch massive Anti-Markt-Tendenzen.

3.3. Die Polarisierung zwischen Anspruchsübertreibung und Verzichtshaltung

Tendenziell läßt sich eine Zunahme der Ansprüche z.B. auf Bildung und an die Arbeit feststellen. Dazu kommen Ansprüche auf Mitwirkung und Mitbeteiligung, unabhängig von Qualifikation und Kompetenz. Schließlich entwickeln sich aus dem Anspruchsdenken ökonomische Probleme: Wer heute ein halbes Jahr arbeitet und ein halbes Jahr nicht arbeitet, erhält eine höhere Vergütung, als wenn er ein ganzes Jahr arbeitet.

Es läßt sich aber auch ein Gegentrend, die generelle Anspruchssenkung, feststellen, die Voluntary Simplicity, d.h. die freiwillige Einfachheit, der Konsumverzicht.

Diese Polarisierung bedeutet: Die einen wollen mehr, die anderen sind mit weniger zufrieden. Diese beiden gesellschaftlichen Gruppen bewegen sich voneinander weg. Für beide sind völlig unterschiedliche Kommunikationsstrategien erforderlich, für beide unterschiedliche Marketingstrategien, für beide unterschiedliche Mitarbeiterstrategien!

3.4 Die Steuerbarkeit als Wert

In den letzten Jahrzehnten wurde den Menschen als Bürgern und Konsumenten das Machbarkeitssyndrom eingeimpft. Es sei alles machbar, es sei alles steuerbar: das bewußte Steuerungsdenken. Darauf beruhen u.a. die Familienplanung, die Einkommenssteuerung (man will keine Überstunden und ist mit dem, was man bekommt, zufrieden), oft eine verringerte Arbeitseinsatzbereitschaft (fürs Denken wird man nicht bezahlt!). Steuerungsdenken kennzeichnet auch ein polarisiertes Zeitverhalten. So gibt es im Einzelhandel nur noch zwei Abverkaufszeiträume für Saisonwaren. Es gibt einmal die Vorsaisonkäufer, die sehr früh vor Saisonbeginn bestimmte Waren nachfragen, und die Schlußverkaufskäufer, die nach dem Motto einkaufen, die Ware bereits während der Saison noch zwei Monate zurücklegen zu lassen, sie sei im Schlußverkauf dann billiger. Der eine Kunde will, oft aus Prestigegründen, die Waren ganz früh

1. Zunahme der Verunsicherung auf allen Gebieten, u.a.:
   - Zweifel an der Bewältigung ökonomischer, sozialer und politischer Probleme,
   - zunehmende Kritik an den bisherigen Markt- und Wettbewerbsprinzipien als Steuerungskonzept der Wirtschaft,
   - Infragestellung von Wachstum als Fortschritt.

2. Vereinfachungsstreben wegen Komplexität und fehlenden Einsichtsvermögens in wirtschaftliche und gesellschaftliche Vorgänge
   Folgen:
   - Generelles Streben nach Vereinfachung, insbesondere nach einer vereinfachten Weltsicht,
   - höherer Stellenwert persönlicher Kontakte,
   - Zunahme der No Names wegen hoher Warenkomplexität.

3. Zunehmendes Sensibilitätsbedürfnis wegen Verunsicherung
   Anzeichen: Die Veränderungen im Angebot belletristischer Literatur
   Folge:
   Neuorientierung des Verhältnisses von Rationalität und Emotionalität

4. Übertragung der Marktennahmeentscheidungen auf Institutionen wegen Verunsicherung
   Folge:
   Zunahme des Konsumerismus

5. Tendenzielle Zunahme der Ansprüche und deren Definition als unverzichtbare Rechte, z.B.:
   - Anspruch auf Bildung,
   - Anspruch auf Arbeit,
   - Anspruch auf hohes Einkommen bei Arbeit und bei Nichtarbeit,
   - Anspruch auf Unterhaltung,
   - Anspruch auf Mitwirkung und Mitbeteiligung,
   - Anspruch auf Anerkennung.

6. Teilweise Anspruchssenkung mit Konsumabkehr und Konsumabwehr
   Folge:
   Voluntary Simplicity (freiwillige Einfachheit)

7. Mehr Steuerungskonzepte durch Erziehung und Information:
   Folgen:
   - mehr Familienplanung,
   - zunehmende Einkommenssteuerung,
   - verringerte Arbeitseinsatzbereitschaft "Für Denken werde ich nicht bezahlt!"

8. Polarisiertes Prestige- und Individualstreben durch Egalitätszunahme des Wohlstandes
   Folgen:
   - Materielle Orientierung,
   - Immaterielle Orientierung.

9. Auch polarisiertes Zeitverhalten
   - Vorsaisonkäufer,
   - Schlußverkaufkäufer.

10. Meist kräftiges Gegenwartsbewußtsein mit zunehmender Neigung, das Leben hier und heute zu genießen
    Folge:
    Streben nach Selbstverwirklichung, oft mit beachtlichem Egoismus und ohne Rücksichtnahme auf die Umwelt

11. Freizeit als Lebensmittelpunkt – der Freizeiteffekt
    Folge:
    - Verschiebung des Lebensmittelpunktes von der Arbeit zur Freizeit;
    - Zunahme großer zusammenhängender Freizeiträume im Laufe eines Tages mit Streben nach
      a) weiterer Entlastung von Hausarbeit,
      b) zusätzlichen Alternativen zur Freizeitgestaltung;
    - Zunahme der Zahl der freien Tage mit neuen Formen der Bildung, der Freizeitgestaltung und des Tourismus;
    - Beschäftigung mit der Freizeit hat einen höheren Stellenwert als die Beschäftigung mit der Arbeit.

12. Verändertes Arbeitsbewußtsein durch Arbeitszeitverkürzung, Lohnsteigerungen und Wohlstandsmerkmale
    Folgen:
    - Verstärkte Arbeitsplatznachfrage von Frauen,
    - mehr Teilzeitbeschäftigung,
    - Rückgang des Wertes Arbeitspriorität mit Jugend- und Jungakademikerarbeitslosigkeit.

13. Relativierung tradierter Werte, so:
    - Relativierung des Eigentumsstrebens,
    - Relativierung der Einstellung gegenüber Preissteigerungen, d.h. Inflationsraten,
    - Relativierung der Einstellung über die Sparsamkeit des Staates.

    Zur Wertedynamik in diesem Bereich gehört zweifellos auch das sich ändernde Eigentumsbewußtsein mit einer rapiden Zunahme des Ladendiebstahls, die sowohl in Europa als auch in den USA zu beobachten sind.

14. Mehr Ökologiebewußtsein durch Mängelerlebnis
    Folge:
    Mehr Bereitschaft zur Übernahme von Ökologiekosten

15. Mehr Gesundheitsbewußtsein durch Öko- und Bio-Information
    Folge:
    Stärkere Nachfrage nach gesundheitsbekannten Waren und Diensten

16. Weiterentwicklung des Zielpluralismus und Lebensstilpluralismus
    Folgen:
    - Produkt- und Servicepolarisierung.
    - Betriebstypenpolarisierung im Einzelhandel.

Übersicht 1: Ausgewählte Aspekte der allgemeinen Wertedynamik haben, der andere wartet, bis der Preis gesenkt ist. Die Schlußverkäufe dürften sich in der bisherigen Form langfristig nicht halten lassen.

Zur Steuerbarkeit gehört auch das kräftige Gegenwartsbewußtsein bei der Jugend. Man will das Leben hier und heute genießen. Auf der anderen Seite findet man teilweise eine Pseudosozialorientierung, die oft genug nicht ernst gemeint ist: Feigenblattwerte, die auf alten Ideologien fußen.

3.5. Die Freizeit als Wert

Der Lebensmittelpunkt verschiebt sich immer stärker von der Arbeit zur Freizeit. Die Zunahme großer, zusammenhängender Freizeiträume mit Entlastung von Hausarbeit begünstigt das Streben nach noch weiterer Entlastung mit folgenden Chancen für das Marketing: zum einen für Produkte, die von Hausarbeit entlasten, und zum anderen für Produkte und Dienste mit zusätzlichen Alternativen zur Freizeitgestaltung. Durch die Zahl der freien Tage werden auch neue Formen der Bildung entstehen. Die Beschäftigung mit der Freizeit gewinnt einen höheren Stellenwert als die Beschäftigung mit der Arbeit.

Ein Teil der Arbeitslosigkeit dürfte mit darauf zurückzuführen sein, daß sie am Anfang nicht genügend ernst genommen wurde. Eine klare Auffassung über die Jugendarbeitslosigkeit und Möglichkeiten zu deren Bekämpfung gibt es immer noch nicht. 14,4% der italienischen Jugendlichen im Alter von 14 bis 24 Jahren sind heute arbeitslos. Diese Gruppe stellt damit 61,5% aller Arbeitslosen in Italien (November 1981). In der Bundesrepublik Deutschland sind etwa 25% der Arbeitslosen jünger als 25 Jahre.

3.6. Die Emanzipation der Frauen durch Berufstätigkeit

Die Freizeitdynamik wird überlagert von einem veränderten Arbeitsbewußtsein der Frauen. Die Bildungseuphorie der fünfziger und sechziger Jahre mit der Meinung, daß allein zusätzliche Ausbildung für die Gesellschaft von großem Vorteil sei, hat eine Abschätzung der Folgen dieser Bildungspolitik nicht aufkommen lassen. Der verstärkte Wunsch gut ausgebildeter Frauen nach Arbeit, wenn auch teilweise nur nach einer Teilzeitbeschäftigung, hat eine steigende Nachfrage nach Arbeitsplätzen bewirkt. In der derzeitigen Phase verdrängt die gut ausgebildete Frau den mittelmäßig ausgebildeten Mann vom Arbeitsplatz. Bei Arbeitszeiten von 30 bis 35 Stunden in der Woche gegenüber früher bis zu 50 Stunden werden die geschlechtsspezifischen physiologischen und psychologischen Unterschiede in der Arbeitswelt – zumindest in bestimmten Bereichen – voll ausgeglichen.

Beachtung verdient auch ein weiterer Aspekt der Wertedynamik im Bereich der Arbeit: Männer streben vermehrt in Frauenberufe und Frauen wählen mehr und mehr Männerberufe – wenn man von den klassischen Berufsdifferenzierungen ausgeht.

3.7. Zur Definition der Arbeit

Beachtliche wirtschaftliche Aktivitäten – als Beispiel sei die Hausfrauenarbeit genannt – werden in der volkswirtschaftlichen Gesamtrechnung nicht erfaßt. Neuerdings nimmt der Umfang der wirtschaftlichen Aktivitäten in der Freizeit stark zu: Arbeitslose werken an eigenen oder – im Rahmen der Nachbarschaftshilfe – an fremden Häusern. Facharbeiter und angestellte Handwerker werden in ihrer Freizeit auf eigene Rechnung tätig. Die Schwarzarbeit ist ein Teil der Schattenwirtschaft – oder wie man neuerdings weniger pejorativ sagt – der Parallelwirtschaft. Man wird gesellschaftspolitisch gezwungen sein, das Phänomen der Schwarzarbeit und andere Erscheinungen der Schattenwirtschaft anzugehen und ideologisch zu verkraften. Die augenblickliche Werteschizophrenie in diesem Feld bedarf einer Lösung. So bezeichnet man auf der einen Seite Heimwerken und Basteln als Diebstahl von Arbeitsplätzen – die Zahl solcher "Hobbyisten" wird für die Bundesrepublik Deutschland auf 1,5 Mill. geschätzt –, auf der anderen Seite werden diese Aktivitäten als sinnvolle Freizeitbeschäftigung gefordert und gefördert.

Die Neudefinition der Arbeit muß auch steuerliche Konsequenzen haben. Eine restriktive Veränderung der Freigrenzen (390-Mark-Grenze) dürfte die Schattenwirtschaft wohl kaum verringern, sondern eher intensivieren.

Etwa 40 000 der rd. 350 000 jährlich gebauten Wohnungen werden heute voll und ganz in Eigenarbeit erstellt. Es gibt 1982 rd. 12 Mill. Heimwerkerprofessionelle, für 1985 wird mit 15 Mill. gerechnet. Etwa 27% aller Autoreparaturen werden im Heimwerken ausgeführt. Bereits 5% der Möbelnachfrage entfallen auf Bastel- und Zusammenbaumöbel.

Diese Tatsachen drücken auf eine klassisch definierte Beschäftigung und damit auf den Arbeitsmarkt. Die Nachfrage in Bau- und Hobbymärkten wächst kräftig. Vor allem in Regionen, in denen die Arbeitslosigkeit besonders hoch ist, wachsen die Heimwerkerumsätze besonders stark. Es werden sogar Ansätze eines neuen Sozialbewußtseins bzw. eines wiedergefundenen Sozialbewußtseins sichtbar, z.B. in Form von verstärkter Nachbarschaftshilfe.

3.8. Zur Relativierung als Wert

Das Produktivitätsstreben ist teilweise reduziert, das Leistungsstreben abgekappt. Das Produktivitätsbewußtsein ist dagegen nach wie vor sehr ausgeprägt. Frauen haben ein sicheres Gefühl dafür, daß es besser ist, außer Haus durch eigene Erwerbstätigkeit die Mittel zu beschaffen, die man benötigt, um gewisse Anschaffungen zu ermöglichen, als diese Dinge direkt im Haus durch Hausarbeit zu schaffen. Die Frauen haben den berühmten Unterschied zwischen Fischefangen mit der Hand und mit dem Netz gut verstanden. Dieses intelligente Verhalten der Frauen wurde jedoch erst durch die Durchsetzung eines veränderten Rollenverständnisses möglich.

Ein Beispiel für die Relativierung von Werten ist die Relativierung des Eigentumsstrebens, die u.a. im Ladendiebstahl zum Ausdruck kommt. Die Wertgrößenordnung des Ladendiebstahls dürfte heute um 8 Mrd. DM jährlich liegen; dies entspricht dem Umsatz eines bedeutenden Warenhauskonzerns. Weiterhin kann man eine Relativierung der Einstellung gegenüber Preissteigerungen feststellen. Wer erinnert sich noch? Bundeskanzler *Erhard* stürzte über eine Inflationsrate von 2%. Heute wird über 6% oder 7% im Wahlkampf nicht mehr geredet. Die Relativierung der Einstellung gegenüber der Sparsamkeit des Staates war die Voraussetzung für den derzeitigen Schuldenberg von rd. 522 Mrd. DM (September 1981). Wie relativiert die Einstellung gegenüber Insolvenzen ist, wird dadurch bestätigt, daß im Jahre 1929 – zum Zeitpunkt der Weltwirtschaftskrise – die Zahl der Konkurse mit rd. 11 000 im Deutschen Reich so hoch war wie im Jahre 1981 auf dem Gebiet der Bundesrepublik Deutschland. Man nimmt derartige starke Signale jedoch nicht ernst genug.

3.9. Das stärkere Gesundheitsbewußtsein

Mehr Gesundheitsbewußtsein ist ein weiterer Wert, der noch begünstigt wird durch Bioinformationen. Die Krankenstände gehen etwas zurück, weil sich im Zusammenhang mit dem Gesundheitsbewußtsein ein Trend herausgebildet hat, daß es nicht mehr schick ist, krank zu sein, ein Trend, der eine stärkere Nachfrage nach gesundheitsorientierten Waren und Diensten zur Folge hat.

3.10. Die Alibiwerte

Man kann eine Zunahme von Alibiwerten verzeichnen. Alle reden von der Hilfe für die Dritte Welt. Aber ein Schiff wie die *Kap Anamur*, mit dem man Vietnamflüchtlinge auffischte, ist noch keine Strategie. Auch die derzeitige Entwicklungshilfe kann nur eine begrenzte Funktion haben. Echte Umverteilung würde die Bereitschaft bedeuten, 20% oder mehr der derzeitigen Einkommensgrößen an die Dritte Welt wegzugeben. Wer ist dazu schon bereit?

Noch ein anderer Alibiwert. Jedermann fordert immer mehr staatliche Leistungen, niemand ist aber bereit, mehr Steuern zu zahlen. Daß Leistung und Gegenleistung sich bedingen, wird verdrängt.

4. Die Wertedynamik der Unternehmer

Auch Unternehmer unterliegen einer Wertedynamik. Die Firmentradition im Sinne einer Familientradition verliert an Bedeutung.

In den Unternehmen wird die Wertedynamik gerade zur Zeit erheblich durch das Generationenproblem beeinflußt: Die Generation des Wiederaufbaus tritt ab oder ist bereits abgetreten. Die Zwischengeneration hat bereits ein relativiertes Leistungsstreben, sie ist nicht mehr sicher, ob sie das Richtige tut, sondern erfüllt eher eine Pflicht. Daraus ergibt sich aber eine Wertedynamik bei dieser Generation, deren Vorstellungen über das Erstrebbare und Machbare, über "richtig" und "falsch" verändert sind. Tradierte Werte werden angezweifelt; neue Werte werden gesucht. Diese Zwischengeneration ist nicht in der Lage, der nachkommenden Generation die Werte in der Weise transparent zu machen, wie diese sie benötigt und versteht, und dadurch in eine diesseits orientierte Form der

Lebensgestaltung hineinzugreifen, die bereits kurzfristig Verbesserungen bringt und langfristig für die nächste Generation eine Absicherung bedeuten würde.

Bei Unternehmen sinkt insbesondere der Wert einer Fortsetzung der Firmentradition. Der Generationenwechsel führt oft zu veränderten Wertevorstellungen. Es gibt zwar ein ausgeprägtes Familienabsicherungsstreben, aber längst nicht mehr das früher uneingeschränkte Streben nach einer Vererbung des Betriebes.

"Die Söhne, die nach dem Krieg in den Familien der oberen Mittelschicht geboren wurden, wurden von ihren Müttern nicht zu Vätern erzogen – damit als potentieller Führungsnachwuchs, sondern vor allem als ihre eigenen Söhne; sagen wir es drastisch: als 'Muttersöhnchen'.

Ganz im Ernst und ohne jede Ironie: Für Muttersöhnchen bedarf es eines mütterlichen Führungsstils. Das bedeutet ständige Zuwendung, ständiges Loben, Tadeln. Der mütterliche Führungsstil ist nur in kleinen Organisationseinheiten möglich. Wer junge Menschen zu Führungskräften machen will, der muß ihnen folgerichtig auch die Möglichkeit geben, zur Bezugsperson zu werden. Die Auswirkungen auf die Unternehmensstruktur werden nachhaltig sein" (o.V., 1981, S. 1).

Das ist ein nicht zu vernachlässigender Aspekt der Mitarbeiterdynamik, der auch die Organisationsdynamik nachhaltig beeinflussen wird.

Es hat sich eine klare Segmentierung der Wachstumsziele entwickelt. Eine Gruppe von Unternehmen betreibt bewußten Wachstumsverzicht: Der Ärger ist groß genug, es reicht zum Leben und für wen soll man es tun: die Kinder "funktionieren" doch nicht. Die andere Gruppe hat nach wie vor ein ausgeprägtes Wachstumsstreben, und auch heute noch werden in wenigen Jahren Unternehmen aufgebaut, deren Umsätze die Milliardengrenze überschreiten.

Die Kooperationsneigung der Unternehmer nimmt kräftig zu. Optimismus oder Pessimismus als Elemente der Wertedynamik der Unternehmer bilden eine zentrale Grundlage für die Möglichkeiten und Richtungen einer Weiterentwicklung der Marktwirtschaft.

Nicht zuletzt werden zuviele Anforderungen an die Unternehmer gestellt: Sie sollen Mitarbeitern humane Arbeitsplätze geben, sie sollen Mitarbeiter hoch vergüten, sie sollen Gewinne machen und Kapitalgebern eine hohe Rendite gewähren, sie sollen die Gesellschaft reformieren. Von der Politik wird ihnen oft genug die Funktion des Sündenbocks zugewiesen. Und häufig genug fehlen die Kraft und der Mut, sich dieser Angriffe zu erwehren. Wir haben in der Gesellschaft den Ideologiekonsens verloren. Allein durch stetige Kritik an den Unternehmern und ihre Überforderung werden die Herausforderungen an die Gesellschaft keinesfalls gelöst werden können.

5. Die Wertedynamik der Mitarbeiter

5.1. Die Grundaspekte

Die Wertehaltung der Mitarbeiter in Unternehmen verändert sich im Zeitablauf ebenfalls. Man will mehr Arbeitssicherheit. Man will mehr Mitbestimmung, man will mehr Mitbeteiligung. Die schulisch besser ausgebildeten, mobilen, in einen Betrieb neu eintretenden Berufstätigen, besonders die Frauen unter ihnen, fordern immer stärker individuelle Ausnahmeregelungen von etablierten Arbeitsordnungen, d.h. flexible Organisationsstrukturen. Von der Schule her sind die Mitarbeiter an Wahlfächer gewöhnt, im gesellschaftlichen, wirtschaftlichen und politischen Leben sind sie auf die Chance zu Alternativen eingestellt. Diese junge Generation möchte auch im Unternehmen mehr Wahlmöglichkeiten haben. Für junge Menschen gilt die Arbeit nur als eine sekundäre Möglichkeit zur Persönlichkeitsverwirklichung. Erfolg im Beruf genügt ihnen nicht, aber gute Bezahlung ist selbstverständlich.

Bindungen in der Ehe und an den Betrieb nimmt die junge Mitarbeitergeneration leichter. Aber die Anforderungen an Lebensqualität und persönliche Freiheit nehmen zu, gleichzeitig aber auch die Umweltverantwortung, die Orientierung an Minderheiten und die Achtung vor Minderheiten.

Diese junge Generation bringt Desorientierung und Verwirrung in die Arbeitswelt. Noch dominieren die an alten Werten festhaltenden älteren Arbeitskräfte. Aber Unternehmen, die nicht in der Lage sind, den Generationenzwist und die Generationenablösung ideologisch vorzubereiten, werden demnächst ohne genügend junge Mitarbeiter dastehen. Zur Zeit drängt der Babyberg der frühen sechziger Jahre in die Unternehmen. Nach 1988 besteht vermutlich ein Defizit junger Mitarbeiter als Folge des Babytiefs der späten sechziger und siebziger Jahre.

Zur Realisierung der Mitbestimmung, die die Gesellschaft noch in beachtlicher Form beeinflussen wird, wurden zwar Gesetze geschaffen, aber sie funktionieren noch nicht, weil die Ausgangsvoraussetzungen noch nicht bestehen.

Es wird weit mehr als ein Jahrzehnt dauern, bis Verfahren entwickelt sind, wie man im Rahmen der Mitbestimmung miteinander umgeht.

Mehr Mitarbeiterbeteiligung und mehr Miteigentümerschaft sind m.E. Konsequenzen, die sich aus der Mitbestimmung zwangsläufig ergeben und dies nicht nur für Mitarbeiter im außertariflichen Bereich (AT-Bereich). Die Auflockerung klassischer Eigentumsstrukturen zerstört die Funktionsfähigkeit der Kampfrituale von Gewerkschaften wie auch von Unternehmern:

Wenn Mitarbeiter Mit-Eigentümer sind und über eine Aussperrung entschieden wird, dann sperren sich die Eigentümer des Unternehmens selbst aus. Wenn Mitarbeiter-Eigentümer als Gewerkschaftsmitglieder über einen Streik beschließen, dann bestreiken sie sich selbst. Man wird völlig neu darüber nachdenken müssen, wie man miteinander umgeht und ob Streik und Aussperrung noch sinnvolle Instrumente sind.

Und noch eine schwerwiegende und weitreichende Frage: An wen wird das unternehmerische Miteigentum demnächst vererbt? Wenn ein Mitarbeiter 40 Jahre in einem Unternehmen gearbeitet hat, kann man davon ausgehen, daß er real zu heutigen Werten mit Verzinsung in einem Unternehmen einen Betrag von 250 000 DM und mehr sparen und im Unternehmen anlegen kann. An wen werden diese Mittel beim Ausscheiden aus dem Unternehmen oder im Todesfall weitergegeben? Bis jetzt sind solche fundamentalen Probleme weder erkannt noch gelöst.

6. Zum technischen und organisatorischen Fortschritt

Die Wertedynamik wird durch den technischen Fortschritt mitbestimmt und Wertewandlungen haben Auswirkungen auf die Intensität des technischen Fortschritts. Die marketingrelevante Evolution der achtziger Jahre wird auf der "Informations- und Kommunikationsrevolution" beruhen. Wir befinden uns in einer Phase der Veränderungen, die der Erfindung der Buchdruckerkunst vergleichbar ist. Nur einige Schlagworte seien erwähnt: Bildschirmtext, Zwei-Wege-Kommunikation, neue Computermedien, vor allem auch Datenträgeraustausch.

Im Mittelalter hat man darüber gestritten, wieviele Engel auf eine Nadelspitze gehen, heute – seit der Molekulartechnologie – wieviele klassische Computer auf einen Kubikdezimeter.

Das Scanning, das Arbeiten mit Warencodes, wird zu kräftigen Veränderungen im Bereich der Warenwirtschaftssysteme führen. Es gibt bereits Scanner mit multiplen Lesefähigkeiten, d.h. sie lesen EAN, UPC, OCR und u.U. Helvetica und andere Schriften.

Ein weiterer Aspekt ist die Dynamik des Zahlungsverkehrs. Es gab 1981 in der Bundesrepublik Deutschland 15 Mill. Scheckkarten, 1969

A. Telefonbasis
1. Tastentelefon
2. Supertelex-System für Text und Graphik
3. Abrufstationen

Möglichkeiten: Warenbestellsysteme
Tele-Zeitung
Tele-Informationen

B. Fernsehbasis
1. Video-Recorder
2. Bildschirmtext und Videotext
3. Kabelfernsehen

C. Telefon- und Fernsehbasis
CS-System (Terminal zur Umwandlung von analogen in digitale Signale beim Telefon)

D. Satellitenbasis
1. Satellitenfernsehen
2. Satellitenkommunikation

E. Druckbasis
Neue Druckverfahren
wie Ink-Jet-System
ohne Druckplatte

F. Computerbasis
Datenbanken

G. Neue Datenträger
1. Micorfiches und Weiterentwicklungen
2. Datenplatten: Platte mit 30 cm Durchmesser für ein Konversationslexikon

Übersicht 2: Die Hauptelemente der Mediendynamik

waren es erst 1,8 Mill. Weltweit gibt es heute rd. 800 Mill. Kreditkarten und überall wird mit bargeldlosen Zahlungssystemen operiert. In Kanada (Ottawa) ist bereits ein Gesetz eingebracht worden, durch das das Bargeld ganz abgeschafft werden soll.

Die amerikanische Regierung hat Forschungsprojekte vergeben, mit denen geklärt werden soll, ob und inwieweit das Bargeld abgeschafft werden kann. Was würde dies bedeuten? Die Banken könnten u.a. die Steuererklärungen aller Unternehmer und Arbeitnehmer machen! Dieses hochinteressante Gebiet, der Trend zum bargeldlosen Zahlungsverkehr, kann hier nur angedeutet werden.

Die neuen Medien ermöglichen auch umfassende Preisvergleiche. Die Verbraucherverbände liefern in Düsseldorf im Rahmen des Bildschirmtextversuchs bereits heute Preisvergleiche ins Haus. In den USA entfachte sich bereits eine Diskussion über die erneute Zulassung der Preisbindung der Zweiten Hand! Man muß abwarten. Faktum ist, daß die neuen Medien neuartige Preis-, Transfer- und Transaktionsstrukturen zur Folge haben werden.

7. Zur Dynamik des Rechtsrahmens

Die Wertedynamik beeinflußt auch den Rechtsrahmen. Manifest vorgetragene Werte finden in Gesetzen und Verordnungen – oft in widersprüchlichen – ihren Ausdruck.

Die Rechtshypertrophie nimmt teilweise Formen an, die die Wirtschaft kaum mehr bewältigen kann, z.B. bei den Verbraucherschutzgesetzen: im Jahre 1971 gab es 25, heute gibt es fast 400 Gesetze. Vielleicht wäre ein guter Common Sense tragfähiger als diese vielen Gesetze, die doch nur bedingt eingehalten werden können.

Umfassende Änderungen mit kräftigen Auswirkungen auf die Art der Gestaltung der Marktwirtschaft sind heute in den Vereinigten Staaten bereits vorhanden: die "Unregulation" von *Reagan* mit einer anderen Zielrichtung als die "Deregulation" von *Carter*.

Beispiele dieser neuen Orientierung sind:

- der Verzicht auf Fusionsverhinderungen, der nicht zuletzt die Conoco-Lösung ermöglicht hat,
- die größere Freiheit bei der Vertragsgestaltung im Bereich der Verbundgruppen aller Art und beim Franchising,

- das Wiederaufleben der Diskussion um die Zulassung der Preisbindung der Zweiten Hand!

Auch in der Bundesrepublik Deutschland gibt es eine Dynamik des Wettbewerbsrechts, wie das Urteil über die Ermöglichung der Bezugsbindung von Ersatzteilen durch Automobilhersteller (VW-Urteil) zeigt.

Rechtliche Restriktionen haben fundamentale Auswirkungen auf Marketing und Handel.

8. Die quantitativen Entwicklungstendenzen

8.1. Das Konzept der Basiseffekte und der Folgeeffekte

Ganz kurz etwas zu den quantitativen Entwicklungstendenzen, die sich aus der Wertedynamik ableiten lassen. Vieles läßt sich sehr genau abschätzen. Viele heutige Fakten beruhen auf zeitlich früher gelegten Grundlagen, wie durch das Konzept der Basiseffekte und der Folgeeffekte verdeutlicht werden kann. Ein Basiseffekt ist z.B. der Babyboom von 1960 bis 1968. Der damals entstandene Babyknoten ist durch die Zeit gelaufen, und heute sind aus dem Babyknoten etwa 20 Jahre alte Jungwähler, anspruchsvolle Jugendliche, jugendliche Innovatoren und Nachfrager von Arbeitsplätzen geworden. Seit 1970 haben wir ein Babytief. Im Jahre 1964 hatten wir 1 064 000 Geburten. Zur Zeit haben wir etwa 600 000 Geburten. Tendenziell wird wegen des Geburtengefüges während der sechziger Jahre die Zahl der Erwerbsfähigen bis 1985/87 noch um knapp 2 Mill. zunehmen. Das bedeutet, selbst wenn die Zahl der Arbeitsplätze erhalten bleibt, rd. 1,5 Mill. mehr Arbeitslose innerhalb von fünf Jahren und dies bei einer insgesamt rückläufigen Zahl der Einwohner.

Die Nachfrage wird vor allem durch den Ressourceneffekt beeinflußt. Im Jahre 1973 betrug die Ölrechnung in der Bundesrepublik Deutschland rd. 15 Mrd. DM. Damals waren die Ausgaben für Erdöl genauso hoch wie die Ausgaben für Bier! Im Jahre 1981 kostete das Erdöl für die Bundesrepublik Deutschland 75 Mrd. DM.

Dadurch haben sich u.a. auch die Ausgabenstrukturen der privaten Haushalte verändert. Der prozentuale Anteil der Energie am Budget der Privaten hat sich in wenigen Jahren fast verdoppelt. Das brachte bei anderen Waren und Diensten fast eine Stagnation der Nachfrage, z.B. bei Bekleidung.

I. Zeitliche Betrachtung

Beispiel:
Basiseffekt etwa 1960-1968
Baby-Boom

Folgeeffekte 1978-1986

- hohe Zahl von Jungwählern
- hohe Zahl von Studenten
- hohe Zahl junger Arbeitskräfte
- hohe Zahl verwöhnter Konsumenten
- verstärkter Massendruck auf etablierte gesellschaftliche Werte

Beispiel:
Basiseffekt ab 1970 und weiter
Baby-Tief

Folgeeffekte ab 1988 und später

- geringe Zahl von Jungwählern
- geringe Zahl von Studenten
- geringe Zahl von Arbeitskräften
- sicher erheblich anderes Verhalten der jungen Erwachsenen wegen geringer Masse

II. Sachliche Betrachtung

Beispiel:
Baby-Echo-Effekte

- Mehr Nachfrage nach Appartements und Kleinwohnungen
- Zunahme der Nachfrage z.B. nach Gebrauchtwagen oder Gegenstände der Haushaltselektrik und -elektronik

Übersicht 3: Das Konzept der Basiseffekte und der Folgeeffekte

8.2. Zur Messung der wirtschaftlichen Leistung

Das Verhalten der privaten Haushalte hat sich verändert. Beispiele sind die Tendenz zur Tauschwirtschaft mit "Tauschzentralen", mit denen Steuern gespart werden, oder die Nachbarschaftshilfe. Es wachsen der schwarze Kreislauf, die Schattenwirtschaft bzw. die Parallelwirtschaft.

Das offizielle Bruttoinlandsprodukt in der Bundesrepublik Deutschland lag 1981 bei über 1,6 Billionen DM. Schätzungen der Schattenwirtschaft liegen bei etwa 16% der "offiziellen" Wirtschaft (in Italien wird sie auf 25% geschätzt und man ist dort inzwischen soweit, daß in das offizielle Bruttoinlandsprodukt Schätzzahlen der Schattenwirtschaft eingebaut werden). Durch die Schattenwirtschaft sind die Nationen reicher, als in den offiziellen Zahlenwerten zum Ausdruck kommt, d.h. 1,6 Billionen DM im Jahre 1981 beträgt das offizielle Bruttoinlandsprodukt, der effektive Wert des totalen Bruttoinlandsprodukts dürfte aber über zwei Billionen liegen.

8.3. Der Gesundheits- und der Degenerationseffekt

Eine stetige Verschlechterung des Gesundheitszustandes bedingt überproportional steigende Ausgaben im Gesundheits- und Sozialsektor. Der Gesundheitssektor verursacht heute Ausgaben von rd. 195 Mrd. DM; sein Umfang beträgt damit rd. 50% des gesamten Einzelhandelsumsatzes von rd. 400 Mrd. DM (1981).

8.4. Der Inflationseffekt

Der Inflationseffekt, d.h. die kräftig gestiegenen Inflationsraten, zerstört die Fähigkeit, in Zahlen zu denken. Bei real schwachem Wachstum werden wir uns daran gewöhnen müssen, daß Inflationsraten von 5% bis 7% zur Regel werden. Die "Geldillusion" prägt die ökonomischen Größen immer stärker. In Wachstumsraten ereichen sie ein weit höheres Gewicht als reale Veränderungen.

8.5. Der Vererbungseffekt

Ein nicht zu unterschätzender Aspekt der künftigen Wirtschafts- und Gesellschaftsdynamik ist der Vererbungseffekt. Er kennzeichnet den Tatbestand, daß die heutige Generation ein gut ausgestattetes System öffentlichen und privaten Eigentums kostenlos an die nächste Generation weitergeben kann. Dadurch wird der persönliche Wohlstand psychologisch, obwohl nichts dazukommt, für den einzelnen größer.

Spätestens ab Ende der neunziger Jahre kann man befürchten, daß der Kampf der Habenichtse gegen die Habenden beginnt, da das Einkommen, anders als in der Vergangenheit, eine Gesellschaft spalten könnte in die, die erben, und die, die nicht erben. Das dürfte soziale Probleme geben.

Dadurch könnten auch manche quantitativen Vorausrechnungen berührt werden.

8.6. Der Effekt der Arbeitsteilung

Man wird über die Außenhandelsdynamik und die Wertedynamik im Außenhandel neu nachdenken müssen. In der Bundesrepublik Deutschland gehen Know-how-Fähigkeiten durch die Verlagerung von bestimmten Produktionen in Drittländer verloren. Bereits heute können in der Bundesrepublik Deutschland bestimmte komplizierte Textilien nicht mehr hergestellt werden. Das gleiche gilt für bestimmte Steingut- und Steinzeugprodukte. Die daraus folgende Veränderung der Nachfrage nach Arbeitsplätzen in handwerklichen Berufen fördert, neben dem Absinken des Know-how, zusätzlich die Jugendarbeitslosigkeit.

In der Bundesrepublik Deutschland fehlt ebenfalls das Know-how, Computer zu bauen, wenn man von Einzelentwicklungen wie *Nixdorf* mit einem speziellen Programm einmal absieht. Es ist weitgehend die Fähigkeit verloren gegangen, Flugzeuge zu bauen. Die Mikroelektronik wird von anderen Nationen getragen. Wie sieht es bei Patenten aus? In einem Pkw werden 36 zusätzliche Patente benötigt. Davon kommen 34 aus dem Ausland, meist aus Japan, und zwei aus der Bundesrepublik Deutschland. Was wollen wir in Zukunft? Viele Produkte exportieren wir heute noch – jedoch mit zunehmender Gefahr der Konkurrenz durch andere Länder –, bei anderen Produkten fehlt bereits das Know-how!

Die Jugend kann von uns das nicht lernen, was wir selbst nicht sicher beherrschen. Sie will teilweise auch nicht lernen, was wir können, aber sie will gut leben. Wie lange geht das gut?

An die Stelle von Beschäftigungsprogrammen sollten Programme treten, in denen verdeutlicht wird, welche Aufgaben zu lösen sind. Was nützt ein Beschäftigungsprogramm, wenn man nicht weiß, ob wir Kabelfernsehen wollen oder nicht, ob wir neue Flugplätze wollen oder nicht, ob wir eine Jugend ausbilden wollen, die lernt, mit der Mikroelektronik umzugehen, oder nicht?

9. Die Konsequenzen auf das Marketing

9.1. Die Probleme

Zahlreiche der erläuterten Aspekte der Wertedynamik wie auch des technisch-organisatorischen Fortschritts und der quantitativen Entwicklungstendenzen haben unmittelbare Konsequenzen auf das bestehende Konzept der Gesellschafts- und Wirtschaftspolitik und erst indirekt auf die Transaktionsprozesse zwischen Unternehmen oder zwischen Unternehmen und sonstigen Institutionen und damit auf das Marketing.

Marketing ist keine allgemeine Heilslehre, sondern eine Denkhaltung, und zwar eine Denkhaltung im Rahmen einer Basisideologie. Keine Ausprägung des Marketing steht isoliert. Da die Basisideologie für das Marketing zur Zeit einem Wandlungsprozeß unterliegt, steht Marketing in den achtziger Jahren teilweise auf tönernen Füßen.

Mit Methoden der Marktanalyse und der Gesellschaftsanalyse ist der Marketingfachmann zwar in der Lage, die Probleme der Werte- und Technologiedynamik zu erkennen. Sehr viel schwieriger ist es jedoch, die langfristigen Rückwirkungen auf das Marketing abzuschätzen.

An das Marketing werden zur Lösung komplexer gesellschaftlicher Probleme Anforderungen gestellt, die ohne eine Änderung der übergeordneten politischen und wirtschaftlichen Steuerungskonzepte eine Überforderung der Marketingspezialisten oder Unternehmer darstellen.

Man muß somit zumindest zwei Problemstellungen unterscheiden:

(1) Welche Konsequenzen ergeben sich auf das Marketing, wenn man – zumindest auf absehbare Zeit – bei den derzeitigen Steuerungskonzepten zu bleiben versucht?

(2) Können aus der Ideologie des Marketing Veränderungsvorschläge für die gesamtwirtschaftlichen Steuerungsprinzipien abgeleitet werden?

Zu beiden Fragen kann im folgenden nur thesenartig Stellung genommen werden.

9.2. Marketing als Anpassungs- und Aggressionsstrategie

Bei Beibehaltung der bisherigen Steuerungskonzepte für das Marketing werden sich die Unternehmen an den Wertewandel und die technischen Neuerungen einerseits anpassen und andererseits, zur besseren Erreichung ihrer Ziele, geeignet erscheinende Konzepte aggressiv durchsetzen.

9.2.1. Zur Produkt- und Sortimentspolitik

Im Rahmen der Produkt- und Sortimentspolitik wird man die Produktdynamik aufgreifen. Heimcomputer werden in neuen Heimcomputershops angeboten werden, Bildband und Bildplatte in neuen Videoshops, die bereits im Entstehen sind. Im Bereich der Energie- und Wärmedämmung entstehen mehrere Typen von Energieshops und ein neuer Energiebedarfsgroßhandel.

Das Ökologiebewußtsein fördert neue Ökologieprodukte und läßt den Ökologiegroßhandel entstehen. Das Recycling führt zu einem neuen Entsorgungsgroßhandel mit dem Angebot von Entsorgungsservices. Neue Produkte entstehen aufgrund der Mikroelektronik mit der Folge eines neuen Spezialhandels. Die Mikroelektronik wird neue Spezialwerkstätten entstehen lassen, die die speziellen Aufgaben bei der Reparatur von Kühlschränken, Autos und Fernsehgeräten wahrnehmen.

9.2.2. Zur Preispolitik

Das Vertrauen der Konsumenten in den Preis ist nicht zuletzt durch das Verhalten der Industrie- und Handelsunternehmen deroutiert: Es fehlt den Konsumenten das Verständnis dafür, daß z.B. ein Kasten Bier derselben Marke in zwei Betrieben einmal für 4,95 DM und einmal für 16,95 DM angeboten wird. Das Marketing ist stärker als bisher aufgerufen, das Preis-Leistungs-Verhältnis transparent zu machen. Mehr Disziplin in der Preisgestaltung dürfte durch die neuen Medien erzwungen werden. Bei den Konsumenten nimmt das Sicherheitsstreben zu. Man kauft nicht mehr nur eine Ware, man kauft Sicherheit in verschiedenster Beziehung, vor allem auch Preissicherheit. Der Preis ist und bleibt ein kategoriales Instrument, der Brennpunkt, auf dem alle Leistungselemente basieren. Die Verbraucherpolitik wird noch stärker als bisher um eine Preis-Leistungs-Transparenz mit vermutlich beachtlichen Rückwirkungen auf die Struktur in Industrie und Handel kämpfen.

Ratenverträge und langfristige Rahmenverträge mit Meistbegünstigungsklauseln dürften auch bei der Nachfrage der Konsumenten Bedeutung erhalten, z.B. Rahmenvertragskäufe bei Nahrungsmitteln.

9.2.3. Zur Marktkommunikation

Nicht zuletzt wegen der erwähnten Aspekte der Mitarbeiterwertedynamik werden Marktkommunikation und interne Kommunikation eine Symbiose zu einem Totalkonzept der Kommunikation eingehen.

Die Marktkommunikation wird in Zukunft nur als ein Element eines Konzepts der Totalkommunikation aufgefaßt werden. Totalkommunikation heißt vollharmonisierte interne Kommunikation und externe Kommunikation. Interne Kommunikation beginnt beim persönlichen Gespräch, beim Telefongespräch, bei der Stellenbeschreibung, bei Rundschreiben und endet irgendwo mit computerisierten Ausdrucken.

Die Marktkommunikation wie auch die interne Kommunikation – ein Marketing nach innen – werden strategischer gesehen werden. Das gilt nicht nur für die Medien, das gilt insbesondere auch für die Verkaufsförderung.

Veränderte und komplexere wirtschaftliche und gesellschaftliche Ziele der Unternehmen, die sich dynamisch weiterentwickeln, lassen die Bedeutung der Public Relations-Arbeit im Sinne von Öffentlichkeit weit überdurchschnittlich ansteigen.

9.2.4. Der persönliche Verkauf

Die persönliche Verkaufsförderung wird zunehmen und auch der persönliche Verkauf wird bestehen bleiben. In den achtziger und neunziger Jahren wird kaum etwas wichtiger sein als die persönliche Kommunikation. Auch die neuen Medien werden dafür sorgen, daß diese persönliche Kommunikation nicht nur erhalten bleibt, sondern an Bedeutung noch gewinnt, wenn auch die Aufgaben in Verkauf und Außendienst schwieriger werden.

Die Budgets für Medienwerbung und für persönlichen Verkauf nehmen zu. Unternehmen, die nicht in der Lage sind, mediale und persönliche Kommunikation zu finanzieren, unterliegen der Gefahr, vom Markt verdrängt zu werden.

9.2.5. Zu den Wirtschaftsstufen und Absatzwegen

Die veränderten abgeschwächten Wachstumsbedingungen lassen tendenziell eine neue Konzeption der Arbeitsteilung entstehen. In der Absatzwegedynamik ist eine Neuordnung der Arbeitsteilung der physischen

Distribution und der Disposition zu erwarten, der institutionelle Großhandel wird in Mitleidenschaft gezogen, der funktionale Großhandel wächst dagegen, weil Hersteller und Einzelhandel unter Druck kommen, nicht mehr wachsen zu können. Sie werden aus diesen Gründen versuchen, durch Vertiefung ihrer Leistungen zu wachsen, d.h. durch Übernahme von Funktionen anderer Wirtschaftsstufen. Alte Regeln wie: Der Hersteller soll nicht Handel treiben, der Handel soll nicht produzieren! werden ebenfalls obsolet. Bei Lebensmitteln gilt der Grundsatz: Fleisch verträgt nicht zwei Spannen, d.h. große Handelsunternehmen benötigen für diese Warengruppe eigene Produktionsstätten. Auch bei der Bekleidung läßt sich eine Renaissance der aus der Produktion entstandenen Handelsunternehmen – Benetton oder Stefanel aus Italien oder Adler in der Bundesrepublik Deutschland – feststellen.

Die Vertikalisierung nimmt nicht zuletzt durch neue Kooperationskonzepte zu.

9.2.6. Neue Marketingdimensionen

Das Marketing strebt nach neuen Dimensionen, nach Superstrategien. Die klassischen Strategien, d.h. die Preisstrategie, Werbestrategie, Produktstrategie, Absatzwegestrategie oder Strategie der physischen Distribution unter Aspekten des Marketing, werden abgelöst von neuen Strategien. Ein Beispiel ist profiliertes Wertmarketing, bei dem Werte in das Marketing eingebaut werden, z.B. als Bio-Marketing, indem man auf die biologischen Gesundheitswerte eingeht, oder als Öko-Marketing, mit dem man nachweist, daß die Produkte ökologisch in Ordnung sind, oder auch als Problem-Marketing, in dem entproblematisierte Produkte problematisiert werden, wie Waschmittel, oder problematisierte Produkte entproblematisiert werden, wie Baustoffe. Es wird mehr Systemmarketing und mehr cross selling geben, d.h. Dienstleistungs- und Warensysteme werden als Einheit angeboten werden, z.B. die Kücheneinrichtung, die Ausstattung aller Räume, die Lieferung der Rezepte und des Know-how sowie die Lieferung der Rohstoffe für Gastronomiebetriebe und Kantinen aus einer Hand.

Die unternehmensspezifische Zeitkomponente wird in Zukunft zusätzlich beachtet werden. Das situative Marketing erfaßt die jeweils spezifischen externen und internen Bedingungen jedes Unternehmens. Marketing ist situative Maßarbeit. Deswegen sind Lehrbücher auch in ihren Aussagen begrenzt, weil nur Grundangaben gemacht werden, die un-

Die Ergänzung der Instrumentalstrategien durch Superstrategien

Beispiele

I. Die Produktkomponente
1. Das Wertmarketing
   - Das Bio-Marketing
   - Das Öko-Marketing
   - Das Problem-Marketing
2. Das Systemmarketing (auch cross selling)

II. Die Zeitkomponente
1. Das situative Marketing
2. Das sequentielle Marketing

III. Die Raumkomponente
- Das regionale Marketing

IV. Die persönliche Komponente
- Das personalistische Marketing

V. Die Kundenkomponente
- Das Selektions- und das Segmentierungsmarketing

VI. Die Partnerschaftskomponente
- Das Co-Marketing

Übersicht 4: Die Dynamik der Marketingstrategie

berücksichtigt lassen, daß jedes Unternehmen mit einer ihm eigenen Situation lebt, mit einem eigenen Code, mit einer unverwechselbaren Eigenheit. Auf diese Eigenheiten muß das Marketing abgestellt werden.

Im Zeitablauf muß das Marketing mit bestimmten subtilen Ritualen verändert werden; man spricht dann vom Konzept des sequentiellen Marketing.

Die personalistische Komponente, das persönliche Marketing, bleibt wichtig. Jeder Unternehmer und jeder Manager prägt die Marketingmöglichkeiten durch seine Fähigkeiten, durch das, was er sich zumuten kann und was er will. Auf diese Art und Weise wird die Reife der Marketingstrategie bestimmt.

9.2.7. Zum Portfolio-Konzept

Im strategischen Marketing ist vor einer Überbewertung der Portfolio-Analyse zu warnen, sie kann in die Irre führen, weil sie zu eindimensional konzipiert ist.

Auch eine naive Auffassung über "cash-Kühe" und solche, die es nicht sind, kann in die Irre führen. Die Portfolio-Analyse erfaßt nicht die Verbundwirkungen. Als Gegen-Konzept bietet sich eine umfassende Marketingevaluation an, mit dem Ziel bewußter Umstrukturierung und nicht mit dem Ziel einer Anpassung an die gegebene Situation.

9.3. Zu einer neuen Marketingideologie

9.3.1. Die gespaltene Marketingwissenschaft

Die fehlende Fähigkeit, Werte zu dimensionieren, zu messen und gesellschafts- und wirtschaftspolitisch zu werten, kennzeichnet die Schwäche der Wissenschaft, die die Wirtschaft und die Politik mit ihren Problemen ziemlich allein läßt. Dazu kommt ein genereller Vertrauensverlust gegenüber den Wirtschafts- uns Sozialwissenschaften.

Zuverlässige Analysen werden nicht beachtet, wenn sie unbequem sind, falsche Analysen stoßen auf Gehör, wenn sie politisch opportun sind.

Dazu kommt, daß es mehrere Kulturen von Wirtschaftswissenschaftlern gibt. Mindestens drei deutlich voneinander unterscheidbare Gruppen betreiben heute an Universitäten Wissenschaft. Alle sprechen von Wirtschaftswissenschaft, jeder meint aber etwas anderes. Der eine will das System erhalten, indem er eine Rückkehr zu alten Zeiten sucht, der zweite will es umstrukturieren und dadurch evolutionär weiterentwickeln, der dritte will es fundamental verändern und zwar in eine andere politische Richtung. Entsprechend gibt es auch mehrere Marketingkulturen, wenn auch gemäßigter ausgeprägt.

9.3.2. Marketing und Systemdynamik

Wertedynamik ist immer auch eine unbewußte Infragestellung des gesellschaftlichen Steuerungssystems. Eine Marktwirtschaft mit Wettbewerb stellt ein "Gesellschaftsspiel" mit bestimmten Spielregeln dar. Man könnte dieses Spiel auch nach anderen Regeln betreiben. Der Vorschlag neuer Werte ist jedoch noch keine Garantie für die Funktionstüchtigkeit anderer Spiele.

Die Forderung nach einer Neubewertung von Gewinnerzielung und Gewinnverwendung ist in diesem Zusammenhang ebenfalls nur ein Ausdruck von gefährlicher Hilflosigkeit. Der Gewinn ist aus einem umfassenden komplexen Wettbewerbskonzept abgeleitet, auf dem die Marktwirtschaft beruht. Gewinnkritik allein ist nur zersetzend, wenn man nicht alle gewünschten Veränderungen der dahinterstehenden Werte und die darauf beruhenden Steuerungskriterien klar definiert und ihre Vorteilhaftigkeit nachweist.

Nicht zuletzt muß man sich – sollte die Systementwicklungskraft so weit reichen – auch darüber klar werden, ob Marketing – und gegebenenfalls welche konkrete Ausprägung von Marketing – dann noch möglich ist. Solche Anworten bleiben Ideologen, die unreflektiert Gewinnkritik üben, schuldig.

Es erscheint überdies als eine extreme Überforderung, daß gerade die konzeptuell auf sekundären und tertiären Werturteilen aufbauende Marketingwissenschaft darauf eine Antwort geben soll. Gleicherweise abzulehnen ist jeder Versuch, von einer "Marketingschuld" zu sprechen, wenn auch niemand widersprechen wird, daß es im konkreten Marketing der Unternehmen durch eine Rechtsordnung zu schwach reglementierte oder die Rechtsordnung mißachtende Marketingmaßnahmen gibt.

Dem Marketing möglichst viele Defekte unserer Gesellschaftsordnung anzulasten, ist abwegig. Eine Anwendung des *Kant*schen Kategorischen Imperativs auf das Marketing wäre gleicherweise unfruchtbar.

Es gibt m.E. keine Marketingschuld. Es gibt vielmehr ein Versagen der religiösen Ethik, die – zumindest faktisch – nach wie vor in bestimmten Spielarten von der Prädestinationslehre geprägt ist, sowie ein offensichtliches Versagen der bestehenden politischen Ideologien.

Eine gesellschaftspolitische Ideologierenaissance aus dem Marketing heraus ist zwar eine denkmögliche Alternative. Dafür gibt es jedoch nur schwache Anzeichen. Bei realistischer Betrachtung bleibt das individualistische Konzept der Unternehmer und Manager – auf Wettbewerb ausgerichtet und nicht auf Gemeinsinn – die beherrschende Verhaltensalternative, zusätzlich geprägt und (moralisch) abgestützt durch das Vertrauen darauf, daß die Rahmenbedingungen und der Wettbewerb ein langfristiges ökonomisches Optimum bewirken.

Dennoch sollten Marketingleute aus Theorie und Praxis in Zukunft stärker als in der Vergangenheit über unser gesellschaftliches Steuerungssystem nachdenken und daraus Anregungen für ein neues Marketing entwickeln.

Literaturverzeichnis

o.V. (1981): Kommt die Herrschaft der "Empfindsamen"?, Die heutige Jugend verlangt einen neuen Führungsstil: Einen mütterlichen Führungsstil?, in: Blick durch die Wirtschaft, 25. Jg., Nr. 169, 4. September 1981, S. 1.

Tietz, B. (1976): Die Grundlagen des Marketing, 3. Bd.: Das Marketing-Management, München 1976.

Tietz, B. (1978): Marketing, Tübingen-Düsseldorf 1978.

Tietz, B. (1979): Risiken und Chancen der neuen Informations- und Kommunikationsmöglichkeiten, in: MARKETING · ZFP, 1. Jg., H. 2, 1979, S. 115-122; H. 3, 1979, s. 187-193.

Tietz, B. (1980): Strategien zur Unternehmensprofilierung, in: MARKETING · ZFP, 2. Jg., H. 4, 1980, S. 251-259.

Heribert Meffert

Marketing und Konsumerismus

1. Konsumerismus als Problem des Marketing

Absatzpolitische Verhaltensweisen der Unternehmungen gaben in Theorie und Praxis immer wieder Anlaß zu der argwöhnischen Frage nach ihrer gesamtwirtschaftlichen und gesellschaftlichen Berechtigung. Massive Kritik, gefolgt von mehr oder weniger ideologisch gefärbten Rechtfertigungsversuchen sind dabei alles andere als neu. Die klassische Diskussion um die Produktivität des Handels legt davon ein ebenso beredtes Zeugnis ab, wie die fast regelmäßig aufflackernden Auseinandersetzungen um Wert und Unwert der Werbung. Es kann daher auch nicht überraschen, daß mit dem Übergang von der Distribution zum Marketing Diskussionen um die Manipulation des Verbrauchers an Interesse und Intensität gewonnen haben, zählt doch die systematische Käuferbeeinflussung, die zielgerichtete Verhaltenssteuerung Dritter, zum wesentlichen Bestandteil jeder Marketingdefinition[1].

Neu und in gewisser Weise überraschend ist jedoch die Tatsache, daß sich die Unternehmungen in nahezu allen hochentwickelten Industriestaaten, also in Wohlstandsgesellschaften, seit geraumer Zeit über diese punktuellen Angriffe hinaus von der Konsumentenseite her einer systematischen, ständig im Wachsen begriffenen grundsätzlichen Auseinandersetzung gegenübergestellt sehen. Für diese Verbraucherbewegung hat sich auch in der Bundesrepublik die Bezeichnung "Konsumerismus" durchgesetzt.

Angesichts der verschiedenen historisch bedingten Verbraucherbewegungen verwundert es nicht, daß es unterschiedliche Interpretationsformen dieses Begriffes gibt[2]. Sie reichen von der schlichten Bezeichnung "Anti-Marketing" über "Konglomerat spezieller Gruppeninteressen" bis hin zur "gesellschaftlichen Bewegung", welche darauf abzielt, die Rechte und die Macht der Verbraucher gegenüber den Anbietern zu vergrößern.

Aus: Zeitschrift für Betriebswirtschaft 45 (1975), H. 2, Verlag Dr. Th. Gabler, Wiesbaden; S. 69-90

Auffallend ist die Tatsache, daß sich die Forderungen der aktuellen Verbraucherbewegung mit jenen der Umweltschutzbewegung in wachsendem Maße integrieren, so daß der Konsumerismus über eine reine Käufer-Verkäufer-Beziehung hinausgeht. Deshalb soll er hier als *soziale Bewegung* einer breiten Schicht von Konsumenten gekennzeichnet werden, die (direkt oder indirekt) veränderte Verhaltensweisen zur Durchsetzung neuer Werte für sich und die Gesellschaft anstrebt[3]. Es liegt also keine reine "Anti-Marketing-Bewegung" vor. In der Bundesrepublik ist der Organisationsgrad des Verbraucherprotestes im Gegensatz zu den USA verhältnismäßig gering[4]. Die "Revolte der verkauften Käufer" fand noch nicht statt. Dennoch sprechen zahlreiche Anzeichen dafür, die Erscheinungsformen des Konsumerismus ernst zu nehmen. Insbesondere die Tatsache, daß Verbraucher sich gegen eine Unternehmenspolitik formieren, die vorgibt, explizit ihre Bedürfnisse zum Ausgangspunkt und zum Ziel ihrer Aktivitäten zu nehmen, provoziert die Frage: Hat das Marketing versagt?

Die jüngste wissenschaftliche Diskussion zeigt, daß diese Frage vor allem diejenigen auf den Plan ruft, die um eine Apologie des Marketing bemüht sind, sich zu Glaubensbekenntnissen zur Disziplin aufgerufen fühlen oder die Möglichkeit sehen, neue Konzeptionen und Wissenschaftsprogramme zu verkünden.

Ziel des folgenden Beitrages ist es, die Diskussion aus ihrem spekulativen und ideologischen Bereich zu lösen und drei für das Marketing relevante Problemkreise des Konsumerismus aufzugreifen:

(1) Zunächst soll der *Konsumerismus als politischer Prozeß* gekennzeichnet, d.h. die wichtigsten Merkmale und Ziele sowie Entwicklungsrichtungen analysiert werden.

(2) Darauf aufbauend werden in einem zweiten Abschnitt mögliche *Auswirkungen des Konsumerismus auf das Marketingverhalten* von Unternehmungen und Distributionssystemen untersucht.

(3) Im dritten Teil sollen *Implikationen des Konsumerismus für die Marketingtheorie,* insbesondere einige Werturteilsprobleme diskutiert werden.

2. Merkmale, Ziele und Entwicklung des Konsumerismus – Analyse eines politischen Prozesses

Wie zahlreiche wirtschaftliche und gesellschaftliche Prozesse – etwa die Inflation oder der Radikalismus –, so ist auch der Konsumerismus auf einen vielschichtigen Komplex wirtschaftlicher, gesellschaftlicher, politischer und sozialpolitischer Ursachen zurückzuführen. Über eine solche Ursachenanalyse hinausgehende Einsichten in das Phänomen des Konsumerismus ergeben sich, wenn man nach seinen Trägern, Förderern und Anhängern fragt und diese als Elemente eines größeren sozialen Systems auffaßt[5].

2.1. Systemmodell des Konsumerismus

Abbildung 1 zeigt ein einfaches Systemmodell mit den wichtigsten Informations- und Einflußbeziehungen des Konsumerismus. Gegenstand der Kritik einer aktiven Schicht von Konsumenten bilden die von den Elementen des Distributionssystems (Hersteller, Handel, Serviceanbieter) ausgelösten Marketingaktivitäten. Als spezifische Konfliktsituation läßt sich die Entstehung des Konsumerismus verhaltenswissenschaftlich aus einem *gestörten Anreiz-Beitrags-Gleichgewicht* der Verbraucher als Teilnehmer des Distributionssystems erklären. Zahlreiche empirische Untersuchungen belegen diesen Sachverhalt. Während die aktiven Elemente im Distributionssystem vorgeben, die Bedürfnisse und Erwartungen des Konsumenten zu erfüllen, sind

- etwa 60% der amerikanischen Verbraucher der Meinung, daß die meisten Hersteller den Konsumenten nicht in den Mittelpunkt der Überlegungen stellen,
- über 70% der Verbraucher – auch in der Bundesrepublik – sind der Ansicht, daß die Anbieter mehr am Gewinn als an der Bedürfnisbefriedigung interessiert sind[6].

Empirische Studien lokalisieren das *"kritische Verbrauchersegment"* im Bereich junger Personen mit überdurchschnittlichem sozialökonomischem Status und kosmopolitischer, wenig dogmatischer Einstellung[7]. Mitglieder dieser Gruppe versuchen nicht nur die "schweigende Mehrheit" der übrigen Konsumenten zu engagiertem und solidarischem Verhalten in bezug auf Verbraucherfragen zu bewegen. Vielmehr bemühen sie sich auch und insbesondere um eine Einflußnahme auf die politischen

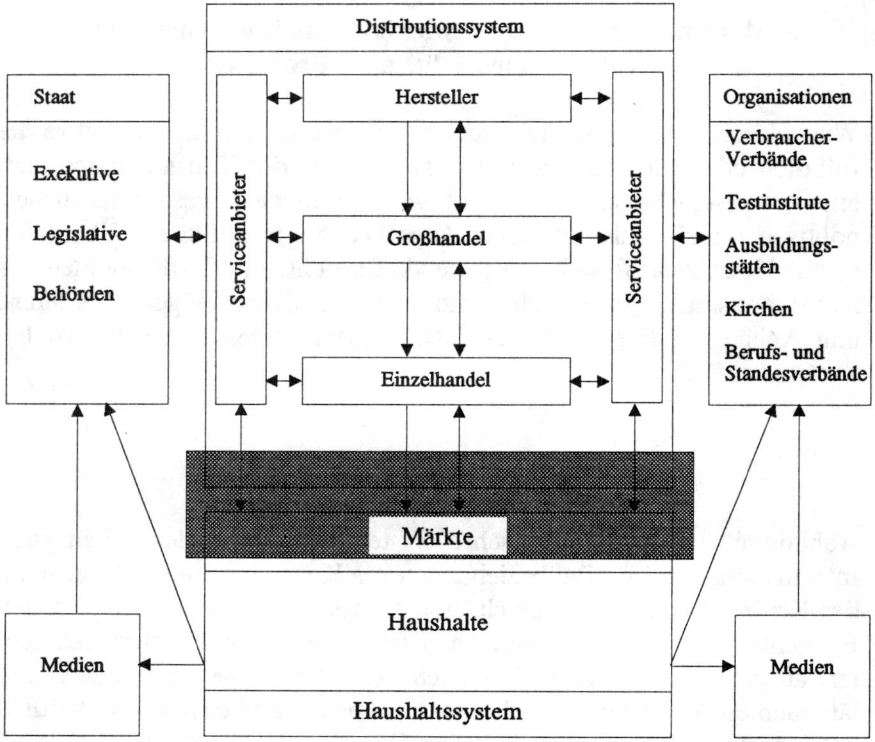

Abb. 1: Systemmodell des Konsumerismus

Prozesse in Unternehmungen und Staat. Ähnlich wie beim Mitbestimmungsproblem wird eine Umverteilung von Anreizen und Beiträgen angestrebt. Inwieweit dies gelingt, ist vor allem eine Frage der Machtverteilung im Marketingsystem, die selbst natürlich wiederum Gegenstand der Umverteilung ist.

Die Konsumerismus-Bewegung stützt sich bei der Durchsetzung ihrer Forderungen auf eine Vielzahl unterschiedlicher Personen, Gruppen und Organisationen. So tragen etwa Verbraucherorganisationen, Gewerkschaften, Vereine, Parteien, Ausbildungsstätten, staatliche Organe und Medien dazu bei, daß Forderungen entwickelt, artikuliert und in Normen umgesetzt werden, deren Inhalt veränderte Verhaltensweisen bewirken. Abbildung 2 zeigt in einem vereinfachten Flußdiagramm die aktiven Elemente im politischen Prozeß des Konsumerismus.

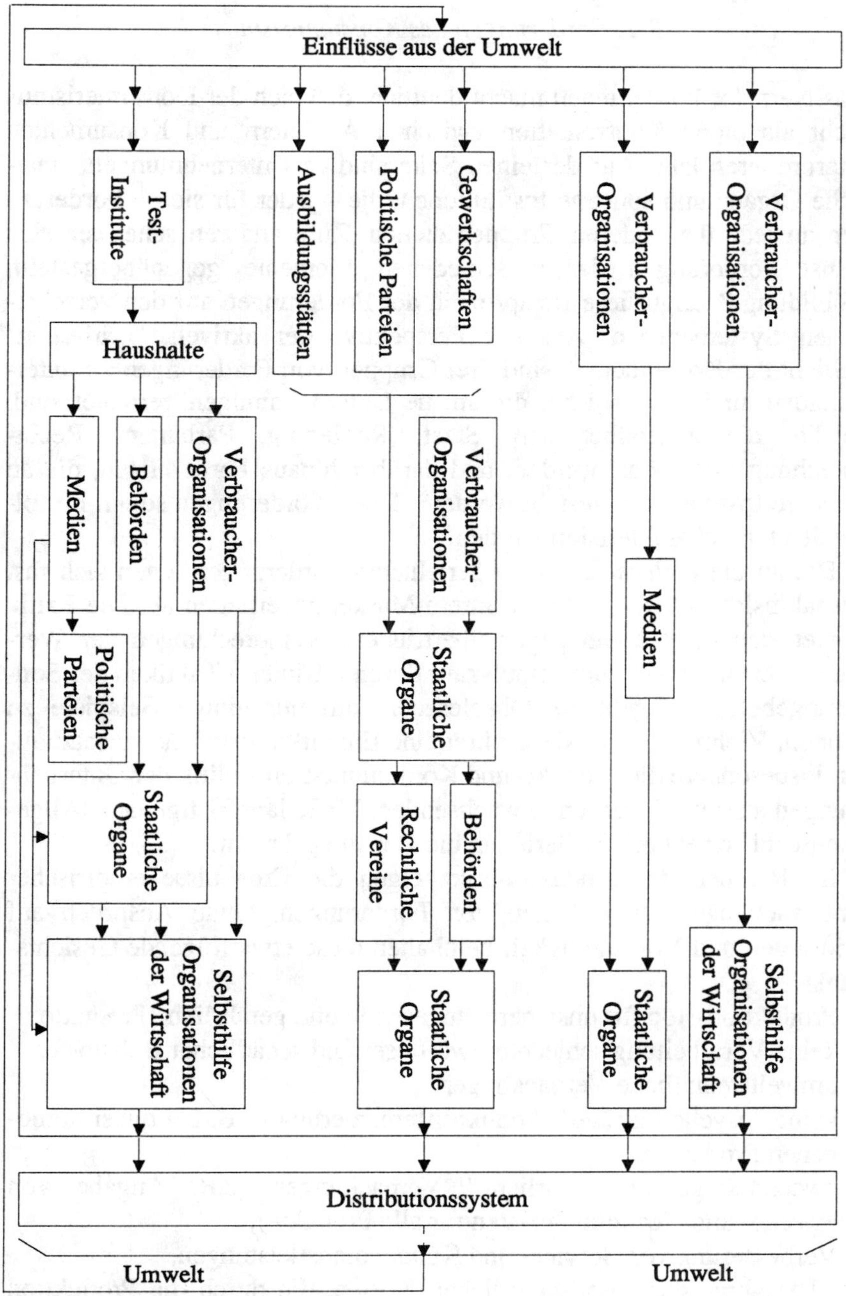

Abb. 2: Aktive Elemente im politischen Prozeß des Konsumerismus

2.2. Forderungen des Konsumerismus

Das Netz der Forderungen macht deutlich, daß sich der Konsumerismus nicht als bloße Konfrontation zwischen Anbietern und Konsumenten interpretieren läßt. Auf der einen Seite sind es Unternehmungen, staatliche Organe und sonstige Institutionen, die – jeder für sich – Forderungen an jede der anderen Gruppen stellen. Zum anderen sehen sie sich selbst Forderungen der verschiedenen Elemente gegenübergestellt. Abbildung 3 zeigt diese Reziprozität der Forderungen auf den verschiedenen Systemebenen. Aus der Perspektive der aktiven, "kritischen" Schicht der Konsumenten sind drei Gruppen von Forderungen zu unterscheiden, und zwar solche, die an die Unternehmungen gerichtet sind, solche, die gegenüber dem Staat (Regierung, Parlament, Rechtsprechung) artikuliert werden, und darüber hinaus Forderungen, die an sonstige Institutionen gestellt werden[8]. Diese Forderungen sollen im folgenden kurz charakterisiert werden.

Die an die *Unternehmungen* gerichteten Forderungen leiten sich fast ausnahmslos aus der Kritik an ihrem Marketingverhalten ab. Die Kritik richtet sich nicht allein gegen übertriebene Versprechungen der Werbung, Verführungen zum Impulskauf durch raffinierte Taktiken der Sonderangebote, die geplante Obsoleszenz, um nur einige Beispiele zu nennen. Vielmehr strebt sie konkret eine Einwirkung auf die Absatzpolitik, insbesondere die Produkt- und Kommunikationspolitik der Unternehmungen an. Dabei werden in wachsendem Maße langfristige, am "Allgemeinwohl" orientierte Kriterien in die Debatte gebracht.

Im Rahmen der Produktpolitik zeigen die Ergebnisse empirischer Untersuchungen lange Listen von Forderungen. Ohne Anspruch auf Prioritäten und Vollständigkeit beinhalten diese etwa folgende Gesichtspunkte:

- Produktionsstop für unsichere, ungesunde und gefährliche Produkte,
- keine Verarbeitung schlechter, wertloser und schädlicher Rohstoffe,
- umweltfreundliche Verpackungen,
- keine "psychologische" Produktdifferenzierung (z.B. bei quasi-homogenen Produkten),
- zweckmäßige und "ehrliche" Verpackungen (z.B. Angabe von Frische- und Herstellungsdaten für alle Produkte),
- Verbesserung von Service- und Kundendienstleistungen,
- Übernahme der gesellschaftlichen Kosten, die durch die Produktion entstehen.

Forderungen von / Forderungen an	Unternehmungen	Staat	Sonst. Organisationen	Haushaltssystem
Unternehmungen	Appelle an Eigenverantwortlichkeit (z.B. Verhaltens-Codices)	Gesetze, Aufforderung zur Selbstkontrolle (z.B. Mahnungen, Drohungen)	Aufforderung zum Konsumentenbewußten Verhalten	Verbraucherbewußte Unternehmenspolitik, Teilnahme am Entscheidungsprozeß
Staat	Sicherung des unternehmerischen Handlungsspielraumes		Finanzielle Unterstützung, staatliche Eingriffe	Verbraucherschutzgesetze, Beratung
Sonst. Organisationen	Verständnis bzw. neutrale Haltung	Unterstützung beim Verbraucherschutz (Erziehung, Aufklärung, Tests)		Konflikte, politische Unterstützung
Haushaltssystem	Erhaltung marktwirtschaftlicher Prinzipien	Appelle an rationales Einkaufsverhalten und gesellschaftliche Verantwortung	Appelle an kritisches Verhalten und solidarisches Handeln	

Abb. 3: Forderungen im Systemmodell des Konsumerismus

Die Forderungen des Konsumerismus gegenüber der Kommunikationspolitik beziehen sich in erster Linie auf die Werbung und Verkaufsförderung. Untersuchungen bestätigen hier, daß sich das Mißtrauen der Konsumenten vor allem gegen die Aufdringlichkeit und die unwahren sowie übertriebenen Behauptungen der Werbung richtet. Die jüngste GfK-Untersuchung in der Bundesrepublik zeigt, daß die Mehrheit der Bevölkerung die Werbung nicht als zuverlässige Informationsquelle bei der Kaufentscheidung beurteilt[9]. Einschränkungen werblicher Aktivitäten auf Märkten mit relativ unelastischer Nachfrage und ein höherer Informationsgehalt sind in diesem Zusammenhang geäußerte Forderungen. Darüber hinaus wird die Erweiterung der direkten Kommunikation zwischen Konsumenten und Anbietern angestrebt, etwa durch die Einrichtung einer Beschwerdeabteilung oder eines betrieblichen Ombudsmanns, der die Interessen der Konsumenten vertreten soll.

Die besondere Bedeutung der Forderungen an die *staatlichen Organe* ergibt sich aus der Möglichkeit zur Setzung hoheitlicher Normen, die wiederum für die Anbieter verhaltensbeschränkend wirken. Wie bedeutsam das Verhältnis zwischen Staat und Hersteller in Zukunft sein wird, ergibt sich aus einer amerikanischen Studie, welche die Erwartungen der Konsumenten an die Regierung und Rechtsprechung untersucht. Danach ist eine überwiegende Mehrheit der amerikanischen und westdeutschen Verbraucher der Meinung, daß die Regierung

- Warentests durchführen und die Ergebnisse den Konsumenten zugänglich machen sollte,
- Qualitätsstandards in Form von Mindestanforderungen für alle verkauften Produkte aufstellen sollte und
- mehr Verantwortung zur Regulierung der Werbung, Verkaufsmethoden und Marketingpraktiken der Hersteller übernehmen sollte[10].

In Anbetracht der aktuellen Gesetzgebung und Rechtsprechung in den westlichen Industrienationen scheint folgende These vertretbar: Je größer die Unentschlossenheit der Anbieter zur Berücksichtigung konsumerismus-relevanter Forderungen, um so eher werden die staatlichen Organe bereit sein, die Interessen der Konsumenten bei der Gesetzgebung zu berücksichtigen.

Die dritte Gruppe von Forderungen, diejenige an *sonstige Institutionen,* betrifft z.B. die Erweiterung des Aufgabenbereiches der Testinstitute durch Produktvergleiche, die Mitsprache der Verbraucherorganisationen im Entscheidungsprozeß der Unternehmungen, das Aufgreifen konsumerismus-relevanter Fragestellungen durch die Gewerkschaf-

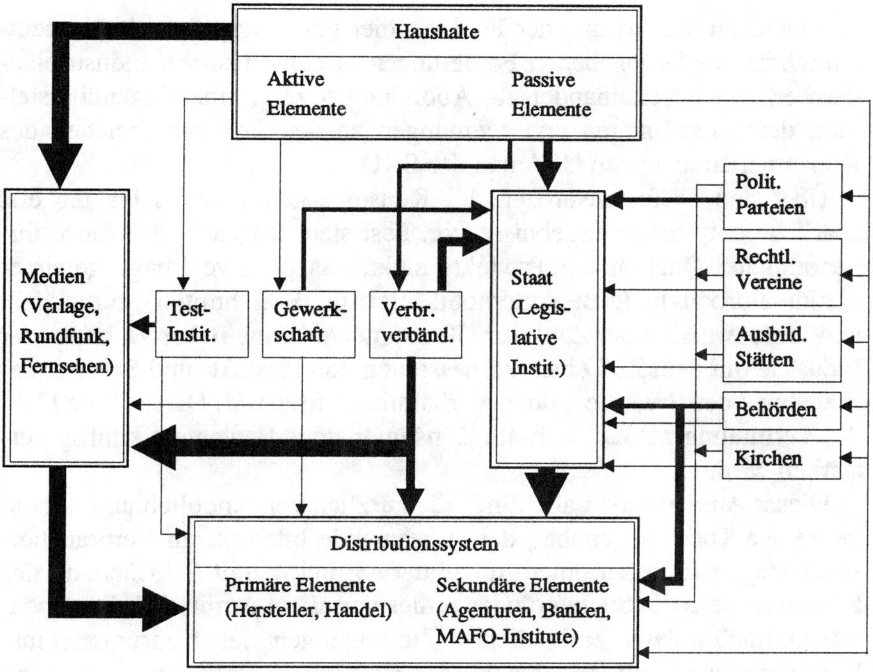

Abb. 4: Forderungsflußdiagramm des Konsumerismus
(Die Pfeilstärke repräsentiert den Aktivitätsgrad der einzelnen Elemente)

ten, die Entwicklung und Überwachung von Normen durch rechtliche Vereine und Behörden, das verbraucherpolitische Engagement der politischen Parteien, die Aufklärung und Erziehung der Konsumenten durch geeignete Ausbildungsstätten sowie die Initiative der Medien. Im politischen Prozeß können diese Institutionen eine katalysatorische Wirkung auf die Forderungen und deren Durchsetzung gegenüber den Anbietern ausüben.

2.3. Diffusion des Konsumerismus

Den Gesamtzusammenhang zwischen den Forderungen des Konsumerismus gibt Abbildung 4 wieder. Die Stärke der Pfeile zeigt die in empirischen Untersuchungen ermittelte relative Bedeutung der von den einzelnen Gruppen artikulierten Forderungen für das Distributionssystem. Freilich weichen die Art und der Fluß der hier gewissermaßen als Momentaufnahme wiedergegebenen Forderungen in den einzelnen Industrieländern erheblich voneinander ab. Abbildung 5 zeigt eine Gegenüberstellung der Einstellungen und Meinungen zu den Problembereichen des Konsumerismus in den USA und der BRD.

Über den Diffusionsprozeß des Konsumerismus liegen bislang erst spärliche empirische Ergebnisse vor. Fest steht lediglich, daß die wahrgenommene Qualität der Produkte sinkt, das positive Image gewisser Schlüsselprodukte (z.B. Automobil, Benzin, Waschmittel) zurückgeht und eine wachsende Zahl der Konsumenten eine Überwachung der Industrie mit dem Ziel einer Verbesserung von Produkt- und Servicequalität sowie des Preis-Leistungs-Verhältnisses fordert[11]. Dieser Trend läßt die Vermutung zu, daß sich die Konsumerismus-Bewegung künftig verstärken wird.

Dieser Aussage steht allerdings die kürzlich von Knoblich und Arnold vertretene These gegenüber, das zunehmende Interesse an Verbraucherschutzfragen führe zu einer Aufsplitterung und damit Schwächung des Konsumerismus[12]. Sie begründeten dies vor allem damit, daß die gegenwärtig noch relativ einheitlichen Zielsetzungen der Konsumerismus-Bewegung sich mit zunehmender Verbreitung, Bewußtwerdung und Resonanz in der Öffentlichkeit erheblich differenzieren werden. Es entstehe ein Prozeß der Gruppenbildung, der zu Interessenkollisionen und Neutralisierung der Aktivitäten führe. Inwieweit es zu einer solchen Zersplitterung der Verbraucherbewegung kommt, hängt zweifellos auch von der Reaktion der übrigen Systemteilnehmer, insbesondere dem Verhalten der Unternehmungen und Distributionssysteme ab.

3. Auswirkungen des Konsumerismus – eine Herausforderung an die Marketingpraxis

Generelle Aussagen über die Implikationen des Konsumerismus für das Unternehmungsverhalten, speziell das Marketing, sind nur mit großem Vorbehalt möglich. Zu verschieden sind die Branchen und Produkte, zu abweichend die Struktur einzelner Distributionssysteme und spezieller Marketingbedingungen der Unternehmungen. Ausgehend von einer Typologisierung möglicher Verhaltensweisen lassen sich allenfalls einige plausible Reaktionshypothesen ableiten. Dabei ist es zweckmäßig, zwischen Auswirkungen auf das Marketing einzelner Unternehmungen

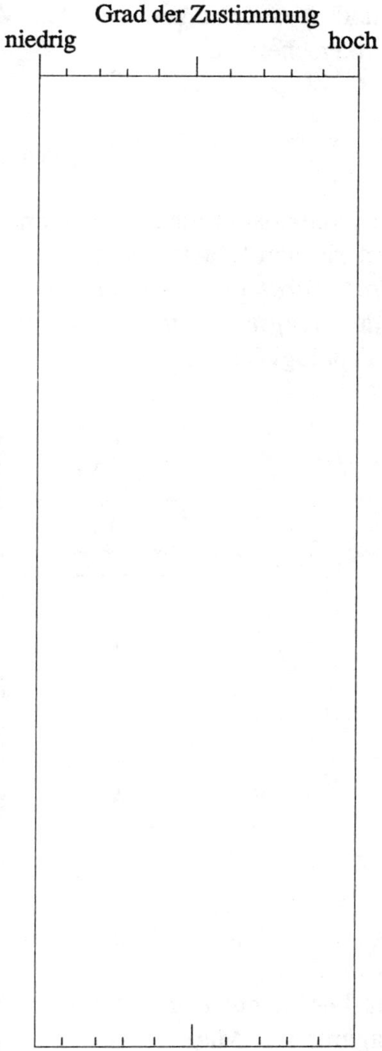

1. Hersteller sind verbraucherorientiert
2. Hersteller sind mehr gewinn- als verbraucherorientiert
3. Qualität ist wichtiger als Design
4. Vielzahl der Produkte führt zu Einkaufsproblemen
5. Werbung ist grundsätzlich glaubhaft
6. Werbung dient als Informationsquelle
7. Produkte sind gut distribuiert
8. Konsumentenprobleme sind heute wichtiger als früher
9. Höhere Preise durch Umweltschutz werden akzeptiert
10. Betreuung nach dem Kauf ist problematisch
11. Konsumenten tragen auch Schuld für Probleme beim Einkauf
12. Kundendienst- und Serviceleistungen sind besser geworden
13. Regierung sollte Tests durchführen
14. Regierung sollte Qualitätstandards festlegen
15. Staat sollte Kontrolle verbessern

———— USA
- - - - BRD

Quellen:
H.C. Barksdale und W.R. Darden, Consumer Attitudes Toward Marketing and Consumerism, a.a.O.; GfK-Untersuchung "Marketing '73", Die Einstellung der westdeutschen Bevölkerung zum Marketing (unveröffentlicht). Der Verfasser dankt der GfK für die Genehmigung zur auszugsweisen Veröffentlichung der Ergebnisse.

Abb. 5: Einstellungen und Meinungen zu Problembereichen des Konsumerismus Gegenüberstellung empirischer Ergebnisse in den USA und BRD und Auswirkungen auf das Verhalten von Distributionssystemen zu unterscheiden.

3.1. Typen von Verhaltensweisen

Systematisiert man die vornehmlich in den USA beobachteten unternehmerischen Reaktionen auf den Konsumerismus, so lassen sich *vier typische Strategien* unterscheiden: die Strategie der Ignoranz, der Adaption, der Integration und der Innovation. Abbildung 6 zeigt diese einfache Typologisierung.

Marketing-Verhalten / Reaktion auf Konsumerismus	passiv	aktiv
passiv	Adaption	Ignoranz
aktiv	Integration	Innovation

Abb. 6: Strategien zur Anpassung an den Konsumerismus

Die *Strategie der Ignoranz* beinhaltet eine unverändert aktive bzw. aggressive Marketingstrategie verbunden mit einer passiven Haltung gegenüber dem Konsumerismus. Bei einer starken Stellung des Anbieters kann es sogar zu einer Bekämpfung der Forderungen kommen[13]. Marketingführerschaft, ein hohes Problemlösungspotential, ein schwacher Wettbewerb auf der Anbieterstufe sowie eine geringe Nachfragemacht des Handels scheinen diese Strategie zu begünstigen.

Die *Strategie der Adaption* ist durch eine passive Haltung zum Konsumerismus und eine abwartende Einstellung zum Markt gekennzeichnet. Unternehmungen werden erst initiativ und nehmen die Forderungen in ihr Aktionsprogramm auf, wenn Konkurrenten den Erfolg solcher Anpassungsmaßnahmen unter Beweis stellen oder wenn durch hoheitlich gesetzte Normen ein verändertes Verhalten erzwungen wird. Diese abwartende Haltung läßt sich vor allem bei kleineren Anbietern beobachten, die durch die Wettbewerbssituation ihre eigenen Möglichkeiten vorsichtig einschätzen.

Die *Strategie der Integration* verbindet eine abwartende Einstellung zum Markt mit einer aktiven Reaktion auf den Konsumerismus. Forderungen werden insoweit berücksichtigt, als sie in das bestehende Handlungsprogramm eingeordnet werden können und das Ausmaß der Zielerreichung nicht wesentlich beeinflussen. Ein integratives Verhalten ist weiterhin durch die Entwicklung freiwillig gesetzter Normen denkbar, etwa durch das Aufstellen von Unternehmungsgrundsätzen oder bestimmte Formen der Selbstkontrolle. Empirische Untersuchungen bestätigen diese Strategie vor allem bei einzelnen Unternehmungen der Nahrungsmittel-, Haushaltsgeräte- und Fotoindustrie[14].

Die *Strategie der Innovation* schließlich ist neben einer aufgeschlossenen Einstellung zum Markt zugleich aktives Verhalten im Hinblick auf den Konsumerismus klassifiziert. Das aktive Problemlösungsverhalten geht über gesetzte Normen hinaus und läßt dem Marketing neue Aufgaben zuwachsen, nicht zuletzt in dem Bereich der Sicherheit und Gesundheit von Produkten sowie bei Fragestellungen, die durch die Umweltverschmutzung und Lärmbelästigung aufgeworfen werden. Die innovative Verhaltensweise ist vor allem auf der Handelsebene mit intensivem Wettbewerb zu beobachten[15].

3.2. Auswirkungen auf das Verhalten der Unternehmungen

Die Veränderungen im Verhalten und in der Einstellung der Verbraucher stellen heute die Mehrzahl der marketingtreibenden Unternehmungen vor die Frage, wie sie die Interessen der Verbraucher und der Gesellschaft mit ihren Aktionen und Reaktionen stärker in den Vordergrund rücken können. Dabei fällt es nicht schwer, aus den aufgezeigten Forderungen sowie ersten empirischen Anhaltspunkten Konsequenzen für das Unternehmungsverhalten abzuleiten, wenn eine grundsätzliche Bereitschaft, auf diese Forderungen einzugehen, unterstellt wird. Im konkreten Fall sind Anpassungen bei der Formulierung der Unternehmungsziele, dem Informationsverhalten, dem Einsatz der Marketingaktivitäten und ggf. neue organisatorische Lösungen vorstellbar[16].

Ohne Einzelaspekte hier näher ausführen zu wollen, seien einige Entwicklungen thesenhaft genannt:

- Betonung der sozialen Verantwortung im unternehmerischen Zielsystem,
- Erforschung der Einstellungen der Konsumenten zum Umweltschutz und zur "Lebensqualität" im Zusammenhang spezifischer Produktgruppen,
- intensivierter Informationsaustausch zwischen Unternehmungen und Bemühungen um einen direkten Kontakt zu Trägern des Konsumerismus,
- stärkere Orientierung der Produktpolitik am Grundnutzen eines Produktes,
- Forcierung gesunder, sicherer und am "langfristigen Allgemeinwohl" orientierter – kurz "wünschenswerter" – Produkte im Sinne Kotlers (vgl. Abb. 7).

Langfristiges Allgemeinwohl / Kurzfristige Zufriedenheit	hoch	niedrig
hoch	wünschenswerte Produkte	gefällige Produkte
niedrig	gesunde Produkte	mangelhafte Produkte

Abb. 7: Ansatzpunkte für verbesserte Angebote (nach Kotler)

- Neubesinnung in der Werbung auf rationale produkt-informative Appelle,
- Ausrichtung der Kommunikationspolitik auf Fragen der Beratung, Erklärung und Anweisung zur Produktverwendung,
- Verstärkung der Public Relations für Firmenkonzeptionen, welche gesellschaftliche und öffentliche Lösungen anstreben,
- organisatorische Eingliederung einer "Stelle für Konsumentenangelegenheiten".

Diese Verhaltensänderungen sind allerdings nicht losgelöst von möglichen Anpassungsprozessen in Distributionssystemen zu sehen.

3.3. Auswirkungen auf das Verhalten von Distributionssystemen

Betrachtet man die Interdependenzen im Distributionssystem, so werden Auswirkungen des Konsumerismus auf die Macht-, Rollen- und Kommunikationsbeziehungen nicht ohne Einfluß auf das vertikale und horizontale Kooperations- und Konfliktverhalten bleiben.

Die Konsumerismus-Bewegung drängt zum einen auf eine Umverteilung der *Macht* zugunsten der Konsumenten. Diese Machtverlagerung wirkt sich auf den Zielerreichungsgrad und den Verhaltensspielraum der Hersteller aus. Ein deutliches Indiz hierfür ist die zunehmende staatliche Kontrolle und Reglementierung. Das Verhalten des Handels unter der Perspektive des Konsumerismus kann vor allem bei passiver Haltung der Hersteller (Strategien der Ignoranz und Adaption) dazu beitragen, die Macht der Anbieter zu vermindern. Die Strategien der Integration und Innovation können demgegenüber zu einer Machtkompensation führen.

Darüber hinaus führt der Konsumerismus mit großer Wahrscheinlichkeit zu veränderten *Rollenerwartungen* zwischen Hersteller, Handel und Serviceanbietern. Die Erwartungen richten sich sowohl auf veränderte Verhaltensweisen im Markt als auch auf neue Interpretationsformen gängiger Begriffe (z.B. "Produkt", "Nutzen", "Werbung"). Der weitverbreitete Rollendissens zwischen Hersteller und Handel wird sich vor allem in jenen Fällen verstärken, in denen beide Partner konträre Einstellungen bzw. Verhaltensweisen zum Konsumerismus zeigen. Die gleiche Bedingungskonstellation schafft ein Konfliktpotential zwischen Hersteller bzw. Handel einerseits und Serviceanbietern andererseits. Die öffentlichen Vorwürfe von Werbeagenturen gegenüber den von ihnen zum Teil selbst konzipierten Werbefeldzügen sind hierfür ein treffendes Beispiel.

Das *Kommunikationsverhältnis* zwischen Hersteller und Handel muß als ambivalent bezeichnet werden. Einmal drängt der Handel durch steigende Marktmacht auf mehr Unabhängigkeit. Zum anderen ist er auf eine Kommunikation mit den Herstellern angewiesen. Andernfalls setzt sich der Handel leicht der Gefahr aus, daß sich die Kritik des Konsumerismus zunehmend auf seine Reaktionen konzentriert. Die Kommunikationsstrukturen zwischen Hersteller und Handel werden letztlich in hohem Maße von der Machtverteilung und den Rollenerwartungen abhängen, die wesentlich dafür ausschlaggebend sind, welche Koalitionen bzw. Subkoalitionen im Marketingsystem zustande kommen.

Hinsichtlich des *Kooperations- und Konfliktverhaltens*[17] sind zwei scheinbar gegensätzliche Thesen vertretbar. Zunächst scheint es plausibel, daß vom Konsumerismus unter bestimmten Bedingungen kooperationsfördernde Tendenzen ausgehen. So dürften vor allem horizontale und/oder vertikale Verhaltensbeschränkungen zwischen Hersteller- und/oder Handelsorganisationen in solchen Marktbereichen zunehmen, die unter dem Druck des Konsumerismus Umsatzeinbußen zu verzeichnen haben. Freilich wird die Bereitschaft zur Kooperation vom allgemeinen Anreiz-Beitrags-Gleichgewicht, insbesondere von der zur Verfügung stehenden "Überschußsituation" (slack) abhängen. Allerdings sind solche Kooperationen relativ instabil, wenn es gelingt, durch Mißachtung der Implikationen des Konsumerismus einen Marktvorteil gegenüber anderen Unternehmungen zu gewinnen.

Bei relativ heterogener Interessenlage von Hersteller und Handel ist es deshalb sogar wahrscheinlicher, daß die Konsumerismus-Bewegung im Absatzkanal konfliktverstärkend wirkt. Dies folgt nicht nur aus der intendierten Machtverlagerung und der unterschiedlichen Erwartung über die Reaktion auf den Konsumerismus. Es scheint, daß die Konsumerismus-Bewegung für den bislang weniger stark angegriffenen Handel das Drohpotential gegenüber Herstellern erhöht. Werbeanzeigen potenter Handelsorganisationen belegen diesen Sachverhalt. Man sieht also, daß alle Typen von Spielsituationen im Distributionssystem möglich sind.

Wie immer dieses Spiel unter den Einwirkungen des Konsumerismus in konkreten Märkten auch gespielt werden mag, das Marketing-Management steht unter dem *Zwang der Anpassung*. Reagieren die Unternehmungen auf den Konsumerismus nicht, stehen sie ihm passiv gegenüber, dann besteht nicht nur das Risiko langfristiger Zieleinbußen. Vielmehr wächst auch die Wahrscheinlichkeit einer dauerhaften Koalition zwischen Verbrauchern und Regierung gegen die Unternehmungen, denn der Konsumerismus eröffnet nicht nur wirtschaftliche, sondern auch politische Chancen, konkret: die Möglichkeit zur Gewinnung von Wählerstimmen. Es ist dann nicht auszuschließen, daß über die Beseitigung von Machtungleichgewichten zwischen Angebot und Nachfrage die Spielregeln des Marktes, also letztlich das Wirtschafts- und Gesellschaftssystem selbst, wesentlich verändert werden. Spätestens an dieser Stelle wird deutlich, daß der Konsumerismus auch eine Herausforderung an die Marketingtheorie bedeutet.

4. Werturteilsprobleme einer Marketingtheorie im Lichte des Konsumerismus

Man sollte sich angesichts dieser Situation nicht mit der Feststellung begnügen, daß die Institutionalisierung der Verbraucherbewegung einen "Bedarf an qualifizierten Funktionären induziert" und nachfrageorientierte Aspekte stärker in die Theorie einbezogen werden müssen[18]. Ebenso wie der Praxis stellt sich der Marketingtheorie die viel zentralere Frage, ob die von den Konsumenten verfolgten *Interessen und Werte* "ausreichend" und "gleichwertig" Berücksichtigung finden. Analysiert man die mit dem Spannungsfeld "Konsument-Anbieter" in der Marketingtheorie verbundenen Wertungen, so erweist es sich als zweckmäßig, mit Albert drei Problemschichten zu unterscheiden[19], nämlich

1. die Wertung innerhalb objektbezogener Aussagenzusammenhänge (das "eigentliche" Werturteilsproblem),
2. die Wertungen im Objektbereich (Werte als Gegenstand wissenschaftlicher Aussagen) und
3. die Wertbasis (das Eingehen der Wertung in metawissenschaftliche, wissenschaftsprogrammatische Entscheidungen).

4.1. Wertungen in konsumentenbezogenen Aussagen

Die erste Problemschicht berührt Wertungen in konsumentenbezogenen Aussagenzusammenhängen. Die Alltagssprache beinhaltet bekanntlich häufig implizite, versteckte und erschlichene Wertungen, die zu dogmatischen Aussagen und Gedankengängen verleiten. Hierzu gehört z.B. der Satz: "Eine Intensivierung der Werbung in gesättigten Märkten ist Verschwendung". Versteckte Wertungen dieser Art werden in einer am Prinzip der Wertfreiheit orientierten Theorie häufig durch sog. *"Als-ob-Sprachen"* ausgedrückt[20]. Die Aussagen sind dabei so formuliert, als ob es um empirisch nachweisbare oder nachgewiesene Sachverhalte gehe.

Die Verwendung irgendeiner Spielart der Als-ob-Sprache hat gerade in der Marketingtheorie häufig den Vorwurf der Ideologisierung ausgelöst. Dies gilt vor allem für die Verwendung von *theoretischen Konstrukten* in der Als-ob-Sprache. Modelltheoretische, den Konsumenten betreffende Aussagen erscheinen dann sprachlich derart, als ob sie empirisch-kognitiver Art wären.

Zu diesen Konstrukten zählt insbesondere die in Modellen der Mikroökonomie viel bemühte *Konsumentensouveränität*[21]. Dieses gedankliche Konstrukt, diese theoretische Prämisse marktwirtschaftlicher Ordnungsmodelle kann, in einen empirischen Sinnzusammenhang gestellt, leicht zur Rechtfertigung unternehmenspolitischer Verhaltensweisen mißbraucht werden. Man muß sich verdeutlichen, daß auch Aussagen wie "Unternehmungen orientieren sich in ihrem Verhalten an den Bedürfnissen der Konsumenten", "die Konsumenten sind autonom", "Konsumenten und Nachfrager stehen sich gleichberechtigt gegenüber" nicht reales Verhalten beschreiben, sondern zunächst ausschließlich Aussagen auf der Ebene theoretischer Konstrukte sind bzw. in einem Ableitungszusammenhang mit ihnen stehen. Erwecken solche Aussagen indes den Anschein empirisch feststellbarer "König-Kunden-Theorien" oder "Gleichberechtigungstheorien" des Verbrauchers, so sind die zweifellos eher dazu geeignet, diesen in seiner Selbstgefälligkeit zu bestärken, als ihn zu einem kritischen Marktverhalten zu veranlassen[22]. In diesem Sinne wird der Marketingtheorie zum Teil berechtigterweise der Vorwurf gemacht, daß sie der Gefahr einer interessengeleiteten "Erkenntnis" – und in diesem Sinne verstanden der Ideologisierung – erliegt.

Andererseits sind aber auch die gegen das Marketing erhobenen Vorwürfe – auch und insbesondere jener der Manipulation – einer kritischen sprachlichen Analyse zu unterziehen. Wann, so ist zu fragen, ist z.B. die heute weitverbreitete Aussage der "sozialen Determiniertheit" des Menschen in die einer "Manipulation" zu überführen? Worin liegt zwischen beiden der sachliche Unterschied, der den im Begriff der Manipulation enthaltenen negativen Wertakzent rechtfertigen soll? Richtet sich der Vorwurf der interessengeleiteten "Erkenntnis" in einigen Fällen nicht ebenso gegen diejenigen, die diesen Vorwurf gegenüber der Marketingtheorie erheben? Derartige Aussagen basieren zum Teil ebenfalls auf theoretischen Modellen, deren empirische Relevanz und deren kognitiver

Gehalt zu prüfen bleibt. Jegliche Abstraktion von der sozialen Realität kann dazu verleiten, die Wirklichkeit in bestimmter Weise zu entproblematisieren und wissenschaftlich zu verkleiden.

4.2. Konsumenteninteressen als Gegenstand marketingtheoretischer Aussagen

Ging es bisher um die sprachlich-implizite Wertung in objektbezogenen Aussagen, so ist nunmehr zu fragen, ob und in welcher Form Werte und Wertsysteme der Konsumenten in die Marketingtheorie einbezogen sind bzw. darin berücksichtigt werden können. Die Antwort auf diese Frage wird erleichtert, wenn man – stark vereinfacht – zwischen Aktions- und Interaktionstheorien der Marktbeeinflussung unterscheidet.

Aktionstheorien stellen mehr oder weniger isoliert unter besonderer Bezugnahme auf intraorganisationale Sachverhalte alternativ den Anbieter- oder Nachfragerstandpunkt in den Vordergrund. Die neoklassische Absatztheorie, aber auch die Managementtheorie des Konsumgütermarketing gehen nahezu ausschließlich von der absatzpolitischen Perspektive von Unternehmungen aus[23]. Es wird z.B. unter der Annahme *reagierenden* Kundenverhaltens nach der "optimalen" Kombination absatzpolitischer Instrumente gefragt.

Während die neoklassische Absatztheorie unter prinzipieller Black-Box-Betrachtung im Rahmen der Nachfrageanalyse das Käuferverhalten in den Datenrahmen verweist, bemühen sich Marketing-Management-Theorien, diese Black-Box transparent zu machen. Deskriptive Modelle des Käuferverhaltens werden auf ihren Aussagewert für die Absatzpolitik überprüft[24]. Interessen bzw. Werte des Käufers finden dabei nur insoweit Beachtung, als die dadurch bewirkten Verhaltensweisen bei gegebenem oder alternativem Angebot Auswirkungen auf die Unternehmungsziele zeitigen. Interdependenzen zu Werten des "größeren sozialen Systems" bleiben dadurch weitgehend unbeachtet. Ähnliches gilt übrigens auch für die neoklassische Haushaltstheorie.

Im Gegensatz hierzu konzentrieren sich *Interaktionstheorien* auf die Transaktionsprozesse und die sie bewirkenden Beeinflussungsmaßnahmen zwischen Anbieter und Nachfrager. Systemtheoretische Ansätze bieten mit der "Öffnung" der verschiedenen Verhaltenssysteme und der Einbeziehung der Verhaltenswissenschaften jene Voraussetzung, die in der Realität häufig zu beobachtenden nicht-rationalen Verhaltensweisen und sozialen Beziehungen (z.B. Macht- und Prestigestreben, Orientierung an Leitbildern und Gruppen, Rollenerwartungen) relativ vorurteilsfrei einer kritischen Analyse zu unterziehen[25]. Die Frage, ob und in welcher Form sich Unternehmungen und Haushalte bei der Verfolgung ihrer jeweiligen Werte und Ziele gegenseitig behindern oder begünstigen, kann ebenso untersucht werden wie die vielschichtige Verhaltensinterdependenz zu den übrigen aktiven Elementen im System. Neben dieser sozialen Bestimmung der Bedürfnisse des Haushaltes trägt eine verhaltenswissenschaftliche Analyse durch die Einbeziehung der verschiedenen innerhalb des Makro-Systems existenten Wertsysteme zu einer gesellschaftsbezogenen Realitätsnähe und unternehmerischen Anwendbarkeit der Marketingtheorie bei. Die Wertanalyse endet nicht mit der Kaufentscheidung des Haushalts, sondern erfaßt auch deren Konsequenzen und Verwertbarkeit für den Haushalt. Sie ermöglicht somit einen auf die langfristigen Bedürfnisse abgestellten Einsatz der Marketinginstrumente.

Was die Ermittlung der gesamtgesellschaftlichen Auswirkungen bestimmter Wertsysteme und Typen von Markttransaktionen anbetrifft, so ist auf die Methoden der Systemanalyse zu verweisen. Sollen objektive Vorhersagen möglicher dysfunktionaler Folgen des Marketing wenigstens in groben Umrissen gemacht werden, so setzt dies ein zutreffendes Modell des Makro-Systems und seiner Entwicklungsbedingungen voraus. Die vom Club of Rome angeregten und nach Forresters Methode durchgeführten Simulationsstudien erscheinen m.E. – trotz der vielfach vorgebrachten Kritik an den Einzelergebnissen und Prämissen – in dieser Hinsicht richtungweisend. Vor allem könnten u.U. weiterentwickelte Simulationsmodelle aufzeigen, wie Marketing-Maßnahmen in einer makroökonomisch "erwünschten" Zielrichtung einzusetzen wären[25a].

4.3. Wertbasis metawissenschaftlicher Entscheidungen einer Marketingtheorie

Eng mit der Unterscheidung einer management- und verhaltensorientierten Marketingtheorie verknüpft ist die dritte Problemschicht denkbarer Wertungen im Spannungsfeld "Konsument-Anbieter", nämlich die *individuelle Wertbasis* des Wissenschaftlers. Die Tatsache, daß jeder Wissenschaftler bei der Auswahl seiner Probleme nur selektiv vorgehen kann, führt bekanntlich dazu, daß bestimmte praktische Problemstellungen und die für sie relevanten Ausschnitte der Realität aus der wissenschaftlichen Analyse ausgeklammert bleiben. Der Wissenschaftler leistet mit seinen Erkenntnissen einen Beitrag zur Lösung einer *beschränkten* Menge von Problemstellungen. Das notwendige Setzen von Prioritäten bei der Problemauswahl ist Ausdruck der subjektiven Wertbasis und soll hier als *parteilich-wertendes Verhalten* bezeichnet werden[26]. Die Frage kann hier meines Erachtens deshalb nicht lauten, ob eine wertfreie Marketingtheorie möglich ist, sondern nur *in welchem Ausmaß* der Wissenschaftler sein Wissenschaftsprogramm parteilich-wertend gestaltet.

So ist der Grad des parteilich-wertenden Vorgehens bei einer verhaltenswissenschaftlichen Marketingtheorie als einem *nomologischen Aussagensystem* vergleichsweise gering[27]. Bei der Analyse empirischer Gesetzmäßigkeiten können sämtliche Aspekte untersucht werden, die den Verlauf von Markttransaktionen betreffen (z.B. Lern- und Rollenverhalten, Wahrnehmung, Konflikthandhabung).

Dennoch ist in einer auf absatzpolitische Entscheidungen ausgerichteten Marketingtheorie das Relevanzkriterium bei der Problemauswahl ex definitione durch die spezielle *unternehmerische* Perspektive gegeben. Eine derartige Interpretation der Marketingtheorie führt aus der Perspektive der Konsumenten zweifellos zu einer asymmetrischen Nutzbarkeit der in theoretischen Aussagen gewonnenen Erkenntnisse zugunsten der anbietenden Unternehmung, d.h. einer Parteinahme des Wissenschaftlers. Das gilt auch dann, wenn man die angebliche praktische Ambivalenz sprachlich-wertfreier Aussagensysteme berücksichtigt[28]. Zwar besitzt u.U. auch der Konsument die Kenntnis darüber, mit welchen Informationen, Methoden und Instrumenten der Anbieter eines Produktes ihm gegenübertritt und kann somit sein eigenes Verhalten stärker rationalisieren und kontrollieren. Die Informationen sind jedoch zum einen bereits auf die spezielle Entscheidungsproblematik von Unternehmungen hin geordnet, zum anderen besitzen diese in der Regel "qualitativ und quantitativ bessere *Problemlösungskapazitäten* und wesentlich mehr Möglichkeiten (Ressourcen), die von ihnen präferierten Problemlösungen durchzusetzen. Es ist deswegen nicht möglich, Konsumenten als "kleine Unternehmer" zu interpretieren und als Entscheidungssubjekte mit den Unternehmern auf eine Stufe zu stellen"[29].

Kommt in dem oben skizzierten nomologischen Aussagensystem das Bemühen um sprachlich-wertfreie Aussagen zum Ausdruck, so geht es den Vertretern eines *normativen Ansatzes* um die Aufnahme von Verhaltensempfehlungen in dem objektsprachlichen Aussagenbereich.

Damit tritt die Frage nach der Herkunft und Ableitung der Werte und Normen, auf die die Empfehlungen gerichtet sind, in den Vordergrund.

Die Vertreter einer *praktisch-normativen* Marketingtheorie beziehen "positivistisch orientiert" diese Werte aus einem gesellschaftlichen Teilbereich, dem der Unternehmungen. Für diese formulieren sie dann "richtige" absatzpolitische Verhaltensweisen. Entscheidend vor dem Hintergrund des Konsumerismus ist, daß gerade der Einsatz der Marketinginstrumente Auswirkungen nicht nur auf die unternehmerische Zielerreichung, sondern auch auf die übrigen aktiven Elemente im Marketingsystem und letztlich auf die Gesamtgesellschaft hat[30]. Durch die Tatsache, daß z.B. bestimmte Macht-, Kommunikations-, Rollen- und Konfliktstrukturen verfestigt und verändert werden, werden wiederum spätere unternehmerische Zielsetzungsprozesse beeinflußt. Dies verdeutlicht, daß der Einsatz der Marketinginstrumente nicht wertmäßig indifferent erfolgt und Ziele und Mitteleinsatz in einer Marketingtheorie nicht unabhängig voneinander untersucht werden können. Eine praktisch-normative Marketingtheorie kann deshalb nicht für sich das Prädikat "wertfrei" beanspruchen[31].

Lehnt man eine ausschließlich an unternehmerischen Zielen orientierte, normative Marketingtheorie aufgrund ihrer faktischen Wertung ab, so stellt sich erneut die Frage nach den Normen und Werten, die einer alternativen Theoriekonzeption zugrundezulegen sind. Immer, wenn eine bestimmte Entscheidung Auswirkungen auf eine Mehrzahl von Entscheidungseinheiten mit unterschiedlichen Wertsystemen hat, geht es hier um die Bestimmung eines kollektiven Optimums. Bei den gesellschaftlichen weitgreifenden Entscheidungen im Marketing ist dies letztlich die Frage nach einem gesamtgesellschaftlichen Optimalzustand.

Die Bemühungen der *Wohlfahrtsökonomie*[32] um die rein rationale Bestimmung eines derartigen Zustandes gelten seit langem als gescheitert. Angesichts der Tatsache, daß einerseits die Arbeit des Wissenschaftlers zwangsläufig wertend wirkt und ihm andererseits keine rein kognitiv bestimmbaren, universellen Normen zur Verfügung stehen, fordern die Vertreter einer *bekennend-normativen* Theorie, der Wissenschaftler solle seine eigene sozial-philosophische oder ethische Wertbasis als Prämisse explizit in seine Aussagen einbringen[33].

Die letzten Überlegungen scheinen mir nicht nur für eine auf die unternehmerische Entscheidung ausgerichtete Marketingtheorie von Bedeutung. Vielmehr stellt sich auch für die Vertreter des Konsumerismus die Frage, – wobei die Antwort explizit zu machen wäre – auf welche gesamtgesellschaftliche Wunsch- und Wertvorstellung hin ihre Forderungen auszurichten sind. Der Begriff "Lebensqualität" ist bekanntlich eine Leerformel[34].

Die Ausführungen zeigen, daß sich in der Konsumerismus-Bewegung ein echter Interessen- und Wertkonflikt manifestiert. Will die Marketingtheorie einen Beitrag zur Lösung des Konflikts leisten, so muß sie notwendig die Wertsysteme von Anbietern *und* Nachfragern in die Analyse einbeziehen. Abschließend soll geprüft werden, inwieweit die Marketingtheorie eine schlichtende und interesseausgleichende Funktion im Spannungsfeld "Konsument-Anbieter" übernehmen kann.

5. Zur "Schlichtungsfunktion" einer Marketingtheorie

Die Marketingtheorie kann zunächst davon ausgehen, daß sprachlich-wertfreie Aussagen eine normierende und steuernde Wirkung auf das Denken und Verhalten von Anbietern und Konsumenten zeitigen[35]. Daher könnte ein erster *Schlichtungsbeitrag* darin bestehen, in Form von "Wenn-dann-Sätzen" möglichst *überprüfbare Aussagen* über die mutmaßliche Entwicklung und Ausweitung des Konflikts zu machen. Die Bewertung der prognostizierten Zustände und Entwicklungen bliebe den "Betroffenen" überlassen. Es kann als wahrscheinlich gelten, daß zumindest die von beiden Gruppen gemeinsam negativ bewerteten Zustände von diesen möglichst vermieden werden. Hier herrscht ein negativer Konsens, der zur Begrenzung der Konfliktstrategien und u.U. zu stärker integrativem Verhalten führt.

Die Marketingtheorie kann ferner in Partnerschaft mit anderen sozialwissenschaftlichen Disziplinen *alternative,* denkbare *Wertsysteme* diskutieren, ohne unmittelbar deren Verfolgung zu postulieren. Ein derartiges Vorgehen könnte zur Versachlichung der emotional aufgeladenen Atmosphäre beitragen und die Überprüfung der Positionen bei allen beteiligten Gruppen einleiten.

Darüber hinaus kann die Marketingtheorie am Selektions- und Relevanzproblem sowie der oben in Frage gestellten Ambivalenzthese ansetzen und ihren *Adressatenkreis* stärker auf nicht-unternehmerische Entscheidungsträger *verlagern.* Die Ansätze des "Meta-Marketing" in den USA zielen in diese Richtung. Die Bemühungen des Social-Marketing gehen überdies dahin, verschiedenen gesellschaftlichen Gruppen einen den Anbietern vergleichbaren Informationsstand und ein dementsprechendes Instrumentarium der Verhaltensbeeinflussung zu schaffen. Die mutmaßlichen Konsequenzen eines derartigen "Gleichgewichts" erscheinen allerdings zum heutigen Stand schwer prognostizierbar.

Schließlich und nicht zuletzt kann sich die Marketingtheorie *bekennend-normativ* um eine Schlichtung bemühen. Interessant und besonders aktuell scheint in diesem Zusammenhang der Versuch, die in einem Konflikt befindlichen Gruppen interpretativ auf die Verfassung des Gesellschaftssystems, in dem sie sich gemeinsam bewegen, zu verpflichten.

Die bei einem derartigen rechtlichen Rahmen erforderliche interpretative Auslegung hat auf der subjektiven sozialphilosophischen Wertbasis des Theoretikers zu erfolgen. Nur durch begrifflich operational gefaßte Werte und Wertsysteme scheint die Verpflichtung der gesellschaftlichen Gruppen auf den von ihnen explizit anerkannten "Rahmenwert" der Verfassung erfolgversprechend. Freilich bleibt hier das Problem, daß ein gesamtgesellschaftliches Optimum nicht eindeutig bestimmbar ist, die gemachten Empfehlungen folglich wissenschaftlich nicht begründbar sind. In dieses Dilemma gerät der betriebswirtschaftliche Forscher nicht nur bei der Frage des Konsumerismus, wenn er zur Lösung gesellschaftlicher Fragen beitragen will.

Anmerkungen

1 Vgl. H. Meffert, Art. Marketing: in: Management Enzyklopädie, Band 4, München 1971, S. 383-413; J. Bidlingmaier, Marketing 1, Reinbeck bei Hamburg 1973; W. Hill, Marketing, Band I, 2. Aufl., Bern - Stuttgart 1972; P. Kotler, Marketing Management. Analysis, Planning and Control, 2. Aufl., Englewood Cliffs, N.J. 1972; R. Nieschlag, E. Dichtl und H. Hörschgen, Marketing. Ein entscheidungsorientierter Ansatz, 5. Aufl., Berlin 1972; B. Tietz, Die Grundlagen des Marketing. Erster Band. Die Marketing-Methoden, 2. Aufl., München 1975.

2 Vgl. M.H. Broffman, Is Consumerism Merely Another Marketing Concept? In: "MSU Business Topics", Michigan, Vol. 19, No. 1 (1971), S. 15-21; R.H. Buskirk und J.T. Rothe, Consumerism – An Interpretation. In: "Journal of Marketing", Chicago, Vol. 34, No. 4 (1970), S. 61-65; R.O. Herrmann, Consumerism: Its Goals, Organizations and Future. In: "Journal of Marketing", Chicago, Vol. 34, No. 4 (1970), S. 55-60; P. Kotler, What Consumerism Means for Marketers. In: "Harvard Business Review", Boston, Vol. 50, No. 3 (1972), S. 48-57 und G. Müller-Heumann, Consumerism – Das Ende des Marketing? In:

"Der Markt", Wien, Nr. 40, Heft 4 (1971), S. 109-117. Der Konsumerismus ist als institutionenbezogener Begriff zu verstehen – im Gegensatz zu der rein funktionalen Betrachtungsweise des Verbraucherschutzes.

3 Vgl. H. Meffert, Konsumerismus – neue Dimension des Marketing? In: "Markenartikel", Wiesbaden, 35. Jg., Nr. 6 (1973), S. 320-331; ders., Art. Konsumerismus. In: Marketing Enzyklopädie, Band 2, München 1974, S. 163-182 sowie M. Bruhn, Konsumerismus – Prüfstein des Marketing. In: Marketing Morgen. Kölner Schriften zum Marketing. Hrsg.: Kölnische Rundschau, Köln (1974), S. 49-74.

4 Vgl. den Vortrag von O. Blume in: Marketing Morgen, a.a.O., S. 131-140.

5 Vgl. H. Meffert, Konsumerismus – neue Dimension des Marketing?, a.a.O. und D.W. Cravens und G.E. Hills, Consumerism: A Perspective for Business. In: "Business Horizons", Bloomington, Vol. XIII, No. 4 (1970), S. 21-28.

6 Vgl. H.C. Barksdale und W.R. Darden, Consumer Attitudes Toward Marketing and Consumerism. In: "Jorunal of Marketing", Chicago, Vol. 36, No. 4 (1972), S. 28-35 und die GfK-Untersuchung "Marketing '73". Einstellung der westdeutschen Bevölkerung zum Marketing (unveröffentlicht).

7 Vgl. W.T. Anderson Jr. und W.H. Cunningham, The Socially Conscious Consumer. In: "Journal of Marketing", Chicago, Vol. 36, No. 3 (1972), S.23-31.

8 Vgl. zu den Forderungen vor allem P. Kotler, What Consumerism Means for Marketers, a.a.O.; H. Meffert, Konsumerismus – neue Dimension des Marketing, a.a.O., und M. Bruhn, a.a.O. sowie die dort angegebene Literatur.

9 Vgl. die GfK-Untersuchung, a.a.O.

10 Vgl. H.C. Barksdale und W.R. Darden, a.a.O. und die GfK-Untersuchung, a.a.O.

11 Vgl. LIFE (Hrsg.), Consumerism II. A Follow-Up Study of Consumer Attitudes Conducted by Louis Harris & Associates, Inc. for LIFE, o.O. (1972).

12 Vgl. H. Knoblich und W. Arnold, Marketing und Verbraucherschutz. In: "Zeitschrift für Betriebswirtschaft", Wiesbaden, 44. Jg., Nr. 1 (1974), S. 24f.

13 Hinweise auf diese Verhaltensweise gibt eine empirische Untersuchung in den USA, nach der der Konsumerismus von vielen Herstellern als bedeutungslos bewertet und eine feindselige Haltung gegenüber Verbraucheraktionen gezeigt wird. Vgl. F.E. Webster Jr., Does Business Misunderstand Consumerism? In: "Harvard Business Review", Boston, Vol. 51, No. 5 (1973), S. 89-97.

14 Vgl. ebenda.

15 Vgl. E. Peterson, Consumerism as a retailer's asset. In: "Harvard Business Review", Boston, Vol. 52, No. 3 (1974), S. 91-101.

16 Vgl. zu den Auswirkungen u.a. D.A. Aaker und G.S. Day, Corporate responses to consumerism pressures. In: "Harvard Business Review", Boston, Vol. 50, No. 6 (1972), S. 114-124; R. W. Ackermann, How Companies Respond to Social Demands. In: "Harvard Business Review", Boston, Vol. 51, No. 4 (1973), S. 88-98; U. Beier, Konsumerismus: Langfristige Implikationen für das Marketing. In: "Betriebswirtschaftliche Forschung und Praxis", Herne - Berlin, 26 Jg., Heft 3 (1974), S. 226-241; M. Bruhn, a.a.O.; K. Davis, Understanding the Social Responsibility Puzzle. In: "Business Horizons", Bloomington, Vol. 20, Winter

(1967), S. 45-50; R.J. Holloway, The Hallmark of a Profession. In: "Journal of Marketing", Chicago, Vol. 33, No. 1 (1969), S. 90-95; D.S.R. Leighton, Respond to Consumerism. In: Social Marketing. Perspectives and Viewpoints. Hrsg.: W. Lazer und E.J. Kelly, Homewood, Ill. usw. 1973, S. 124-133 und F.E. Webster Jr., a.a.O.

17 Vgl. H. Steffenhagen, Konflikt und Kooperation in Absatzkanälen. Ein Beitrag zur verhaltensorientierten Marketingtheorie, Wiesbaden 1974 (im Druck).

18 Vgl. H. Knoblich und W. Arnold, a.a.O., S. 30.

19 Vgl. H. Albert, Wertfreiheit als methodisches Prinzip. In: Logik der Sozialwissenschaften. Hrsg. E. Topitsch, 7. Aufl., Köln - Berlin 1971, S. 189. Vgl. auch H. Raffée und G. Specht, Basiswerturteile der Marketing-Wissenschaft. In: "Zeitschrift für betriebswirtschaftliche Forschung", Opladen, 26. Jg., Heft 6 (1974), S. 373-396.

20 Kroeber-Riel hebt vier mögliche Spielarten der Als-ob-Sprache hervor:

"A. Es wird über Sprache gesprochen, als ob es um die Sache ginge (Metasätze verwandt als Objektsätze).

B. Es wird über theoretische Konstrukte gesprochen, als ob es um empirische Sachverhalte ginge (theoretische Sätze, verwandt als empirische Sätze).

C. Es wird über Wertungen gesprochen, als ob es um Beschreibungen ginge (wertende Sätze verwandt als deskriptive Sätze).

D. Es werden Aussagen mit begrenztem Erklärungswert gebraucht, als ob es um generelle Erklärungen ginge (Sätze geringerer Allgemeinheit verwandt als Sätze größerer Allgemeinheit."

W. Kroeber-Riel, Theoretische Konstruktionen und empirische Basis in mikroökonomischen Darstellungen des Konsumentenverhaltens. In: Wissenschaftstheorie und Betriebswirtschaftslehre. Hrsg.: G. Dlugos, G. Eberlein und H. Steinmann, Düsseldorf 1972, S. 211f.

21 Vgl. hierzu u.a. die Ausführungen von E. Heinen, Determinanten des Konsumentenverhaltens – Zur Problematik der Konsumentensouveränität. In: Zur Theorie des Absatzes. Erich Gutenberg zum 75. Geburtstag, Hrsg.: H. Koch u.a., Wiesbaden 1973, S. 81-130; W.F. Fischer-Winkelmann, Marginalien zur Konsumentensouveränität als einem Axiom der Marketing-Theorie. In: "Zeitschrift für betriebswirtschaftliche Forschung", Opladen, 25. Jg., (1973), S. 161-175. Ferner auch P. Meyer-Dohm, Sozialökonomische Aspekte der Konsumfreiheit, Freiburg i.B. 1965.

22 Vgl. u.a. O. Blume, a.a.O., S. 131f. Ferner J.K. Galbraith, Die moderne Industriegesellschaft, München - Zürich 1968, bes. S. 201.

23 So bemerkt z.B. Leitherer: "Regelmäßig und unter geordneten Verhältnissen entfalten die Anbieter ... die größere Aktivität, die Kunden verhalten sich mehr passiv und warten auf Angebote." E. Leitherer, Absatzlehre, 2. Aufl., Stuttgart 1966/69, S. 9. Im Gegensatz hierzu stellt z.B. Raffée den Nachfragestandpunkt in den Vordergrund. Vgl. z.B. H. Raffée, Konsumenteninformation und Beschaffungsentscheidung, Stuttgart 1969.

24 Vgl. z.B. H. Meffert, Modelle des Käuferverhaltens und ihr Aussagewert für das Marketing. In: "Zeitschrift für die gesamte Staatswissenschaft". Hrsg.: F. Böhm, W. Hoffmann und H. Sauermann, Tübingen, 127. Bd., 2. Heft (1971), S. 327-353.

25 Vgl. u.a. derselbe, Art. "Absatztheorie, systemorientierte". In: Handwörterbuch der Absatzwirtschaft. Hrsg.: B. Tietz, Stuttgart 1974, Sp. 138-158. Eine ausschließlich auf die ökonomische Perspektive eingeengte Marketingtheorie kann das Konsumentenverhalten und damit auch deren Ziel- und Wertvorstellungen nicht realitätsnah berücksichtigen. Damit ist auch die Anwendbarkeit einer wesentlich auf "Fiktivprämissen" basierenden betriebswirtschaftlichen Handlungstheorie auf unternehmerische Entscheidungen erheblich beschränkt. Vgl. hierzu die Ausüfhrungen von H. Koch. Die betriebswirtschaftliche Theorie als spezielle Handlungstheorie. Die Problematik der normativen Entscheidungstheorie. In: "Zeitschrift für betriebswirtschaftliche Forschung", Opladen, 26. Jg., Heft 2 (1974), S. 73-95, bes. S. 76ff.

25a Vgl. hierzu R. Köhler, Systemforschung und Marketing. In: Systemforschung in der Betriebswirtschaftslehre, Stuttgart 1975 (in Druck).

26 Zum Parteilichkeitsbegriff im Rahmen praktisch-normativer Theorien vgl. W. Kirsch, Die entscheidungs- und systemorientierte Betriebswirtschaftslehre. In: Wissenschaftstheorie und Betriebswirtschaftslehre, a.a.O., S. 175f.

27 Albert unterscheidet zwischen den – jeweils sprachlich wertfreien – Aussagesystemen theoretischer und technologischer Art. Aus deren praktischer Relevanz, die stark durch die Ausrichtung auf menschliches Handeln bestimmt ist, können Rückschlüsse auf den Grad der parteilichen Wertung gezogen werden. Vgl. H. Albert, a.a.O., S. 192. Je nach den für die Wissenschaft definierten Zeilen und Aufgaben gelangt man zu unterschiedlichen Aussagensystemen. Vgl. u.a. E. Gutenberg, Zur Frage des Normativen in den Sozialwissenschaften. In: Sozialwissenschaften und Gesellschaftsgestaltung, Hrsg.: F. Karrenberg und H. Albert, Berlin 1963, S. 121ff.

28 Die Ambivalenzthese wird unter anderem auch von Albert gestützt, indem er auf die Bedeutung einer Revolutionstheorie für Revolutionsgegner verweist. Vgl. H. Albert, a.a.O., S. 193. Ähnlicher Ansicht ist auch Schanz. Vgl. G. Schanz, Wider das Selbstverständnis der Betriebswirtschaftslehre als "praktisch-normative" Disziplin. In: "Zeitschrift für Betriebswirtschaft", Wiesbaden, 43. Jg., Nr. 8 (1973), S. 591.

29 W. Kroeber-Riel, Ideologische Komponenten der entscheidungsorientierten Absatztheorie. In: Marketingentscheidungen. Hrsg.: P. Weinberg, G. Behrens und K.P. Kaas, Köln 1974, S. 33. Vgl. auch F. Scheuch, Verbrauchermanipulation und Wertfreiheit. In: "Der Markt", Wien (1972), S. 89-91.

30 Zu den Auswirkungen innerhalb und außerhalb der Unternehmung vgl. u.a. E. Loitlsberger, Metaökonomische Wertvorstellungen und Rechtsordnungen als Determinanten betriebswirtschaftlicher Theorie. In: Wissenschaftsprogramm und Ausbildungsziel der Betriebswirtschaftslehre, Hrsg.: G. v. Kortzfleisch, Berlin 1971, S. 85 ff.

31 Zu dieser Aussage gelangt in anderem Zusammenhang auch Kirsch. Vgl. W. Kirsch, Zur Problematik "optimaler" Kapitalstrukturen. In: "Zeitschrift für Betriebswirtschaft", Wiesbaden, 38. Jg., Heft 12 (1968), S. 881-888. Kritische Ausführungen zur These der Wertfreiheit macht ferner Heinen, indem er sich auf die "gesellschaftliche Relevanz" der Betriebswirtschaftslehre bezieht:
"Die Betrachtung eines Systems "Gesellschaft" als betriebswirtschaftlich relevantes Grundmodell dient nicht zuletzt dem Zweck, Entwicklungsprozesse von Zielen und Normen in den Systementwurf zu integrieren und Werte nicht nur positivistisch zu hypostasieren ... Es kann nicht verwundern, daß in diesem Zusammenhang der entscheidungsorientierte Systementwurf ein Überdenken des Problems der Wertfreiheit in der Betriebswirtschaftslehre und der gesellschaftlichen Relevanz dieser Wissenschaft nahelegt." E. Heinen, Der entscheidungsorientierte Ansatz der Betriebswirtschaftslehre. In: Wissenschaftsprogramm und Ausbildungsziel der Betriebswirtschaftslehre, a.a.O., S. 33f.

32 Vgl. hierzu u.a. P. Streeten, Zur neueren Entwicklung der Wohlfahrtsökonomie. Als Anhang in: G. Myrdal, Das politische Element in der nationalökonomischen Doktrinbildung, Bonn 1963, S. 201-210; E.J. Mishan, Ein Überblick über die Wohlfahrtsökonomik 1939-1959. In: Grundlagen der Wirtschaftspolitik. Hrsg.: G. Gäfgen, Köln - Berlin 1966, S. 110-176. Ferner E. Dichtl, Marketing und Wohlfahrtsökonomik. In: "Der Markt", Wien, Nr. 36 (1970), S. 100-111.

33 Vgl. hierzu neuerdings u.a. W.H. Staehle, Plädoyer für die Einbeziehung normativer Aussagen in die Betriebswirtschaftslehre. In: "Zeitschrift für betriebswirtschaftliche Forschung", Opladen, 25. Jg. (1973), S. 184-197, bes. S. 194ff.

34 Eine kürzlich in der BRD erfolgte Umfrage der Wickert-Institute ergab, daß 50% der Befragten mit dem Begriff nichts anzufangen wußten, 20% an ein angenehmes und 17% an ein sicheres Leben, 5% an Qualität in Speisen und Getränken und nur 5% an Verhinderung der Umweltverschmutzung dachten.
Diese empirisch diffuse Vorstellung vom Begriff der Lebensqualität erschwert naturgemäß dessen Operationalisierung. So unterscheidet z.B. Specht zwischen individueller und sozialer Lebensqualität, die jeweils effektiv oder angestrebt sein kann. Bei abweichender Prioritätenfolge der einzelnen Individuen über die Indikatoren der Lebensqualität bleibt darüber hinaus das wohlfahrtsökonomische Problem der Aggrefation von individuellen Nutzenfunktionen. Vgl. zum Problem der Lebensqualität im Zusammenhang mit Marketingfragen G. Specht, Marketing – Management und Qualität des Lebens, Stuttgart 1974, sowie die Ausführungen von: W.A. Jöhr, Lebensqualität und Werturteilsstreit, Zürich 1974.

35 Vgl. H. Albert, a.a.O., S. 185f.

Kapitel 3

Verbraucherpolitik

Udo Beier

Zum Abbau einseitiger Informationen in der Konsumwarenwerbung

Problemstellung

1. Das Ausmaß der Funktionsfähigkeit des Wettbewerbs auf einem Markt hängt u.a. von der Fähigkeit der Nachfrager ab, die Marktleistungen der Anbieter richtig zu bewerten. Eine falsche Bewertung der Marktleistungen trägt zur Verzerrung des Lenkungsmechanismus der einzelnen Märkte bei. Über die marktwirtschaftlichen Interaktionsprozesse lassen sich dann nicht mehr die Einzelentscheidungen wirtschaftlicher Subjekte zu einer sinnvollen Gesellschaftsordnung aggregieren.[1] Volkswirtschaften marktwirtschaftlicher Ordnung müssen daher dafür Sorge tragen, daß die Fähigkeit der Nachfrager zur Bewertung von Marktleistungen stets den höchstmöglichen Stand einnimmt.

2. Die Fähigkeit der Nachfrager zur Bewertung von Marktleistungen findet in der *Markttransparenz* ihre ökonomische Abbildung. Die Markttransparenz eines Nachfragers ist davon abhängig, wie groß die Zahl der marktrelevanten Informationen ist, über die der Nachfrager verfügen kann *(Problem der Informationsbeschaffung)*, und inwieweit der Nachfrager in der Lage ist, aus der Menge der ihm zur Verfügung stehenden Informationen die für ihn relevanten Daten herauszufinden *(Problem der Informationsverarbeitung)*. Informationsbeschaffung und -verarbeitung werden somit zu Faktoren, die den Erfolg des marktwirtschaftlichen Systems wesentlich beeinflussen können. Ihre Sicherung stellt gleichzeitig einen Beitrag zur Erhaltung der Funktionsfähigkeit der Marktwirtschaft dar. Insofern besteht in Volkswirtschaften marktwirtschaftlichen Systems ein *Recht auf Information:*[2] "Überall dort, wo der einzelne Nachfrager wegen mangelnder Möglichkeiten, fehlender Kenntnisse bzw. Fähigkeiten zur Informationsbeschaffung und -verarbeitung nicht imstande ist, die Waren[3] eines Marktes entsprechend ihren Leistungen zu bewerten, muß die Volkswirtschaft ihm genügend Informationen zur Verfügung stellen und Kriterien zu ihrer Verarbeitung liefern."[4]

Von diesem Recht auf Information können unter Umständen unterschiedliche Nachfrager auf den einzelnen Märkten der verschiedenen

Aus: Die Unternehmung 29 (1975), Verlag Paul Haupt, Bern; S. 277-301

Wirtschaftsstufen Gebrauch machen, so z.B. auch kleinere Handwerksbetriebe und Gewerbetreibende. Insbesondere gilt das auch für die Verbraucher, die auf dem Markt als Nachfrager für Konsumwaren und Dienstleistungen auftreten. Die meisten Verbraucher besitzen weder eine Ausbildung, die sie auf ihre Rolle als Käufer vorbereitete, das gilt sowohl für die Informationsverarbeitung als auch für die Informationsbeschaffung, noch sind sie wegen fehlender finanzieller bzw. zeitlicher Ressourcen, aber auch wegen einzelner marktbedingter Hemmnisse (z.B. räumliche Struktur des Angebots, Typenvielfalt, neue Materialien, Techniken und Vertriebsformen, Werbung) bzw. gesetzmäßiger Hemmnisse (z.B. Ladenschlußgesetz, Eichgesetz)[5] in der Lage, sich die hierfür erforderlichen Fähigkeiten und Kenntnisse selbst anzueignen. Die vorhandenen Marktinformationen, die von der Anbieterseite, Nachfrageseite bzw. von Dritten geliefert werden, reichen jedoch in der Regel nicht aus, um die Marktleistungen entsprechend bewerten zu können, sei es, daß diese Informationen zu einseitiger Art nicht fundiert bzw. umfassend genug sind.[6] Wo die Informationen jedoch gegebenenfalls ausreichen könnten, finden sie beim Verbraucher nicht immer entsprechend Beachtung. Zum gegenwärtigen Zeitpunkt ist daher der Verbraucher nicht immer imstande, die Leistungen eines Marktes zu erkennen. Mangelnde Warenkenntnis und Beurteilungsfähigkeiten verleiten ihn vielfach dazu, sich bei der Beurteilung der Waren an bestimmten Hilfsgrößen auszurichten, wie etwa die Höhe des Preises; die Größe, das Aussehen bzw. die Marke der Ware; das Image der Ware, des Einzelhandelsgeschäftes bzw. des Herstellers.[7] Dieser Tatbestand ist der Anbieterseite nicht verborgen geblieben. Durch die von ihr verbreiteten Marktinformationen mit Hilfe von z.B. Werbung, Verpackungs-, Prospekt-, Waren-, Marken-, Schaufenster-, Laden-, Katalog-, Preisgestaltung bzw. Beratung versucht sie bewußt, an solche Hilfsgrößen anzuknüpfen. Ihr gelingt hierdurch eine allmähliche Verfestigung der Rolle von Hilfsgrößen im Kaufentscheidungsprozeß des Verbrauchers, was eine vollständige Abkehr von einer leistungsorientierten Bewertung im Markt zur Folge haben kann. Volkswirtschaften marktwirtschaftlichen Systems müssen hier korrigierend eingreifen. Eine Änderung insbesondere der Kommunikationsprozesse und -struktur zwischen Unternehmen und Verbrauchern ist erforderlich. Erste Schritte in dieser Richtung werden derzeit im Rahmen der Verbraucherpolitik unternommen.

3. Im folgenden soll sich insbesondere mit der Konsumwarenwerbung und hier mit den verschiedenen Möglichkeiten des Abbaus einseitiger

Informationen in Werbebotschaften befaßt werden. Die hierbei vorzuschlagenden Maßnahmen werden systemfördernd sein, d.h. bei richtiger Anwendung zur Erhöhung der Funktionsfähigkeit des Wettbewerbs beitragen. Sie können jedoch zu einer Funktionsveränderung der Konsumwarenwerbung führen, als die Konsumwarenwerbung nicht mehr nur allein zur Erhöhung des Warenabsatzes des werbungtreibenden Unternehmens, sondern in bestimmten Fällen auch zur Erhöhung der Markttransparenz der Verbraucher beitragen soll. In Richtung auf die Verwirklichung des Rechts auf Information stellt das nur einen kleinen Schritt dar. Die Arbeit beschränkt sich aber deshalb auf die Untersuchung der Konsumwarenwerbung, (a) weil die Darstellung eines alle Marktinformationsintrumente umfassenden und auf die Erfordernisse der Marktwirtschaft und somit der Informationsbeschaffung und -verarbeitung ausgerichteten Systems den Rahmen dieser Arbeit sprengen würde, (b) weil die Konsumwarenwerbung innerhalb des gesamten Instrumentariums der Marktinformation eine Schlüsselrolle einnimmt und ihre Neugestaltung im Hinblick auf eine Erhöhung des Informationsgehalts nicht nur allein sondern auch über die Beeinflussung der anderen Marktinformationsinstrumente der Unternehmen zu einer wesentlichen Verbesserung der Informationsbeschaffung und -verarbeitung der Verbraucher beitragen kann und (c) weil sie wegen ihrer besonders großen Gestaltungsmöglichkeit einseitiger Informationen die Markttransparenz eines Verbrauchers entscheidend beeinträchtigen kann.[8]

4. Die Einseitigkeit einer Werbebotschaft wird insbesondere durch *falsche, irreführende* und/oder *fehlende Informationen* gekennzeichnet.[9] Sie liegt meist in der ungerechtfertigten Hervorhebung der Ware, für die geworben wird, gegenüber anderen konkurrierenden Waren. Z.B.

1. schlechte Eigenschaften der Waren werden nicht genannt,
2. Eigenschaften, die die Ware nicht hat, werden genannt,
3. schlechte Eigenschaften, die die Ware hat, werden als nicht vorhanden bezeichnet,
4. Eigenschaften einer Ware erhalten durch die Art ihrer Darstellung (z.B. unangemessene Betonung, Übertreibung, Beweisführung, Empfehlung, Zeugnis, Orientierung an Autoritäten bzw. Forschungsergebnissen) ein Gewicht, das ihnen im Vergleich zu den anderen Eigenschaften nicht zusteht,
5. Eigenschaften einer Ware werden besonders herausgestellt, obwohl alle anderen bzw. eine Vielzahl anderer konkurrierender Waren dieselben Eigenschaften haben,

6. Eigenschaften einer Ware erhalten Bezeichnungen, die einen Vergleich mit anderen Waren erschweren,
7. Eigenschaften einer Ware werden gegenüber den Eigenschaften konkurrierender Waren bzw. der abzulösenden Variante als wesentlich besser herausgestellt, obwohl es nicht stimmt,
8. bestimmte Eigenschaften einer Ware werden herausgestellt, es wird jedoch nicht gesagt, daß die Wirkung dieser Eigenschaften nur bei Vorliegen bestimmter Bedingungen eintritt,
9. Eigenschaften werden so dargestellt, daß eine falsche Interpretation hinsichtlich Wert und Wirkung dieser Eigenschaften möglich ist (zweideutige Aussagen).

Die Einseitigkeit einer Werbebotschaft kann nicht nur durch *Worte,* sondern auch durch *Bild* und *Ton* bestimmt werden. Der Nachweis, daß einseitige Werbebotschaften vorliegen, ist durch *objektive* (z.B. über einen wissenschaftlich fundierten Beweis) und/oder *subjektive* (z.B. über die Ermittlung ihres mutmaßlichen Eindrucks auf den Verbraucher) *Beweisführung* zu erbringen.

Darstellung möglicher Kriterien zur Bestimmung der Mindestanforderungen an die Höhe des Informationsgehaltes von Werbebotschaften

1. Der Abbau einseitiger Informationen in der Konsumwarenwerbung ist über eine Kontrolle der Werbung (Selbst- bzw. Fremdkontrolle) erreichbar. Eine solche Kontrolle hat zur Aufgabe, Möglichkeiten zur Verminderung einseitiger Informationen herauszuarbeiten, konkrete Maßnahmen hieraus abzuleiten und deren Einhaltung zu überwachen. Sie kann ohne die Kenntnis von Kriterien, die die Mindestanforderungen an die Höhe des Informationsgehaltes von Werbebotschaften festlegen, nur unvollkommen durchgeführt werden. Folgende *personengebundene* Kriterien kommen in Frage:

(a) Eine Werbebotschaft darf keine Informationen enthalten, die die Markttransparenz eines "vernünftigen Verbrauchers" (reasonable consumer)[10] vermindern können!

(b) Eine Werbebotschaft darf keine Informationen enthalten, die die Markttransparenz eines "nicht unbeachtlichen Teils der angesprochenen Verbraucher" (flüchtiger Durchschnittsbeschauer, -hörer)[11] vermindern können!

(c) Eine Werbebotschaft darf keine Informationen enthalten, die die Markttransparenz auch eines "unvernünftigen Verbrauchers" (ignorant consumer)[12] vermindern können!

Die personengebundenen Kriterien beeinflussen nur das Ausmaß irreführender und falscher Informationen. Sie tragen nicht zum Abbau fehlender Informationen bei; denn fehlende Informationen führen – sofern sie nicht auch irreführend sind – nicht zu einer Verminderung der Markttransparenz, sondern verhindern lediglich die Erhöhung der Markttransparenz eines Verbrauchers.

Die Grenze, ab der eine Information unzulässig ist, kann von den personengebundenen Kriterien nicht immer eindeutig gezogen werden, da die Unzulässigkeit einer Information von der "Messung des Werbeeffektes bei bestimmten Empfängern der Werbung"[13] (Überprüfung auf subjektive Richtigkeit)[14] abhängig gemacht wird. Das gilt insbesondere für die Kriterien (a) und (b), wo der Kreis der bestimmten Verbraucher nur "vernünftig" bzw. einen "nicht unbeachtlichen Teil der angesprochenen" Verbraucher erfaßt.[15] Die Folge ist, daß beide Kriterien den Unternehmen bei der Gestaltung ihrer Werbebotschaften einen nicht eindeutig umrissenen Freiraum lassen, was die Verbreitung irreführender und falscher Informationen erleichtert und deren Verfolgung erschwert. Die Kriterien (a) und (b) erklären folglich nicht alle irreführenden und falschen Informationen für unzulässig. Sie stellen u.a. sicher, daß falsche bzw. irreführende Informationen in Werbebotschaften auch weiter verbreitet werden dürfen, sofern eine bestimmte Gruppe von Verbrauchern diesen Informationen keine Bedeutung beimißt; denn Informationen, denen man keine Bedeutung beimißt, können nicht die Markttransparenz eines Verbrauchers vermindern.[16]

Kriterium (c) verlangt wohl auch die "Messung des Werbeeffektes bei bestimmten Empfängern der Werbung", der Kreis der Verbraucher ist hier jedoch so weit gesteckt, daß praktisch jede irreführende und falsche Information unzulässig ist. Nach Kriterium (c) ist eine Information als *falsch* anzusehen, wenn ihre "Aussage nicht mit den tatsächlichen Wareneigenschaften übereinstimmt"[13] (Überprüfung auf objektive Richtigkeit), bzw. sie ist als *irreführend* anzusehen, wenn "objektive richtige Informationen[17] aufgrund der Gesamtwirkung der Werbebotschaft beim einzelnen Empfänger der Werbung einen falschen Eindruck erwecken können"[18] (Überprüfung auf subjektive Richtigkeit). Im Gegensatz zu den Kriterien (a) und (b) kann Kriterium (c) den Unternehmen und Kontrollorganen der Werbung als eindeutige Richtlinie bei der Gestaltung bzw. Überwachung von Werbebotschaften dienen. Da es alle Verbraucher berücksichtigt, kommt es dem Recht auf Information, das auch den *Schutz vor irreführenden und falschen Informationen* beinhaltet, am nächsten.

2. Das Recht auf Information sollte nicht nur auf den Schutz vor irreführenden und falschen Informationen beschränkt bleiben, sondern auch den *Schutz vor fehlenden Informationen* erfassen; denn um die Marktleistungen richtig bewerten zu können, genügt es nicht bloß zu verhindern, daß die Markttransparenz der Verbraucher durch die Verbreitung von Informationen in Werbebotschaften vermindert wird, vielmehr sollten die Werbebotschaften Informationen enthalten, die zur Erhöhung der Markttransparenz auch eines "unvernünftigen Verbrauchers" beitragen können. Hierbei ist jedoch sicherzustellen, daß kein Unternehmen gezwungen wird, durch Veröffentlichung der schlechten Eigenschaften seiner Waren sich selbst "anzuschwärzen". In den folgenden *personenungebundenen Kriterien* zur Bestimmung der Höhe des Informationsgehaltes wird dieser Tatbestand berücksichtigt.

(a) Eine Werbebotschaft darf keine irreführenden und falschen Informationen bezüglich der Eigenschaften einer Ware enthalten!

(b) Enthält eine Werbebotschaft Informationen über die Eigenschaften einer Ware, so muß sie über alle Eigenschaften vollständig berichten!

Kriterium (a), das dem personengebundenen Kriterium (c) entspricht, trägt zur Verwirklichung des Rechts auf Schutz vor irreführenden und falschen Informationen und Kriterium (b) zur Verwirklichung des Rechts auf Schutz vor fehlenden Informationen bei. Kriterium (b) entspricht einer bedingten "Aufklärungspflicht"[19] der Unternehmen.[20] Es wird wirksam, sobald eine Werbebotschaft Informationen über die Eigenschaften einer Ware enthält. Die Informationen können hierbei durch Wort bzw. Ton, aber auch durch Bild verbreitet werden. Kriterium (b) zwingt die Unternehmen jedoch nicht zur Verbreitung vollständiger Informationen, denn es ermöglicht ihnen weiterhin, Werbebotschaften ohne jegliche Informationen über die Eigenschaften einer Ware zu verbreiten.

Eine Werbekontrolle, die sich an der Einhaltung beider personenungebundenen Kriterien ausrichtet, trägt zur Erhöhung des Informationsgehaltes von Werbebotschaften bei. Das gilt auch dann, wenn alle Unternehmen auf die Verbreitung von Informationen über die Eigenschaften einer Ware in der Werbung verzichten; denn keine Informationen zu haben ist immer noch mehr als nur einseitige Informationen zu haben![21] Außerdem wird der Verbraucher in seinem Kaufentscheidungsprozeß diesem Tatbestand Rechnung tragen, d.h. er wird andere Informationsquellen suchen, etwa Warentestberichte, was indirekt nur zur Erhöhung seiner Markttransparenz führen kann. Der Fall, daß die Werbung keine Informationen über die Eigenschaften einer Ware verbreitet, wird aber aus folgenden Gründen nicht eintreten. (a) Die Unternehmen können nicht damit einverstanden sein, daß sich der Einfluß jener Instrumente der Marktinformationen erhöhen wird, die nicht von ihnen beherrscht werden. Da eine Substitution der Werbung durch andere Marktinformationsinstrumente der Unternehmen nicht vollständig möglich ist, weil diese Instrumente in der Regel erst am Verkaufsort wirksam werden, sind die einzelnen Unternehmen gezwungen, durch entsprechende Warengestaltung die Voraussetzung für eine für sie vorteilhafte Verbreitung vollständiger Informationen in der Werbung zu schaffen. (b) Dieser Trend, über die Änderung der Waren Voraussetzungen für die Verbreitung vollständiger Informationen zu schaffen, wird dadurch unterstützt, daß diejenigen Unternehmen, deren Waren einwandfrei sind, von diesem Marktvorteil in der Werbung von vornherein Gebrauch machen werden.

3. Wenn bisher von fehlenden, irreführenden bzw. falschen Informationen über die Eigenschaften einer Ware gesprochen wurde, so sind hiermit nur die *objektiv quantifizierbaren Eigenschaften* gemeint. Zu den objektiv quantifizierbaren Eigenschaften zählen insbesondere jene Eigenschaftsmerkmale, die bei der Bewertung von Waren in vergleichenden Warentests berücksichtigt werden, wie etwa Funktionstüchtigkeit, Sicherheit, Haltbarkeit, Bedienbarkeit, Einhaltung gesetzlicher Vorschriften und gegebenenfalls Reparaturmöglichkeiten, Kundendienst, Umweltfreundlichkeit, Wiederverkaufswert.[22] Sie bestimmen im wesentlichen den Grad der Eignung einer Ware für ihren Verwendungszweck (Gebrauchstauglichkeit) und sind in der Regel unabhängig von einer einzelnen Person meßbar. Die *subjektiv quantifizierbaren* oder die *nicht quantifizierbaren Eigenschaften,* wie Form, Farbe, Geschmack, Duft, Klang, aber auch Größe, Gewicht, bzw. die Vielzahl imaginärer Eigenschaftsmerkmale, sollen nicht in die personengebundenen bzw. - ungebundenen Kriterien zur Bestimmung des Informationsgehalts eingehen.[23] Dies geschieht nicht zuletzt deshalb, weil die Bestimmung des Gehaltes solcher Informationen wegen ihrer Subjektivität und mangelnden Quantifizierbarkeit äußerst problematisch ist. Wollte man trotzdem ihre Regelung anstreben, so hieße es, die Gesellschaft auf bestimmte sonst

nur für einzelne gesellschaftliche Gruppen gültige Wertvorstellungen (Normen) festzulegen, was einer *Konsumlenkung* entspräche. Das heißt aber nicht, daß zur Einhaltung z.B. bestimmter ethischer, ästhetischer bzw. moralischer Werte eine fallweise Regelung möglich sein kann.

Zur Problematik der Erhöhung des Informationsgehalts von Werbebotschaften

1. Die Informationsverarbeitungskapazität des Verbrauchers ist begrenzt. Auf der einen Seite benötigt der Verbraucher mehr Informationen, um die Waren entsprechend ihren Leistungen bewerten zu können, auf der anderen Seite ist er schon derzeit nicht imstande, sich alle vorhandenen marktrelevanten Informationen zu beschaffen, sie zur Kenntnis zu nehmen und aus dieser Kenntnis Folgerungen für die zu treffenden Kaufentscheidungen zu ziehen. Bei einer Ausrichtung der Werbekontrolle an den personenungebundenen Kriterien wird sich wohl – trotz Verminderung der Zahl irreführender und falscher Informationen – insgesamt die Zahl aller Informationen über die Eigenschaften von Waren erhöhen, es ist aber nicht anzunehmen, daß sich dadurch die Informationsverarbeitungskapazität der Verbraucher automatisch ausweitet. Wird die derzeitige Form der Präsentation von Informationen in Werbebotschaften beibehalten, ist sogar zu vermuten, daß sich für eine Vielzahl von Verbrauchern das Ergebnis der einzelnen Kaufentscheidungsprozesse trotz der Vergrößerung der Anzahl von Informationen verschlechtert; denn die Art der bisher betriebenen Werbung liefert durch die in ihr enthaltenen irreführenden Informationen dem Verbraucher *Verhaltensanweisungen* (Heuristiken), die den Ablauf seines Kaufentscheidungsprozesses beeinflussen. Werden den Verbrauchern nun diese Verhaltensanweisungen genommen und keine neuen geliefert, so birgt die Einführung der Verbreitung vollständiger Informationen in der Werbung, da sie bestimmt auch Informationen über schlechte Eigenschaften einer Ware enthält, die Gefahr in sich, daß der Verbraucher entscheidungsunsicher wird. Die Konsequenz ist, daß er eine x-beliebige Ware kauft – da ja alle Waren irgendwelche Mängel haben – bzw. daß er subjektive bzw. imaginäre Eigenschaftsmerkmale zum dominierenden Entscheidungskriterium seiner Kaufentscheidung werden läßt. Das aber sollte gerade durch die Verwirklichung des Rechts auf Schutz vor fehlenden Informationen verhindert werden.

Das Recht auf Information darf daher nicht nur den Schutz vor einseitigen Informationen beinhalten, sondern es muß auch sicherstellen, daß der Verbraucher die verbreiteten Informationen verarbeiten kann *(Recht auf verarbeitungsfreundliche Informationen).* Bei einer Kontrolle der Werbung ist das zu berücksichtigen. In der Standardisierung von Informationen bzw. der Einbettung von Verhaltensregeln in die einzelne Werbebotschaft ist eine Lösungsmöglichkeit zu sehen.

2. Der Erfolg der Maßnahmen zur Erhöhung der Verarbeitungsfreundlichkeit von Informationen wird gegebenenfalls nur langfristig erreichbar sein. Er setzt die Änderung des Entscheidungsverhaltens der Verbraucher voraus, was mit Hilfe der Werbung allein nicht gelingen kann. Eine Koordination der Konsumwarenwerbung mit der Verbraucherbildung und -information ist unausweichlich. Das heißt aber nicht, daß gewisse Teilerfolge auch kurzfristig erzielbar sind. Es handelt sich hierbei weniger um *Primärerfolge,* d.h. Erfolge die direkt angestrebt werden, und zwar hier über die Erhöhung der Markttransparenz der Verbraucher eine Verbesserung des Warenangebots in der Marktwirtschaft zu erreichen, sondern um *Sekundärerfolge.* Die Sekundärerfolge liegen darin begründet, daß die Unternehmen erstens nicht das Risiko eingehen wollen, daß die Verbraucher entgegen aller Vermutung doch die vollständigen Informationen über die Eigenschaften von Waren verarbeiten können, was sie dazu verleitet, ihre Waren zu verbessern, und zweitens die schlechteren Eigenschaften ihrer Waren gegenüber konkurrierenden Waren nicht offen eingestehen wollen, was ebenfalls dazu führt, daß die Qualität der Waren verbessert wird.[24]

Die Wirkung dieser Sekundärerfolge ist nicht zu unterschätzen. Sekundärerfolge tragen ebenso wie Primärerfolge zum Schutz der Verbraucher und zur Erhöhung der Funktionsfähigkeit des Wettbewerbs bei, und sollten daher bei der Herausarbeitung von Maßnahmen zum Abbau einseitiger Informationen in der Konsumwarenwerbung nicht unberücksichtigt bleiben. Eignen sie sich doch gerade dafür, um die Wirksamkeit dieser Maßnahmen für den kurz- und mittelfristigen Zeitraum zu verbessern.

Zur Problematik des Schadens einseitiger Werbung

1. Der Schaden einseitiger Werbung kommt im wesentlichen darin zum Ausdruck, daß der Verbraucher nicht die Ware kauft, die seinen Präfe-

renzen entsprechen. Auf die einzelne Ware bezogen kann das heißen, der Verbraucher entscheidet sich 1. bei qualitativ gleichwertigen Waren für die teuere Ware, 2. bei Waren mit gleichem Preis für die qualitativ schlechtere Ware, 3. bei Waren mit unterschiedlichen Qualitäten und Preisen, für die Ware mit hohem Preis und hoher Qualität, obwohl die mit niedrigerem Preis und niedrigerer Qualität den Anforderungen des Verbrauchers genügen. Die Folge ist ein Kaufkraftverlust, der bei der Vielzahl von Kaufentscheidungen, die ein Verbraucher im Laufe einer Planungsperiode trifft, den inflationsbedingten Kaufkraftverlust erheblich übersteigen kann. Z.B. konnten auf der Grundlage von 52 aus 121 Warentestergebnissen, die die Stiftung Warentest 1973/74 veröffentlichte, bei einem Vergleich der billigsten Waren mit dem Testergebnis "sehr gut" bzw. "gut" und der teuersten Ware Preisunterschiede (maximal möglicher Kaufkraftverlust!) bis zu 1530% festgestellt werden. Im Durchschnitt betrug der Preisunterschied 155%.[25]

An diesem Kaufkraftverlust partizipieren nahezu alle Unternehmen. Die meisten von ihnen achten wohl darauf, daß dieser Verlust im vertretbaren Rahmen bleibt, damit er den Verbrauchern nicht zu offensichtlich wird, andernfalls würde der Wiederholungskauf derselben Marke in Frage stehen. Innerhalb dieses Rahmens kann sich ein Unternehmen jedoch relativ frei bewegen, da dem Verbraucher wegen mangelnder Erfahrung mit den anderen konkurrierenden Waren meist jede Vergleichsmöglichkeit fehlt. Die Werbung der konkurrierenden Unternehmen ändert nur wenig daran. Es ist falsch anzunehmen, daß die Summe aller Werbebotschaften aller Unternehmen eines Marktes vollständige Informationen über alle Waren dieses Marktes liefern. Solange die einzelne Werbebotschaft nur einige Vorteile über einzelne Waren verbreitet, kann höchst unvollkommen etwas über die Nachteile aller Waren dieses Marktes in Erfahrung gebracht werden.

2. Um den Verbraucher vor Schaden durch die Werbung zu schützen, könnte man statt einer Verschärfung der Werbekontrolle eine Verstärkung der Verbraucherbildung anstreben. Aufgabe der Verbraucherbildung wäre es dann, den Verbraucher insbesondere gegenüber den Werbeaussagen mißtrauisch zu machen. Es handelt sich hierbei um ein Mißtrauen, das durch folgende Verhaltensregel zum Ausdruck gebracht werden kann:[26] "Glaube einer Werbebotschaft stets nur, daß das Werbeobjekt bestimmte Bedürfnisse befriedigen kann, nicht aber, wie gut es sie befriedigen kann!" Eine derartige Verhaltensregel kann zu einer "Meinungsresistenz gegenüber werblicher Beeinflussung bzw. zu einem

Bumerangeffekt der Werbung (Werbewirkung entgegen der Beeinflussungsabsicht)"[27] führen. Ihre Verbreitung sollte aber das letzte Mittel der Verbraucherpolitik zum Schutze der Verbraucher gegenüber den Unternehmen sein. Sie würde die Kluft zwischen Anbietern und Nachfragern auf den Konsumwarenmärkten noch weiter vergrößern und dem Wesen der Marktwirtschaft als ein System zur Erreichung einer sinnvollen Gesellschaftsordnung entgegenstehen.

Mögliche Maßnahmen zum Abbau einseitiger Informationen

1. Einseitige Informationen in Werbebotschaften lassen sich nicht von selbst abbauen. Durch Kritik an der Werbung können wohl bei einigen Unternehmen gewisse Teilerfolge hinsichtlich ihres Werbeverhaltens erzielt werden, steigender Wettbewerbsdruck zwingt sie letztlich aber wieder dazu, den ihnen zur Verfügung stehenden Handlungsspielraum auch in der Werbung voll zu ihren Gunsten auszunutzen. Zum Abbau einseitiger Informationen in der Konsumwarenwerbung sind daher Maßnahmen erforderlich, die direkt oder indirekt den Handlungsspielraum der werbungstreibenden Unternehmen einschränken. Ziel der Maßnahmen sollte es sein, zur Verminderung des Anteils irreführender, falscher bzw. fehlender Informationen in Werbebotschaften beizutragen. Bei den Gestaltungen der Maßnahmen sollen die personenungebundenen Kriterien Anwendung finden.

2. Die Maßnahmen wirken nicht allein als solche. Ihre Effizienz ist abhängig von der Effizienz des jeweiligen Kontrollorgans, das die Durchführung dieser Maßnahmen überwacht. Das Kontrollorgan kann dabei weniger stark institutionalisiert sein, etwa über die Klagebefugnis einzelner betroffener bzw. auch nicht betroffener Wirtschaftssubjekte bzw. Verbände.[28] Die Effizienz einer solchen Form der Kontrolle wird wesentlich durch die finanzielle Situation der klagenden Wirtschaftssubjekte, aber auch durch das Beziehungsverhältnis der Wirtschaftssubjekte untereinander – zu denken ist hier an Geschäftsbrauch, -moral – bestimmt. Hierin liegt auch der Grund, warum in der BRD der Anteil einseitiger Werbebotschaften relativ hoch ist.[29] Die Verbraucherverbände, die neben den Unternehmen und deren Verbänden Klagebefugnis haben, sind meist aus finanziellen Gründen nicht in der Lage, alle einseitigen Werbebotschaften zu erfassen, entsprechende Unterlassungsklagen einzuleiten und notfalls im Falle der Abweisung der Klage Schadensersatz-

ansprüche zu begleichen.[30] Die Unternehmen dagegen erfüllen nicht die in sie gesetzte Erwartung als Wächter über die Geschäftsgebahren ihrer Konkurrenten.[30]

Eine stärkere Institutionalisierung des Kontrollorgans liegt vor, wenn es direkt von Verbänden (z.B. Unternehmerverbände, etwa in der Form der Werbeselbstkontrolle des "Deutschen Werberates"), vom Staat (z.B. Verbraucherombudsmann in Schweden,[31] Federal Trade Commission in den USA[32]) oder von allen dreien getragen wird. Jenes Kontrollorgan arbeitet am effizientesten, das auf dem schnellsten Weg jede einseitige Information in Werbebotschaften aufgreifen und durch Unterlassungsklage bzw. Androhung bzw. gegebenenfalls Vollzug von Sanktionen ihr (weiteres) Erscheinen verhindern kann, ohne daß hierdurch die Verbreitung nicht-einseitiger Informationen beeinträchtigt wird.

Die Werbekontrolle kann vor Verbreitung einer Werbebotschaft *(Vorzensur)* oder nach Verbreitung einer Werbebotschaft *(Nachzensur)* erfolgen. Vieles spricht für eine Vorzensur, da sie den schnellsten und sichersten Weg zur Verhinderung einseitiger Informationen in Werbebotschaften darstellt. Der bei der Überprüfung einer jeden Werbebotschaft anfallende Kosten- und insbesondere Zeitaufwand kann jedoch beträchtlich sein. Eine Verzögerung der Verbreitung von Werbebotschaften und letztlich die Behinderung des Wettbewerbs ist nicht auszuschließen. Innerhalb einer Volkswirtschaft marktwirtschaftlichen Systems kommt daher zunächst nur eine Nachzensur in Frage, sofern die Unternehmen nicht freiwillig etwa auf dem Wege der Selbstkontrolle einer Vorzensur zustimmen.

3. Die Maßnahmen zum Abbau einseitiger Informationen unterscheiden sich, je nachdem ob *verhaltensbestimmend* oder *verhaltenskorrigierend* wirken. Zu den verhaltensbestimmenden Maßnahmen zählen alle Verhaltensregeln, wie *Verbotsregeln, Gebotsregeln* (z.B. Standardisierung von Informationen; Mindestinformationen (Qualitätskennzeichnung, -urteil) und *Verhaltensanweisungen* (z.B. Beweispflicht von Werbebehauptungen, Branchenwerbung, vergleichende Werbung). Zu den verhaltenskorrigierenden Maßnahmen zählen *korrigierende Werbung* und *Gegenwerbung*. Die verhaltensbestimmenden Maßnahmen sollen in erster Linie der Verbreitung einseitiger Informationen vorbeugen. Die vorbeugende Wirkung ist für die Gebotsregeln und die Branchenwerbung am größten. Die verhaltenskorrigierenden Maßnahmen haben die Wiederherstellung des ursprünglichen Zustandes, der vor Verbreitung einseitiger Informationen bestand, zum Ziel. Da sie die

Glaubwürdigkeit eines Unternehmens oder einer Branche gegenüber den Nachfragern in Frage stellen können bzw. Kosten bei den einzelnen Unternehmen verursachen können, haben sie auch einen vorbeugenden Effekt. Grundlage für die Nachzensur bilden die Verbotsregeln, Gebotsregeln und die Beweispflicht von Werbebehauptungen, während der Einsatz der verhaltenskorrigierenden Maßnahmen vom Ergebnis der Nachzensur abhängt. Um der Nachzensur mehr Rückhalt zu verschaffen, kann zusätzlich neben verhaltenskorrigierenden Maßnahmen z.B. die Androhung von Strafe (Geldbuße, befristetes Werbeverbot, Anprangerung, Haft u.a.), Schadenersatz oder das in Aussicht stellen der Nichtigkeit der auf einseitige Werbebotschaften beruhenden Kaufverträge vorgesehen werden. Zu Verminderung des Anteils irreführender und falscher Informationen tragen die Verbotsregeln und im wesentlichen die Verhaltensanweisungen bei. Die Gebotsregeln und die verhaltenskorrigierenden Maßnahmen führen dagegen in erster Linie zum Abbau fehlender Informationen (vgl. hierzu die Abbildung auf der nächsten Seite).[33]

Im folgenden soll mit der Darstellung der Verbotsregeln und Verhaltensanweisungen begonnen werden.

4. *Verbotsregeln* können das Verbot *allgemeiner* bzw. *spezieller* (Verhaltens-) *Tatbestände* erfassen. Zu den allgemeinen Tatbeständen zählt neben § 1 UWG und Teile von § 3 UWG z.B. Artikel 4 (1) oder Verhaltensregeln der Internationalen Handelskammer (ICC) für die Werbepraxis: "Die Werbung soll in Text und Bild nichts enthalten, was unmittelbar oder durch Andeutung, Weglassung, Doppeldeutigkeiten oder übertriebene Tatsachenbehauptungen geeignet ist, den Verbraucher irrezuführen." Sie sollen den allgemeinen Rahmen möglicher Varianten des Aussagegehalts einzelner Werbebotschaften abstecken und eignen sich insbesondere zur Erfassung neuer Formen irreführender bzw. falscher Informationen *(Generalklausel)*.

Die speziellen Tatbestände erfassen die bislang bekannten (typischen) Varianten irreführender bzw. falscher Informationen *(Spezialnormen)*. Sie können sich auf alle Waren bzw. auf bestimmte Warengruppen oder -arten beziehen. Beispiele für einen speziellen Tatbestand, der für die Gestaltung aller Werbebotschaften gültig ist, gleichgültig ob für Waren oder Dienstleistungen geworben wird, liefern die Artikel 4-10 der ICC-Verhaltensregel. Artikel 4 (2) lautet wie folgt: "Die Werbung soll Forschungsergebnisse oder Zitate aus dem fachlichen und wissenschaftlichen Schrifttum nicht mißbrauchen. Statistiken sollen nicht so dargestellt werden, als wenn sie größeren Aussagewert als vorhanden besäßen.

Merkmale / Maßnahmen	verhaltens-bestimmende Maßnahmen	verhaltens-korrigierende Maßnahmen	Abbau folgender Informationen: irre-führende	falsche	fehlende	Wirkungsrichtung: Vorbeu-gung	Wiederher-stellung	Bestrafung	Nachzensur
Verbotsregeln	+		+	+		+			*
Gebotsregeln: Standardisierung	+		+		+	++			*
Qualitätskenn-zeichnung	+	o	o		++	++	o	o	*
Qualitätsurteil	+			++	++	++			*
Verhaltens-anweisungen: Beweispflicht	+		+	+		+			*
Branchenwerbung	+		+	+		++			*
vergleichende Werbung	+		-		-/+				
korrigierende Werbung		+	o	o	+	o	++	+	++
Gegenwerbung		+	o	o	++	o	+	o	+

\+ = trifft zu
++ = trifft besonders stark zu
\- = kann entgegengesetzt wirken
o = trifft u.U. zu
* = wirkt grundlegend

Charakterisierung möglicher Maßnahmen, die zum Abbau einseitiger Informationen in der Konsumwarenwerbung beitragen können.

Wissenschaftliche Fachausdrücke sollen nicht mißbraucht werden; wissenschaftliche Ausdrucksweisen und scheinwissenschaftliche Begriffe sollen nicht für den Zweck verwendet werden, Tatsachenbehauptungen einen wissenschaftlichen Charakter zu geben, den sie nicht besitzen." ...

Die Verbotsregeln sollen den Unternehmen als Verhaltensregeln dienen. Sie müssen daher jeweils auf dem neuesten Stand gehalten werden. Neu auftretende Varianten irreführender bzw. falscher Informationen sind möglichst bald in die speziellen bzw. allgemeinen Tatbestände aufzunehmen. Die Tatbestände sind so auszuweiten, daß eine versehentliche Verbreitung irreführender bzw. falscher Informationen von vornherein ausgeschlossen ist. Folgende Tatbestände kommen hier z.B. noch in Frage: (a) Informationen verbreiten Behauptungen, die das betreffende Unternehmen selbst noch nicht bewiesen hat bzw. die nicht beweisbar sind! (b) Informationen verbreiten nicht objektiv überprüfbare aber glaubhafte Übertreibungen! (c) Informationen enthalten Versprechungen, die nicht eingehalten werden können![34] Die Wirksamkeit der Verbotsregeln hängt von den verschiedensten Faktoren ab, wie Geschäftsbrauch, Wettbewerbsdruck, Sanktionsmöglichkeiten. Sie wird aber auch dadurch beinflußt, wie eindeutig die Verbotsregeln formuliert sind (Problem der Tatbestandsbestimmtheit). Da allgemeine Tatbestände immer Gegenstand unterschiedlicher Auslegung sein können, ist zu versuchen, sie durch spezielle Tatbestände – beispielhaft – zu ergänzen. Das kann wesentlich die Einhaltung und Überwachung der Verbotsregeln erleichtern.[35] Die Auslegung allgemeiner Tatbestände durch die Rechtssprechung und deren Kommentierung, die allein für die §§ 1 und 3 UWG über hunderte von Seiten geht,[36] vereinfacht lediglich die Überwachung bzw. die etwaige Verteidigung desjenigen, der gegen diese Tatbestände verstoßen haben soll, nicht jedoch ihre Einhaltung bei der laufenden Verbreitung von Werbebotschaften.

5. Die Einführung der *Beweispflicht (Substantiierung) bestimmter Behauptungen,* z.B. über die Leistungen – insbesondere die Eigenschaften von Waren –, für dasjenige Unternehmen, das diese Behauptung mit Hilfe der Werbung verbreitet, stellt die Umkehr der Beweislast dar. Sie ist im Prinzip in den ICC-Verhaltensregeln enthalten, und zwar in Artikel 17: "Beschreibungen, Tatsachenbehauptungen oder Abbildungen müssen erläutert werden können. Werbungtreibende sollen in der Lage sein, unverzüglich ... hierfür Beweis anzutreten." Die Beweispflicht[37] erschwert die Verbreitung unbewiesener Behauptungen – nimmt somit vorbeugenden Charakter an – und erleichtert die Nachzensur von Werbe-

botschaften. Sie stellt eine Verhaltensanweisung dar, weil sie von jedem Unternehmen verlangt, nur jene Behauptungen über Werbebotschaften zu verbreiten, die es – etwa über wissenschaftlich fundierte Tests – bewiesen hat. Die Beweispflicht kann folgenden Umfang annehmen: (a) Nur im Fall einer Klage bzw. Anforderung muß die betroffene Werbebehauptung bewiesen werden,[38] oder (b) alle Werbebehauptungen bzw. nur jene, die sich auf Waren beziehen, welche für die Wirtschaftssubjekte (gegebenenfalls nur Verbraucher) besonders wichtig sind, müssen bewiesen werden und der Beweis innerhalb einer bestimmten Frist nach Veröffentlichung der entsprechenden Werbebotschaft beim Kontrollorgan eingereicht werden.[39]

Die Beweispflicht kann zu keinem vollständigen Abbau irreführender und falscher Behauptungen führen, da die Überprüfung der Beweise erst nach Veröffentlichung einer Werbebotschaft beginnen kann, die jeweilige Überprüfung Zeit in Anspruch nimmt, der einzelne Beweis nicht sofort überprüfbar ist, bzw. die Erbringung eines Gegenbeweises nicht immer (sofort) möglich ist.

6. Der *Branchenwerbung* liegt die Abstimmung der Werbebotschaften, die von den Unternehmen einer Branche verbreitet werden zugrunde, wobei die Abstimmung von den Unternehmen der Branche selbst während der Entstehungsphase der einzelnen Werbebotschaft vorgenommen wird.[40] Unter einer Branche soll die Einheit jener Unternehmen verstanden werden, die gegeneinander substituierbare Waren produzieren bzw. verkaufen. Das Kriterium der Substitutionalität von Waren kann hierbei eng oder weit ausgelegt werden, je nachdem ob eine kleinere oder größere Anzahl von Unternehmen erfaßt werden soll. Da alle Unternehmen einer Branche an der Entstehung und Verbreitung einer Werbebotschaft beteiligt sind, ist zu vermuten, daß die Verbreitung gerade jener Vielzahl irreführender und falscher Informationen, die typisch für die Einzelwerbung sind, verhindert wird; denn die Unternehmen überwachen gegenseitig den Aussagegehalt ihrer Werbebotschaften. Die einzelnen Unternehmen werden es nicht zulassen, daß andere Unternehmen aufgrund von irreführenden bzw. falschen Informationen Marktvorteile auf ihre Kosten erlangen. Aus der Kooperation in der Werbung erwächst somit automatisch eine Kontrolle der Werbung. Je größer der Anteil der Branchenwerbung an der gesamten Werbung wird, desto geringer muß zwangsläufig der Anteil irreführender bzw. falscher Informationen werden. Insofern kann die Ausweitung der Branchenwerbung als eine Maß-

nahme der Werbekontrolle – insbesondere der Werbeselbstkontrolle – angesehen werden.

Branchenwerbung ist immer als Werbung unter der Aufsicht aller Unternehmen der gleichen Branche zu verstehen. Sie kann (a) für alle Unternehmen dieser Branche *(Branchenwerbung i.e.S.)*, (b) für eine Auswahl von Unternehmen dieser Branche *(Gruppenwerbung)* bzw. (c) für ein einziges Unternehmen *(kooperative Einzelwerbung)* durchgeführt werden. Die Branchenwerbung als automatisch wirkendes Instrument der Werbeselbstkontrolle hat insbesondere folgende Vorteile: (a) die Kontrolle kann mit dem größtmöglichen Sachverstand durchgeführt werden; (b) der Zwang zur Kooperation in der Werbung setzt die bei den Unternehmen latent vorhandene jedoch durch Wettbewerbsdruck gestörte Bereitschaft zur "Lauterkeit" in der Werbung frei; und (c) die Kontrolle des Aussagegehaltes der Werbebotschaften findet simultan bei der Bestimmung des Aussagegehaltes statt (freiwillige Vorzensur).

Die Branchenwerbung stellt nur einen Beitrag zur Verminderung irreführender bzw. falscher Informationen dar. Ob es ihr gelingt, diese Funktion zu erfüllen, hängt davon ab, inwieweit die Unternehmen der Branche die Möglichkeit zur Kontrolle der Werbung auch tatsächlich nutzen.

7. Aufgabe der *vergleichenden Werbung* ist es, (a) Informationen über einen vollständigen Vergleich zwischen den einzelnen objektiven Eigenschaften aller gegeneinander substituierbaren Waren zu verbreiten, (b) zum Abbau irreführender und fehlender Informationen über die Eigenschaften einzelner Waren beizutragen, in der Annahme, daß nur diejenigen Unternehmen vergleichende Werbung betreiben, deren Waren am besten in einem solchen Vergleich abschneiden, und (c) den Verbrauchern die Zusammenstellung eines eigenen Vergleichs zu ersparen. Diese Aufgabe kann nicht immer erfüllt werden, da auch diejenigen Unternehmen vergleichende Werbung betreiben, deren Waren in einem objektiven Vergleich nicht am besten abschneiden würden. Um das aber durch die vergleichende Werbung nicht offenlegen zu müssen, werden von den Unternehmen folgende nachteilige Abwandlungen vorgenommen:[41] (a) der Vergleich erfaßt nicht alle gegeneinander substituierbaren Waren, (b) der Vergleich erfaßt auch Waren, die nicht vollständig gegeneinander substituierbar sind, (c) in dem Vergleich werden nicht alle objektiven Eigenschaften berücksichtigt, (d) die Eigenschaften werden im Vergleich nicht vollständig – d.h. über ihre gesamte Leistungsspanne – dargelegt, (e) in den Vergleich gehen auch subjektive und imaginäre

Eigenschaften ein. Für den Verbraucher kann daher die vergleichende Werbung die Quelle einer Vielzahl neuer irreführender, fehlender und gegebenenfalls auch falscher Informationen sein. Solange das nicht verhindert werden kann, sollte die vergleichende Werbung bis auf einige Ausnahmen (z.B. Abwehr-, Aufklärung-, System-, Fortschrittsvergleich)[42] nicht als Maßnahme zum Abbau einseitiger Informationen in Werbebotschaften angesehen werden.

8. Einseitige Informationen in Werbebotschaften können für einen längeren Zeitraum den Kaufentscheidungsprozeß beeinflussen, und zwar auch dann noch, wenn die entsprechenden Werbebotschaften nicht mehr verbreitet werden. Es bietet sich daher an, nachträglich eine Korrektur der irreführenden bzw. falschen Informationen vornehmen zu lassen, etwa derart, daß über einen bestimmten *Zeitraum*, in einem bestimmten *Umfang*, in vorher ausgesuchten *Medien* von dem betreffenden Unternehmen, das die einseitigen Informationen mit Hilfe der Werbung verbreitet hat, eine Richtigstellung in Form einer Werbebotschaft vorgenommen werden muß *(korrigierende Werbung)*. Der *Inhalt* der korrigierenden Werbebotschaft kann vollständig bzw. nur bezüglich bestimmter Kernpunkte vorgeschrieben sein. Neben (a) der nachträglichen Korrektur derjenigen Käuferpräferenzen, die durch die einseitige Werbebotschaft beeinflußt wurden, hat die korrigierende Werbung zum Ziel, (b) den Zustand des Wettbewerbs zurückzuerlangen, der vor Verbreitung der einseitigen Werbebotschaft bestand, (c) den Gewinn derjenigen Unternehmen um etwa den Betrag zu vermindern, den sie durch die Verbreitung einseitiger Werbebotschaften erzielt haben, und (d) die Unternehmen vor der Verbreitung einseitiger Werbebotschaften abzuschrecken, und zwar einmal über die mögliche Verschlechterung des Images (was aus (a) resultieren kann) und zum anderen über die Kosten einer möglichen korrigierenden Werbung, die die betreffenden Unternehmen selbst tragen müssen.[43]

Die korrigierende Werbung findet seit 1970 in den USA Anwendung. Ihre Wirksamkeit ist wegen mangelnder Erfahrung noch nicht vollständig erforscht.[44] Sie hängt wesentlich davon ab, ob die korrigierende Werbebotschaft auch von denen gelesen wird, die die zu korrigierende Werbung gelesen haben, und ob die hierbei anfallenden Kosten zur Korrektur einseitiger Informationen vertretbar sind.[45]

9. *Gegenwerbung* soll den Verbraucher vor der Beeinflussung durch einseitige Marktinformationen schützen. Durch die Verbreitung von Informationen versucht sie die Präferenzbildung bzw. den Kaufentschei-

dungsprozeß der Verbraucher zu deren eigenem Vorteil zu korrigieren.[46] Gegenwerbung stellt demnach eine Art korrigierender Werbung dar. Sie unterscheidet sich jedoch in folgenden Punkten von ihr: 1. Gegenwerbung wird nicht von denen verbreitet bzw. finanziert, die die zu korrigierenden einseitigen Marktinformationen verbreitet haben; 2. sie braucht sich nicht auf eine einzelne Warenmarke, sondern kann sich auf die Vielzahl konkurrierender Warenmarken eines Marktes bzw. auf Tatbestände, die mehrere Märkte betreffen, beziehen; 3. sie versucht grundsätzlich einseitige Eindrücke über einzelne Marktleistungen zu korrigieren; 4. die einseitigen Eindrücke können, aber brauchen nicht durch einseitige Werbung hervorgerufen worden sein.

Die Problematik der Gegenwerbung liegt darin, die Aufmerksamkeit und das Vertrauen der Verbraucher für die durch die Gegenwerbung verbreiteten Informationen zu gewinnen. Gelingt ihr das, kann sie zum Abbau einseitiger Informationen beitragen. Eine Korrektur aller einseitigen Eindrücke, die allein durch die Konsumwarenwerbung laufend verbreitet werden, durch die Gegenwerbung ist nicht vorstellbar, beläuft sich doch der Etat der Konsumwarenwerbung in der BRD auf mindestens 6,4 Mrd. DM jährlich.[47] Gegenwerbung muß sich daher auf die Korrektur einzelner – für den Verbraucher besonders problematischer – einseitiger Eindrücke beschränken.[48]

10. Korrigierende Werbung und Gegenwerbung stellen Maßnahmen der Nachzensur dar. Sie liefern fehlende Informationen und tragen somit zur nachträglichen Ergänzung des Aussagegehaltes von Werbebotschaften bei. Wegen der zeitlich bedingten Verzögerung der von diesen beiden Maßnahmen angestrebten Korrekturwirkung, wegen der allen Werbebotschaften anhaftenden Ungewißheit des Berührungserfolges aber auch wegen der beschränkten Möglichkeit ihrer Verbreitung genügen sie nicht, um einen systematischen Abbau einseitiger Informationen zu erreichen. Es sind daher Maßnahmen zu entwickeln, die direkt den Aussagegehalt einer Werbebotschaft beeinflussen können, etwa in Form von *Gebotsregeln,* die die Verbreitung bestimmter Informationen zur Pflicht machen. Bei ihrer Anwendung sollte jedoch das personenungebundene Kriterium (b) berücksichtigt werden, um die einzelnen Unternehmen davor zu bewahren, sich durch die Verbreitung für sie nachteiliger Informationen selbst anzuschwärzen.

Als grundlegende Gebotsregel ist die Standardisierung (Vereinheitlichung) jener Informationen anzusehen, die etwas über die objektiv quantifizierbaren Eigenschaften einer Ware aussagen. Die Standardisierung kann sich dabei beziehen auf: (a) die Bezeichnung der unterschiedlichen Eigenschaften; (b) die Festlegung des Maßstabes zur Messung dieser Eigenschaften; (c) die Reihenfolge, in der Informationen über die einzelnen Eigenschaften verbreitet werden; und gegebenenfalls (d) die Plazierung dieser Informationen innerhalb einer Werbebotschaft. Eine derartige *Standardisierung von Informationen* kann zum Abbau irreführender und fehlender Informationen führen. Sie ermöglicht erst den Vergleich unterschiedlicher Marktleistungen, da z.B. einer Vielzahl von Informationen der Schein des Besonderen bzw. Einmaligen, der meist nur Informationen über imaginäre Eigenschaften anhaftet, genommen wird.[49] Sie stellt die Grundvoraussetzung für eine effiziente Informationsverarbeitung durch den Verbraucher dar.[50]

11. Die einzelne Gebotsregel kann vorsehen, daß bestimmte *Mindestinformationen* in Zukunft in einzelnen sich als besonders problematisch erwiesenen Werbebotschaften[51] bzw. von Anfang an in jeder Werbebotschaft enthalten sein müssen (Prinzip der positiven Offenlegungspflicht[52]). Die Mindestinformation kann folgendes aufzeigen: (a) allgemeine Nachteile, die der Konsum einer Ware, für die geworben wird, mit sich bringt;[53] (b) bestimmte gesundheitsgefährdende bzw. schadensanfällige Eigenschaften; (c) sämtliche für die Verwendung einer Ware relevanten Eigenschaften. Die Informationen müssen in standardisierter Form an einem für das einzelne Werbemittel gleichen Platz erfolgen.

Mindestinformationen stellen eine Form der *Qualitätskennzeichnung* dar, wie sie etwa bei der informativen Warenkennzeichnung (Ettiketierung) teilweise schon Anwendung findet, z.B. RAL-Testat.[54] Die Problematik der Qualitätskennzeichnung liegt in der Bestimmung ihres Umfanges (Wieviel Informationen sollen aufgenommen werden?), ihres Inhalts (Welche Informationen sollen aufgenommen werden?) und ihrer Form (Wie und wo sollen die Informationen dargeboten werden?).[55] Es besteht die Gefahr, daß die Verbraucher die ihnen zur Verfügung gestellten Informationen nicht vollständig bzw. richtig verarbeiten können, etwa weil die Informationen nicht verständlich sind, nicht gelesen werden oder weil zu viele Informationen vorliegen, die der Verbraucher nicht mehr aufeinander abstimmen kann und die ihn nur in Sicherheit wägen, was zu schlechteren Kaufentscheidungen führen kann.[56] Bevor die Qualitätskennzeichnung in Werbebotschaften aufgenommen wird, sind daher eingehende Untersuchungen zur Lösung dieser Problematiken durchzuführen. Weiterhin ist parallel hierzu eine laufende Schulung der Warenkenntnisse der Verbraucher erforderlich, was nicht allein über die

Verbraucherbildung erreicht werden kann. Gegebenenfalls sollten hier die Unternehmen im Rahmen der Branchenwerbung tätig werden.

Von den derzeit nicht überzeugenden Ergebnissen der informativen Warenkennzeichnung auf die der Qualitätskennzeichnung in Werbebotschaften zu schließen, bietet sich wohl an, es wird dabei jedoch übersehen, daß (a) die Warenkennzeichnung vielfach unbekannt ist, so daß bedeutende Erfolge noch nicht eintreten konnten,[57] daß (b) der Verbraucher erst an dem Ort mit der Warenkennzeichnung konfrontiert wird – nämlich dem Verkaufsort –, wo ihm die wenigste Zeit zur Beachtung der Warenkennzeichnung zur Verfügung steht und daß (c) bei einer eventuellen Verbreitung der Qualitätskennzeichnung in Werbebotschaften eine erhebliche Erhöhung des Bekanntheitsgrades der Waren- und Qualitätskennzeichnung beim Verbraucher die Bereitschaft erhöhen wird, vor dem Kauf verschiedene gegeneinander konkurrierende Waren zu vergleichen, und zwar auf der Grundlage der Informationen, die er aus der Qualitätskennzeichnung gewonnen hat. Auch wenn der Verbraucher nicht sofort jede Information verarbeiten kann, wird er wohl kritischer sein gegenüber (a) anderslautenden Informationen, etwa denjenigen, die Verkäufer verbreiten bzw. die in Prospekten enthalten sind, und (b) solchen Informationen über imaginäre Eigenschaften. Mit Hilfe der Verbraucherbildung kann eine Verstärkung dieses Effektes erzielt werden.

Unüberwindbare organisatorische Schwierigkeiten dürften bei der Einführung der Qualitätskennzeichnung in Werbebotschaften nicht auftreten. Die einzelnen Werbemittel, wie Fernsehen, Radio, Plakate, Anzeigen, weisen jedoch eine unterschiedliche Eignung für die Qualitätskennzeichnung auf. Es ist daher zu prüfen, ob nicht im Falle der fehlenden Eignung eines Werbemittels auf die Verbreitung von Informationen über nur einzelne objektive Eigenschaften grundsätzlich verzichtet werden sollte, da der Informationsgehalt von Werbebotschaften ohne Informationen über diese Eigenschaften in der Regel größer ist als der jener Werbebotschaften, die nur einseitige Informationen über diese Eigenschaften enthalten.

12. Es bleibt fraglich, ob man jemals in der Lage sein wird, allen Verbrauchern die Fähigkeit zur Verarbeitung jener Informationen zu vermitteln, die die Qualitätskennzeichnung verbreitet. Das Hauptproblem, und zwar die Schwierigkeit der Verarbeitung einer Vielzahl von Informationen, kann aber einer Lösung zugänglich gemacht werden, wenn man in der Lage ist, die Zahl der Informationen zu vermindern, ohne daß da-

durch der Aussagegehalt insgesamt wesentlich beeinträchtigt wird, d.h. es ist eine Komprimierung der Mindestinformationen, die in der Qualitätskennzeichnung enthalten sind, zu einer einzigen Information (Aussage) anzustreben. Als solch eine einzige Information, die von allen Verbrauchern verarbeitet werden kann, ist das *Qualitätsurteil vergleichender Warentests,* wie es etwa die Stiftung Warentest in ihren Testberichten vergibt, anzusehen.[58] Bedingung zur Verbreitung von Qualitätsurteilen in Werbebotschaften muß jedoch sein, daß (a) die Qualitätsurteile aufgrund vergleichender Warentests ermittelt werden; (b) die Warentests und die Ermittlung der Warentestergebnisse sowie ihre Zusammenfassung zu einem einzigen Qualitätsurteil wissenschaftlich fundiert sind; (c) die Testbedingungen für alle gegeneinander substituierbaren und technisch ähnlichen Waren gleich sind; (d) sich die Qualitätsurteile nur auf objektive Eigenschaften beziehen; (e) die Qualitätsurteile über eine zweifache Abstufung hinausgehen, d.h. kein blosses "Gütezeichen" darstellen;[59] (f) der Preis nicht in das Qualitätsurteil eingeht, sondern gesondert erfaßt wird; (g) die vollständigen Testunterlagen dem Verbraucher zugänglich sind.

Mit der Kenntnis eines derartigen Qualitätsurteils ist die Voraussetzung einer richtigen Bewertung von Marktleistungen erfüllt. Es hängt nun von dem Verbraucher allein ab, ob er die nicht objektiven Eigenschaften einer Ware auch weiterhin als wesentliches Entscheidungskriterium des Kaufes betrachtet.

Die einzelnen Werbemittel sind gleichermaßen zur Verbreitung von Qualitätsurteilen geeignet. Die Gestaltung einer Werbebotschaft wird nur unwesentlich von der Form des Qualitätsurteils beeinflußt. Jedem Unternehmen bleibt somit die Möglichkeit offen, etwa durch Verbreitung irreführender Informationen die Aufmerksamkeit des Verbrauchers auf seine Ware zu lenken bzw. in Kaufstimmung zu versetzen; denn der Verbraucher ist nun immer imstande, sich sofort mit Hilfe des Qualitätsurteils über die Eignung einer Ware für den Verwendungszweck ein Urteil zu bilden. Die Gebotsregeln vom Qualitätsurteil stellt insofern einen Kompromiß dar, der vom Anspruch her sowohl der Gewerbefreiheit als auch der Konsumfreiheit gerecht wird.

Problematisch ist jedoch die Finanzierung der Warentests, über die sich nur die Qualitätsurteile erzielen lassen. Berücksichtigt man aber, welchen Aufwand das einzelne Unternehmen auf sich nimmt, z.B. um eine Marktlücke für eine neuzugestaltende Ware zu finden, um die Entwicklung dieser Ware voranzutreiben und das notwendige Qualitätsniveau der Ware zu bestimmen sowie langfristig zu sichern, um ihre Marktaufnahme zu testen, um ihre Markteinführung zu betreiben und um eine allzu frühzeitige Marktverdrängung dieser Waren zu verhindern, dann dürfte es eigentlich nicht zu aufwendig sein, in Zusammenarbeit mit den konkurrierenden Unternehmen, mit Verbänden und etwa einer unabhängigen Institution – z.B. der Stiftung Warentest – ein Testprogramm zu entwerfen und die entsprechende Ware gemäß diesem Programm etwa in eigener Regie zu testen. Nicht zuletzt nutzt ein derartig institutionalisiertes Qualitätsurteil jedem einzelnen Unternehmen, da mit dem guten Abschneiden der Ware im Test, eine Hürde mehr zur Überwindung des Absatzrisikos genommen wird, bzw. bei schlechtem Abschneiden der Ware im Test, eindeutige Hinweise für eine Verbesserung der Ware gewonnen werden können. Qualitätsurteile stellen somit einen ersten Beitrag dar, um den Verbraucher – aber auch manches Handelsunternehmen – vor Fehlkäufen und um die Unternehmen vor Fehlproduktionen zu sichern.[60]

13. Die Gebotsregeln liefern den Unternehmern für die Verbreitung von Werbebotschaften eindeutige Formvorschriften, die die Unternehmen nur vorsätzlich umgehen können. Für die Nachzensur geben sie eindeutige Richtlinien, die von der *Form* her leichter zu überwachen sind, als etwa die Einhaltung der Verbotsregeln. Wird die Beweispflicht von Werbebehauptungen beibehalten, läßt sich auch die Kontrolle des Inhalts der Qualitätskennzeichnung, bzw. des Qualitätsurteils relativ schnell durchführen. Die Qualitätskennzeichnung, insbesondere aber das Qualitätsurteil enthalten Informationen über den Zustand der objektiven Eigenschaften einer Ware. Ein Verbraucher, der diese Informationen kennt, ist eher in der Lage, die Bedeutung der übrigen Informationen, die eine Werbebotschaft verbreitet, gleichgültig ob sie nun irreführender Art sind oder sich auf subjektive bzw. imaginäre Eigenschaften beziehen, für seine Kaufentscheidung abzuschätzen.

Die Gebotsregeln tragen somit nicht nur zum Abbau fehlender Informationen bei, sie vermindern auch die Wirkung irreführender und gegebenenfalls falscher Informationen. Sie ermöglichen dem Verbraucher, die Gebrauchstauglichkeit einer Ware zu bestimmen. Der Einfluß subjektiver und imaginärer Eigenschaften auf den Kaufentscheidungsprozeß kann vermindert werden, erstens weil der Verbraucher wieder objektive Eigenschaften bei seiner Problemlösung berücksichtigen kann und zweitens weil die Kenntnis von dem Zustand der objektiven Eigenschaften eine globale Bewertung der subjektiven und imaginären Eigenschaften möglich macht: Das Mehr an subjektiven und imaginären Eigenschaften muß nämlich durch einen höheren Preis und gegebenenfalls durch ein Weniger an objektiven Eigenschaften erkauft werden.

Schlußbemerkungen

1. Über den Einsatz der im vorhergehenden Abschnitt beschriebenen Maßnahmen kann erreicht werden, daß die Konsumwarenwerbung selbst zur Erhöhung der Markttransparenz der Verbraucher und somit zur Erfüllung ihres eigenen Wunsches: "Der aufgeklärte Verbraucher ist der Werbung liebstes Kind"[61] beiträgt. Das stellt wohl eine Funktionsveränderung innerhalb der Konsumwarenwerbung dar, als sie nun nicht mehr nur allein der Ausweitung des "monopolistischen" Bereiches der werbungtreibenden Unternehmen dienen kann. Die "Funktionsfähigkeit" der Werbung wird jedoch dadurch kaum beeinträchtig. Die Unternehmen können – soweit sie entsprechende Marktleistungen erbringen – mit dem Einsatz der Werbung weiterhin eine Erweiterung des Firmenmarktes (bedarfskreative, bedarfsexpansive, bedarfspartizipative Werbung) bzw. eine qualitative oder zeitliche Bedarfsformung (bedarfsformende Werbung)[62] erzielen.

Fehlen jedoch die entsprechenden Marktleistungen, etwa weil der Preis zu hoch oder die Qualität zu gering ist, so ist es dem einzelnen Unternehmen nicht mehr so leicht möglich, allein mit Hilfe der Werbung diese Fakten zu vertuschen oder gar zu kompensieren (bedarfsmanipulative Werbung).

2. Die Maßnahmen tragen unterschiedlich zum Abbau einseitiger Informationen in der Konsumwarenwerbung bei. Sie zeigen deutlich die beschränkte Wirkung von Verbotsregeln auf. Unabhängig davon, ob Verbotsregeln im Rahmen der Fremd- bzw. Selbstkontrolle aufgestellt und deren Einhaltung überwacht werden, eignen sie sich nur teilweise zum Abbau einseitiger Informationen. Das gilt für die Vielzahl der anderen Maßnahmen aber auch. Meist kommen sie nur in Verbindung mit den übrigen Maßnahmen zu ihrer vollen Wirkung.

Die Gebotsregel Standardisierung von Informationen sollte als Grundregel der Informationsverbreitung immer Anwendung finden. Die Qualitätskennzeichnung kann dagegen in der Regel[63] durch ein Qualitätsurteil ersetzt werden. Da es Ziel der Gebotsregeln ist, den Verbraucher mit Hilfe der Werbung über die objektiv quantifizierbaren Eigenschaften zu informieren, ist – solange dieses Ziel erreicht werden kann – der Einsatz der korrigierenden Werbung bzw. der Gegenwerbung nicht erforderlich; denn jeder Verbraucher kann auch ohne diese beiden Formen der Werbung genügend Informationen – gegebenenfalls verarbeitungsgerecht – über die objektiven Eigenschaften einer Ware erhalten. Zur Erleichterung der Inhaltskontrolle von Qualitätskennzeichnung bzw. Qualitätsurteil sollte jedoch die Beweispflicht von Werbebehauptungen vorgeschrieben werden.

Eine Vielzahl von Verbotsregeln zur Verminderung irreführender Werbung entfallen bei Anwendung der Qualitätskennzeichnung bzw. des Qualitätsurteils, da diese Gebotsregeln automatisch durch ihren Informationsgehalt irreführende Informationen korrigieren können. Bislang irreführende Informationen werden in Verbindung mit diesen Gebotsregeln zu Informationen, die nur noch Stimuli für die Einleitung eines Kaufentscheidungsprozesses, jedoch nicht mehr bestimmend für die im Rahmen des Kaufentscheidungsprozesses stattfindende Bewertung der Alternativen sein können. Die Notwendigkeit zum Abbau falscher Informationen bleibt jedoch weiterhin bestehen. Die auf sie ausgerichteten Maßnahmen, wie einige Verbotsregeln und die Beweispflicht von Werbebehauptungen sollten hier Anwendung finden.

Die vergleichende Werbung sollte entweder in Form der Branchenwerbung zulässig sein, oder es müßten für sie die Gebotsregeln ebenso gelten wie für die anderen Varianten der Einzelwerbung. Andernfalls ist die Gefahr der Verbreitung zusätzlicher einseitiger Informationen durch vergleichende Werbebotschaften zu groß. Die Notwendigkeit zur Branchenwerbung entfällt, sofern die Gebotsregeln gelten. Bei einer Anwendung der Gebotsregeln auf die Branchenwerbung kann jedoch eine für den Verbraucher wesentliche Vereinfachung bei der Informationsbeschaffung und -verarbeitung erreicht werden.

3. Ein Verzicht auf die verstärkte Einführung der Branchenwerbung bedeutet jedoch keinen Verzicht auf eine Zusammenarbeit zwischen den Unternehmen einer Branche im Rahmen der Werbekontrolle. Die Entwicklung und die Überwachung der Einhaltung von Gebots- und Verbotsregeln, die Überprüfung des Wahrheitsgehalts von Werbebehauptungen und der Beweisführung zur Stützung dieser Behauptungen, die Entwicklung von Testprogrammen und die Überwachung der Tests macht unter Umständen eine enge Zusammenarbeit zwischen den einzelnen Unternehmen und gegebenenfalls auch mit den Verbrauchern und ihren Verbänden bzw. mit dem Staat erforderlich. Je mehr Funktionen bei der

Werbekontrolle von den einzelnen Marktteilnehmern übernommen werden, desto eher entspricht die Werbekontrolle dem Wesen der Marktwirtschaft. Es muß nur sichergestellt werden, daß sie effizient arbeitet.

4. Ziel der Werbekontrolle ist es letztlich, über die Erhöhung der Markttransparenz den Verbrauchern die Fähigkeit zur richtigen Bewertung der Marktleistungen zu geben. Die Kontrolle kann diese Aufgabe wirksamer erfüllen, wenn sie auf alle Marktinformationsinstrumente ausgedehnt wird und die entsprechenden Maßnahmen aufeinander abgestimmt werden. Aus der Abstimmung der Maßnahmen zur Kontrolle aller Marktinformationen braucht jedoch nicht unbedingt geschlossen zu werden, daß sich die einzelnen Maßnahmen immer in ihrer Wirksamkeit gegenseitig unterstützen müssen. Wichtig ist vielmehr, daß sie sich so ergänzen, daß der von ihnen insgesamt verbreitete Aussagegehalt keine einseitigen Informationen enthält. Das heißt es kann sehr wohl vertretbar sein, daß einzelne Instrumente der Marktinformation weiterhin irreführende Informationen verbreiten, etwa um die Aufmerksamkeit der Verbraucher auf eine bestimmte Ware zu lenken, solange sichergestellt werden kann, daß der Verbraucher von anderen Instrumenten der Marktinformation über das unterschiedliche Niveau der Marktleistungen rechtzeitig aufgeklärt wird. Welches der Marktinformationsinstrumente gegebenenfalls weiterhin einseitige Informationen verbreiten darf und ob es etwa die Konsumwarenwerbung ist, hängt von der Konzeption der Kontrolle aller Marktinformationsinstrumente ab.

5. Die hier erörterten Ausführungen dienten nur dazu, die Möglichkeiten der Konsumwarenwerbung beim Abbau einseitiger Marktinformationen aufzuzeigen. Die Durchführung entsprechender Maßnahmen, etwa wie sie in dieser Arbeit dargestellt wurden – wobei die Einführung von Gebotsregeln oberste Priorität bekommen sollte –, ist prinzipiell möglich. Ob diese Maßnahmen aber bei der Entwicklung eines Konzepts zur Kontrolle aller Marktinformationen Berücksichtigung finden werden, ist nicht gewiß. Bevor also einschneidendere Maßnahmen zur Werbekontrolle geplant werden, sollte daher versucht werden, die Rolle der Werbekontrolle innerhalb der Kontrolle aller Marktinformationen herauszuarbeiten. Das gilt nicht nur für die Fremdkontrolle sondern auch für die Selbstkontrolle der Werbung.

Anmerkungen

1 Vgl. Kroeber-Riel, W., Ideologische Komponenten der entscheidungsorientierten Absatztheorie, in: Marketingentscheidungen, hrsg. von Weinberg, P./Behrens, G./Kaas, K.P., Köln 1974, S. 39.

2 Teilweise findet dieses Recht schon Anwendung. Vgl. hierzu Hippel, E.v., Verbraucherschutz, Tübingen 1974, S. 13f.

3 Hierzu sollen auch Dienstleistungen zählen.

4 Zur Diskussion anderer Maßnahmen vgl. Beier, U., Zur Beschränkung des freien Markteintritts. Diskussion einer verbraucherpolitischen Maßnahme zur Erhöhung der Markttransparenz der Verbraucher, in: Bericht Nr. 74-32 des FB 20/TU-Berlin 1974.

5 Vgl. Meiners, D. (ders., Ordnungspolitische Probleme des Warentests, Berlin 1968, S. 28ff.), der hier von objektiven Hemmnissen im Informationsprozeß spricht.

6 Seit dem über 10-jährigen Bestehen der Stiftung Warentest konnten bis Dezember 1975 erst 543 Warentests durchgeführt werden.

7 Vgl. Woll, A., Zur wettbewerbspolitischen Bedeutung der Markttransparenz, in: Theoretische und institutionelle Grundlagen der Wirtschaftspolitik, Festschrift Th. Wessels, Berlin 1967, S. 206.

8 Vgl. hierzu auch Schenk, H.O., Werbung und Markttransparenz, in: Handbuch der Werbung, hrsg. von K. Chr. Behrens, Wiesbaden 1970, S. 57ff.

9 Vgl. zum folgenden Scherhorn, G./und Mitarbeiter, Probleme der Verbraucherpolitik, Hamburg 1973 (Gutachten im Auftrag der Kommission für wirtschaftlichen und sozialen Wandel), S. 91ff.; Cohen, D., The Concept of Unfairness as It Relates to Advertising Legislation, in: Journal of Marketing, 1974 (38), July, S. 9ff.; Gardner, D.M., Deception in Advertising: A Conceptual Approach, in: Journal of Marketing, 1975 (39), January, S. 42; Jentz, G.A., Federal Regulation of Advertising, in: Consumerism: Search for the Consumer Interest, a.a.O., S. 138ff. Zu den Ergebnissen einer empirischen Untersuchung über den Informationsgehalt von Werbebotschaften vgl. "Formen und Umfang irreführender Werbung in der Bundesrepublik Deutschland und Großbritannien", Forschungsprojekt im Auftrag des Bureau Européen des Unions de Consommateurs (BEUC), Brüssel 1974.

10 Es handelt sich hier um ein Kriterium, an dem sich früher die "Federal Trade Commission" (FTC) ausgerichtet hat. Vgl. hierzu Preston, I.L., Reasonable Consumer or Ignorant Consumer? How the FTC Decides, in: The Journal of Consumer Affairs, 1974 (8), S. 131ff.

11 Es handelt sich hier um ein Kriterium, an dem sich derzeit u.a. die deutsche Rechtssprechung ausrichtet. Vgl. hierzu Baumbach, A./Hefermehl, W., Wettbewerbs- und Warenzeichenrecht, Band I: Wettbewerbsrecht, 11. Aufl., München 1974, S. 222f.

12 Diesem Kriterium nähert sich derzeit die FTC an. Vgl. Preston, I.L., a.a.O.

13 Vgl. hierzu auch "Verbraucher Rundschau", 1975, Heft 4, S. 7.

14 Zu den verschiedenen Ansätzen zur Messung irreführender Werbeeffekte vgl. Gardner, D.M., Deception ..., a.a.O., S. 44 f.

15 Zur Überprüfung der subjektiven Richtigkeit in der deutschen Rechtssprechung – dort als "Verkehrsauffassung" bezeichnet – vgl. Baumbach, A./Hefermehl, W., Wettbewerbs ..., a.a.O., S. 222f., S. 331, S. 760ff.

16 Vgl. hierzu auch Ohlgart, D.C., Wettbewerbsrechtliche Probleme der Werbung, in: Handbuch der Werbung, a.a.O., S. 213.

17 Unter objektiv richtigen Informationen sollen jene Informationen verstanden werden, deren Aussagen mit den tatsächlichen Wareneigenschaften übereinstimmen.

18 Vgl. hierzu auch Ohlgart, D.C., a.a.O., S. 213f.

19 Vgl. Bernitz, U., Der Verbraucherschutz in Schweden – insbesondere die Gesetzgebung gegen unlautere Vertriebsmaßnahmen und unlautere Vertragsbedingungen, in: Zeitschrift für das gesamte Handelsrecht und Wirtschaftsrecht, 1974 (13), S. 352f. u. S. 355f.

20 Nach ständiger deutscher Rechtssprechung sind hierzu die werbungtreibenden Unternehmen nicht verpflichtet. Vgl. Baumbach, A./Hefermehl, W., a.a.O., S. 769, Anm. 47.

21 Vgl. hierzu die Untersuchung "Formen und Umfang ...", a.a.O., S. 54f. Es wurde festgestellt, daß jene Anzeigen, "die nur Produktname und höchstens eine Zeile Text enthalten, fast vollständig in der besten "Qualitätsstufe" vertreten sind."

22 Vgl. Hüttenrauch, R., Probleme um Qualität und Preis beim Warentest, in: Markenartikel, 1973 (35), S. 436.

23 Die einzelnen Eigenschaften werden im folgenden kurz als objektive, subjektive bzw. imaginäre Eigenschaften bezeichnet. Vgl. hierzu Beier, U., Verbraucherpolitik contra Marketing. Zur Analyse der gegensätzlichen Auswirkungen zweier wirtschaftlicher Politiken auf den Marktprozeß, in: Bericht 75-12 des FB 20/TU-Berlin 1975, s. 24ff.

24 Vgl. zum Sekundärerfolg verschiedener verbraucherpolitischer Maßnahmen Lenahan, R.J./Thomas, J.A./Taylor, D.A./Call, C.L./Padberg, D.I., Consumer Reaction to Nutritional Labels on Food Products, in: The Journal of Consumer Affairs, 1973 (7), S. 1ff.

25 Vgl. hierzu Beier, U., Zur Beschränkung ..., a.a.O., S. 28ff. u. S. 10f.

26 Vgl. hierzu Nelson, P., The Economic Value of Advertising, in: Advertising and Society, a.a.O., S. 57.

27 Feigs, J., Die Einflüsse von Verbraucherinformation auf die Werbewirkung – Bericht über eine empirische Untersuchung, Arbeitspapiere des Instituts für Konsum- und Verhaltensforschung an der Universität des Saarlandes, Heft 31, Saarbrücken 1975, S. 56.

28 Vgl. hierzu die Möglichkeiten, die § 13 UWG bietet.

29 Vgl. hierzu "Formen und Umfang irreführender Werbung...", a.a.O., S. 60.

30 Vgl. hierzu Schricker, G., Die Rolle des Zivil-, Straf- und Verwaltungsrechts bei der Bekämpfung unlauteren Wettbewerbs, in: Gewerblicher Rechtsschutz und Urheberrecht, Internationaler Teil, 1973, S. 697.

31 Vgl. hierzu etwa Bernitz, U., Der Verbraucherschutz ..., a.a.O., S. 349ff., Carsten, G., Marktgerichtshof und Verbraucherombudsmann, in: Wirtschaft und Wettbewerb, 1973 (23), S. 667ff.

32 Vgl. hierzu etwa Grimes, W.S., Die Federal Trade Commission. Ihre Rolle als Verwaltungsbehörde bei der Bekämpfung unlauterer Wettbewerbspraktiken in den Vereinigten Staaten von Amerika, in: Gewerblicher Rechtsschutz und Urheberrecht, Internationaler Teil, 1973, S. 643ff.; Wilkes, R.E./Wilcox, J.B., Recent FTC Actions: Implications for the Advertising Strategist, in: Journal of Marketing, 1974 (38), January, S. 55ff.

33 Zu der Vielfalt möglicher Maßnahmen vgl. auch Cohen, D., Remedial Alternatives for Consumer Deception: Prevention, Restitution or Punishment, Vortrag gehalten am 1st Workshop of Consumer Action Research, International Institute of Management, Berlin 1974.

34 Vgl. hierzu etwa Cohen, D., The Concept ..., a.a.O., S. 11ff.; Wilkes, R.E./ Wilcox, J.B., Recent FTC Actions ..., a.a.O., S. 57f.

35 Vgl. hierzu auch "Europäisches Werberecht", ZAW-Stellungnahme zur geplanten EG-Rechtsangleichung, Bonn/Bad Godesberg 1973, S. 21ff.

36 Vgl. etwa Baumbach, A./Hefermehl, W., Wettbewerbsrecht ..., a.a.O., S. 351-993.

37 In der deutschen Rechtssprechung ist in bedingten Fällen eine teilweise Umkehr der Beweislast möglich. Vgl. ebenda, S. 807, Anm. 119.

38 Das entspricht der Rechtspraxis in Schweden. Vgl. Bernitz, U., Der Verbraucherschutz ..., a.a.O., S. 353.

39 Vgl. hierzu die Praxis der FTC. Vgl. Grimes, W.S., Die FTC ..., a.a.O., S.646f.

40 Vgl. zum folgenden Beier, U., Branchenwerbung statt Einzelwerbung. Einige Aspekte einer verbraucherfreundlichen Form der Konsumwarenwerbung, in: Bericht 75-03 des FB 20/TU-Berlin 1975.

41 Zur Problematik des vollständigen Vergleichs vgl. Eichmann, H., Die vergleichende Werbung in Theorie und Praxis, Köln/Berlin/Bonn/München 1967, S. 208ff.

42 Vgl. hierzu ebenda, S. 188ff.

43 Vgl. Dyer, R.F./Kuehl, P.G., The "Corrective Advertising" Remedy of the FTC: An Experimental Evaluation. An Empirical Study of Effectiveness of Corrective Advertising, in: Journal of Marketing, 1974 (38), January, S. 48.

44 Vgl. Wilke, W.L./Gardner, D.M., The Role of Marketing Research in Public Policy Decision Making, in: Journal of Marketing, 1974 (38), January, S. 41f.

45 Vgl. auch Schricker, G., Berichtigende Werbung. Rechtsvergleichende Überlegungen zur Fortbildung des deutschen Wettbewerbsrechts, in: Gewerblicher Rechtsschutz und Urheberrecht, Int. Teil, 1975, S. 191ff.

46 Vgl. Scherhorn, G./Wieken, K., On The Effect of Counter-Informationen on Consumers, in: Human Behavior in Economic Affairs, Essays in Honor of G. Katona, hrsg. von Strumpel, B./Morgan, J.N./Zahn E., Amsterdam/London/New York 1972, S. 423.

47 Die Netto-Werbeumsätze von 8 ausgewählten Werbeträgern beliefen sich 1974 auf ca. 6,4 Mrd. DM (ohne Produktionskosten). Vgl. hierzu ZAW, Jahrbuch der Werbung 1974/75, Bonn 1975, S. 78f.

48 Wilkes, R.E./Wilcox, J.B., Recent FTC Actions ..., a.a.O., S. 59.

49 Vgl. zu Punkt (1) insbesondere Wilkes, R.E./Wilcox, J.B. Recent FTC Actions ..., a.a.O., S. 57f.

50 Vgl. auch Wärneryd, K.-E., The Problem of Putting More Information into Advertising, Vortrag gehalten am 2nd Workshop of Consumer Actions Research, International Institute of Management, Berlin 1975, S. 1f. und S. 11.

51 Zur Bedeutung des "Affirmative Disclosure Orders" der FTC vgl. Wilkes, R.E./Wilcox, J.B. a.a.O., S. 58.

52 Vgl. Grimes, W.S., Die FTC ..., a.a.O., S. 646.

53 Vgl. hierzu § 21, (1) (Nr. 1.f) des Gesetzes zur Gesamtreform des Lebensmittelrechts.

54 Vgl. hierzu etwa Ikier, P., RAL-Testate, in: BAG-Nachrichten, 1973, Nr. 5/6; Weser, A., Möglichkeiten und Probleme eines verbesserten Verbraucherschutzes durch Qualitätskontrolle und Qualitätskennzeichnung von Produkten, (Gutachten im Auftrage der Kommission für wirtschaftlichen und sozialen Wandel), Hamburg 1974. Vgl. auch die mögliche Intention von § 19 (Nr. 4.f) des Gesetzes zur Gesamtreform des Lebensmittelrechts: (b.w.).

55 Vgl. hierzu auch Jacoby, J./Speller, D.E./Kohn Berning, C., Brand Choice Behavior as a Function of Information Load: Replication and Extension, in: The Journal of Consumer Research, 1974 (1), Heft 1, S. 41, die diese Problematik für die Warenkennzeichnung aufzeigten.

56 Vgl. hierzu ebenda, S. 33ff., dieselben, Brand Choice Behavior as a Function of Information Load, in: Journal of Marketing Research, 1974 (11), s. 63ff.; vgl. dagegen Russo, J.E., More Information Is Better: A Reevaluation of Jacoby, Speller and Kohn, in: The Journal of Consumer Research, 1974 (1), Heft 3, S. 68ff.

57 Vgl. hierzu Lenahan, R.J./u.a., Consumer Reaction ..., a.a.O., S. 4ff.

58 Vgl. allgemein zur Werbung mit Testresultaten etwa Will, M.R., Warentest und Werbung. Die urheberrechtlichen, persönlichkeitsrechtlichen und wettbewerbsrechtlichen Schranken der Werbung mit Ergebnissen neutraler vergleichender Warentests (unter Berücksichtigung ausländischer Erfahrungen), Heidelberg 1968.

59 Gütezeichen schützen den Verbraucher nur vor qualitativ minderwertigen Waren. Sie ermöglichen ihm nicht, weitere qualitative Differenzierungen vorzunehmen. Zur Bedeutung des Gütezeichens vgl. etwa Purtschert, R., Das Gütezeichen als Absatzinstrument der Unternehmen, in: Die Unternehmung, 1972 (26), S. 39 ff.

60 Eine allumfassende Sicherung vor Fehlkäufen und Fehlproduktionen kann und sollte es in einer Marktwirtschaft jedoch nicht geben, da das letztlich die Ausschaltung von Ungewißheiten bei der Bedürfnisentwicklung seitens der Verbraucher und der Produktentwicklung seitens der Unternehmen voraussetzt. Eine Ausschaltung dieser Ungewißheit kommt jedoch letztlich einer zentralen Ver-

brauchs- und Produktionslenkung und somit einer Aufhebung marktwirtschaftlicher Prozesse gleich.

61 Rost, D. (Präsident des Zentralausschusses der Werbewirtschaft), Selbstdisziplin und soziale Verantwortung der Werbung, in: Markenartikel, 1973 (35), S. 196.

62 Zu den verschiedenen Zielen der Werbung vgl. Leitherer, E., Werbelehre, Stuttgart 1966, S. 24ff.

63 Bei z.B. bedarfskreativer Werbung für innovative Waren muß jedoch die Qualitätskennzeichnung solange genügen, wie noch keine Qualitätsurteile vorliegen. Ebenso ist z.B. bei Arzneimitteln nur die Verwendung der Qualitätskennzeichung möglich.

Werner Kroeber-Riel

Kritik und Neuformulierung der Verbraucherpolitik auf verhaltenswissenschaftlicher Grundlage

1. Grundlagen: Die verbraucherpolitischen Normen in Deutschland und ihre pragmatische Analyse

Normen sind Anweisungen bzw. Aufforderungen, in einer bestimmten Weise zu handeln. Beispiele: Kläre den Verbraucher auf! Keine irreführende Werbung!

Die folgende Kritik verbraucherpolitischer Normen stützt sich auf die Formulierung von Normen in Veröffentlichungen zur Verbraucherpolitik. Dabei werden verschiedene Bereiche berücksichtigt: die wissenschaftliche Ableitung verbraucherpolitischer Normen, die Programme von Parteien, Gewerkschaften und Regierung sowie Äußerungen von Funktionären der Verbraucherpolitik. Als neueste Quelle ist das Gutachten der Kommission für wirtschaftlichen und sozialen Wandel zur Verbraucherpolitik (1976) herangezogen worden.

Im zweiten Bericht der Bundesregierung zur *Verbraucherpolitik* (1975) werden hauptsächlich folgende Ziele der Verbraucherpolitik genannt:

- Förderung des Wettbewerbs zugunsten der Verbraucher
- Verbesserung der Rechtsposition der Verbraucher
- Information und Beratung der Verbraucher
- Schutz gegen unlautere Verkaufspraktiken
- Schutz vor gesundheitlichen Schäden durch den Konsum von Gütern.

Weitere Ziele beziehen sich auf die Sicherung eines »optimalen« Angebots in verschiedenen Kosumbereichen (Nahrungsmittel, öffentliche Leistungen, Wohnungen) sowie auf die organisatorische Vertretung der Verbraucherinteressen.

Ein Schwerpunkt der Verbraucherinformation und Verbraucherberatung. Dazu hat der interministerielle Ausschuß der Bundesregierung für Verbraucherfragen (1975) eine neue Konzeption vorgelegt. In ihr geht es »um eine möglichst umfassende Information des Verbrauchers« (Position 111). Ziel dieser Verbraucherinformation ist es, dem Verbraucher

Aus: Die Betriebswirtschaft 37 (1977) 1, Verlag Poeschel, Stuttgart; S. 89-103

die erforderlichen Hilfen an die Hand zu geben, um als »überlegt agierender Marktpartner aufzutreten« (Position 12).

Die für die Verbraucherinformation aufgewendeten Mittel des Bundes sind von rund 14 Millionen Mark 1972 auf 25 Millionen Mark im Jahr 1975 gestiegen. Hinzu kommen die Mittel der Länder.

Es ist nun nach den Ansatzpunkten für eine *Kritik* der verbraucherpolitischen Normen zu fragen. Normen können unter logischen, inhaltlichen und pragmatischen Aspekten analysiert werden. Die folgende Untersuchung ist eine pragmatische Normenanalyse. Sie beschäftigt sich mit der Wirkung – mit dem Erfolg – von verbraucherpolitischen Normen.

Im Vordergrund steht die »Gültigkeit«[1] bzw. die »Adäquatheit«[2] von Normen. Eine *Norm* ist *gültig,* wenn die hinter der Norm stehende Zielsetzung anerkannt wird und wenn die praktische Anwendung der Norm dazu führt, daß dieses Ziel tatsächlich erreicht wird. Man sagt beispielsweise, die Norm »jede Ware muß mit einem Preis ausgezeichnet sein!« ist gültig, wenn die angestrebte politische Zielsetzung (»die Konsumenentscheidungen sollen rationaler werden!«) akzeptiert wird, wenn die Preisauszeichnung tatsächlich zu dem genannten Ziel führt.

Die Gültigkeit von Normen erfordert also stets eine Beurteilung

- der Zielsetzungen, die durch Anwendung der verbraucherpolitischen Normen erreicht werden sollen
- der durch praktische Anwendung der Normen tatsächlich geleisteten Beiträge zur Zielerreichung.

Die Gültigkeitsprüfung kann wiederum auf die hinter den verbraucherpolitischen Normen stehenden Ziele übertragen werden, denn ein Ziel ist ja seinerseits wieder eine Norm (ein Mittel), um übergeordnete Zielsetzungen zu verwirklichen. Auf diese Weise lassen sich alle verbraucherpolititschen Normen mit Ausnahme der letzten, übergeordneten Ziele (Ideale) auf ihre *tatsächliche* Gültigkeit überprüfen.

Die Leistungsfähigkeit von verbraucherpolitischen Normen – im Hinblick auf die Durchsetzung übergeordneter Ziele – kann nur beurteilt werden, wenn die tatsächlichen Auswirkungen der Normen auf das *Verbraucherverhalten* bekannt sind. Diese Kenntnisse können sporadisch, durch fallweise empirische Erhebungen über die Normenwirkungen, gewonnen werden. Für eine allgemeine Beurteilung wird man aber versuchen, die Normenwirkungen mit Hilfe von Gesetzmäßigkeiten über die Reaktionen der Verbraucher zu erklären.

In der Verbraucherpolitik wird meistens so getan, als ob derartige Erkenntnisse nicht verfügbar seien. Das trifft nicht zu. Es stehen vor allem die Erkenntnisse der verhaltenswissenschaftlichen Marketingforschung zur Verfügung. Das ist eine Forschungsrichtung, welche die Reaktionen der Konsumenten insbesondere unter dem Einfluß des Marketing untersucht[3]. Eine Vielzahl der in den letzten Jahrzehnten zusammengetragenen Erkenntnisse der verhaltenswissenschaftlichen Marketingforschung kann zur Beantwortung von Fragen aus dem Bereich der Verbraucherpolitik herangezogen werden. Das ist die vorrangige Aufgabe dieses Beitrages.

2. Kritik der gegenwärtigen Verbraucherpolitik

a) Unzureichende verhaltenswissenschaftliche Fundierung

Der größe Mangel der gegenwärtigen Verbraucherpolitik ist die unzureichende verhaltenswissenschaftliche Fundierung. Die Verbraucherpolitik orientiert sich an einem Verbraucherbild, das verhaltenswissenschaftlichen Erkenntnissen widerspricht.

Das hat teils subjektive, teils objektive Gründe: Die *subjektiven* Gründe sind in den geringen verhaltenswissenschaftlichen Kenntnissen der Funktionäre der Verbraucherpolitik zu sehen. Seit einem Gutachten von Scherhorn[4] wird daran gedacht, durch eine Verbraucherakademie, an der die Funktionäre geschult werden können, zur Behebung dieses Mangels beizutragen.

Als *objektive* Gründe sind die Lücken unserer wissenschaftlichen Erkenntnisse über das Verbraucherverhalten anzugeben. Diesem Mangel versucht das Bundesministerium für Forschung und Technologie durch ein 1976 ausgeschriebenes Forschungsprogramm »empirische Verbraucherforschung« abzuhelfen[5]. Durch die von diesem Forschungsprogramm stimulierte Beschäftigung mit verbraucherpolitischen Problemen sowie durch die Wirkungen der neu gegründeten Zeitschrift für Verbraucherpolitik (1977) erwartet man erhebliche Erkenntniszuwächse.

Diese werden jedoch nicht wirksam werden, solange die subjektiven Gründe für das Versagen der Verbraucherpolitik nicht beseitigt werden. Diejenigen, die gegenwärtig für die Verbraucherpolitik verantwortlich sind, gehen von wirklichkeitsfremden Modellen und von selbstgehäkelten »Theorien« aus, die mit dem tatsächlichen Konsumentenverhalten wenig zu tun haben. Sie machen sich noch nicht einmal ansatzweise die zahlreichen *verhaltenswissenschaftlichen* Erkenntnisse über das Verbraucherverhalten zunutze.

Das läßt sich sowohl im verbraucherpolitischen Schrifttum als auch bei der Umsetzung verbraucherpolitischer Maßnahmen *nachweisen.*

Als repräsentativ für das akademische Schrifttum sind die Arbeiten von Scherhorn und seinen Schülern zu sehen. Sie haben für die deutsche Verbraucherpolitik Pionierarbeit geleistet. Ihre Ansätze gründen sich aber vor allem auf eine geisteswissenschaftlich ausgerichtete und intuitive Verhaltensbetrachtung, die von den Ergebnissen der modernen verhaltenswissenschaftlichen Forschung kaum Notiz nimmt. Ein Beispiel ist das von der Kommission für wirtschaftlichen und sozialen Wandel herausgegebene Werk von Scherhorn u.a. »Verbraucherinteresse und Verbraucherpolitik« (1975), in dem der Marketingwissenschaft in unzutreffender Weise ein bloß behavioristisches »black-box-Denken« vorgeworfen wird, obwohl keines der bekannten Bücher aus diesem Bereich einen solchen Ansatz gewählt hat. Die vorhandene Literatur zum CONSUMER BEHAVIOR, der wir die meisten verhaltenswissenschaftlichen Ergebnisse zum Konsumentenverhalten verdanken, wird in diesem Buch noch nicht einmal erwähnt, obwohl gerade solche Themen angeschnitten werden, zu denen die CONSUMER BEHAVIOR-Literatur Beiträge geleistet hat[6].

Diese verhaltenswissenschaftliche Unschärfe, die auch in anderen akademischen Veröffentlichungen zur Verbraucherpolitik zu finden ist, setzt sich in den programmatischen Äußerungen von Parteien und Gewerkschaften fort. Typisch dafür ist das Anprangern manipulativer und suggestiver Techniken des Marketing. In den Zielvorstellungen der SPD zur Werbung[7] ist von »unbeweisbaren Behauptungen und suggestiven Praktiken« der Werbung die Rede. Im Positionspapier der Gewerkschaften[8] wird gefordert, »jene Formen der Werbung, die geringeren Informationswert und eher manipulativen Charakter haben, zu behindern«.

Dieser Sprachgebrauch und das beabsichtigte Einschränken von »suggestiver« oder »manipulativer« Werbung weisen auf ein Trivialverständnis des Prozesses der Meinungsbeeinflussung hin. Sie können nicht in sinnvoller Weise zur Realität der Werbewirkungen in Beziehung gesetzt werden: suggestiv und manipulativ im Sinne der Umgangssprache ist jede wirkungsvolle Werbung (vgl. Abschnitt 3a dieses Beitrages). In der verhaltenswissenschaftlichen Fachsprache werden diese Ausdrücke vermieden. Oder Manipulation und Suggestion werden »als wesensmäßiger und daher notwendiger Bestandteil aller sozialen Äußerungen« bezeichnet[9].

Bei der Durchführung verbraucherpolitischer Maßnahmen ist zu beobachten, daß die *Techniken* der Verbraucheraufklärung und -information oft *unwirksam* sind, weil die Funktionäre nicht genügend mit den verfügbaren Sozialtechniken vertraut sind:

Aus den vorhandenen verhaltenswissenschaftlichen Erkenntnissen, insbesondere aus der empirischen Kommunikationsforschung, lassen sich wirksame Sozialtechniken zur Beeinflussung und Steuerung des Konsumentenverhaltens ableiten. Verzichtet die Verbraucherpolitik aus Mangel an verhaltenswissenschaftlichen Kenntnissen auf den Einsatz dieser Sozialtechniken (Verhaltenstechniken), so geht sie das Risiko ein, bei den Konsumenten nicht oder wesentlich schlechter anzukommen und in der Beeinflussungskonkurrenz – insbesondere mit der kommerziellen Werbung – nicht zu bestehen.

Verbraucherpolitische Maßnahmen müssen den Konsumenten ebenso wie andere Beeinflussungstechniken emotional ansprechen, sie müssen ihn »aktivieren« und auf seine gedankliche Bequemlichkeit Rücksicht nehmen. Das bedeutet unter anderem, daß die zu vermittelnden Informationen wirksam »verpackt« und dosiert werden müssen. Gegen diese Anforderungen verstößt die verbraucherpolitische Informationspolitik oft in elementarer Weise. Auf schlechtem Papier und wenig attraktiv gestaltet werden den dem Konsumenten viel zu viele, nur mit Anstrengung verständliche Informationen dargeboten.

Dieser Mangel ist allerdings verständlich, weil sich die Funktionäre aus *ideologischen* Gründen scheuen, die gleichen Waffen wie die Werbung einzusetzen. So schreibt L.F. Neumann[10], Mitglied des Verbraucherbeirates beim Bundesminister für Wirtschaft, »Verbraucheraufklärung ist eine zu wichtige Angelegenheit, als daß man Methoden des kommerziellen Marketing unbesehen übernehmen oder imitieren könnte ... Wir kommen um eine nicht-manipulative Verbraucheraufklärung nicht herum, denn die moderne Wirtschaftsgesellschaft stellt hohe Anforderungen an die intellektuelle Leistungsfähigkeit der Wirtschaftsteilnehmer!« Er fordert die Anwendung eines »Informationsmodelles« bei der Verbraucheraufklärung und ein »rationalistisches Menschenbild«. Hier werden unrealistische Voraussetzungen in die Verbraucherpolitik eingeführt, die zwangsläufig zum Scheitern der entsprechenden Maßnahmen führen müssen.

Der hier kritisierte Mangel wird auch für die amerikanische Verbraucherpolitik beklagt. Nach Sheth besteht das wohl größte Problem der verbraucherpolitischen Gesetzgebung und der Durchführung verbraucherpolitischer Maßnahmen darin, daß der Verbraucherpolitik unrealistische Theorien über das Verbraucherverhalten zugrunde liegen. Er schreibt unter anderem: »Es ist keine Übertreibung, wenn wir behaupten, daß die verbraucherpolitischen Instanzen – wie die FTC – sehr wenig über die Marktrealitäten wissen, deren Regelung ihnen obliegt. Und mit Sicherheit wissen sie viel weniger darüber als die betroffenen Industriemanager«[11].

Die unzureichende verhaltenswissenschaftliche Fundierung der Verbraucherpolitik wird auch in den folgenden Abschnitten ersichtlich, in denen wir uns mit einigen Konsequenzen des in der Verbraucherpolitik verwendeten Konsumentenbildes auseinandersetzen.

b) Einseitige und übersteigerte Zielsetzungen

Die in der Verbraucherpolitik vorhandenen Zielvorstellungen hängen eng mit dem Bild vom souveränen Bürger und Konsumenten zusammen. Das Problem der *Souveränität* des Bürgers hat in der Staatsphilosophie und in der Politologie eine lange Geschichte. Es spielt vor allem bei naturrechtlichen Erörterungen eine Rolle. Denker des Naturrechts wie Locke oder Rousseau betrachten die Souveränität und Freiheit als einen naturgegebenen Zustand des Menschen. Von der Souveränität des Bürgers werden seine politischen Rechte und Pflichten abgeleitet. Allerdings: In Anbetracht der realen Lebensbedingungen kommen sie zu der Erkenntnis, daß diese Zustände nur selten bzw. ansatzweise realisiert sind. Sie müssen erst durch Erziehung des Menschen erkämpft werden.

Nach diesen noch heute verbreiteten Vorstellungen haben wir klar zu unterscheiden:

das faktische Leitbild:

Der Konsument *ist* souverän

bei gradueller Betrachtung: er ist weitgehend souverän

das normative Leitbild:

Der Konsument *soll* souverän werden

bei gradueller Betrachtung: er soll souveräner werden.

Zum *faktischen* Leitbild: Souverän bedeutet im ökonomischen Kontext vernünftiges und von fremden Einflüssen freies Entscheiden. Die

Konsumentensouveränität ist der Angelpunkt für das Modell der Marktwirtschaft. Danach wird der Wirtschaftsprozeß von den unabhängigen Kaufentscheidungen der Konsumenten gelenkt[12].

Die Ergebnisse der verhaltenswissenschaftlichen Forschung lassen es nicht zu, das faktische Leitbild vom souveränen Konsumenten auch nur annähernd aufrechtzuerhalten. Gleichwohl wird es in der Wirtschaftstheorie bis heute anerkannt[13]. In der Verbraucherpolitik wird das Leitbild dagegen weitgehend abgelehnt. So heißt es im Aktionsprogramm der agv (Arbeitsgemeinschaft der Verbraucher): Die agv ist nicht bereit, die These von der Konsumentensouveränität als Abbild der Wirklichkeit zu akzeptieren[14].

Diesem verbraucherpolitischen Bekenntnis steht aber die Tatsache gegenüber, daß der Konsument in der Verbraucherpolitik oft so behandelt wird, *als ob* er weitgehend souverän sei. Viele verbraucherpolitische Normen setzen eine unrealistisch starke Fähigkeit des Konsumenten zu eigenständigem und vernünftigem Handeln voraus. Ein Beispiel ist die bereits erwähnte Einführung des »rationalistischen Menschenbildes« in die Verbraucheraufklärung. Hier wird offensichtlich das faktische mit dem normativen Leitbild vermischt.

Zum *normativen* Leitbild: Sieht man das normative Leitbild in graduellen Abstufungen, so ist es als Forderung zu interpretieren, den Konsumenten souveräner als bisher zu machen. Eine solche Forderung nach *mehr* Souveränität ist erfüllbar und wird ohne Einschränkung akzeptiert.

Bedenken gegen diese Forderung sind deswegen anzumelden,
– weil die Verbraucherpolitik in einseitiger Weise auf die Erhöhung der Konsumentensouveränität fixiert ist und andere Zielsetzungen vernachlässigt,
– weil die Verbraucherpolitik ein nicht erreichbares Maß an Souveränität anstrebt und den Konsumenten dabei überfordert.

Die Einseitigkeit liegt also darin, daß sich die Verbraucherpolitik in einer nicht vertretbaren Weise darauf konzentriert, den Konsumenten souveräner zu machen: Die Souveränitätssteigerung soll durch Verbraucherbildung und Verbraucherinformation erfolgen. Dabei werden »rationales Verhalten im Haushalt, rationales Verhalten am Markt und rationale Einstellung zum Wohlstand« angestrebt[15].

Hinter diesen Zielsetzungen scheint die aus naturrechtlichen Ansichten abgeleitete Auffassung zu stehen, der Konsument sei »tendenziell« souverän, es komme lediglich darauf an, Beschränkungen seiner Souveränität – insbesondere durch das Marketing – abzubauen. Wenn man ihm dabei helfe, ihn bilde und informiere, dann werde er schon die für ihn und für die Lenkung des Wirtschaftssystems »optimalen« Konsumentscheidungen fällen.

Diese Auffassung übergeht die Tatsache, daß der Konsument bei noch so viel Bildung und Information vor einer Steuerung des Verhaltens durch das Marketing nicht geschützt werden kann! Der Konsument ist zu willentlich kontrollierten und vernünftigen Entscheidungen in vielen Fällen gar nicht in der Lage. Die soziale Beeinflussung, insbesondere durch das Marketing, kann seine willentlichen Kontrollen unterlaufen und sein Verhalten in einem Ausmaß prägen, das ihm gar nicht bewußt wird und dem er sich nicht entziehen kann (vgl. Abschnitt 3a).

Aufgrund dieses Sachverhaltes ist der Konsument auf *Schutz* vor Beeinflussungen angewiesen. Diese Schutzbedürftigkeit wird in der Verbraucherpolitik im Vergleich zu dem Ziel, ihn rationaler zu machen, vernachlässigt.

Der mögliche Einwand, neben Verbraucherbildung und Verbraucherinformation werde in der Verbraucherpolitik doch auch Verbraucherschutz getrieben, ist nicht stichhaltig, weil dieser Verbraucherschutz auf Maßnahmen hinausläuft, »die Sicherheit und Gesundheit des Verbrauchers« zu schützen und »Täuschung und Übervorteilung« zu verhindern[16]. Diese Maßnahmen genügen aber nicht, um dem Konsumenten wirksam zu helfen. Auch wenn das Marketing nur legale Methoden verwendet (den Konsumenten nicht täuscht, irreführt, übervorteilt), muß er vor nachteiligen Verhaltenssteuerungen durch das Marketing geschützt werden.

Die Einseitigkeit der Verbraucherpolitik ist auch noch in anderer Richtung zu sehen: Durch die im Dienste der Souveränitätssteigerung stehenden Maßnahmen der Verbraucherinformation und Verbrauchererziehung soll das Entscheidungsverhalten rationaler (extensiver) werden. Dadurch wird der Entscheidungsprozeß aber komplizierter gemacht. Im Hinblick auf das Bestreben der Konsumenten, Kaufentscheidungen zu vereinfachen und nach eingefahrenen Plänen abzuwickeln, ist jedoch daran zu denken, durch die Verbraucherpolitik nicht nur die Rationalisierung des Verhaltens, sondern in bestimmten Verhaltenssegmenten auch die Vereinfachung des Verhaltens zu fördern.

In diesem Zusammenhang ist die *Überbetonung* der *Konsumentenrolle* des Menschen zu kritisieren. Wenn es nach der Verbraucherpolitik ginge, müßte jeder Mensch von morgens bis abends eine aktive Rolle als Konsument spielen. Die »Selbstverwirklichung« des Menschen wird vor allem im Konsumbereich gesehen. Das aktive oder passive, das vernünftige oder unvernünftige Verhalten im Konsumbereich kann aber nicht isoliert betrachtet werden. Es kann durchaus sein, daß »unvernünftiges« Verhalten im Konsumbereich zu einem Vorteil in anderen Lebensbereichen führt. So kann zum Beispiel unreflektiertes und gewohnheitsmäßiges Einkaufen (ohne das Vergleichen verschiedener Angebote) dazu führen, daß der Konsument mehr Freizeit bekommt. Dieser Wert kann für ihn größer sein als die Einbuße, die er durch unüberlegtes Einkaufsverhalten erleidet.

Man kann einwenden, solche Einbußen des Konsumenten seien selbstverständlich nicht gewollt. Vernünftiges Handeln des Konsumenten hieße, daß sich der Konsument über seine Ziele im klaren ist und abwägt, was für ihn besser sei: mehr Zeit für den Einkauf aufzuwenden oder mehr Freizeit zu haben. Damit wird aber wieder ein »Übermensch« unterstellt, ein homo oeconomicus, der sich über alle Ziele und Mittel im klaren ist und den Nutzen jedes Verhaltens im Hinblick auf die Zielerreichung einschätzen kann. Bei der Wirkung verbraucherpolitischer Maßnahmen muß man aber *faktisch* denken: Wenn die Verbraucherpolitik den Konsumenten generell zu überlegten und durchrationalisierten Kaufentscheidungen anhält, dann muß sie bei der gegebenen beschränkten Problemlösungskapazität der Konsumenten damit rechnen, daß der dadurch geforderte Entscheidungsaufwand zu Einbußen in anderen Lebensbereichen führt (auch wenn sich der Konsument darüber keine Rechenschaft ablegt).

Hier wird bereits die *Überforderung* der *Verbraucher* durch die verbraucherpolitischen Normen sichtbar. Besonders deutlich wird das in dem Gutachten der Kommission für wirtschaftlichen und sozialen Wandel[17]: Dort wird Verbraucherbildung gefordert, damit sich die Verbraucher »ihren eigenen Bedürfnissen gegenüber rationaler verhalten können, so daß sie sowohl die Entwicklung der Bedürfnisse durchschauen, als auch bewußt zwischen den verschiedenen Bedürfnissen abwägen können«[18].

Diese Forderung nach einer rationalen Bedürfnisbilanz läßt sich wieder von einem »rationalistischen Menschenmodell« leiten, das die vorhandenen Beschränkungen der Konsumentenrationalität negiert.

Wir wissen aus der Persönlichkeitstheorie, daß rationales Problemlösen gerade dann erschwert oder sogar unmöglich wird, wenn starke Gefühle und Motive betroffen sind. »Die Motive oder Gefühle einer Person können so stark (durch eine Problemstellung) angesprochen sein, daß sie die Problemsicht oder die Problemstellung selbst verzerren, so daß die Person zu einer direkten Problemlösung unfähig wird«[19]. In solchen Situationen werden verschiedene psychische Mechanismen wirksam, insbesondere Abwehrmechanismen, die gemeinhin als »irrational« bezeichnet werden. Diese Mechanismen werden vom Menschen nicht bewußt ausgewählt und gesteuert, sie laufen weitgehend automatisch ab[20].

Bei Konsumentscheidungen ist es nicht anders. Freude, Angst und andere Emotionen, die bei diesen Entscheidungen involviert werden, führen zu persönlichen Reaktionen, die die Rationalität des Entscheidungsprozesses vermindern. Das gilt vor allem bei Bedürfniskonflikten. In solchen Situationen steht das Rationalisieren oft im Dienste der Konfliktlösung, »wird der Verstand vom Gefühl geleitet« und nicht umgekehrt. Die verbraucherpolitische Erziehung des Konsumenten kann daran nur sehr wenig ändern.

Die im Gutachten der Kommission für wirtschaftlichen und sozialen Wandel vorgesehene rationale Bedürfnisbewältigung ist ein Beispiel für die Leichtfertigkeit, mit der verbraucherpolitische Zielsetzungen ohne Rücksicht auf die Gesetzmäßigkeiten menschlichen Verhaltens formuliert werden: Es wird nicht geprüft, ob und wie man das tatsächliche Verbraucherverhalten durch bestimmte Verhaltenstechniken ändern kann. Vielmehr werden Modellvorstellungen über die Erziehbarkeit des Konsumenten zur Rationalität, ja sogar über eine »Evolution des Menschen«[21] entwickelt, die sich großzügig über die beschränkte Erziehbarkeit des Konsumenten und seine begrenzten Fähigkeiten, Informationen rational aufzunehmen und zu verarbeiten, hinwegsetzen.

Viele verbraucherpolitische Normen zur Bildung und Information des Konsumenten, die auf solche Modellvorstellungen zurückgehen, überfordern den Verbraucher und büßen dadurch ihre Wirksamkeit ein.

Eine Verbraucherpolitik, die diese Überforderung vermeiden will, muß auf das vorhandene *Verhaltensrepertoire* der Konsumenten abgestimmt sein.

3. Neuformulierung der Verbraucherpolitik

a) Verhaltenswissenschaftliche Ansatzpunkte

Es ist an dieser Stelle nicht möglich, die Theorien des Konsumentenverhaltens auch nur annähernd zu skizzieren. Die verhaltenswissenschaftliche *Marketingforschung* kennt eine Vielzahl von empirischen Gesetzmäßigkeiten über das Konsumentenverhalten, von denen bei der Konzeption verbraucherpolitischer Ziele und Maßnahmen ausgegangen werden kann. Es ist auf die umfangreiche Literatur über das Konsumentenverhalten hinzuweisen[22].

Hier sollen lediglich einige verhaltenswissenschaftliche Ansatzpunkte für die Ableitung verbraucherpolitischer Normen aufgeführt werden, die in den verbraucherpolitischen Arbeiten zu kurz kommen. Es handelt sich um die Bedeutung des gewohnheitsmäßigen und routinemäßigen Verhaltens beim Einkauf, um den Einfluß emotionaler Prozesse auf das Konsumentenverhalten und um die Möglichkeiten, Konsumenten zu beeinflussen, ohne daß ihnen die Beeinflussung bewußt wird.

In der Literatur wird das Konsumentenverhalten meist als Entscheidungsprozeß, das heißt als psychischer Vorgang bei der Güterwahl, beschrieben und erklärt. Es ist zweckmäßig, vier Arten des *Entscheidungsverhaltens* zu unterscheiden:

- impulsive Entscheidungen
- habituelle Entscheidungen
- vereinfachte Entscheidungen
- extensive Entscheidungen.

Diese durch verhaltenswissenschaftliche Befunde gestützte Einteilung wird (ohne die impulsiven Entscheidungen) von Howard und Sheth[23] benutzt und in zunehmendem Maße verwandt, um Käufer zunächst einmal grob nach ihrem Entscheidungsverhalten zu klassifizieren[24].

Impulsive Entscheidungen sind nicht geplante Entscheidungen, die unmittelbar unter dem Einfluß der Kaufsituation zustande kommen. Sie werden insbesondere durch eine vom Angebot ausgelöste emotionale Hinwendung der Konsumenten zum Produkt verursacht.

Habituelle (gewohnheitsmäßige) Entscheidungen sind immer wiederkehrende Entscheidungen mit gleichem Ausgang wie: morgens Kaffee trinken, die gleiche Kaffeemarke zu kaufen, stets gemahlenen Kaffee zu kaufen usw.. Bei diesen Entscheidungen wird über die Alternativen nicht mehr nachgedacht. Veränderungen der Entscheidungssituation werden nicht berücksichtigt. (Die gewählte Alternative hat sich bewährt.)

Vereinfachte Entscheidungen sind dadurch gekennzeichnet, daß sich der Konsument von vornherein aufgrund seiner Einstellungen (Präferenzen, Vorurteile) auf einige wenige Alternativen beschränkt. Er versucht gar nicht, einen Überblick über das Angebot zu bekommen und die verschiedenen Angebote zu vergleichen. Er wählt unter wenigen in seinem

Blickfeld liegenden Alternativen entsprechend seinen in die Kaufsituation mitgebrachten und durch direkte oder indirekte (symbolische) Erfahrung gewonnenen Vorurteilen aus: aufgrund weniger Informationen über Schlüsselmerkmale des Angebots und aufgrund ganz einfacher »Denkprogramme«.

Diese Entscheidungen machen den weitaus größten Teil der Kaufentscheidungen aus. Es gibt sehr stark vereinfachte Entscheidungen, bei denen sich der Konsument von starken Vorurteilen leiten läßt, und es gibt vereinfachte Entscheidungen, die an extensive Entscheidungen herankommen.

Routinemäßige und vereinfachte Einkaufsentscheidungen können mit Hilfe des TOTE-Modells[25] erklärt werden. Vereinfacht gesagt: Solange der Konsument beim Einkauf eines Artikels keine Probleme sieht und die Angebotssituation mit seinen Erfahrungen übereinstimmt, ist er bestrebt, seine Einkäufe nach eingefahrenen Plänen vorzunehmen, das heißt, schnell und ohne besonderen gedanklichen Aufwand zu handeln. Das gilt vor allem für den Einkauf von Konsumgütern des täglichen Bedarfs. Eine Komplizierung dieses Kaufverhaltens durch zusätzlichen Entscheidungsaufwand, wie ihn verbraucherpolitische Maßnahmen meist bringen, ist ihm unerwünscht.

Sowohl routinemäßige als auch vereinfachte Entscheidungen haben eine wichtige Funktion. Sie entlasten den Konsumenten von Einkaufsbemühungen im weitesten Sinne. Der Konsument spart dadurch Zeit und Aufwendungen für andere Aktivitäten, unter anderem für seine Freizeit.

Die *extensiven* Entscheidungen entsprechen am ehesten dem Modell einer »rationalen« Güterwahl. Bei diesen Entscheidungen wird weder die Suche nach Alternativen noch die Auswahl zwischen den Produkten durch verfestigte Vorurteile geregelt. Vielmehr werden die Produkte im einzelnen verglichen und ein Produkt wird als das subjektiv beste (oder geeignetste) ausgewählt. Extensive Entscheidungen finden wir vor allem bei Einkäufen, die für den Konsumenten wichtig sind und sein Problembewußtsein stimulieren (neue Produkte, teuere Produkte usw.).

Es ist nun auf die Rolle der *Gefühle* und *Motive* beim Entscheidungsverhalten einzugehen, die im verbraucherpolitischen Schrifttum wie eine peinliche Beeinträchtigung der Konsumentenrationalität betrachtet werden. In der Verbraucherpolitik besteht, wie schon erwähnt wurde, die Neigung, den Konsumenten als reines Informationsverarbeitungssystem zu sehen. Der Mensch ist aber auch ein System zur Verarbeitung emotionaler Impulse. Beide Systeme durchdringen sich gegenseitig:

Gefühle (Emotionen) und Motive sind innere Erregungen und Spannungen des Menschen. Sie treiben den Menschen zum Handeln an und bestimmen seine jeweilige Reaktionsbereitschaft. Man stellt sie in der Psychologie den kognitiven (gedanklichen) Prozessen gegenüber. Diese dienen der Steuerung des Verhaltens. Stark vereinfacht kann man für viele Verhaltensweisen sagen: *Ob* etwas geschieht, bestimmen die emotionalen und motivationalen Vorgänge, *was* geschieht, hängt von der kognitiven Verhaltenssteuerung ab.

Die Rolle der Emotionen und Motive als Antriebskräfte für das Verhalten wird auch in der verbraucherpolitischen Literatur berücksichtigt. Weitgehend unberücksichtigt bleiben aber die Wechselwirkungen zwischen den emotionalen und kognitiven Vorgängen, speziell die starke Beeinflussung des Entscheidungsverhaltens durch Emotionen.

Die emotionalen Vorgänge beeinflussen sowohl die Informationsaufnahme als auch die Informationsverarbeitung: Sie bestimmen die selektive Wahrnehmung des Konsumenten, sie stimulieren und hemmen die Informationsverarbeitung. Beispiele, die für die tägliche Informationsvermittlung wichtig sind: Von zwei Informationen wird im allgemeinen diejenige bevorzugt, die stärker emotional gefärbt ist und den Konsumenten mehr erregt. Durch die stärkere Erregung wird auch die Informationsverarbeitung effizienter. So kann durch die ausgelöste emotionale Erregung die Gedächtnisleistung erheblich verbessert, sogar verdoppelt werden[26].

Ohne Berücksichtigung des Einflusses emotionaler Vorgänge auf die Informationsverarbeitung läßt sich das Entscheidungsverhalten der Konsumenten nicht erklären. Selbst extensive Entscheidungsprozesse werden von emotionalen Einflüssen, insbesondere von gefühlsmäßigen Vorurteilen, dirigiert.

Diese faktisch nachgewiesenen Zusammenhänge können nicht als Absonderlichkeit des Verhaltens verstanden oder als Nachteile gewertet werden. Sie gehören zum normalen Konsumentenverhalten.

Die *Beeinflussung* des Konsumentenverhaltens durch das Marketing umfaßt stets zwei Vorgänge: die Vermittlung von sachbezogenen Informationen (gedankliche Beeinflussung) und die Auslösung von Gefühlen und Motiven (emotionale Beeinflussung).

Die Vermittlung von Informationen wird dem Konsumenten im allgemeinen bewußt. Er ist sich meistens darüber im klaren, welche Informationen er aufnimmt und verarbeitet. Die Informationsverarbeitung ist also im wesentlichen ein willentlich gelenkter Prozeß. Es gibt aber auch

Strategien der Informationsvermittlung, die der Konsument nicht durchschaut:

Ein Beispiel ist die ablenkende Kommunikation. Die Ablenkung erfolgt etwa dadurch, daß man dem Sprecher einen fremdländischen Akzent gibt oder daß man Bilder zeigt, die die Aufmerksamkeit von der Argumentation ablenken. Eine solche ablenkende Kommunikation wirkt unter bestimmten Bedingungen stärker als eine gleichartige Argumentation ohne Ablenkung. Der Konsument durchschaut diese Form der Beeinflussung nicht und er würde wahrscheinlich empört reagieren, wenn man ihn darauf aufmerksam machen würde[27].

Die ablenkende Kommunikation ist nur eine von vielen Techniken, mittels besonderer Formen der Informationsdarbietung die »Bewußtseinskontrollen« des Konsumenten zu unterlaufen. In noch viel stärkerem Maße gilt das für die gefühlsmäßige Beeinflussung.

Die mit einer emotionalen Beeinflussung verbundene Auslösung von Gefühlen erfolgt weitgehend automatisch. Ein Konsument reagiert auf emotionale Reize (Bilder in der Werbung, Farbe von Packungen usw.) mit inneren Erregungen, die er nicht willentlich steuert und kontrolliert. Dieses automatische Reagieren ist auf biologisch bzw. physiologische Gesetzmäßigkeiten zurückzuführen, das heißt, auf fest eingeschliffene Nervenschaltungen.

Aufgrund der oben erwähnten Beziehungen zwischen den emotionalen Vorgängen und den Vorgängen der Informationsaufnahme und -verarbeitung ist es möglich, die Wirkung der Meinungsbeeinflussung durch gezielte Emotionalisierung der Konsumenten erheblich zu steigern.

Durch emotionale Marketingmaßnahmen kann die Aufmerksamkeit der Konsumenten auf ein bestimmtes Angebot gelenkt werden, können Informationsaufnahme und Informationsverarbeitung – wie die Erinnerung an ein Produktangebot – zugunsten eines bestimmten Produktes stimuliert werden, kann die Einstellung des Konsumenten zu einem Produkt geprägt und seine Kaufbereitschaft erhöht werden usw.[28].

»Gutes« Konsumgütermarketing zielt darauf ab, den Konsumenten durch eine emotional wirksame Gestaltung von Werbung, Produktgestaltung, Produktpräsentation im Laden usw. »in den Griff zu bekommen«. Der Konsument ist dieser gefühlsmäßigen Beeinflussung (und ihrer Auswirkung auf seine gedanklichen Vorgänge) oft ausgesetzt, *ohne* dies *wahrzuhaben* und sich dieser Beeinflussung entziehen zu können. Es ist eine übermäßige Idealisierung des Konsumenten, diesen Bereich seines mehr reflexhaften Verhaltens zu übergehen und ihn als vernünftiges Wesen mit stets willentlicher Verhaltenssteuerung hinzustellen[29].

b) Grundlegende verbraucherpolitische Ziele

Eine *pragmatische* Ableitung von verbraucherpolitischen Zielen wird darauf verzichten, von sehr abstrakten Normen wie »Selbstverwirklichung des Menschen« auszugehen. Wenn man auf einer so abstrakten Zielebene ansetzt, bewegt man sich im rein philosophischen Bereich (im Bereich der theoretischen Ethik) und verstrickt sich leicht in persönliche Glaubensbekenntnisse, die für die praktische Arbeit irrelevant sind, weil der Weg von der philosophischen Norm zu konkreten verbraucherpolitischen Zielsetzungen zu weit ist.

Es ist zweckmäßig, an politisch legitimierte Zielsetzungen des vorhandenen (marktwirtschaftlichen) Gesellschaftssystems anzuknüpfen. Dadurch wird die konkrete politische Interpretation der Ziele und ihre Umsetzung in praktische Politik erleichtert. Diesem Vorgehen folgt im allgemeinen auch die amerikanische Literatur zur Verbraucherpolitik.

Ein solches Verfahren leidet allerdings an einer perspektivischen Verkürzung. Alternative und reformatorische Zielsetzungen bleiben im Hintergrund, systemimmanente Mängel des Zielsystems werden nicht weiter diskutiert. Es handelt sich deswegen um ein Vorgehen für kurz- und mittelfristige Planungen, das vor allem dazu führen soll, aus abstrakten programmatischen und ideologischen Langzeitdiskursen herauszukommen und mit der konkreten Formulierung verbraucherpolitischer Normen für das vorhandene Gesellschaftssystem anzufangen.

Aus dem gewählten Oberziel (oder aus den Oberzielen) müssen dann verbraucherpolitische Teilziele und Maßnahmen abgeleitet werden, die praktisch umsetzbar sind. Mit anderen Worten: Es muß nach verbraucherpolitischen Normen gesucht werden, die operational und gültig sind (vgl. dazu Abschnitt 1). Operationalität und Gültigkeit können aber nur beurteilt werden, wenn die verbraucherpolitischen Normen zum Konsumentenverhalten in Beziehung gesetzt und auf ihre tatsächliche Wirkung überprüft werden. Zu diesem Zweck ist eine verhaltenswissenschaftliche Möglichkeitsanalyse notwendig. Sie dient der Feststellung, welche der insgesamt infrage kommenden verbraucherpolitischen Normen aufgrund von Gesetzmäßigkeiten des Verbraucherverhaltens mit Aussicht auf Erfolg umgesetzt werden können[30].

Aber selbst wenn man auf diesem Wege zur Abgrenzung von wirksamen verbraucherpolitischen Normen kommt, bleibt noch die Frage zu beantworten, welche der Normen im Hinblick auf die finanziellen Restriktionen der Verbraucherpolitik praktisch umgesetzt werden sollen. (Bei der gegenwärtigen Verbraucherpolitik hat man den Eindruck, daß dieses Problem durch Bevorzugung solcher Normen gelöst wird, die besonders leicht umsetzbar sind und einen einfachen Nachweis – etwa durch den Umfang von bedrucktem Papier – ermöglichen. Eine Gewichtung der verbraucherpolitischen Normen fehlt weitgehend.)[31]

Die Auswahl derjenigen Normen, die in die Praxis umgesetzt werden, sollte nach ihrem Beitrag zur Lösung von sozialen Problemen erfolgen: Die durch das nachfolgend genannte Oberziel geforderte Verbesserung der Bedürfnisbefriedigung der Konsumenten wird zweckmäßigerweise nicht auf alle Konsumenten und auf alle Bedürfnisse bezogen, sondern bevorzugt auf solche, die im Rahmen der politisch legitimierten Sozialpolitik als besonders förderungswürdig anerkannt werden. Das erfordert die Formulierung verbraucherpolitischer Normen für spezielle Verbrauchersegmente.

Die Ableitung der verbraucherpolitischen Ziele folgt demnach einem Drei-Stufen-Verfahren:

Erste Stufe:

Auswahl eines politisch legitimierten Oberziels der Verbraucherpolitik aus dem vorhandenen gesellschaftlichen Zielsystem.

Zweite Stufe:

Ableitung wirksamer Teilziele und Maßnahmen mit Hilfe einer verhaltenswissenschaftlichen Möglichkeitsanalyse.

Dritte Stufe:

Auswahl solcher Teilziele und Maßnahmen, die zur Lösung von aktuellen sozialen Problemen beitragen.

Die folgende Betrachtung konzentriert sich – nach einer kurzen Beschreibung des für ein marktwirtschaftliches System weitgehend selbstverständlichen Oberziels – auf die verhaltenswissenschaftliche Möglichkeitsanalyse, das heißt, auf die Ableitung von operationalen und gültigen verbraucherpolitischen Teilzielen und Maßnahmen (Strategien).

Zum *Oberziel* der Verbraucherpolitik: Dem politischen Zielsystem in der Bundesrepublik können wir als übergeordnetes, allgemeines Ziel der Verbraucherpolitik die Forderung entnehmen, die Konsumenten besser als bisher in die Lage zu versetzen, durch den Kauf von Gütern ihre eigenen Bedürfnisse zu befriedigen. Die vorhandenen Beeinträchtigungen der Bedürfnisbefriedigung werden im vorliegenden Beitrag ausschließlich in Abhängigkeit von den Marketingaktivitäten gesehen.

Dieses direkt oder indirekt in politischen Programmen verankerte Oberziel entspricht der marktwirtschaftlichen, auf Befriedigung individueller Verbraucherbedürfnisse gerichteten Hintergrundideologie[32]. Die in diesem Zusammenhang oft geführte – aber fruchtlose – Diskussion um »echte« (notwendige, gesellschaftlich legitime) und »unechte« Bedürfnisse umgehen wir. Aufgrund unserer pragmatischen Vorgehensweise gehen wir von den vorhandenen, vom marktwirtschaftlichen System mitgeprägten Bedürfnissen aus.

In dieser abstrakten Fom ist das Oberziel noch ziemlich trivial, das heißt selbstverständlich (wenn man von unserem Wirtschaftssystem ausgeht). Es bekommt erst dann eine konkrete Bedeutung, wenn wir das Oberziel operationalisieren und in speziellen Bedürfnissen der Konsumenten verankern.

Bisher ist in der Verbraucherpolitik zwar auch von den Bedürfnissen der Verbraucher die Rede, mir ist aber kein Versuch bekannt, diese Bedürfnisse durch verbraucherpolitische Marktforschung darzustellen. Die unmittelbare »Rückkoppelung der verbraucherpolitischen Zielformulierung und Zielrechtfertigung an die Bedürfnisse der betroffenen Verbraucher« fehlt noch weitgehend[33].

Die Operationalisierung des Oberziels kommt nun dadurch zustande, daß wir *konkrete* auf die Verbraucher bezogene Teilziele und Strategien formulieren, die zur Durchsetzung des Oberziels führen. Die Ableitung solcher Normen muß zwangsläufig mit einer Präzisierung des Bedürfnisbegriffes beginnen:

Bedürfnisse sind Antriebskräfte des menschlichen Verhaltens (vgl. Abschnitt 3 a). Sie werden auch als Bedarfe oder Motive bezeichnet. In der Entscheidungstheorie werden Bedürfnisse in Form von Zielen ausgedrückt. Zur empirischen Messung von Bedürfnissen hat die verhaltenswissenschaftliche Forschung den Einstellungsbegriff eingeführt.

Die gemessenen *Einstellungen* zu einem Gegenstand umfassen zwei Komponenten: das auf den Gegenstand bezogene Bedürfnis sowie die stets gleichzeitig auftretenden (kognitiven) Vorstellungen des Konsumenten, in welcher Weise der Gegenstand zur Bedürfnisbefriedigung geeignet ist[34]. Einstellungen können auch als Vorurteile des Konsumenten über die Fähigkeit eines Produktes zur Bedürfnisbefriedigung verstanden werden.

Zur Veranschaulichung: Wenn jemand äußert, er schätze das Produkt P sehr (Äußerung einer stark positiven Einstellung), so ist das beispielsweise darauf zurückzuführen, daß er ein starkes Prestigebedürfnis hat *und* der Meinung ist, das Produkt P sei zur Befriedigung dieses Bedürfnisses geeignet.

Welche Bedürfnisse und Meinungen in einer Einstellung stecken, kann durch moderne mehrdimensionale Einstellungsmessungen ermittelt werden. Einstellungen geben also indirekt Auskunft über die vorhandenen Bedürfnisse der Konsumenten.

Einstellungen spielen bei vereinfachten Kaufentscheidungen eine Schlüsselrolle. Solange der Konsument beim Einkaufen keine Probleme sieht, verläßt er sich auf seine gefühlsmäßigen Vorurteile (Einstellungen). Die Einstellungen und damit die in den Einstellungen zutage tretenden Bedürfnisse steuern unmittelbar sein Kaufverhalten, ohne daß der Konsument im einzelnen über eine vergleichende Wertung der einzelnen Produktalternativen nachdenkt.

Dieses *einstellungsgesteuerte* (vereinfachte) Entscheidungsverhalten kann als eine besonders ökonomische Form der Konsumentenentscheidungen angesehen werden, die den Konsumenten von fallweisen Einschätzungen der Produkte und damit von extensiveren Entscheidungsprozessen entlastet. Es spricht viel dafür – das könnte durch verbraucherpolitische Marktforschung (Erforschung der Einstellungen zum Entscheidungsverhalten) nachgewiesen werden – daß die Konsumenten bestrebt sind, in dieser Weise ihren Entscheidungsaufwand zu verringern. Die Verbraucherpolitik sollte deswegen dieses vereinfachte sowie das habitualisierte Entscheidungsverhalten *unterstützen* und fördern.

Wie dies geschehen kann, wird im nächsten Abschnitt über die verbraucherpolitischen Strategien skizziert. Es geht insbesondere darum, das Vertrauen des Konsumenten in die »Problemlosigkeit« seines Kaufverhaltens zu schützen. Nur wenn durch sein routinemäßiges und vereinfachtes Entscheiden erhebliche und vom Konsumenten nicht gesehene Schäden eintreten, sollte man ihn davon abbringen.

Die *bisherige* Verbraucherpolitik hat einen anderen Kurs eingeschlagen. Dem Leitbild vom souveränen Konsumenten folgend versucht sie, durch umfassende Informationen des Konsumenten und durch Rationalisierung des Verhaltens die Kaufentscheidungen extensiver zu machen, auch auf Märkten für Güter des täglichen Bedarfs. Der Kaufentscheidungsprozeß wird dadurch *komplizierter* gemacht, oder umgekehrt ausgedrückt, routinemäßiges und vereinfachtes Einkaufen wird erschwert.

Wir formulieren deswegen abweichend von der bisherigen Verbraucherpolitik als grundlegendes

1. Ziel: Unterstützung und Förderung von routinemäßigen und vereinfachten Kaufentscheidungen der Konsumenten

Dieses Ziel bezieht sich selbstverständlich nicht auf das gesamte Konsumentenverhalten (ein solches Ziel wäre zu undifferenziert und dadurch unwirksam), sondern auf einen Teil des Einkaufsverhaltens, auf den Einkauf von Konsumgütern des täglichen Bedarfs und auf andere Güter, soweit ihr Einkauf problemlos ist.

Nun ist das, was als problemlos angesehen wird, subjektiv zu verstehen. In den Theorien des Konsumentenverhaltens wird die Problemlosigkeit vor allem durch das »subjektiv wahrgenommene Kaufrisiko« gemessen. Bei geringem subjektiv wahrgenommenem Kaufrisiko ist das Informationsbedürfnis des Konsumenten nachweisbar gering. Verbraucherpolitische Informationen sollten deswegen *nur dann* eingreifen, wenn die subjektive Sicht des Konsumenten von den faktischen Gegebenheiten wesentlich zu seinem Schaden abweicht, beispielsweise, wenn ein objektives Konsumrisiko – wie die Suchtgefahr bei Medikamenten – subjektiv nicht gesehen wird. In diesem Fall könnte es Aufgabe der Verbraucherpolitik sein, den Konsumenten auf die Risiken hinzuweisen, sein Kaufverhalten zu problematisieren und den routinemäßigen Ablauf der Entscheidungen (zum Beispiel den habitualisierten Medikamenteneinkauf) zu *erschweren.*

Problematisierung und Rationalisierung des Kaufverhaltens sind auch bei *anderen* Gütergruppen bzw. Einkäufen zweckmäßig: bei Einkäufen mit stark wahrgenommenem Kaufrisiko weicht der Konsument von seinem sonst üblichen routinemäßigen und vereinfachten Kaufverhalten ab. Er sucht Informationen und Entscheidungsrationalität. Das gilt unter anderem beim Einkauf neuer Produkte, sozial auffälliger Produkte, teurer Produkte.

Für solche mehr extensiven Einkaufsentscheidungen, die eine stärkere gedankliche Informationsverarbeitung notwendig machen, wird der Konsument eine Unterstützung seiner Entscheidungsrationalität begrüßen. Für dieses Verhaltenssegment formulieren wir:

Ziel 2: Rationalisierung von Kaufentscheidungen

Dieses Ziel umfaßt die Versorgung der Konsumenten mit besseren »Denkprogrammen« (insbesondere durch die sogenannte Verbraucherbildung) und die Versorgung mit zusätzlichen und geeigneten Informationen.

Bisher haben wir das *affektive* und impulsive Entscheidungsverhalten (im engeren Sinne) außer acht gelassen. Dieses Verhalten macht uns auf die Notwendigkeit einer dritten Zielsetzung aufmerksam:

Wie bereits ausgeführt wurde, ist das Marketing in der Lage, willentlich gelenkte Prozesse der Informationsaufnahme und Informationsverarbeitung zu unterlaufen und den Konsumenten zu beeinflussen, ohne daß dieser den Beeinflussungsvorgang durchschaut. Derartige Beeinflussungen zeigen, wie schutzbedürftig der Verbraucher gegenüber dem Marketing sein kann.

Die nicht bewußt durchschauten und nicht willentlich kontrollierten Beeinflussungsvorgänge wirken sich auf das gesamte Entscheidungsverhalten vom stark vereinfachten Einkauf bis zur extensiven Konsumentscheidung aus. In besonderem Maße macht sich dieser Einfluß natürlich bei spontanen Einkäufen bemerkbar, beim impulsiven Griff in das Regal, beim unreflektierten, spontanen Abschluß eines Ratenzahlungsvertrages usw.

Wegen der Alltäglichkeit und Normalität solcher Beeinflussungen wäre es unsinnig, sie zu verbieten oder im einzelnen zu reglementieren. Es kann nur darum gehen, den Mißbrauch solcher Beeinflussungsstrategien zu verhindern. Dazu dient

Ziel 3: Schutz vor schädlichen Einwirkungen durch das Marketing

Die Einwirkung umfaßt nicht nur die Meinungsbeeinflussung durch die Werbung, sondern jede Einwirkung durch das Marketing, die für den Konsumenten schädlich ist. Ziel 3 umfaßt also auch den »Schutz vor gesundheitsschädlichen Produkten« und dergleichen.

Die für den Konsumenten entstehenden Schäden sind faktisch (anhand von Tatsachen) abzuschätzen. Der dann notwendige politische Konsens darüber, *welche* Schäden durch verbraucherpolitische Maßnahmen abzuwenden sind (darüber, was in diesem Zusammenhang unter »schädlich« zu verstehen ist), läßt sich durchaus erzielen, wie etwa die politischen Übereinkünfte über abzuwendende Umweltschäden zeigen. Bei weitem nicht jeder Nachteil des Konsumenten ist verbraucherpolitisch (sozialpolitisch) relevant.

Diese drei grundlegenden Ziele der Verbraucherpolitik können als *Hypothesen* des Inhalts aufgefaßt werden: »wenn das Ziel X (X = 1. 2. 3) verfolgt wird, dann wird das Oberziel erreicht«. Wie jede Hypothese gelten auch diese Hypothesen nur unter bestimmten Rahmenbedingungen. Ziel 1 gilt zum Beispiel nur beim Einkauf problemloser Güter. Eine von Rahmenbedingungen unabhängige Postulierung von Zielen ist nicht möglich, sie würde zu Zielkonflikten führen. In bezug auf unsere Ziele sind die möglichen Konflikte hauptsächlich zwischen den Zielen 1 und 2, aber auch zwischen 2 und 3, zu sehen.

Es ist demzufolge vor Verwirklichung der Ziele notwendig, Klarheit über die Rahmenbedingungen und damit über die Verhaltenssegmente, für die diese Ziele gültig sind, zu gewinnen. Wir müssen beispielsweise wissen, welche Produktkäufe mit hohem Kaufrisiko verbunden sind, wie der maximal mögliche Kaufkraftverlust auf den verschiedenen Märkten aussieht[35], welchen tatsächlichen Einfluß die Werbung auf die Einkaufsentscheidungen hat usw.

c) Grundlegende verbraucherpolitische Strategien

Den grundlegenden Zielen können grundlegende Strategien, das heißt Maßnahmen zur Erreichung der Ziele, zugeordnet werden. Dafür gibt es mehrere Wege. Wir wählen wieder den Weg der verhaltenswissenschaftlichen *Möglichkeitsanalyse*. Danach sind zuerst systematisch alle in Frage kommenden Maßnahmen zur Durchsetzung der Ziele abzugrenzen.

Man kann die verbraucherpolitischen Strategien danach unterscheiden, ob sie

- beim Konsumenten ansetzen,
- beim Marketing ansetzen.

Das eine Mal ist der Konsument Adressat der verbraucherpolitischen Maßnahmen, sein Verhalten soll durch die Verbraucherpolitik beeinflußt werden. Das andere Mal wendet sich die Verbraucherpolitik an die marketingtreibenden Institutionen, um deren Maßnahmen zu reglementieren.

Wir kommen nach dieser Einteilung zu nachstehend abgebildetem Schema der Verbraucherpolitik.

grundlegende *Ziele*	grundlegende *Strategien*	
	auf den Konsumenten bezogen	auf das Marketing bezogen
Unterstützung und Förderung routinemäßiger und vereinfachter Kaufentscheidungen	Strategien 11	Stategien 12
Rationalisierung von Kaufentscheidungen	Strategien 21	Strategien 22
Schutz vor schädlichen Einwirkungen durch das Marketing	Strategien 31	Strategien 31

Schema der Verbraucherpolitik (hinsichtlich der Beziehungen: Marketing – Konsument)

Aus den Ausführungen im vorigen Abschnitt wird ersichtlich, daß die so abgeleiteten Strategien 11 bis 32 nur für bestimmte *Verhaltenssegmente* gültig sind, daß heißt nur unter bestimmten Rahmenbedingungen zu einer wirksamen Verbraucherpolitik führen. So ist eine Maßnahme der Strategien 12 nur auf dem Markt für Nahrungsmittel (vorwiegend routinemäßige Einkaufsentscheidungen) und nicht auf dem Markt für langlebige Gebrauchsgüter (extensive Kaufentscheidungen) zweckmäßig.

Ferner kann die gleiche verbraucherpolitische Maßnahme, zum Beispiel der Warentest, für zwei verschiedene Ziele eingesetzt werden. Warentesturteile können angeboten werden, um Einkaufsentscheidungen zu vereinfachen. Sie werden dann ohne weitere Reflexion vom Konsumenten übernommen und substitutieren die eigene Urteilsbildung des Konsumenten. Sie können aber auch im Rahmen einer extensiven Kaufentscheidung herangezogen werden. Der Konsument entnimmt dann dem Warentest differenzierte Informationen über die Qualität der Produkte. Er wird sich in diesem Fall mit dem Zustandekommen des Testurteils befassen und unter anderem prüfen, wie die Produkteigenschaften, die er selbst für besonders wichtig hält, beim Test abschneiden. Das Vermitteln von Warentesturteilen kann also sowohl zur Strategie 11 als auch zur Strategie 21 gehören.

Nachfolgend werden in Kürze einige wichtige Strategien beschrieben.

Sollen vereinfachte Kaufentscheidungen gefördert werden (Strategien 11), so kann man dem Konsumenten Schlüsselinformationen über das Angebot zur Verfügung stellen, die er in einfacher Weise verarbeiten kann und die es ihm ermöglichen, ohne weitere Produktvergleiche und mit geringem Entscheidungsaufwand zu Kaufentscheidungen zu kommen. *Eine* Möglichkeit dazu sind die vorhin erwähnten Urteile der Stiftung *Warentest*. Unter bestimmten Bedingungen werden sie bereits heute vom Konsumenten als derartige Schlüsselinformationen benutzt[36].

Für *diesen* Verwendungszweck (Förderung vereinfachter Kaufentscheidungen) müßte die Qualität der Testurteile verbessert werden. Die Stiftung Warentest müßte wesentlich mehr Kenntnisse über diejenigen Produktmerkmale haben, die vom Konsumenten tatsächlich für wichtig gehalten werden[37]:

Die heutigen Warentesturteile basieren im wesentlichen auf Expertenurteilen, die sicherstellen, daß der Konsument qualifizierte Informationen über die objektive Produktqualität bekommt. Sie gehen davon aus, daß der Konsument diese Informationen bei seinen eigenen Entscheidungsprozessen in einer differenzierten Weise aufnimmt und auf Brauchbarkeit für die eigene Entscheidung prüft. Sie sind demzufolge auf Verwirklichung des Zieles 2 angelegt, das heißt, für die Verwendung bei extensiven Kaufentscheidungen vorgesehen.

Wenn jedoch Testurteile zur Vereinfachung von Kaufentscheidungen herangezogen werden, so ist davon auszugehen, daß sie vom Konsumenten ohne weitere Nachprüfung als Kaufempfehlung vertrauensvoll übernommen werden. Bei dieser Verwendung von Testurteilen müßte durch empirische Verbraucherforschung gesichert sein, daß die Warentesturteile wirklich bedürfnisadäquat sind, das heißt, dem subjektiven Bewertungsraster der meisten Konsumenten gerecht werden. Das ist, wie Weinberg[38] zeigt, bei Urteilen der Stiftung Warentest nicht der Fall, weil Experten ohne Kenntnis der Verbrauchermeinung unter Qualität etwas anderes verstehen können als die Konsumenten.

Für die Rationalisierung von extensiveren Kaufentscheidungen können die klassischen Strategien der *Verbraucherbildung* und *Verbraucherinformation* benutzt werden, vorausgesetzt, sie werden in einer wirksamen technischen Form umgesetzt (Strategien 21).

Die Verbraucherbildung vermittelt vor allem »Denkprogramme«, sie soll den Verbraucher in die Lage versetzen, ihre Marketingumwelt kritisch wahrzunehmen und zu beurteilen und vernünftige Kaufentscheidungen zu fällen. Verbraucherinformationen sollen dafür sorgen, daß die Verbraucher die für extensive Kaufentscheidungen benötigten Informationen auch wirklich erhalten. Die vom Marketing gebotenen Informationen reichen in Umfang und Qualität dazu oft nicht aus.

Soll der Konsument vor dem Marketing geschützt werden (Strategien 31), so ist in erster Linie – bezüglich der Strategien, die beim Konsumenten ansetzen – an die *Immunisierung* der Konsumenten gegenüber Beeinflussungen durch das Marketing zu denken: Es handelt sich darum, seine Empfänglichkeit für Appelle des Marketing zu verringern. Derartige Strategien können mit Hilfe der Reaktanztheorie entwickelt werden. Sie laufen darauf hinaus, bei den Konsumenten eine Art Trotzreaktion gegen die Marketingbeeinflussung zu erzeugen.

Dieser Weg, die Sensibilität der Käufer gegen Marketingeinflüsse herabzusetzen, wird in der gegenwärtigen Verbraucherpolitik nicht diskutiert, wahrscheinlich deswegen, weil er gegen das Leitbild vom souveränen Konsumenten verstößt. Immunisierung heißt ja nicht aufklären und informieren, sondern gefühlsmäßig abschirmen[39].

Immunisierung der Verbraucher darf nicht mit Gegeninformation verwechselt werden. Die Gegeninformation, eine ebenfalls wichtige, von Scherhorn und Wieken beschriebene Strategie der Verbraucherpolitik, dient dazu, »verschleiernden und irreführenden Informationen des Anbieters« entgegenzuwirken[40]. Sie vermittelt also Informationen über bestimmte Produkte, die bewußt verarbeitet werden und zu einer Korrektur der durch das Marketing vermittelten Informationen führen. Gegeninformation ist vor allem im Rahmen der Strategien 21 einsetzbar. Durch Immunisierung wird dagegen eine gefühlsmäßige Haltung erzeugt (»Trotzreaktion«), die dazu führt, daß der Konsument unabhängig von den vermittelten Informationen weniger beeinflußt werden kann. Diese gefühlsmäßige Antihaltung muß dem Konsumenten noch nicht einmal bewußt sein.

Auf das Marketing gerichtete Strategien

Unabhängig von den Zielsetzungen, die mit diesen Strategien verfolgt werden, hat man zwei Möglichkeiten zu sehen: Die auf (gegen) das Marketing gerichteten Strategien der Verbraucherpolitik können darauf abzielen

– die Marketingaktivitäten konsumentenfreundlicher zu machen
– die Marketingaktivitäten zu beschränken.

Ein Beispiel für dieses zweiseitige Vorgehen leitet Beier aus dem »Recht des Konsumenten auf Information« ab: Dieses Recht darf nicht nur den Schutz vor einseitiger – falscher und irreführender – Information beinhalten, der durch Reglementierung der Werbung erreicht wird. Es muß auch sichergestellt werden, »daß der Verbraucher die verbreiteten Informationen verarbeiten kann[41].

Beide Maßnahmen, die Beschränkung von Marketing-Aktivitäten und das Eintreten für konsumentenfreundlichere Aktivitäten können auch durch Selbstkontrolle der Wirtschaft bzw. des Marketing verwirklicht werden. Man wird allerdings davon ausgehen können, daß sich die *Selbstkontrolle* in erster Linie darauf beschränken wird, das Marketing konsumentenfreundlicher zu machen. Für Beschränkungen der Marketingaktivitäten wird sie weniger in Frage kommen.

Das in letzter Zeit am stärksten in den Vordergrund gerückte Organ der Selbstkontrolle ist der Deutsche Werberat, der 1972 vom ZAW gegründet wurde, um zweifelhafte und am Rand der Legalität befindliche Werbemaßnahmen, ganz allgemein »Auswüchse der Werbung«, zu verhindern und zu unterbinden. Den Aktivitäten des Deutschen Werberats wird auch eine präventive Wirkung zugeschrieben. Er informiert die Werbetreibenden laufend über Unzulässigkeiten in der Werbung und über Entwicklung und Forderungen der Verbraucherpolitik[42].

Aufgrund der Berufsideologien und der ökonomischen Zielsetzungen auf seiten des Marketing (der Wirtschaft) kann man sich auf die Selbstkontrolle der Wirtschaft allein nicht verlassen. Diese skeptische Beurteilung der Selbstkontrolle findet man auch in der amerikanischen Literatur[43]. Das Marketing muß deswegen über die Selbstkontrolle hinaus durch Gesetze und Verordnungen zugunsten des Konsumenten reglementiert werden. Durch derartige verbraucherpolitische *Reglementierungen* wurden bereits erhebliche Verbesserungen für den Konsumenten erreicht[44].

Reglementierungen zur Beschränkung von schädlichen Beeinflussungstechniken durch das Marketing werden relativ selten erörtert. Von verschiedenen Seiten werden zwar Forderungen nach Behinderung suggestiver und manipulativer Techniken in der Werbung erhoben, aber diese und ähnliche Forderungen sind zu wenig operationalisiert und verhaltenswissenschaftlich fundiert, um ernst genommen zu werden.

Im Hinblick auf die in Abschnitt 3 a beschriebenen Wirkungen des Marketing ist vor allem an eine Beschränkung solcher Beeinflussungstechniken zu denken, die stark emotional wirken (deren Einfluß vom Konsumenten willentlich schwer kontrolliert werden kann), *soweit* sie gegen gesellschaftliche Standards verstoßen sowie an eine Unterbindung von Werbemaßnahmen für schädliche Produkte. Beispiel: in der Heilmittelwerbung ist bereits das Werben mit Angstappellen verboten.

Solche Reglementierungen müssen, wenn sie wirksam sein sollen, von Erkenntnissen über die tatsächlichen Wirkungen des Marketing und der verbraucherpolitischen Maßnahmen ausgehen. Beachtenswert ist, daß sich die Beschränkung von Marketingmaßnahmen allein oft nur begrenzt auswirkt, weil der Einfluß des Marketing ein Einfluß unter vielen sozialen Einflüssen ist. Man denke an die Zigarettenwerbung: Ihr Verbot wird solange wenig bewirken, solange Rauchen gesellschaftlich »in« ist, bildlich gesprochen: solange gesellschaftliche Leitbilder wie DER KOMMISSAR oder DER KANZLER durch ihr Rauchen in den Massenmedien das Rauchen legitimieren und fördern.

Um Mißverständnisse zu vermeiden: Bei der Reglementierung des Marketing wird nicht an eine bis ins einzelne gehende Reglementierung gedacht, sondern an eine gezielte Unterbindung von solchen (vereinzelten) Marketingstrategien, die tatsächlich und nachweisbar den Konsumenten in einem sozial nicht vertretbaren Ausmaß schädigen.

Die hier im Umriß aufgeführten verbraucherpolitischen Strategien und ihre Abweichungen von den gegenwärtig durchgeführten verbraucherpolitischen Maßnahmen werden an anderer Stelle eingehender dargestellt und verhaltenswissenschaftlich analysiert[45]. Es liegt auf der Hand, daß diese Vorschläge zur Neuformulierung der Verbraucherpolitik noch weiterer Diskussion und Klärung bedürfen.

Abschließend: Welche der möglichen und wirksamen verbrauchspolitischen Strategien praktisch durchgeführt werden sollen, ist in erster Linie von ihrem Beitrag zur Lösung von vorhandenen sozialen Problemen abhängig zu machen. Ob Herr X (ein aufgeklärter Abonnent der Zeitschrift test) optimal Rasiercreme oder Wäsche einkauft oder nicht, ist im Hinblick auf die sozialen Probleme in unserer Gesellschaft von untergeordneter Bedeutung. Bei diesem Problem ist etwa an die Einkommensverwendung unterprivilegierter Schichten oder an den durch das Marketing stimulierten Mißbrauch von gesundheitsschädlichen Produkten zu denken[46].

Eine Verbraucherpolitik, die sich nicht an den *konkreten* und vorrangigen sozialen Problemen der Gesellschaft orientiert, wird zu einem unverbindlichen Hobby für Funktionäre und Konsumenten.

Anmerkungen

1 Kraft, 1963.
2 Klaus und Buhr, 1, 1972, 795.
3 Kroeber-Riel, 1977.
4 Scherhorn, 1971.
5 Dieses Programm soll fünf größere empirische Untersuchungen mit einer Dauer von vier bis fünf Jahren zu Themen »alternative Organisationsformen für die Vertretung von Verbraucherinteressen, Untersuchungen zum Verbraucherschutz, Wirksamkeit von Informationsstrategien, Vertretung von Verbraucherinteressen in politischen Gremien, Vertretung von Verbraucherinteressen in behördlichen Verfahren, Verbraucherpolitik bei öffentlichen Gütern, Einfluß verbraucherpolitischer Intrumente bei staatlichen Anbietern, Produktdifferenzierung als Beitrag zur Werbewirkungsforschung, Wechselwirkungen verbraucherpolitischer Leitbilder mit anderen Politikbereichen« umfassen. Es fußt auf einer Pilot-Studie von Biervert, Fischer-Winkelmann, Köhler und Rock, 1976.
6 Zu dieser Kritik vergleiche im einzelnen Kroeber-Riel, Hemberle und von Keitz, 1975, mit einer Entgegnung von Scherhorn, 1976.
7 SPD, 1976.
8 Gewerkschaften, 1974.
9 E. Straus über die Suggestion. Gleiches kann auch für die Manipulation gelten. Zitat aus Dorsch, 1970, 202.
10 Neumann, 1976.
11 Sheth, 1976, 4196 mit weiteren Literaturhinweisen.
12 Geigant, Sobotka, Westphal, 1975, 278.
13 Galbraith, 1975. Zum Nachweis und zur Kritik dieses Leitbildes in der Marketingtheorie vgl. auch Kroeber-Riel, 1974 und Fischer-Winkelmann, 1973.
14 agv, o.J., 15.
15 Scherhorn, 1971, zitiert nach Biervert, 1972. Biervert sieht in diesen drei Postulaten die Ansatzpunkte verbraucherpolitischer Strategien. Diese Zielvorstellungen zur Rationalisierung des Verbraucherverhaltens beherrschen bis heute in einseitiger und unrealistischer Weise die Verbraucherpolitik.
16 Hippel, 1974, 11ff. und Kommission, 1976, 774.
17 Kommission für wirtschaftlichen und sozialen Wandel, 1976, 781.
18 Die rationale Kontrolle der eigenen Bedürfnisse gehört zu den immer wiederkehrenden verbraucherpolitischen Ansprüchen, vgl. etwa Scherhorn, 1975, 20ff., 74

oder Ernährungsbericht 1976 (Deutsche Gesellschaft für Ernährung, 1976, 438). Hier wird eine Abkehr von der gefühlsbedingten Einstellung zur Ernährung angestrebt.

19 Hilgard, Atkinson und Atkinson, 1971, 461.

20 Krech und Crutchfield, I, 1972, 455.

21 Scherhorn, 1975.

22 Wie Engel, Kollat, Blackwell, 1968; Howard und Sheth, 1969; Hansen, 1972; Kroeber-Riel, 1975; und Hoepfner, 1976.

23 Howard und Sheth, 1969, 27.

24 Vgl. auch Weinberg, 1977, 112ff.

25 Miller, Galanter und Pribram, 1973, 29ff.

26 Barg, 1977.

27 Im einzelnen: Kroeber-Riel, 1975, 121ff.

28 Im einzelnen Kroeber-Riel, 1975; sowie Kommission, 1976, 788-789.

29 Diese Möglichkeiten zur gefühlsmäßigen Beeinflussung und die Wirksamkeit der in diesem Beitrag an anderer Stelle genannten »manipulativen« Techniken (Beeinflussungstechniken, die der Konsument nicht durchschaut und nicht willentlich kontrollieren kann) werden immer wieder bestritten. Empirisch fundierte Gegenargumente fehlen aber.
Es sind zwar keine Schätzungen über die gesellschaftlich relevanten Folgen der manipulativen Marketingtechniken vorhanden, über die Tatsachen selbst lassen die Forschungsergebnisse aber keinen Zweifel zu.
Selbstverständlich werden auch solche Beeinflussungstechniken nur unter bestimmten Rahmenbedingungen wirksam. So können emotional sehr stark verankerte Verhaltensweisen (wie das Rauchen) nur schwer beinflußt werden. Diese Rahmenbedinungen werden bei den verbreiteten trivialen »Gegenbeweisen« wie: »wenn das Marketing wirklich manipulieren könnte, dann würde es keine erfolglosen Produkte geben«, außer acht gelassen. Für eine derartige Argumentation vgl. das verbreitete Lehrbuch von Woll, 1970, 59: Für Woll ist der »Einfluß der Werbung empirisch kaum greifbar« (!). Die These von der Manipulierbarkeit der Verbraucher legt er vor allem »Neomarxisten« in den Mund. Ein Blick auf die verhaltenswissenschaftliche Literatur könnte Woll schnell über Manipulationsmöglichkeiten belehren. In dieser Literatur wird man allerdings den Manipulationsbegriff vergebens suchen, Stichworte zu dem hier gemeinten Sachverhalt sind unter anderem: reizgebundenes Verhalten, Aufmerksamkeitslenkung, emotionale Konditionierung usw..

30 Statt von bekannten Gesetzmäßigkeiten kann man, mangels besserer Informationsbasis, auch von neuen Hypothesen über das Konsumentenverhalten ausgehen. Entscheidend ist, daß die verbraucherpolitischen Maßnahmen auf prüfbare (operationalisierte) Aussagen über das Konsumentenverhalten gestützt werden, damit eine empirische Wirkungskontrolle möglich ist.

31 Das kritisiert auch Sheth (1976, 4196) bezüglich der amerikanischen Verbraucherpolitik. Er mokiert sich darüber, daß die FTC (Federal Trade Commission) grundlegende Probleme wie die Überwachung von Werbepraktiken vernachläs-

sigt, aber dagegen angeht, daß Indianerschmuck nicht durch amerikanische Indianer gemacht wird – wie es sein sollte – oder daß »Marineschuhe« nicht tatsächlich von der amerikanischen Marine hergestellt werden.

32 Der verbraucherpolitische Bericht der Bundesrepublik (1975, 10) beginnt mit dem programmatischen Satz »In unserer Wirtschaftsordnung ist der Befriedigung der Bedürfnisse des Verbrauchers eine hohe Priorität eingeräumt.« Vergleiche zur Formulierung des Oberziels auch Kommission, 1976, 771, Position 2 oder Scherhorn, 1975, 136. Dort wird gefordert, »dem Konsumenteninteresse ... zu angemessener Durchsetzung zu verhelfen«. Vergleiche auch S. 1ff: Verbraucherinteresse als Wunsch nach Befriedigung der eigenen Bedürfnisse.

33 Biervert, 1976, 30.

34 Im einzelnen Kroeber-Riel, 1975, 83ff.

35 Zum Begriff des maximal möglichen Kaufkraftverlustes vergleiche Beier, 1977. Er versteht darunter finanzielle Einbußen durch Kaufentscheidungen bei fehlender Markttransparenz. Kritisch zu bemerken ist die fehlende Berücksichtigung von Opportunitätskosten, die durch »richtige« Entscheidungen entstehen. Vergleiche Abschnitt 3a dieses Beitrags.

36 Raffée, Hefner u.a., 1976, insbes. 104ff.

37 Beier, 1976, 2, 5, 2a ff. und Weinberg, 1977, 25ff.

38 Weinberg, 1977.

39 Im einzelnen Feigs, 1976; Kroeber-Riel 1975, 123ff.

40 Scherhorn und Wieken, 1976, 259.

41 Recht auf »verarbeitungsfreundliche Informationen«, Beier 1975, 283.

42 ZAW, 1976, 18ff.

43 Vgl. etwa Sethi, 1976, 79.

44 Vgl. Bundesregierung, 1975, 12ff.

45 Hemberle, von Keitz, 1977.

46 Ein erster Ansatz zu einer differenzierten Betrachtung und zu einer Verbraucherpolitik, die sich entsprechend der vorhandenen sozialen Problematik insbesondere an Jugendliche, ältere Menschen und einkommensschwächere Schichten wendet, ist die Konzeption für die Verbraucherinformation und Verbraucherberatung der Bundesregierung (1975). Vergleiche dazu auch Dörge, 1966, Sturdivant, 1976.

Verzeichnis der zitierten Literatur

agv (o.J.) (Arbeitsgemeinschaft der Verbraucher): Im Dienste des Verbrauchers, Bonn o. J.

Barg, C.D. (1977): Messung und Wirkung psychischer Aktivierung durch Werbung. Diss. Universität des Saarlandes, Saarbrücken 1977.

Beier, U. (1977): Ansätze zur Bestimmung entscheidungsbedingter Kaufkraftverluste. Arbeitsbericht der Lehr- und Forschungseinheit »Wirtschaftslehre des Haushalts und Verbraucherpolitik«, Universität Hamburg, Hamburg 1977.

Beier, U. (1975): Zum Abbau einseitiger Informationen in der Konsumwarenwerbung, in: Die Unternehmung, 29, 1975, S. 27ff.

Beier, U. (1976): Vergleichende Warentests: Aufgaben, Ergebnisse und Möglichkeiten. Arbeitsbericht der Lehr- und Forschungseinheit »Wirtschaftslehre des Haushalts und Verbraucherpolitik«, Universität Hamburg, Hamburg 1976.

Biervert, B. (1972): Wirtschaftspolitische, sozialpolitische und sozialpädagogische Aspekte einer verstärkten Verbraucheraufklärung. Forschungsbericht im Auftrage des Ministerpräsidenten des Landes Nordrhein-Westfalen, Köln 1972.

Biervert, B., Fischer-Winkelmann, W. F., Köhler, G. und Rock, R. (1976): Verbrauchergerechte Verbraucherforschung und -politik – eine Situationsanalyse, Pilot-Studie zur Vorbereitung eines Schwerpunktvorhabens im Bereich anwendungsorientierter Sozialforschung, Wuppertal 1976.

Biervert, B. (1976): Ziele und Legitimation der Verbraucherpolitik, in: Biervert, Fischer- Winkelmann, Köhler und Rock, 1976, S. 13ff.

Bundesregierung (1975): Zweiter Bericht der Bundesregierung zur Verbraucherpolitik, Bonn 1975 (BT-Drucksache 7/4181 vom 20.10.1975) mit einem Anhang: Konzeption für die Verbraucherinformation und -beratung, vorgelegt vom Interministeriellen Ausschuß für Verbraucherfragen am 20.10.1975

Deutsche Gesellschaft für Ernährung e.V. (Hrsg.) (1976): Ernährungsbericht 1976, Frankfurt 1976.

Dorsch, F. (1970): Psychologisches Wörterbuch, Hamburg und Bern 1970.

Dörge, F.-W. (1976): Zum Stellenwert der Verbraucherarbeit innerhalb der Wirtschafts- und Gesellschaftspolitik, in: Mitteilungsdienst der Verbraucherzentrale Nordrhein-Westfalen, 1976, Heft 3.

Engel, J.F., Kollat, D.T., Blackwell, R.D. (1968): Consumer Behavior. New York, Chicago, San Francisco 1968.

Engelhardt, W.W. (1976): Verbraucherpolitik – Sozialpolitik, in: Das Parlament, 26, 1976, Nr. 43, S. 2.

Feigs, J. (1976): Der Einfluß der Einstellung zur Werbung und der Kompetenzempfindung auf die Werbewirkung – eine empirische Untersuchung. Diss. Universität des Saarlandes, Saarbrücken 1976.

Fischer-Winkelmann, W.F. (1973): Marginalien zur Konsumentensouveränität als einem Axiom der Marketing-Theorie. ZfbF. 25 (1973), S. 161-175.

Fischer-Winkelmann, W.F. und Rock, R. (Hrsg.) (1975): Markt und Konsument – Zur Kritik der Markt- und Marketingtheorie, Teilband I: Kritik der Markttheorie, München 1975.

Galbraith, J.K. (1975): Volkswirtschaftslehre als Glaubenssystem, in: Fischer-Winkelmann und Rock (1975).

Geigant, F., Sobotka, D. und Westphal, H.M. (Hrsg.) (1975): Lexikon der Volkswirtschaft, München 1975.

Gewerkschaften (1974): Positionspapier der Gewerkschaften zur Verbraucherpolitik, verfaßt von G. Friedrichs u.a., abgedruckt im Basisdienst des Zentralausschusses der Werbewirtschaft, Bonn 1974.

Glöckner, W.H. (1976): Gesetzgebung und Schutzvorschriften, in: Das Parlament, 26, 1976, Nr. 43, S. 2.

Hansen, F. (1972): Consumer Choice Behavior. A Cognitive Theory. New York, London, 1972.

Hemberle, G. und von Keitz, W. (1977): Verhaltenswissenschaftliche Analyse und Entwicklung von verbraucherpolitischen Konzeptionen; erscheint demnächst in: Der Arbeitnehmer, Zeitschrift der Arbeitskammer des Saarlandes, 25, 1977.

Hilgard, E.R., Atkinson, R. C. und Atkinson, R.L. (1971): Introduction to Psychology. 5th edition, New York, Chicago usw. 1971.

Hippel, von, E. (1974): Verbraucherschutz. Tübingen 1974.

Hoepfner, F.G. (1976): Verbraucherverhalten. Berlin, Köln, Mainz, 1976.

Howard, J.A., Sheth, J.N. (1969): The Theory of Buyer Behavior. New York, London, Sydney, Toronto, 1969.

Katz, R.M. (ed.) (1976): Protecting the consumer interest – private initiative and public response. Cambridge (Mass.), 1976.

Klaus, G., Buhr, M. (Hrsg.) (1972): Marxistisch-Leninistisches Wörterbuch der Philosophie. Bd. 1-3, Reinbek 1972.

Kommission für wirtschaftlichen und sozialen Wandel (1977): Gutachten: Wirtschaftlicher und sozialer Wandel in der Bundesrepublik Deutschland, Manuskript, vorgelegt im Jan. 1977 (erscheint demnächst als Bundestagsdrucksache).

Kraft, V. (1963): Rationale Moralbegründung. Sitzungsberichte der Österreichischen Akademie der Wissenschaften, Philosophisch-Historische Klasse, 242. Band, 4. Abhandlung, Graz, Wien, Köln, 1963.

Krech, D., Crutchfield, R.S. (1972): Grundlagen der Psychologie. Bd. 1, 4. Aufl., Weinheim, 1972. Bd. 2, Weinheim, Berlin, Basel, 1971.

Kroeber-Riel, W. (1977): Verhaltenswissenschaftliche Marketingforschung, in: Weinhold, H. (Hrsg.): Unternehmung und Markt (im Druck).

Kroeber-Riel, W. (1975): Konsumentenverhalten. München 1975.

Kroeber-Riel, W. (1974): Ideologische Komponenten der entscheidungsorientierten Absatztheorie, in: Weinberg, P., Behrens, G. und Kaas, K.P. (Hrsg.): Marketingentscheidungen, Köln 1974.

Kroeber-Riel, W., Hemberle, G. und von Keitz, W. (1975): Schattenboxen der Funktionäre, in: Wirtschaftswoche, 29, 1975, Heft 51, S. 50-56.

Miller, G.A., Galanter, E. und Pribram, K.H. (1973): Strategien des Handelns – Pläne und Strukturen des Verhaltens, Stuttgart 1973.

Neumann, L.F. (1976): Werden wir manipuliert? Sozialpädagogische Aspekte der Verbraucheraufklärung, in: Das Parlament, 26, 1976, Nr. 43, S. 3.

Raffée, H., Hefner, M. u.a. (1976): Informationsverhalten und Markenwahl, in: Die Unternehmung, Schweizerische Zeitschrift für Betriebswirtschaft, 30, 1976, S. 95ff.

Scherhorn, G. (1976): Angriff mit Aplomb, Wirtschaftswoche Nr. 2, 1976, S. 33-36.

Scherhorn, G. (1971): Möglichkeiten und Wege zu einer effektiveren Verbraucheraufklärung und -erziehung, insbesondere durch Errichtung eines Lehr- und

Forschungszentrums (Verbraucherakademie), Hamburg 1971 (als Manuskript vervielfältigt).

Scherhorn, G. u.a. (1975): Verbraucherinteresse und Verbraucherpolitik. Schriften der Kommission für wirtschaftlichen und sozialen Wandel. Band 17. Göttingen 1975.

Scherhorn, G. und Wieken, K. (1976): Über die Wirksamkeit von Gegeninformation für Konsumenten, in: Specht, K.G. und Wiswede, G. (Hrsg.): Marketing-Soziologie – Soziale Interaktionen als Determinanten des Marktverhaltens, Berlin 1976, S. 257ff.

Sheth, J.N. (1976): Why Consumer Protection efforts are likely to fail? In: Zeitschrift für Markt, Meinungs- und Zukunftsforschung, 19, 1976, S. 4191.

Sethi, S.P. (1976): Emerging issues in Consumerism, in: Katz, 1976, S. 77-86.

SPD (1976): Sozialdemokratische Politik für Verbraucher. Beschluß des SPD-Parteivorstandes vom 7. Mai 1976, abgedruckt in: Mitteilungsdienst der Verbraucherzentrale Nordrhein-Westfalen, 1976, Heft 3.

Sturdivant, F.D. (1976): The »unprotected« Consumers: The young, the old, the poor, in: Katz, 1976, S. 29-39.

Weinberg, P. (1977): Die Produkttreue der Konsumenten, Wiesbaden 1977.

Weinberg, P., Behrens, G. und Schneider, R. (1976): Messung der Qualität von Produkten – Bericht über ein Forschungsprojekt. Arbeitspapiere des Fachbereichs Wirtschaftswissenschaft der Gesamthochschule Paderborn. Paderborn 1976.

Woll, A. (1970): Allgemeine Volkswirtschaftslehre, 2. Aufl., Berlin und Frankfurt 1970.

ZAW (Zentralausschuß der Werbewirtschaft) (1976): Jahrbuch Werbung 1975/1976. Bonn 1976.

Zeitschrift für Verbraucherpolitik, hrsg. von: Ölander, F., Reich, N. und Scherhorn, G., erscheint ab April 1977 im Luchterhand-Verlag Neuwied.

Klaus-Peter Kruber

Beschränkung des Marktzugangs – eine geeignete Maßnahme zur Verbesserung der Markttransparenz der Verbraucher?

I. Verbraucherpolitische Problematik mangelnder Markttransparenz der Konsumenten

Ein zentrales Problem der Verbraucher in entwickelten Marktwirtschaften ist ihre unzureichende Markttransparenz. Die oft unüberschaubare Produktvielfalt, die zur Befriedigung einzelner Bedürfnisse angeboten wird, sowie der überwältigende Strom oft emotionaler, aggressiver, informationsarmer, ja gelegentlich irreführender Werbung rufen beim Konsumenten ein Gefühl der Überforderung und Unsicherheit hervor, erschweren rationale Kaufentscheidungen und beschränken seine Konsumfreiheit (Handlungs- und Entscheidungsfreiheit).[1] Dies bedeutet eine Minderung des Konsumentennutzens aus dem – grundsätzlich begrüßenswerten – reichhaltigen und differenzierten Güterangebot und begünstigt die Entstehung und Verstärkung von Marktmacht bestimmter Anbieter gegenüber den Nachfragern und Wettbewerbern auf der Anbieterseite. Unvollkommene Markttransparenz bei den Nachfragern äußert sich in mangelnder Kenntnis der Befriedigungsmöglichkeiten für einen bestimmten Bedarf, unzureichender Information über die in Frage kommenden Bezugsquellen, den Preis, die Qualität der Produkte sowie Unsicherheit bezüglich ihrer Rechte als Käufer gegenüber dem Verkäufer. Ungeachtet der bereits existierenden Bemühungen der verschiedenen Verbraucherorganisationen um verbesserte Verbraucherinformation sind Informationsniveau und -verhalten der Verbraucher nach einhelliger Meinung aller Untersuchungen unzureichend. Überdurchschnittlich betroffen sind gerade diejenigen Bevölkerungsgruppen, die in besonderem Maße auf rationales Konsumentenverhalten angewiesen sind: die weniger Gebildeten und die weniger Wohlhabenden (sehr häufig sind diese Personen identisch). Sie werden vielfach von den angebotenen Verbraucherinformationen nicht erreicht und stehen der Produktvielfalt und Anbieterwerbung häufig besonders unkritisch gegenüber.[2]

Aus: Jahrbuch für Sozialwissenschaft, Bd. 29 (1978), Vandenhoeck & Ruprecht, Göttingen; S. 55-69

Vorschläge zur Verbesserung der Verbraucherinformation betreffen insbesondere drei Bereiche[3]:

a) Die Verbraucher benötigen Grundlagenwissen über die Funktionsweise der Marktwirtschaft und wirtschaftliches Verhalten am Markt und im Haushalt;

b) sie benötigen aktuelle Informationen über die jeweilige Entwicklung von Preisen, Qualitäten, Neuerungen usw. auf den wichtigsten Märkten; über die aktuelle Rechtsprechung in Verbraucherfragen usw. Diese Informationen müssen zum Grundlagenwissen hinzutreten.

c) Hinzutreten müssen ferner "Gegeninformationen", die einseitige, falsche oder irreführende Behauptungen der Anbieterwerbung oder Praktiken der Verkaufsförderung publik machen und richtigstellen.

Die bisherigen Bemühungen auf diesen Gebieten werden meist als wenig effizient beurteilt.

Soll Verbraucherinformation künftig wirksamer sein als bisher, sind eine Reihe von Voraussetzungen zu erfüllen[4]:

a) Die Vermittlung des verbraucherrelevanten Grundlagenwissens muß bereits in der allgemeinbildenden Schule beginnen, und es sollten Möglichkeiten der Weiterbildung geschaffen werden.

b) Die aktuellen Informationen müssen umfassender, weniger zersplittert, glaubwürdiger und – was die Ansprache der relevanten Bevölkerungsgruppen anbelangt – wirksamer sein als bisher.

c) "Gegeninformation" seitens der Verbraucherorganisationen muß sich ähnlich wirksamer Methoden bedienen wie die Anbieterwerbung, und es müssen erheblich mehr Mittel dafür bereitgestellt werden.

d) Der rechtliche Rahmen für die Anbieterwerbung muß überarbeitet werden (Reform des UWG: u.a. Aufhebung des Verbots vergleichender Werbung; Vorschriften über den Mindestgehalt an Informationen in Werbeaussagen; Möglichkeit, den Nachweis der in der Werbung behaupteten Produkteigenschaften von den Firmen verlangen zu können; Recht auf Vertragsauflösung und/oder Schadensersatzklage von Verbrauchern, die durch irreführende Werbung geschädigt worden sind).

II. Behördliche Marktschließung als Instrument gegen übertriebene Produktdifferenzierung

Zusätzlich zu diesem Katalog von Maßnahmen – die hier nicht weiter diskutiert werden sollen – wird neuerdings ein weiterer Vorschlag in die Diskussion gebracht, der – so heißt es – nicht nur am Symptom kuriert, sondern das Übel unzulänglicher Markttransparenz der Verbraucher an der Wurzel packt: Durch Beschränkung des freien Marktzugangs für neue Anbieter soll übertriebene Produktdifferenzierung abgebaut und irrelevante Werbung reduziert werden.[5]

Zusammengefaßt verläuft die Argumentation wie folgt: Freier Marktzugang erlaubt Unternehmern jederzeit den Zutritt zu bestehenden Märkten, um an den Erfolgen der bereits "etablierten" Unternehmen teilzuhaben. Die Neulinge werden versuchen, die am Markt angebotenen Produkte zu imitieren, um den bestehenden Unternehmen Kunden abzujagen. Allerdings werden sie – wegen der nur schwer zu überwindenden Präferenzen der Verbraucher für die etablierten Anbieter und aus Furcht vor einem Preiskrieg mit diesen – nicht identische, sondern differenzierte Produkte anbieten. Die Unterschiede können physischer, preislicher, distributiver, vor allem aber psychologischer Art sein. Die Folgen sind eine Vielfalt gegeneinander substituierbarer Waren, die ständige Änderung dieser Waren im Zeitablauf und, damit verbunden, eine Vielfalt einseitiger und manipulativer Marktinformationen. "Da die Verbraucher aber meist nur unvollkommene Markttransparenz besitzen, sind sie nicht in der Lage, für die von ihnen besonders präferierten Bedarfskategorien Waren zu finden, die ihren Bedürfnissen am besten entsprechen ... Die Folge ist, daß die Verbraucher vielfach Waren kaufen, die sie bei vollkommener Kenntnis des Angebots eines Marktes nicht kaufen würden" (291). Um das Übel – zu viele Anbieter mit zu vielen Produktvarianten – an der Wurzel zu packen, sollten der Marktzutritt durch staatliche Eingriffe geschlossen und Unternehmenszusammenschlüsse gefördert werden (299), bevor es auf den Märkten zu den oben geschilderten Erscheinungen kommt. Der geeignete Zeitpunkt dafür ist das Ende der Expansionsphase des Marktes. Am Ende der Expansionsphase hat das Produkt einen festen Platz im Bedarfsschema der Verbraucher gefunden, seine wesentlichen Verwendungsmöglichkeiten sind erschlossen, anfängliche "Kinderkrankheiten" abgestellt und kostengünstige Produktionsverfahren und -kapazitäten vorhanden. Es treten nun die "konservativen Unternehmer auf dem Markt (auf), um am Markterfolg der anderen zu partizipieren, ohne wesentlich zur Weiterentwicklung der Ware bzw. zur Preissenkung beizutragen" (299). Von der Schließung des Marktzugangs sollen folgende Wirkungen ausgehen: "(1) weniger Unternehmer bieten weniger Waren einer Warenart an und (2) durch die geringere Anzahl von Unternehmen kann sich der Wettbewerbsdruck innerhalb des Marktes vermindern, was gegebenenfalls dazu führt, daß die Anzahl von Varianten einer Warenart innerhalb eines Unternehmens zurückgeht, d.h. der Zwang zur Ausweitung des Produktions- und Absatzprogramms an gegeneinander substituierbaren Waren und die laufende Änderung dieses Programms im Zeitablauf schwächt sich ab. Mit der geringeren Zahl von gegeneinander substituierbaren Waren und dem damit verbundenen geringeren Druck auf den Wettbewerb im Parallelprozeß erübrigt sich gegebenenfalls auch die verstärkte Verbreitung einseitiger und manipulativer Marktinformationen. Es ist zu vermuten, daß sich die Übersichtlichkeit des betreffenden Marktes erhöht und die Verbraucher nun eher *fähig* und *bereit* sind, Informationen zur Erhöhung ihrer Markttransparenz zu erlangen. Hiervon sind neue Impulse für den Wettbewerb im Austauschprozeß zu erwarten" (294). Die Gefahr monopolistischer Praktiken der am Markt verbliebenen Unternehmen wird nicht geleugnet, aber "Die potentielle Konkurrenz, d.h. der Druck von Unternehmen, in einen Markt einzutreten, kann vom Staat dazu genutzt werden, die Unternehmen eines geschlossenen Marktes bei der Festlegung ihrer Marketing-Strategie zu beeinflussen ..., denn der Staat ist in der Lage, jederzeit einem Unternehmen den Markteintritt zu ermöglichen" (295). Diese Drohung soll die Anbieter zu wettbewerblichem Verhalten und zum Verzicht auf Ausnutzung ihrer Marktmacht veranlassen. Eine Belebung des Wettbewerbs und Besserstellung der Verbraucher wird auch davon erwartet, daß die Schließung bisher bevorzugter Märkte viele Unternehmen zwinge, in anderen Märkten zu investieren bzw. innovativ neue Märkte zu entwickeln (296).

Das dargestellte Konzept beruht auf einer Reihe von Fehlinterpretationen der Wettbewerbstheorie[6] und ist daher weder als Ergänzung noch gar als Ersatz für die eingangs stichwortartig charakterisierten Maßnahmen zur Verbesserung der Markttransparenz der Verbraucher geeignet. Es würde vermutlich kaum dazu beitragen, dieses Ziel zu erreichen, mit Sicherheit die ohnehin schon allzu oft übergewichtige Marktmacht der Anbieter gegenüber den Konsumenten verstärken und hätte zwangsläufig eine umfangreiche staatliche Investitionslenkung zur Folge.

Direkte staatliche Investitionslenkung wird von einflußreichen Verbraucherpolitikern als Instrument einer "ex ante-Verbraucherpolitik" vorgeschlagen.[7] Ihre ordnungspolitische Problematik kann hier nicht diskutiert werden.[8] Es geht dabei in diesem Zusammenhang insbesondere um folgende Fragen:

- Welches Maß an Produktdifferenzierung und Werbung ist optimal bzw. noch zulässig? Wer entscheidet das? Wie ist er legitimiert?[9]
- In engem Zusammenhang damit: Nach welchen Kriterien soll der Staat über Öffnung oder Schließung eines Marktes entscheiden?
- Wie werden die zuzulassenden oder auszuscheidenden Unternehmen ausgewählt? Welche Instrumente kommen dafür in Betracht?
- Wie verhält sich der Staat gegenüber den – zweifellos privilegierten – etablierten Unternehmen an geschlossenen Märkten: Zu ihren Gewinnen und evtl. Verlusten? Zu ihren Investitionsentscheidungen und ihrem sonstigen Marktverhalten? Zu ihren Aktionären?
- Wie soll das Problem der Importe und der ausländischen Niederlassungen im Inland gelöst werden? Soweit diese nicht in das System der Investitionslenkung einbezogen sind, ergeben sich erhebliche Störfaktoren bei der Durchsetzung der gewünschten Angebotsstruktur.

Diese Fragen können hier nicht ausdiskutiert werden. Vielmehr möchte ich anhand der wettbewerbstheoretischen Zusammenhänge zwischen Marktentwicklung, Marktzugang und wahrscheinlichen Marktergebnissen die Fehlerhaftigkeit und verbraucherpolitische Fragwürdigkeit des Konzepts der Marktschließung verdeutlichen und – skizzenhaft – den Beitrag der Wettbewerbs- zur Verbraucherpolitik umreißen.

III. Marktentwicklung, Marktzugang und Produktdifferenzierung

Die in der Preistheorie übliche Unterscheidung nach der Marktform reicht nicht aus, die Besonderheiten der realen Märkte zu beschreiben, das Verhalten der Anbieter und Nachfrager sowie die beobachtbaren Marktergebnisse zu erklären. Die in der Realität vorzufindenden Märkte der zahlreichen Konsum- und Investitionsgüter unterscheiden sich in einer Reihe von Merkmalen, deren jeweilige Ausprägung und Zusammensetzung unter dem Begriff der "Marktstruktur" zusammengefaßt wird. Die Marktstruktur bezeichnet m.a.W. "jene Merkmale der Marktorganisation, die einen strategischen Einfluß auf die Art des Wettbewerbs und der Preisgestaltung auf dem Markt auszuüben scheinen"[10]. Zu den Merkmalen der Marktstruktur gehören z.B. die Zahl der Anbieter und Nachfrager (Marktform), das Ausmaß der Markttransparenz auf seiten der Anbieter bzw. Nachfrager, das Ausmaß der Produktdifferenzierung, die Höhe der Zugangshemmnisse technischer, rechtlicher, finanzieller usw. Art, die ein neuer Wettbewerber zu überwinden hat (Marktzugang), die Entwicklungsphase des Marktes im Lebenszyklus des Produkts usw. Die Bedeutung der Marktstruktur ergibt sich aus folgender Hypothese: Die Marktstruktur steckt in einem empirisch bedeutenden Umfang den Rahmen für das Marktverhalten von Anbietern und Nachfragern ab und erlaubt Wahrscheinlichkeitsaussagen über die zu erwartenden Marktergebnisse. So sind z.B. die Zielsetzungen der Anbieter, die Art und relative Bedeutung der von ihnen eingesetzten absatzpolitischen Instrumente (Preis, Werbung, Sortimentsgestaltung, Wahl der Vertriebswege usw.), die Neigung zu Absprachen über Preise, Konditionen, Absatzgebiete usw. oder zu diskriminierenden Praktiken gegenüber Kunden oder Lieferanten sowie die Intensität der Forschungs- und Entwicklungsanstrengungen (= Komponenten des Marktverhaltens) nicht unabhängig von der jeweiligen Marktstruktur. Marktstruktur und Marktverhalten bestimmen zusammen das Marktergebnis (Höhe des Marktpreises, Art und Ausmaß der Produktdifferenzierung, technischer Fortschritt in Form von neuen Produkten oder verbesserten Produktionsverfahren, Höhe und Dauerhaftigkeit der Gewinne usw.). Hierauf beruht die wettbewerbspolitische Konzeption, durch Aufrechterhaltung wettbewerbsintensiver Marktstrukturen (z.B. durch Fusionskontrolle, Kartellverbot usw.) und Verbot wettbewerbsbeschränkender Verhaltensweisen (z.B. Verbot von Diskrimierungspraktiken), die Voraussetzungen für gute Marktergebnisse (niedrige Preise, verbrauchergerechte Angebotszusammensetzung, rascher technischer Fortschritt, Vermeidung monopolistischer Gewinne usw.) zu schaffen.[11] Die Zusammenhänge zwischen den zahlreichen Komponenten von Marktstruktur, Marktverhalten und Marktergebnissen sind – insbesondere im Zuge der dynamischen Entwicklung wachsender Volkswirtschaften – außerordentlich komplex und keineswegs eindeutig, wie von allen Wettbewerbstheoretikern stets hervorgehoben wird.[12] Immerhin lassen theoretische Überlegungen und empirische Erfahrung gewisse Tendenzaussagen zu, die nicht nur die Realität von Wettbewerbsprozessen besser erfassen als konkurrierende Theorien (etwa die herkömmliche Preistheorie), sondern auch eine brauchbare Basis für die wettbewerbspolitische Praxis abgeben.

Im folgenden wird ein vereinfachtes Modell des Zusammenhangs von Marktzugang und Produktdifferenzierung im Zuge der Marktentwicklung vorgestellt. Es ist nicht beabsichtigt – und auch nicht möglich – die Vielfalt der beobachtbaren Marktstrukturen zu untersuchen, sondern ich möchte den im Zusammenhang mit der oben (II) dargestellten These relevanten und in der wettbewerbs- und verbraucherpolitischen Praxis bedeutsamsten Fall des Oligopols herausgreifen. Die Darstellung muß sich kurz fassen und beschränkt sich auf die wichtigsten Züge; für eine genauere Analyse muß auf die Literatur verwiesen werden.[13]

Wir gehen davon aus, ein neues Produkt sei eingeführt worden, und es sei ihm gelungen, neuen Bedarf zu wecken bzw. teilweise in manchen Verwendungen an die Stelle "alter" Produkte zu treten. Bei der vorangegangenen Innovation handelte es sich um ein riskantes Unterfangen schöpferischer Unternehmer (i.S. von Schumpeter): Forschung und Entwicklung eines neuen Produkts verursachen oft hohe Kosten und es ist keineswegs von Anfang an sicher, ob die Nachfrage "zünden" wird. Das neue, unausgereifte Produkt ist oft qualitativ den eingeführten und mit dem Image bekannter Herstellerfirmen ausgezeichneten "alten" Produkten zunächst unterlegen; es wird in der Regel mit noch wenig erprobten und technisch unausgereiften Produktionsverfahren in kleinen Stückzahlen gefertigt und vermag kostenmäßig kaum mit "reifen" Substitutionsgütern zu konkurrieren. Gelingt es jedoch, diese Experimentierungsphase zu überwinden und das Produkt am Markt einzuführen, ist der Übergang zur Expansionsphase des Marktes erfolgt: Das neue Produkt wird zunehmend von den Nachfragern akzeptiert. Über die anfänglichen, Neuerungen gegenüber besonders aufgeschlossenen "Pionierkonsumenten" hinaus gewinnt es zunehmend neue Nachfragerschichten; der Markt wächst rasch. Der Marktzugang ist in dieser Phase insbesondere durch die Verfügbarkeit über das technische know-how, d.h. durch die Patente und den Erfahrungsvorsprung der anfänglichen Unternehmer versperrt. Meist wird es zu Beginn dieser Phase nur einen oder wenige Anbieter (Marktform des Monopols oder Oligopols) geben, da eine Erfindung meist zunächst nur von einem oder doch wenigen "Pionierunternehmern" aufgegriffen und angewendet wird. Allerdings können Patente umgangen werden, und häufig kann eine Erfindung auf mehrere Arten zur Anwendung gebracht werden, so daß auf einem expandierenden, gewinnträchtigen Markt der Zutritt neuer Anbieter nicht zu verhindern sein wird. Wir unterstellen, daß die Entwicklung zu einer oligopolistischen Marktform führt.

Die neuen Produkte sind anfangs noch recht teuer, da hohe Entwicklungskosten abzudecken sind und eine die Stückkosten senkende Massenproduktion noch nicht möglich ist. Gleichzeitig ist die Preiselastizität der Nachfrage hoch: Preissenkungen machen das Produkt über die "Pionierkonsumenten" hinaus für breitere Käuferschichten erschwinglich und im Vergleich zu "alten" Produkten auch attraktiver. Preissenkungen werden aber auch von der Kostenseite her für den Unternehmer attraktiv: Absatzsteigerungen ermöglichen den Übergang zu stückkostensenkenden Massenproduktionsverfahren. Dank der raschen Expansion des jungen Marktes führen Preissenkungen eines Oligopolisten nicht notwendig zu fühlbaren Absatzeinbußen bei den Wettbewerbern. Lediglich die Zuwachsraten werden sich ändern. Auch verringert die meist noch recht hohe qualitative oder funktionale Heterogenität der Produkte die oligopolistische Preisinterdependenz. Aus diesen Gründen findet sich auf Oligopolmärkten in der Expansionsphase häufig lebhafter Preiswettbewerb. Werbung bemüht sich in dieser Phase in erster Linie um Information über die neuen Produkte, "künstliche" psychologische Produktdifferenzierung hat angesichts der "natürlichen" Heterogenität der neuen Produkte noch wenig Bedeutung. Sie dient eher der Erschließung neuer Anwendungsgebiete bzw. der funktionalen oder ästhetischen Verbesserung des neuen Gutes.

Das entscheidende Hemmnis für den Marktzugang stellen auch in dieser Phase die Patente dar. Ist das Patentrecht so gestaltet, daß nach einer – mit Blick auf die Anreizfunktion der Patente – angemessenen Frist der Patentschutz endet oder Zwangslizenzen vergeben werden müssen, kann es leicht zum Zustrom neuer Anbieter in einen expandierenden, gewinnträchtigen Markt und damit zur Polypolisierung des Marktes kommen. Gelingt es dagegen den anfänglichen Unternehmen, durch Verweigerung von Lizenzen, Sperrung von Rohstoffvorkommen oder Absatzwegen usw., den Marktzugang geschlossen zu halten, kann sich das Oligopol bis in die Ausreifungsphase fortsetzen. Auf "reifen" Märkten wandelt sich jedoch oft die Wettbewerbssituation im Oligopol.

Reife Märkte sind dadurch gekennzeichnet, daß die wesentlichen Nachfragerschichten und Verwendungsmöglichkeiten für das Produkt erschlossen, die Produktionsverfahren ausgereift sind. Der Markt wächst durchaus noch – aber nur mehr im Rahmen des allgemeinen Wirtschaftswachstums der Volkswirtschaft; auch sind (geringere) technische Fortschritte bei Produkt und Produktionsverfahren nicht ausgeschlossen. Es sind meist solche Märkte, die gemeint sind, wenn über "funktionslose"

Produktdifferenzierung und "übertriebene" Werbung geklagt wird: Waschmittel, Seife, Zigaretten, Benzin, aber auch gewisse Haushaltsgeräte usw. Erfahrung mit dem Produkt und den Produktionsverfahren, Erfahrung mit dem Käuferverhalten und dem der Konkurrenten führen zu hoher Markttransparenz auf seiten der wenigen Anbieter[14], die sich in den Markt teilen. Hieraus resultiert die aus der Preistheorie bekannte hohe oligopolistische Interdependenz. Teilen sich nur wenige Unternehmen in einen Markt, so wird eine Preissenkung durch einen der Oligopolisten fühlbare Absatzverluste bei den übrigen bewirken und sie zwingen, ihrerseits nachzuziehen. Wenn die übrigen Oligopolisten auf eine Preissenkung eines ihrer Konkurrenten sofort mit eigenen Preissenkungen reagieren, kann das preispolitisch aktive Unternehmen keine dauerhafte Absatzausweitung erzielen. Als Ergebnis würde lediglich eine Erlösminderung zu erwarten sein. Eine isolierte Preiserhöhung empfiehlt sich ebenfalls nicht: Haben die übrigen Oligopolisten keine Veranlassung mitzuziehen, wird das preiserhöhende Unternehmen erhebliche Absatzverluste durch Abwanderung von Kunden zu den Konkurrenten hinnehmen müssen. Als Ergebnis der oligopolistischen Interdependenz wird sich die Unternehmensleitung reiflich überlegen, ob sie überhaupt noch isolierte Preisveränderungen vornehmen soll. Auf solchen Oligopolmärkten sind oft die Preise – insbesondere nach unten – über lange Zeiträume unbeweglich, unabhängig auch von der Kosten- und Konjunkturlage.

Preise werden dann nur von allen Oligopolisten zusammen und ziemlich gleichzeitig bei akzeptierten Anlässen (jährliche Lohnrunde) geändert. Preispolitik fällt damit als absatzpolitisches Instrument für die einzelnen Unternehmen weitgehend aus. Die Unternehmen weichen auf andere absatzpolitische Instrumente, insbesondere die "Präferenzpolitik" (Werbung, Produktdifferenzierung) aus. Mittels Präferenzpolitik können die Oligopolisten versuchen die – funktional betrachtet – homogenen Produkte psychologisch zu differenzieren und so die enge oligopolistische Interdependenz zu lockern und einen gewissen preispolitischen Spielraum zurückzugewinnen. Präferenzpolitik hat gegenüber der Preispolitik den Vorteil, daß die Konkurrenten auf eine Werbungsaktion oder eine Produktvariation in der Regel nicht sofort mit einer Gegenmaßnahme antworten können, und ihr Effekt auf die Absatzlage ist schwerer abzuschätzen als der einer Preisänderung. Auf diese Weise können temporäre Absatzvorteile errungen werden. Auf reifen Oligopolmärkten mit funktional weitgehend homogenen Gütern kann es daher leicht zu den eingangs als verbraucherpolitisch bedenklich gekennzeichneten exzessiven Werbeaufwendungen und "psychologischer" Produktdifferenzierung kommen. Werbung dient weniger der Information (die Produkte sind den Verbrauchern vertraut) als der Festigung der Erinnerung, Pflege des Markenimages und Neutralisierung der Gegenwerbung der Konkurrenten. Produktdifferenzierung und häufiger Modellwechsel bringen weniger echte funktionale Verbesserungen, sondern dienen zur völligen Ausschöpfung des Käuferpotentials und zur psychologischen Obsoleszenz noch durchaus gebrauchsfähiger Produkte. Der Preiswettbewerb verlagert sich oft auf Nebenmärkte, wo von kleineren Außenseiterfirmen (oder auch von den großen Oligopolisten) nahezu oder gar völlig gleiche Produkte ohne Markennamen bei weniger aufwendiger Aufmachung, weniger Werbung und geringerem Service angeboten werden.

Zum Verzicht auf individuelle Preispolitik und zur Herstellung des kollektiven Parallelverhaltens bedarf es in dieser Marktstruktur keiner besonderen Absprachen; es bilden sich im Erfahrungsprozeß Formen der Preisführerschaft heraus. Bei geringer Zahl der Oligopolisten und bei ähnlicher Einschätzung der Kosten- und Absatzsituation liegt aber auch die Bildung eines Kartells nahe, um gemeinsam als Monopolist die Verbraucher auszubeuten. Derartige Verhaltensweisen können sich dauerhaft nur durchsetzen, wenn es den Oligopolisten gelingt, den Marktzugang für potentielle Konkurrenten wirksam zu schließen. Hierfür sorgen einerseits die in der Ausreifungsphase oft hohen Investitionskosten zur Errichtung optimal dimensionierter Betriebe sowie die hohen Ausgaben der Oligopolisten für Werbung und Produktdifferenzierung. Neue Unternehmen müßten, um auf solchen reifen Oligopolmärkten Fuß fassen zu können, langwierige und aufwendige Werbekampagnen starten, zu denen ihnen meist die finanziellen Mittel fehlen. Ein weiteres Instrument zur Schließung des Marktzugangs stellt die vertikale Konzentration dar, die potentielle Konkurrenten vom Zugang zu Rohstoffen oder Absatzwegen ausschließt und auf "reifen" und horizontal bereits hoch konzentrierten Märkten eine bevorzugte Form der Konzentration darstellt.[15] Hohe Marktanteile und der durch intensive Verbraucherwerbung unterstützte Druck auf den Einzelhandel, die bekannten Markenartikel der Oligopolisten auf jeden Fall in ihrem Sortiment führen zu müssen, begünstigen Bestrebungen dieser Firmen, durch Ausschließlichkeitsbindungen, Koppelungsverträge und Preisbindung der zweiten Hand Absatzwege zu monopolisieren und den Marktzugang zu sperren. Außenseiterfirmen oder neuen Unternehmen gelingt es daher meist nur noch selten, zur oligopolistischen Kerngruppe aufzuschließen. Eher gelingt es großen Konzernen aus anderen Märkten – meist durch Übernahme bestehender Firmen, seltener durch Neugründung von Betrieben – in den Markt einzudringen. Soweit dies durch Firmenübernahme erfolgt, ändert sich jedoch nicht die Zahl der Wettbewerber in dem betroffenen Markt – im Gegenteil, es erhöht sich die Overall-Konzentration in der Wirtschaft.

IV. Konsequenzen für die Wettbewerbspolitik

Zusammengefaßt ergibt sich folgendes:

1. Der wettbewerbliche Charakter des Oligopols unterscheidet sich in verschiedenen Marktphasen.

2. Insbesondere Oligopole auf "reifen" Märkten sind häufig durch exzessive Werbungsaufwendungen und funktionslose Produktdifferenzierung bei gleichzeitig geringem Preiswettbewerb gekennzeichnet. Es ist dies die eingangs als verbraucherpolitisch problematisch gekennzeichnete Marktsituation, in der insbesondere die Markttransparenz der Verbraucher erschwert ist.

3. Entscheidend für die Herausbildung dieser Marktstruktur sind drei Faktoren: a) Änderung der Kosten- und Absatzlage im Zuge der Marktentwicklung von der Expansions- zur Ausreifungsphase; b) der Erfahrungsprozeß, der insbesondere bei geringer Zahl der Konkurrenten zu hoher Markttransparenz auf der Anbieterseite führt; c) den etablierten Unternehmen gelingt es, in der Expansionsphase des Marktes durch Beschränkung des Marktzugangs den Zutritt weiterer Anbieter zu verhindern. Instrumente hierzu sind besonders vertikale Unternehmenszusammenschlüsse, manche Formen von Rationalisierungs- und Spezialisierungskartellen, Ausschließlichkeitsbindungen, Koppelungsverträge und die Preisbindung der zweiten Hand.

4. Die hohen Aufwendungen für Werbung und Produktdifferenzierung auf "reifen" Oligopolmärkten schaffen zusätzliche Marktzugangshemmnisse, die den Druck der potentiellen Konkurrenz auf die Oligopolisten verringern, ihre Marktmacht befestigen und zugleich zur weiteren Reduzierung der Markttransparenz der Verbraucher beitragen.

Neben den unter I. bereits kurz aufgezählten Maßnahmen zur Verbesserung der Verbraucherinformation und anderen Maßnahmen der Verbraucherpolitik (Verbraucherschutz, Verbraucherbeistand) bietet auch die Wettbewerbspolitik in einer solchen Marksituation zwei Ansatzpunkte. Ihre Zielrichtung geht allerdings in eine völlig andere Richtung als die von Beier und anderen vorgeschlagenen Maßnahmen zur Verbesserung der Markttransparenz:

Zwar ist es im Wirtschaftswachstum unvermeidlich, daß Märkte im Laufe der Zeit "reifen"[16]. Auch läßt sich der damit verbundene Erfahrungsprozeß bei Anbietern und Nachfragern nicht vermeiden, doch kann durch wettbewerbspolitische Maßnahmen versucht werden, 1. das Ausmaß des Abbaus der Ungewißheit und des Risikos auf seiten der Anbieter auf das unvermeidliche Maß zu reduzieren, und 2. den Marktzugang offen zu halten.

Hierzu sind erforderlich:

– Eine Reform des Patentrechts (Verkürzung der Patentdauer, evtl. Einführung von "Zwangslizenzen") mit dem Ziel, den Marktzugang vor dem Übergang von der Expansions- zur Ausreifungsphase zu öffnen;

– ein wirksameres Kartellverbot (Erforderlich sind insbesondere eine kritische Überprüfung der Ausnahmebereiche vom GWB und der kartellrechtlich zulässigen Kooperationsabsprachen. Insbesondere Rationalisierungs- und Spezialisierungsabsprachen nach §§ 5, 5a GWB, an denen Großunternehmen beteiligt sind, stehen vielfach im Verdacht, durch Produktionsaufteilung potentielle Konkurrenten vom Marktzugang fernhalten zu wollen);

– eine verschärfte vorbeugende Kontrolle von Unternehmenszusammenschlüssen, die insbesondere auch vertikale Konzentrationsprozesse und die Einflußmöglichkeiten von Banken auf kapitalmäßig nicht verflochtene Unternehmen kritischer prüfen müßte und nur äußerst restriktiven Gebrauch von der "Ministererlaubnis" des § 8 GWB machen dürfte. Zu prüfen wäre auch die Einführung eines Entflechtungsgebots beim Mißbrauch von Marktmacht auf bereits hoch konzentrierten Märkten sowie die Aufhebung der "Bagatellklausel" bei der Angliederung von Unternehmen mit weniger als 50 Mill. DM Umsatz an Großunternehmen (§ 24 Abs. 8, Satz 2 GWB) – letzteres eine z.Z. häufiger diskutierte Forderung.

– Ferner gehören hierzu neben dem erst seit 1974 eingeführten Verbot der Preisbindung der zweiten Hand eine Verschärfung der Regelungen über Ausschließlichkeitsbindungen und Koppelungsgeschäfte[17] sowie das Verbot von Marktinformationsverfahren und identifizierenden Preismeldestellen.[18]

Auch wären steuer-, aktien- und gewerberechtliche Bestimmungen daraufhin zu überprüfen, ob in ihnen Regelungen enthalten sind, die den

Marktzutritt von Neulingen im Vergleich zu etablierten Unternehmen diskriminierend erschweren.[19]

Einzelheiten dieses Programms können hier aus Raumgründen nicht diskutiert werden. Aber eine nähere Prüfung würde zeigen, daß viel getan werden könnte, die Wettbewerbsintensität zu erhöhen und zugleich die beschriebenen, verbraucherpolitisch negativ bewerteten Auswüchse übertriebener oligopolistischer "Präferenzpolitik" zu reduzieren. Das verbreitete Gegenargument, eine Verschärfung der Wettbewerbs-, insbesondere der Fusionskontrollpolitik gehe zu Lasten der technisch-ökonomischen Effizienz, kann nach der ausführlichen Diskussion in der Literatur in dieser Allgemeinheit angesichts der in Europa und USA erreichten Unternehmensgrößen zumindest für das externe Unternehmenswachstum nicht aufrecht erhalten werden.[20] Der Einwand, dieses Ziel sei politisch nicht realisierbar, beruht auf dem "fatalistischen Glauben, daß wir aus unseren Fehlern nicht lernen können" und verkennt, daß das politisch Mögliche von den zu einer Zeit herrschenden Überzeugungen abhängt und jede vorherrschende Überzeugung sich aus der Meinung einzelner entwickelt hat.[21]

Aber selbst, wenn es aus politischen Gründen nicht möglich sein sollte, durch Beeinflussung der Marktstruktur funktionsfähigen Wettbewerb zu sichern, empfehlen sich eher die Anwendung einer verschärften Mißbrauchskontrolle durch das Bundeskartellamt[22] oder die direkte Verstaatlichung als die von den Vertretern des Investitionslenkungskonzepts empfohlene Alternative der Schließung des Marktzugangs und Konzentrationsförderung durch staatliche Maßnahmen. Diese würden den etwa noch vorhandenen Wettbewerbsdruck potentieller Konkurrenz völlig beseitigen, die oligopolistische Interdependenz verstärken und damit zusätzlichen Anreiz zu Präferenzwettbewerb (oder zur Beseitigung auch dieses letzten Rests von Wettbewerb durch offiziell geduldete oder gar geförderte Kartelle) schaffen. Die Marktmacht der etablierten privaten Unternehmen würde gefestig und staatlich sanktioniert, ja sogar zementiert. Staatliche Auflagen an die Kartelle, die Produktvielfalt und exzessive Werbemaßnahmen zu reduzieren, werfen die bereits oben im Zusam-menhang mit der Investitionslenkung aufgeworfenen Fragen auf, die es als nicht sicher erscheinen lassen, daß tatsächlich ein den Bedürfnissen der Verbraucher optimal entsprechendes Angebot bereit gestellt wird. Zumindest müßte vorher die Frage beantwortet werden, wie eine wirksame repräsentative Vertretung der bekanntlich schwer organisierbaren, heterogenen Verbraucherinteressen in den staatlichen Lenkungsorganen und/oder den Unternehmungsführungen gewährleistet werden kann. Der Hinweis auf den Wahlmechanismus einerseits und eine Einbeziehung der Verbraucherinteressen in eine (erweiterte) Mitbestimmung der Gewerkschaften andererseits reichen nicht aus, wie die Diskussion um die verbraucherpolitische Problematik öffentlicher Güter und die Dominanz des Produzenteninteresses bei der gewerkschaftlichen Interessenvertretung zeigen.[23] Die Drohung des Staates, im Falle des Mißbrauchs den Marktzugang zu öffnen, wird wenig wirksam sein, haben die Oligopolisten doch unter staatlichem Schutz ihre Marktmacht ausgebaut, die Zugangsschranken ihrerseits erhöht und – nicht zuletzt – den Staat in eine Verantwortlichkeit für den Bestand und das Wohlergehen der Unternehmen und die im geschlossenen Markt sich ergebenden Marktergebnisse verwickelt, aus der dieser sich nur schwer ohne weiteres wird lösen können.

Anmerkungen

1 Vgl. u.a. *G. Scherhorn,* Gesucht: Der mündige Verbraucher, Düsseldorf 1973, S. 8ff. und S. 56ff.

2 Vgl. *B. Biervert,* Wirtschaftspolitische, sozialpolitische und sozialpädagogische Aspekte einer verstärkten Verbraucheraufklärung, 2 Bde., Köln 1972, Bd. 1, S. 145ff. sowie die zugehörigen Tabellen in Bd. 2 seiner Untersuchung.

3 Vgl. bes. *G. Scherhorn,* a.a.O., S. 72ff.; *B. Biervert,* a.a.O., S. 218. Zu Punkt a) vgl. auch *K.-P. Kruber,* Die Qualifikationsstruktur des Verbrauchers in der Marktwirtschaft, in: Die berufsbildende Schule, H. 3, 1974, S. 159-170; ders., Konsum und Arbeit. Eine Einführung in die Mikroökonomik für Lehrer und Lehramtsstudenten, München 1977, S. 109ff.

4 Vgl. die o.a. Autoren. Insbes. zu Punkt d) vgl. auch *E. Kuhlmann,* Konsumpolitik im Zeitalter des Marketing, in: Jb. f. Sozialwiss. Bd. 23 (1972), H. 2, S. 250-274, hier: S. 265f., die Referate auf dem 4. Europäischen Verbraucherforum in Berlin am 26.1.77, in: Verbraucherpolitische Korrespondenz, hrsg. v. d. Arbeitsgemeinschaft der Verbraucher, Nr. 5, 1.2.77, S. 5ff. sowie *A. Martiny, O. Klein,* Marktmacht u. Manipulation. Sind die Verbraucher Objekt oder Subjekt unserer Wirtschaftsordnung? Frankf./Köln 1977, S. 110f.

5 Vgl. *U. Beier,* Zur Beschränkung des freien Markteintritts. Diskussion einer verbraucherpolitischen Maßnahme, in: Jb. für Sozialwissenschaft, Bd. 27 (1976), H. 2, S. 285-303. Im folgenden Abschnitt beziehen sich die Seitenzahlen in Klammern auf den Aufsatz von Beier.

6 Als Autoren die sich – "jedoch nur am Rande" (??; Machlups über 500 Seiten starkes Buch befaßt sich zentral mit der Wirkung offenen bzw. geschlossenen Marktzugangs auf den Wettbewerb in verschiedenen Marktformen!) "mit der Beschränkung des Markteintritts als Mittel zur Verminderung des imitatorischen Wettbewerbs ... beschäftigt (haben)" nennt Beier (S. 286), F. Machlup und E. Heuß. Hier, wie an anderen Stellen, werden diese Autoren als Zeugen für etwas benannt, was sie nicht vertreten. So heißt es an der von Beier zitierten Stelle bei Machlup: "Manch einer ... will in der Differenzierung eine reine Vergeudung sehen, die durch behördliche Maßnahmen verhindert werden sollte. Da der Wettbewerb neu auftretender Konkurrenten verschwenderische Produktionskapazitäten verursacht, erscheinen ihm Zutrittsbeschränkungen als die logische Abhilfe ... Das ist, meiner Meinung nach, eine sehr schlechte Wirtschaftspolitik, wie wir später noch ausführlich diskutieren müssen". (*F. Machlup,* Wettbewerb im Verkauf, Göttingen 1966, S. 315). Ähnlich auch *E. Heuß,* Das Problem der unvollkommenen Konkurrenz in der Wettbewerbswirtschaft, in: Ordo, Bd. VII (1955), S. 103-122, hier: S. 115f.

7 Vgl. z.B. die Beiträge von *B. Biervert* u.a. in: *H. Matthöfer* (Hg.), Verbraucherforschung, Frankfurt/M. 1977 (Reihe Forschung aktuell), bes. S. 205ff.

8 Vgl. zur Debatte um Vor- und Nachteile einer staatlichen Investitionslenkung: *W. Meißner,* Investitionslenkung, Frankfurt 1974; *U. Steger,* Alternative Konzepte der Investitionsplanung, in: Jb. für Sozialwissenschaft, Bd. 26 (1975), S. 71ff.; *H. Besters, B. Freudenfeld, G. Gutmann, R. Henschel, W. Meißner, R. Thoss, O. Vogel,* Investitionslenkung – Bedrohung der Marktwirtschaft? Köln 1975; *O. Issing,* Investitionslenkung in der Marktwirtschaft? Göttingen 1975; *D. Landgrebe,* Zur Problematik staatlicher Investitionslenkung in: Gegenwartskunde, H. 3, 1975, S. 289ff.; *H. Voigtländer,* Imperative Angebotssteuerung – eine Alternative zur nachfrageorientierten Marktsteuerung? in: Jb. für Sozialwissenschaft, Bd. 27 (1976), S. 20ff.

9 Ganz allgemein bleiben die Vertreter der Investitionslenkung hierauf eine befriedigende Antwort schuldig. Beiers Argumentation in diesem Zusammenhang läuft – zu Ende gedacht – darauf hinaus, nach einer Entwicklungs- u. Experimentierungsphase in der der Initiative der Unternehmer freien Raum gewährt werden sollte, von mehreren lt. Warentest qualitativ als gleichwertig beurteilten Produktvarianten nur noch die billigste zuzulassen. (vgl. *U. Beier,* a.a.O., S. 291ff.) Dabei werden individueller Geschmack und nicht ökonomische Entscheidungskriterien der Konsumenten vernachlässigt. Vgl. dazu *E. Kuhlmann,* Das Informationsverhalten der Konsumenten, Freiburg 1970, S. 181ff. *F. Machlup,* a.a.O., S. 325f.

10 *J.S. Bain,* Industrielle Organisation: Funktionsfähiger Wettbewerb und strukturelle Bedingungen für funktionsfähigen Wettbewerb, in: *K. Herdzina* (Hrsg.), Wettbewerbstheorie, Köln 1975, S. 179-193, hier: S. 179.

11 Vgl. zu einem knappen Überblick über wettbewerbstheoretische Konzeptionen *A. Woll,* Allgemeine Volkswirtschaftslehre, 8. Kapitel: Wettbewerbstheorie, 5.

Aufl., München 1976, S. 162ff. sowie den Sammelband von *K. Herdzina*, a.a.O., bes. S. 15ff.

12 Vgl. insbes. die Bedenken von *E. Hoppmann*, Fusionskontrolle, Tübingen 1972, S. 20ff. (Walter Eucken Institut, Vorträge und Aufsätze 38).

13 Vgl. i.f. *E. Heuß*, Allgemeine Markttheorie, Tübingen/Zürich 1965; ders., Die Wettbewerbs- und Wachstumsproblematik des Oligopols, in: *K. Herdzina* (Hrsg.), Wettbewerbstheorie, Köln 1975, S. 315-326. Ferner: *J.S. Bain*, Industrial Organization, 2nd ed. New York/London/Sydney 1968, bes. S. 233 u. 251ff.; *F. Machlup*, a.a.O., bes. S. 339ff.; *D. Needham*, Economic Analysis and Industrial Structure, London/New York/Sydney/Toronto 1973, bes. S. 63ff. u. 97ff.; *K.P. Kruber*, Konsum und Arbeit, a.a.O., S. 58ff.; ders., Unternehmensgrößen und Wettbewerb auf wachsenden Märkten, Baden-Baden 1973, S. 176ff.

14 Markttransparenz auf der Anbieterseite ist zu unterscheiden von der auf der Nachfragerseite eines Marktes! Während hohe Markttransparenz der Konsumenten verbraucher- und wettbewerbspolitisch zu begrüßen ist, gibt es Marktstrukturen (z.B. das Oligopol auf reifen Märkten), in denen ein gewisses Maß an unvollkommener Markttransparenz auf der Anbieterseite erforderlich ist, wenn Wettbewerb funktionsfähig bleiben soll (vgl. unten).

15 Vgl. *J.M. Blair*, Economic Concentration. Structure, Behavior and Public Policy, New York/Chicago 1972, S. 25ff. u. S. 367ff.

16 Vgl. *K.P. Kruber*, Marktentwicklung im Wirtschaftswachstum, in: WISU H. 10, 1973, S. 467ff.

17 Vgl. *H.O. Lenel*, Ausschließlichkeitsbindungen, Wettbewerb und Konzentration, in: Wirtschaftspolitsiche Chronik d. Instituts für Wirtschaftspolitik an der Univ. Köln, H. 2/3 1967, S. 93-109; *F. Koenigs*, Einige Probleme des § 18 GWB, in: Wettbewerb als Aufgabe. Nach zehn Jahren Gesetz gegen Wettbewerbsbeschränkungen, Bad Homburg/Berlin/Zürich 1968, S. 301-331. Die vor nunmehr 10 Jahren aufgezeigte Problematik von Ausschließlichkeitsverträgen und die über die gegenwärtige Rechtsprechungspraxis hinausgehenden Möglichkeiten, § 18 GWB als Instrument zur Offenhaltung von Märkten einzusetzen, sind durchaus aktuell.

18 Diese in der Theorie bereits seit längerem erhobene Forderung (vgl. *E. Tuchfeldt*, Organisierte Markttransparenz und Wettbewerb. Bemerkungen zur wettbewerbspolitischen Beurteilung kooperativer Informationssysteme, in: Schweiz. Ztschr. f. Volkswirtschaft u. Statistik 1966, S. 42-62) setzt sich neuerdings auch in der wettbewerbspolitischen Praxis durch: Vgl. Bericht d. Bundeskartellamtes über seine Tätigkeit im Jahre 1975, Bundestagsdrucksache 7/5390, 16.6.76, S. 11ff.

19 Vgl. z.B. *D. Pohmer, K. Fischer*, Steuerliche Beeinflussung der Unternehmenskonzentration unter bes. Berücksichtigung der Bundesrepublik Deutschland, in: *H. Arndt* (Hrsg.), Die Konzentration in der Wirtschaft – On Economic Concentration, Schr. d. Vereins für Socialpolitik, N.F. Bd. 20/I, 2. Aufl. Berlin 1971, S. 805-853.

20 Vgl. hierzu bes. *J.M. Blair*, a.a.O., S. 85ff. sowie *K.P. Kruber*, Unternehmensgrößen... a.a.O., S. 42ff. und die dort zitierte Literatur.

21 Vgl. *F.A. v. Hayek,* Die Verfassung der Freiheit, Tübingen 1971, S. 136 u. 359.

22 Vgl. Sondergutachten der Monopolkommission, Bd. 1: Anwendung und Möglichkeiten der Mißbrauchsaufsicht über marktbeherrschende Unternehmen seit Inkrafttreten der Kartellgesetznovelle, Baden-Baden 1975.

23 Vgl. *D. Young,* Consumer Problems in the Public Sector: A Framework for Research, in: Zeitschr. f. Verbraucherpolitik/Journal of Consumer Policy, H. 3 1977, S. 205-226. Vgl. ferner die Beiträge von *U. Arnold, K.P. Kruber, K. Petri, K. Tonner* in: Verbraucherpolitik. Diskussionsbeiträge für das 3. Wuppertaler Wirtschaftswissenschaftliche Kolloquium (WWK), Wuppertal 1977 (Arbeitspapiere des Fachbereichs Wirtschaftswissenschaft der Gesamthochschule Wuppertal, Nr. 19 u. 20). Vgl. ferner: *K.P. Kruber,* Die verbraucherpolitische Problematik öffentlicher Leistungen, erscheint 1978 in: Z.f. Verbraucherpolitik/Journal of Consumer Policy.

Kapitel 4

Konsumkritik

Erwin Hasselmann

Gedanken über Marketing und Bedarfsweckung

Unser ökonomisches Vokabularium ist in jüngster Zeit um ein Fremdwort angereichert worden, das sich mit der Durchschlagskraft eines seiner Sache sicheren Kraftmeiers in den Mittelpunkt der volks- und betriebswirtschaftlichen Diskussion durchgeboxt hat. Marketing heißt dieses an sich ganz harmlose englische Wort, das in seinem ursprünglichen Sinn nicht viel mehr als "auf den Markt bringen" bedeutet (so heißen Absatzgenossenschaften "Marketing Co-operative Societies"). Aber in den letzten Jahrzehnten ist dieses Wort nun in Amerika mit einem neuen Sinn befrachtet worden, und mit diesem Sinn beladen ist es dann auch in unsere Sprache eingedrungen: es bedeutet heute weit mehr als "auf den Markt bringen", absetzen, es steht für ein ganzes System von Maßnahmen und Veranstaltungen, die es nicht nur mit dem Markt zu tun haben, sondern weit darüber hinaus bis in die privateste Sphäre des Menschen reichen! Es ist gewissermaßen "aktiviert" worden ... und Marketing in seiner neuen Bedeutung heißt nicht mehr und nicht weniger als den Markt machen, ihn zurechtmachen, ihn "manipulieren", wenn man so will.

Der Ansturm auf die Freiheit des Verbrauchers

Und was heißt, den Markt manipulieren? Nun, der Markt, das sind wir, die Verbraucher, und den Markt manipulieren, heißt, sich den Verbraucher gefügig machen. Man mag noch so schöne Worte zur Verbrämung und Vertuschung dieses Tatbestandes finden – Marketing ist und bleibt ein Angriff auf die Freiheit des Verbrauchers. Die Vertuschung ist dabei ein wesentliches Element des Marketing. Man kann den Verbraucher nur manipulieren, wenn man ihn genau kennt und wenn man ihm auf Grund dieser intimen Kenntnis klarmachen kann, daß es in seinem eigenen Interesse liegt, wenn er sich so verhält, wie die Marke-

Aus: der Verbraucher. Konsumgenossenschaftliche Rundschau Nr. 1, 14. Jg. (1960), Hrsg.: Dr. Erwin Hasselmann, Hamburg; S. 4 + 6 ting-Künstler es von ihm erwarten Daß in Wirklichkeit dabei die wirklichen und vermeintlichen Interessen des Verbrauchers nur Mittel zum Zweck sind, daß sie dem Interesse der Massenproduktion, die den Massenabsatz braucht, untergeordnet, daß sie dehalb nivelliert und gleichgeschaltet werden müssen, das bleibt dem einzelnen Verbraucher, der sich nicht viel Gedanken über das macht, was auf dem Wege der Meinungsmache auf ihn einstürmt, zumeist verborgen.

Bedarfsweckung hat man diese Meinungsmache genannt. Man hat behauptet, daß diese Bedarfsweckung ja letztlich dem Verbraucher diene – man könne ja keine Bedürfnisse künstlich schaffen, man könne nur schlafende Bedürfnisse wecken.

Erich Kuby hat sich in einem Artikel der "Welt", der unter der Überschrift: "Ist der Kunde noch König? Im Schützengraben unserer Zivilisation" erschien, gründlich mit diesem Argument auseinandergesetzt. "Wenn wir aus der Gegenwart in die Gegenwart sprechen, müssen wir anerkennen, daß ... es natürliche Bedürfnisse gibt, für die zu produzieren wohlgetan ist, und künstliche, die zu schaffen ein sträfliches, letztlich inhumanes Beginnen. Genau hier aber liegt die Schwierigkeit des Problems, dessen Gewicht wir ja wohl kaum leugnen können in einer Konjunkturphase, die uns zu einer fortwährenden Ausweitung unseres Konsums antreibt. Nach welchen Kriterien wollen wir unsere Bedürfnisse in vernünftige und unvernünftige, in selbstverständliche und übertriebene, in potentiell vorhandene und künstlich geschaffene einteilen?"

Und er kommt zu dem Ergebnis, daß es keine allgemeingültigen Kriterien gibt. Um so schwieriger sei es, dem Angriff auf die Freiheit des Individuums zu begegnen. Zwar gäbe es weder für die Produktion noch für die Konsumfähigkeit unbegrenzte Möglichkeiten, zwar gäbe es auch Anzeichen dafür, daß der Verbraucher sich gegen seine Manipulierung wehre (er erwähnt hier die "Panne" der amerikanischen Automobilindustrie mit ihren Straßenkreuzern vor zwei Jahren und die negative Reaktion der amerikanischen Öffentlichkeit auf Versuche, im Fernsehen durch "unterbewußt wirksame Reklameeinschaltungen" den Verbraucher zu beeinflussen). Aber er bleibt pessimistisch. "Im Schützengraben der Zivilisation erleidet die Freiheit ihre nächsten großen Niederlagen", stellt er resignierend fest. Doch er hat noch eine Hoffnung – die Askese. "Es gehe ein Raunen durch die Menschen", sagt er, "Askese sei ein Weg zur Freiheit."

Die Gegenwehr

Daß der kritische Sinn des Verbrauchers auch gegenüber seinen eigenen Bedürfnissen eine wirksame Weise der Gegenwehr gegen die Massensuggestion der mit den raffiniertesten Mitteln arbeitenden Marktmacher sein kann, ist zweifellos richtig. Vielleicht muß in diesem kritischen Sinn auch ein Stück Askese im Sinne Kubys stecken oder jedenfalls ein Stück bewußter Zurückhaltung etwa gegenüber dem eigenen Geltungsbedarf. Das wird der einzelne mit sich ausmachen müssen.

Aber reicht das als Gegenwehr aus? Wir glauben es nicht. Der einzelne, der sich zu dieser bewußten Zurückhaltung durchringt und eine kritische Abwehrstellung bezieht gegen alle Versuche, ihn als Verbraucher zu "verführen", ist ja nicht die Norm in unserer "modernen Massengesellschaft", unserer "technisierten Konsumentengesellschaft", wie man sie auch genannt hat. Gibt es keinen Schutz für die großen Schichten der Verbraucher gegen den Ansturm der Marktmacher?

Wir glauben ja – und wir werden in diesem Ja bestärkt, wenn wir auch die ausländischen Erfahrungen mit zu Rate ziehen. Wir sind der Meinung, daß hier eine große Aufgabe der Organisationen und Unternehmungen liegt, die sich die Verbraucher selbst geschaffen haben, für die also das Verbraucher- und nicht irgendein Produzenteninteresse höchstes Gesetz ist: Die Konsumgenossenschaften und ihre zentralen Organisationen und Unternehmen.

Die Konsumgenossenschaftsbewegung hat früher einmal als ihr Ziel die Bedarfsdeckungswirtschaft hingestellt. Nun, wir wissen heute, daß man die Idee der Bedarfsdeckung neu interpretieren muß. Der Bedarf ist keine feststehende Größe, an der man sich – gewissermaßen rückwärtsschauend – orientieren kann. Man muß vielmehr, seine künftige Größe und Gestalt vorausschauend, marktforschend festzustellen suchen, ihn interpretieren, ihn im wohlverstandenen Interesse des Verbrauchers kritisch beurteilen, warum nicht auch wecken da, wo es wirklich dem Verbraucher dient, warum nicht auch beeinflussen, etwa da, wo der Verbraucher ratlos, unsicher oder falsch beraten ist und der Führung bedarf? Es kommt darauf an, den Bedarf zu erkennen und zu erfassen im Sinne der "haushälterischen Vernunft", wie Carl Schumacher einmal gesagt hat, und ihn befriedigen als "Dienst am bedürfenden Menschen", um mit Prof. von Nell-Breuning zu sprechen.

Die Konsumgenossenschaftsbewegung wird nur dann als "Bollwerk der haushälterischen Vernunft" dem bedürfenden Menschen dienen können, wenn sie sich auf den aufgeklärten Verbraucher stützen kann, der sich seiner Aufgabe, seiner Stellung – und auch seiner Gefährdung in der heutigen Wirtschaft bewußt ist. Sie braucht diesen selbstbewußten und zielbewußten Verbraucher ebensosehr als Träger ihrer Wirtschaftsorganisation wie als Verfechter einer konsequenten Verbraucherpolitik.

Gerhard Scherhorn

Die Grenzen der Manipulation

Studenten der Wirtschaftswissenschaft lernen, das letzte Ziel allen Wirtschaftens liege in der Befriedigung menschlicher Bedürfnisse. Diese Zielbestimmung ist entweder eine Leerformel oder ein Werturteil: eine Leerformel, wenn man sich darauf verläßt, daß das Handeln der Menschen sich letzten Endes schon irgendwie ihren Bedürfnissen anpassen wird oder umgekehrt; ein Werturteil, wenn der Zweck des Wirtschaftens darin bestehen soll, menschliche Bedürfnisse mit wirtschaftlichen Mitteln zu befriedigen. Dieses Werturteil soll den folgenden Darlegungen zugrunde liegen.

Als wirtschaftliche Mittel der Bedürfnisbefriedigung wollen wir dabei nicht nur die knappen Sachgüter und Dienstleistungen betrachten, die den Gegenstand des Produzierens, Verteilens und Haushaltens bilden und die daher als "wirtschaftliche Güter" bezeichnet werden. Es sollen auch die Tätigkeiten dazu zählen, die die Versorgung von Menschen mit solchen Gütern zum Gegenstand haben und die daher "wirtschaftliche Tätigkeiten" genannt werden können.

Denn die Vorstellung, daß die Menschen allein deshalb arbeiten, um Güter zu erwerben, ist mit Sicherheit falsch. Die meisten wirtschaftlichen Tätigkeiten werden nicht nur um des Gütererwerbs willen ausgeführt. Neben dem Erwerbsmotiv steht beispielsweise die sogenannte Leistungsmotivation: ein Bedürfnis, das seine Befriedigung nicht aus der erzielten Belohnung (Einkommen, Ansehen), sondern aus der Leistung selbst zieht. Die Ausübung wirtschaftlicher Tätigkeiten kann ferner dadurch motiviert sein, daß die Tätigkeiten dem, der sie ausübt, Lob und Anerkennung einbringt, oder dadurch, daß sie eine Zusammenarbeit mehrerer Personen erfordert und daher das Verlangen nach Geselligkeit und sozialer Geborgenheit befriedigt. Nicht zuletzt können wirtschaftliche Tätigkeiten auch durch das Streben motiviert sein, anderen Menschen zu helfen, einer Idee oder einer Gruppe oder der Gesellschaft zu dienen.

Aus: Wirtschaftswoche Nr. 9/1972, Verlag Handelsblatt, Düsseldorf; S. 31-34

Auch im Bereich des Konsums sind die Bedürfnisse der Menschen häufiger auf Aktivitäten als auf Güter gerichtet. Konsumgüter werden in der Regel begehrt, weil sie den Menschen befriedigende Aktivitäten vermitteln (Abbott), nur selten um ihrer selbst willen. Das auf Abhilfe drängende "Gefühl eines Mangels" (Bedürfnis) kann zwar durch wirtschaftliche Güter ("Sachgüter" und "Dienstleistungen") unmittelbar befriedigt werden, nämlich dann, wenn es auf den Besitz einer "Sache" oder den Genuß einer "Leistung" selbst gerichtet ist. Im Regelfall aber haben die wirtschaftlichen Güter nur eine vermittelnde Funktion: Sie ermöglichen oder erleichtern es, eine befriedigende "Tätigkeit" auszuüben; eine befriedigende "Eigenschaft" zu erwerben oder zu erhalten; eine befriedigende "Umweltkonstellation" aufzubauen oder zu konservieren. Im allgemeinen ist das begehrte Gut lediglich das Objekt eines Bedarfes, das heißt einer bewußten, konkreten Beschaffungsabsicht. Das Gefühl des Bedürfens ist dagegen primär auf eine Tätigkeit, Eigenschaft oder Umweltkonstellation gerichtet und überträgt sich allenfalls sekundär auf das vermittelnde Gut.

Bedürfnisse liefern also den Antrieb dafür, daß die Menschen Bedarf decken. Damit soll nicht behauptet werden, daß die Bedürfnisse die einzigen Beweggründe der Bedarfe wären. Zahlreiche Bedarfe kommen auf Grund von Sachzwängen (bei hohem Schnee braucht man zum Autofahren Schneeketten) oder auf Grund von Vorschriften und Befehlen zustande, oder sie entstammen rationaler Einsicht (beispielsweise in die Zweckmäßigkeit, Vitamine zu sich zu nehmen). Man kann zwischen den äußeren (Vorschrift, Sachzwang) und den inneren Beweggründen einer Handlung oder eines Bedarfs unterscheiden. Zu den inneren Beweggründen, den Motiven, gehört neben dem Bedürfnis auch die Einsicht, die Gewohnheit, die Einstellung.

Ihren Antriebscharakter gewinnen Gewohnheiten, Einstellungen und Einsichten jedoch erst daraus, daß sie selber zu Bedürfnissen werden (Gewohnheit) oder sich mit Bedürfnissen verbinden. So verbindet sich das Vorurteil gegen Neger (Einstellung) mit dem Bedürfnis, unter Menschen der eigenen Art (Schicht, Hautfarbe, Herkunft) zu leben, zu dem Bedarf nach einem Haus in einer "weißen Siedlung". Anderseits hat die Einsicht, man müßte eigentlich etwas tun, um die Situation einer benachteiligten Person oder Gruppe zu verbessern, für sich allein keine Antriebskraft. Erst wenn sie durch Bedürfnisse (nach gutem Gewissen, nach Dank, Ansehen, Liebe) verstärkt wird, hat sie eine Chance, in Handlungen umgesetzt zu werden.

Mittel der Bedürfnisbefriedigung sind die "wirtschaftlichen Güter" und die "wirtschaftlichen Tätigkeiten"

Zwar gibt es auch Bedarfe, die ohne oder gegen die Bedürfnisse der Betroffenen zustande kommen, also aus Zwängen und Vorschriften resultieren, die von den Bedarfsträgern nicht bejaht werden. Aber die Zahl solcher Bedarfe wird um so geringer sein, je politisch freier eine Gesellschaft ist. Letzten Endes also drückt sich in der Zurückführbarkeit des Bedarfs auf das Bedürfnis, die in der Wirtschaftswissenschaft meist unterstellt wird, das Leitbild einer Gesellschaft aus, die die Freiheit des Individuums achten, alle Menschen als gleichberechtigt betrachten und die Wünsche jedes einzelnen respektieren sollte, soweit sie nicht in der Freiheit und der Würde seiner Mitmenschen ihre Grenze finden.

Von diesem Leitbild wird nun aber mit einigem Recht gesagt, es bleibe angesichts einer Wirtschaft, die die Bedarfe nach den Erfordernissen der Produktion manipuliert, ein bloßes Lippenbekenntnis. Der Einwand bezieht sich nicht nur auf den Bereich des Konsums, sondern gleichermaßen auf den der Arbeit: Er geht davon aus, daß den Arbeitenden (insbesondere bei untergeordneten Tätigkeiten) die Möglichkeit weitgehend vorenthalten wird, durch die Arbeit selbst Bedürfnisse zu befriedigen; und daß die Konsumenten durch Angebot und Werbung dazu bewogen werden, Bedarfe zu entwickeln, die unnötig, übertrieben, gesellschaftlich unerwünscht oder gar schädlich sind.

Eine Analyse der Manipulationsmöglichkeiten setzt eine wertende Vorstellung von der Rangfolge der Bedürfnisse voraus

Solchen Behauptungen liegt unvermeidlich eine wertende Vorstellung darüber zugrunde, welches denn die Bedürfnisse sind, die die Menschen in Arbeit und Konsum "eigentlich" befriedigen sollten. Aber man wird dem Problem, das hier zu lösen ist, nicht dadurch gerecht, daß man sich ihm mit dem Hinweis entzieht, als Wissenschaftler halte man sich zur Bewertung von Bedürfnissen anderer Menschen nicht für berechtigt. Denn gerade die wertabstinente Haltung, die die Wirtschaftswissenschaft bisher zur Frage der Rangfolge der menschlichen Bedürfnisse eingenommen hat, wirkt ihrerseits wie ein Werturteil zugunsten bestimmter Bedürfnisse:

• Wer die Bedürfnisbefriedigung durch wirtschaftliche Tätigkeiten aus der Wirtschaftswissenschaft ausschaltet, beschränkt diese auf die Analyse der Güterversorgung und läßt die Arbeitsgestaltung unberücksichtigt. Wird aber die Wirtschaft einseitig als Instrument der rationellen, effizienten Gütererzeugnung und -verteilung untersucht, so leistet das der Tendenz Vorschub (oder wirkt ihr zumindest nicht entgegen), Arbeitskräfte nicht als Menschen zu betrachten, deren Bedürfnisbefriedigung durch die Gestaltung der Arbeitsbedingungen unmittelbar beeinflußt wird, sondern als Produktionsmittel. Diese müssen zwar entlohnt werden, im übrigen aber gelten sie als bedürfnislos.

• Wer darauf verzichtet, sich ein Urteil über die Rangfolge von Konsumbedarfen zu bilden, leistet einer Tendenz Vorschub (oder wirkt ihr zumindest nicht entgegen), jene Rangfolge als "richtig" oder "erwünscht" zu betrachten, die sich in der Wechselwirkung von Angebot und Nachfrage auf Konsumgütermärkten empirisch ergibt. Dabei müßte er genau wissen, daß in diesem Wechselspiel die Angebotsseite normalerweise die größere Marktmacht besitzt und auch ausspielt.

Im Bereich der Konsumbedarfe wirft diese Betrachtungsweise zwei Fragen auf: (1) Welche Möglichkeiten zur Beeinflussung der Konsumbedarfe gibt es, und wo liegen ihre Grenzen? (2) Wie gewinnt man die Maßstäbe, um empirische Bedarfsstrukturen zu beurteilen, die unter solchem Einfluß entstanden sind?

Bei den Gegenständen eines Konsumbedarfs kann man zwischen dem Produkt als dem Inbegriff all der Güter, die den Bedarf decken können, und der Produktvariante als dem einzelnen, konkreten Objekt des Kaufs unterscheiden. Als Bedarfsbeeinflussung lassen sich dann diejenigen Handlungen einzelner Personen oder Institutionen bezeichnen, die bei einem Konsumenten entweder den Bedarf nach einem Produkt wecken (Bedarfsweckung), die einen bereits vorhandenen Bedarf nach einem Produkt quantitativ vergrößern (Bedarfsstimulierung) oder ihn auf eine bestimmte Produktvariante hinlenken (Bedarfslenkung).

Die Frage nach den Möglichkeiten und Grenzen der Beeinflussung läßt sich mit den Ergebnissen der Konsum- und Marktforschung heute schon zu einem guten Teil beantworten. Daß Konsumbedarfe beeinflußt werden können, ist unbestritten und wird in Werbung, Produktgestaltung und Verkaufsförderung als selbstverständlich vorausgesetzt. Denn die menschlichen Bedürfnisse sind formbar. Dem Menschen sind allenfalls die Grundbedürfnisse angeboren (etwa: Ernährung, Sicherheit, Liebe, Erleben, Tätigkeit, Erholung, Bestätigung). Die konkrete Ausprägung der aktuellen Bedürfnisse dagegen ist ihm weitgehend freigestellt.

Das heißt nicht, daß sie von jedermann beliebig beeinflußt werden könnte; denn dem Grundtatbestand der Formbarkeit (Plastizität) steht der Grundtatbestand der Entlastung gegenüber. Von der Notwendigkeit, das Objekt jedes einzelnen Bedürfnisses stets von neuem selber bestimmen zu müssen, entlastet sich der Mensch, indem er seine Bedürfnisse durch Gewöhnung und Normierung stabilisiert. Diese Stabilisierungsvorgänge aber sind im allgemeinen gesellschaftlich vermittelt: Was die Mitglieds- oder Bezugsgruppe für wichtig hält, das ist auch für den einzelnen erstrebenswert. Die Beeinflußbarkeit der Bedarfe findet dort ihre Grenze, wo sie sich gegen die gesellschaftlichen Normen und Entwicklungstendenzen stellt, die der Bildung der Konsumbedarfe zugrunde liegen.

Innerhalb dieser Grenze jedoch existiert ein Füllhorn voll Gesetzmäßigkeiten des menschlichen Verhaltens, die der Anbieter nur zu kennen braucht, um sie zur Weckung, Stimulierung und Lenkung der Konsumbedarfe einsetzen zu können. Gerade die gesellschaftliche Normierung der menschlichen Bedürfnisse und Handlungen liefert eine Fülle von Gelegenheiten, um einzelne Güter oder Anbieter mit begehrten Rollen, gehobenem Status, beliebten Personen und dergleichen zu assoziieren. Aber auch dort, wo menschliches Verhalten nicht erkennbar von den Normen einer Mitglieds- oder Bezugsgruppe beeinflußt ist, kann es überindividuelle Grundzüge aufweisen, die sich in den Dienst der Bedarfsbeeinflussung stellen lassen, beispielsweise wenn Menschen auf Grund angeborener oder erlernter Auslösemechanismen dazu neigen, auf bestimmte Schlüsselreize in einer vorhersehbaren Weise zu reagieren.

Markttheoretisch gesehen ist die Beeinflussung der Konsumbedarfe ein Versuch der Anbieter, ihre Marktmacht gegenüber der der Nachfrager zu erhöhen. Die Marktmacht eines Marktteilnehmers drückt man nach Max Weber in der Chance aus, innerhalb einer Tauschbeziehung das eigene Realeinkommen auch auf Kosten des Realeinkommens des Tauschpartners erhöhen zu können, also in der Chance, selbst gegen das Widerstreben der anderen Seite die eigenen Bedingungen durchzusetzen. Diese Chance kann man, wie Gäfgen zeigte, an der Marktlage der Tauschpartner ablesen.

Was die Gruppe für wichtig hält, ist auch für den einzelnen erstrebenswert

Der Begriff der Marktlage bezeichnet die aktuell ausgeübte Marktmacht, den Grad des beiderseitigen Angewiesenseins auf den Tausch. Die Marktlagenrelation kann durch das Verhältnis zwischen der Gesamtintensität des Angebots und der Nachfrage dargestellt werden. Dabei mißt man die "Intensität" an der Menge, die zu einem bestimmten Preis nachgefragt beziehungsweise angeboten wird, und addiert alle von der Nachfrage- beziehungsweise Angebotskurve erfaßten Intensitäten.

Der Marktlagenvorsprung der Anbieter auf Konsumgütermärkten entspringt zwei Quellen: Eine Quelle ist ihre überlegene Marktposition, die sich aus ihrer geringen Anzahl, aus der objektiven Heterogenität des Produkts und aus Beschränkungen des Wettbewerbs ergibt. Die andere Quelle ist die unterlegene Marktinformation der Nachfrager. Sie geht auf deren unzureichende Fähigkeit zur Informationssuche, auf mangelnde Übersichtlichkeit des Angebots und auf Verschleierungs-, Täuschungs- und Konditionierungsstrategien der Anbieter zurück.

Anbieter können ihre Marktposition erstens dadurch verbessern, daß sie durch Produktinnovation neue Märkte begründen und sich dort so lange wie möglich eine monopolistische Position sichern. Zweitens können sie versuchen, auf vorhandenen Märkten den Konzentrationsgrad zu erhöhen oder den Wettbewerb auf andere Weise zu beschränken oder durch Angebotsdifferenzierung die Heterogenität des Produkts zu vergrößern. Genauer gesagt: Sie können die tatsächlichen Unterschiede in den nichtmonetären Angebotsbedingungen (Produktqualität, Konditionen, Standort) vertiefen beziehungsweise erweitern. Als Mittel der Bedarfsbeeinflussung kommen Produktinnovation und Angebotsdifferenzierung in Betracht. Beide haben das Ziel, die Intensität der Nachfrage zu vergrößern.

Diesem Ziel dient auch die Manipulation der Marktinformation, die die Informationsstruktur des Marktes zu ungunsten der Nachfrager verändert, so daß diese auf einem relativ niedrigeren Informationsniveau handeln als zuvor. Anbieter erhöhen beispielsweise ihr eigenes Informationsniveau und vergrößern ceteris paribus ihre Marktmacht, wenn sie sich besser über die angeborenen oder erlernten Reiz-Reaktions-Schemata im Nachfrageverhalten unterrichten und dieses Wissen dazu ausnutzen, ihre Produkte, Verkaufsstätten, Verkaufsgespräche und Werbemaßnahmen mit wirksameren Schlüsselreizen zu versehen als bisher.

Man kann diese Strategie etwas pauschal als Konditionierung bezeichnen. Sie besteht in der Ausnutzung vorhandener, oder aber im Aufbau neuer Auslösemechanismen.

Auf der anderen Seite vermindern die Anbieter das Informationsniveau der Nachfrager, wenn sie bei der Gestaltung und Präsentation ihrer Produkte den Vergleich mit konkurrierenden Produkten oder Produktvarianten erschweren, beispielsweise indem sie eine abweichende Packungsgröße wählen oder die Zusammensetzung oder Haltbarkeitsdauer des Produkts verschweigen. Diese Strategie kann man mit dem Begriff der Verschleierung kennzeichnen.

Eine weitere Strategie zur Verminderung des Informationsniveaus wäre die Täuschung oder Irreführung der Nachfrage über Eigenschaften eines Produkts. So wenn beispielsweise mit den Mitteln der Produktgestaltung, der Verpackung, der Werbung und des Verkaufsgesprächs fälschlich der Eindruck erweckt wird, ein Produkt oder eine Produktvariante

- sei in bestimmten Eigenschaften (zu denen beispielsweise auch die Bevorzugung durch gehobene Käuferkreise zu rechnen ist) den konkurrierenden überlegen oder ebenbürtig;
- sei in bestimmten Eigenschaften beträchtlich verbessert worden;
- sei mit bestimmten nützlichen Eigenschaften ausgestattet;
- sei frei von bestimmten schädlichen Eigenschaften.

Auch diese drei Strategien zur Veränderung der Informationsstruktur des Marktes zugunsten der Anbieter zielen darauf ab, die Intensität der Nachfrage zu vergrößern; auch sie sind geeignet, die Konsumbedarfe zu beeinflussen. Im Unterschied zu den Strategien der Produktinnovation und der Angebotsdifferenzierung aber operieren sie nicht mit tatsächlichen Marktleistungen wie neuer oder verbesserter oder veränderter Produktqualität und besseren Konditionen oder leichter erreichbaren Vertriebsstätten. Sie veranlassen vielmehr den Nachfrager dadurch zum Bedarf, daß sie entweder falsche Voraussetzungen schaffen und nichtvorhandene Marktleistungen vorspiegeln oder durch geschickte Ausnutzung von unbewußten Verhaltensdispositionen Impulskäufe begünstigen.

Fragt man nun, woher die Maßstäbe zu nehmen sind, mit denen sich die Beeinflussung von Konsumbedarfen beurteilen läßt, so kommen drei Normvorstellungen in Betracht: die Vorstellung von der Ausgewogenheit des Marktes, die Vorstellung von normalen, heilen, gesunden Bedingungen des menschlichen Lebens und die Vorstellung von der Evolution des Menschen.

Man kann im Markt ein soziales Gebilde sehen, auf dem sich Tauschpartner gleichberechtigt gegenüberstehen sollten, und den Tausch als einen freiwilligen Vorgang betrachten, durch den die Interessen beider Seiten gleichermaßen erfüllt werden sollten. In solchen Formulierungen drückt sich eine Normvorstellung aus, derzufolge der Markt dann optimal funktioniert, wenn die Marktrelation zwischen den Anbietern und den Nachfragern ausgewogen ist, so daß keine der beiden Parteien die andere übervorteilen kann.

Weckung, Stimulierung und Lenkung der Konsumbedarfe wirken der psychisch-sozialen Evolution des Menschen entgegen

Diese Norm ist zwar mit den Anbieterstrategien der Produktinnovation und der Angebotsdifferenzierung zu vereinbaren, soweit deren machterhöhende Wirkung durch den Wettbewerb der Anbieter und die informierte, bewegliche Reaktion der Nachfrager wieder weitgehend abgebaut wird. Sie ist aber nicht zu vereinbaren mit einem Informationsgefälle, in dem die Strategien der Konditionierung, der Verschleierung und der Täuschung gedeihen. Die Vorstellung eines optimal funktionierenden, zur Ausgewogenheit der Marktrelationen tendierenden Marktes liefert daher einen Maßstab, vor dem diese drei Strategien der Bedarfsbeeinflussung nicht bestehen können. Aber auch die beiden verbleibenden Strategien – Produktinnovation und Angebotsdifferenzierung – bleiben nicht ungeschoren, wenn sie mit den beiden folgenden Maßstäben gemessen werden.

Wenn man in der Wirtschaft ein Instrument zur Befriedigung menschlicher Bedürfnisse sieht, so gehört die Minderung der Gesundheit des Menschen und die Verschlechterung seiner Lebensbedingungen gewiß nicht zu den Aufgaben, die diesem Instrument zugewiesen sind. Bei aller Verschiedenheit der Anschauungen darüber, was Gesundheit ist und was normale, wünschenswerte Lebensbedingungen sind, scheint doch eine Einigung darüber möglich zu sein, daß gewisse Nebenwirkungen der Bedarfsdeckung von der Aufgabe der "Bedürfnisbefriedigung mit wirtschaftlichen Mitteln" nicht mehr gedeckt werden und folglich unterbunden werden müssen – notfalls auf Kosten der Bedarfsdeckung selbst.

Die einfachsten Beispiele für solche Nebenwirkungen bieten die nachteiligen Umweltveränderungen, die sich aus dem Konsum bestimmter Güter ergeben können, und die gesundheitlichen Schäden, die die Menschen sich beispielsweise durch unsachgemäßen Arznei- oder Nahrungsmittelkonsum zufügen. Subtiler und komplizierter wird der Fall, wenn die nachteiligen Nebenwirkungen des Konsums nicht in Veränderungen der Umwelt oder der menschlichen Gesundheit bestehen, sondern in Veränderungen des Verhaltens, der Einstellungen, der Persönlichkeit, wie sie beispielsweise durch übertriebene Aufwandskonkurrenz oder durch einseitige Bevorzugung passiver Formen des Konsums bewirkt werden können.

Wenn man schließlich in der Steigerung des Wohlstands ein Mittel sieht, die Bedürfnisse der Menschen auf immer vollkommenere Weise zu befriedigen, so muß dahinter, und sei es auch noch so verschwommen, eine Normvorstellung von der Weiterentwicklung, Selbstentfaltung, Selbstverwirklichung, kurz: von der psychisch-sozialen Evolution stehen, die den Menschen über die Sättigung seiner gegenwärtigen Bedürfnisse hinausführt. Die bisherige Wohlstandsentwicklung in unserem Kulturkreis zeigt, daß die Entwicklung bei den elementaren Bedarfen der Lebensfristung oder "Restitution" einsetzt, um dann zu den Bedarfen der Arbeits- und Lebenserleichterung und schließlich zu den Bedarfen der "Selbstexpansion" überzugehen. Diese werden durch Umweltgestaltung und Umweltgenuß, durch das Training körperlicher, geistiger und geselliger Fähigkeiten, durch Bildung und Kunstgenuß, in der Kommunikation und im Spiel befriedigt.

Man kann in der bisherigen Wohlstandsentwicklung durchaus einen sinnvollen Prozeß der fortgesetzten Aufstockung des Konsumstandards in Richtung auf ein evolutionäres Ziel der Selbstverwirklichung und Selbstentfaltung des Menschen erblicken. Aber die Aufstockung mit neuen, höheren Bedarfen setzt Sättigungsvorgänge bei den jeweils älteren Bedarfen voraus. Und es läßt sich zeigen, daß die Weckung, Stimulierung und Lenkung der Konsumbedarfe genau diese Sättigungsvorgänge zu verhindern sucht. Sie widmet sich vorzugsweise den bereits eingeführten Bedarfen und versucht, diese mit zusätzlichen Motiven anzureichern, um ihr Absinken in die Sättigungszone so weit wie möglich hinauszuschieben.

Von einer Normvorstellung der Bedarfsentwicklung her gesehen, die an dem Gedanken der Evolution orientiert ist, kann der Erfolg solcher Anreicherungstendenz in krasseren Fällen als "Hypertrophie" der älteren Bedarfe erscheinen. Diese sollte man auch in einer Marktwirtschaft nicht dem freien Wildwuchs überlassen, sondern sie durch Rahmenplanung der Produktion, durch eine wirksamere Kontrolle der marktmachterhöhenden Anbieterstrategien, durch Schulung und Information der Verbraucher möglichst vermeiden.

Literatur

L. Abbott, Qualität und Wettbewerb, München 1958

G. Gäfgen, Die Marktmacht sozialer Gruppen, Hamburger Jahrbuch für Wirtschafts- und Gesellschaftspolitik, 1967, S. 45-69

K.H. Hillmann, Soziale Bestimmungsgründe des Konsmentenverhaltens, Stuttgart 1971

K.H. Hörning, Ansätze zu einer Konsumsoziologie, Freiburg 1970

M. Imobersteg, Die Entwicklung des Konsums mit zunehmendem Wohlstand, Zürich und St. Gallen 1967

A. Meier, Die Kommerzialisierung der Kultur, Zürich und St. Gallen 1965

P. Meyer-Dohm, Sozialökonomische Aspekte der Konsumfreiheit, Freiburg 1965

W. Menge, Der verkaufte Käufer, Wien – München – Zürich 1971

G. Scherhorn, Bedürfnis und Bedarf, Berlin 1959

G. Scherhorn, Soziologie des Konsums, Handbuch der empirischen Sozialforschung, Band II, Stuttgart 1969, S. 834-862

Kurt E. Becker

Humanisierter Konsum

Man mag dies begrüßen oder bedauern: es ist eine Tatsache, daß es in den sogenannten Zivilisationsgesellschaften unserer Tage nichts mehr, aber auch gar nichts mehr gibt, was nicht von irgendjemandem auf irgendeinem Markt zum Konsum feilgeboten würde. Selbst die "Askese", von Arnold Gehlen vor einigen Jahrzehnten noch als einzige religiöse Lebenspraxis markiert, die noch nicht "säkularisiert" worden sei, ist mittlerweile in einer Flut von Büchern und Seminaren markt- und damit konsumfähig gemacht worden. Die Prediger des einfachen Lebens sind als Konsumprovokateure entdeckt worden. Und dieser verzögerten Vermarktung der Askese eignet dabei durchaus eine innere Zwangsläufigkeit an. Es brauchte halt zunächst die Übersättigung, das Übermaß, den Überfluß, um dem "Heilmittel" auch in einem angemessenen Umfang einen Markt eröffnen zu können.

Und wie bei jeder Marktetablierung ist auch hier die Frage, ob denn die Nachfrage das Angebot oder das Angebot die Nachfrage provoziert habe, von jener unerhört "akademischen" Bedeutung, die bereits die Frage nach der Henne und dem Ei so gewichtig werden ließ. Der "Markt" ist einer der logischen Endpunkte des zivilisatorischen Entzauberungsprozesses, den Max Weber aus universalhistorischer Perspektive beschrieben hat, und er ist gleichzeitig Wendepunkt, weil er seine Teilnehmer in eine eingebildete oder aber tatsächliche Wiederverzauberung entläßt. Marketingstrategen und Werbemacher suggerieren ihren Adressaten mit psychologisch geschulten Techniken die Teilhabe am immer lebendigen Mythos der Glückseligkeit, Schönheit, Gesundheit und des langen Lebens. Fraglos: Wir leben in einer alles und jeden einbeziehenden Konsumgesellschaft. Dies ist eine Tatsache. Und mit der, je nach Standpunkt – müssen oder dürfen wir leben. Um es auf den sophistischen Punkt zu treiben, wäre zu ergänzen, daß die Omnipräsenz des Konsums auch die Konsumkritiker bereits einschließt. Konsumkritische Aussteiger sind schon längst als veritable Nischen entdeckt worden, mit denen sich gutes Geld machen läßt.

Dieses Szenarium ist aktuelles Hier und Jetzt, wirtschaftliche Praxis des späten zweiten Jahrtausends. Der Pluralismus, definiens unserer demokratischen Gesellschaft, hat deren wirtschaftliches Pendant, den freien Markt, zum Tummelplatz miteinander konkurrierender Anbieter gemacht. deren Buhlschaft um die Gunst des Verbrauchers nach dem Motto funktioniert: Erlaubt ist, was der Richter nicht verbietet. Denn die verbürgt unbegrenzte Freiheit des Konsumenten, sein Grundrecht auf Konsum quasi, mobilisiert fast unbegrenzte Methodenpotentiale zur unbegrenzten Befriedigung grenzenloser Bedürfnisse. Gesetzliche Einschränkungen dieser schieren Grenzenlosigkeit sind im wesentlichen noch immer von zwei Prinzipien bestimmt, auf die bereits Erich Fromm verwiesen hat: "... von der Sorge, daß etwas körperlich schädlich sei, und von rudimentären Restbeständen der puritanischen Moral."[1] Und Fromm fährt fort: "Es ist deshalb an der Zeit, den Gesamtbereich der subjektiven Bedürfnisse zu erfroschen und festzustellen, ob ihr Vorhandensein ein hinreichender Grund für ihre Befriedigung ist; wir sollten also das anerkannte Prinzip, alle Bedürfnisse müßten ohne Rücksicht auf ihre Ursprünge oder Auswirkungen befriedigt werden, in Frage stellen oder überprüfen."[2]

Fromm schlägt vor, zwischen "lebensfördernden und lebensbehindernden Bedürfnissen" zu unterscheiden und zunächst Untersuchungen und Diskussionen über die Unterscheidung dieser beiden Bedürfnistypen anzustrengen. Denn: "Wie bei so vielen anderen Problemen geht es doch hier nicht so sehr um die Schwierigkeit der Unterscheidung zwischen den beiden Bedürfnistypen und gewissen Übergangsformen, sondern darum, daß diese außerordentlich gewichtige Frage überhaupt aufgeworfen wird."[3]

Eine "Humanisierung des Konsums" ist die Zielsetzung, die Erich Fromm mit seiner Fragestellung verbunden wissen möchte. Verfolgen wir einige ihrer Implikationen. Da wäre zunächst einmal auf die eindeutig wertende Vorgabe hinzuweisen. Diese läßt sich auf die Formel reduzieren: Erfüllung eines lebensfördernden Bedürfnisses gleich humaner Konsum, Erfüllung eines lebensbehindernden Bedürfnisses gleich inhumaner Konsum. Der Prozeß der Humanisierung des Konsums, wie Fromm ihn anstrebt, ist folglich nicht zuletzt ein Selektionsprozeß, und dieser hat sich dem Leben als höchstem Gut verschrieben. Soweit, so gut. Folgen wir der inneren Logik dieses Konzepts in einigen weiteren Zügen, so dürfte zumindest in unseren Breiten diese Inthronisierung des Lebens in den Rang des höchsten Gutes generell als konsensfähig angesehen werden können. Was freilich ist mit der Einsicht in diese generelle Konsensfähigkeit gewonnen? Alles und nichts. Denn wer, außer einigen wenigen welt- und menschenfernen Schwarmgeistern, glaubt denn einerseits tatsächlich, daß die Sorge um das Leben etwas anderes wäre als eine höchst egoistische Angelegenheit?[4] Aber muß es, kann es, soll es denn andererseits mehr sein? Ist denn nicht letztlich das Individuum gerade in der Frage des höchsten Gutes die in dieser Gesellschaft einzig maßgebliche Autorität? Hat denn nicht jeder Mensch die Freiheit, über sein Leben nach Belieben zu entscheiden? Damit aber wird die Konsensfähigkeit auch und gerade des höchsten Gutes genauso wie per definitionem aller anderen Werte an eine letztgültige Instanz, das Individuum nämlich, verwiesen. Denn es ist doch die Meinungsbildung der Individuen in ihrer Gesamtheit, die eine "generelle" Konsensfähigkeit ermöglicht und damit die Legitimität auch einer Konsumordnung jenseits aller gesatzten, "bloß" legalen Norm festschreibt. Das erscheint selbstverständlich im Sinne der inneren Logik des Konzepts. Was aber bedeutet es praktisch?

Versuchen wir uns also die Praktikabilität dieses am Individuum festgemachten Humanisierungskonzepts zu vergegenwärtigen. Ein markantes Beispiel liefert der Zigarettenkonsum. Seit einigen Jahren verlangt der Gesetzgeber, daß die Zigarettenproduzenten und ihre Werber auf die mit dem Rauchen verbundenen gesundheitlichen Risiken hinweisen. "Der Bundesgesundheitsminister: Rauchen gefährdet Ihre Gesundheit" – diese Warnung ist auf allen Zigarettenschachteln zu lesen und Bestandteil jeder Zigarettenwerbung. Die Entscheidung über den Konsum von Zigaretten oder dessen Verzicht bleibt beim einzelnen Menschen. Quasi als Entscheidungshilfe und -vorbereitung jedoch fungiert eine Information über die "möglichen" Folgen des Konsums.

Eine Humanisierung des Konsums setzt also Information voraus und die Fähigkeit des Verbrauchers, mit dieser Information angemessen umzugehen. "Angemessen" wäre der Umgang mit der Information wiederum dann, wenn sich der Verbraucher in einer konkreten Situation des Wählens zwischen Konsum oder Verzicht eben seiner Wahlfreiheit bewußt wäre. Die Bewußtheit seiner Wahlfreiheit, basierend auf grenzenloser und unbegrenzter Aufklärung, wäre sozusagen der Garant eines "humanisierten Konsums" und müßte als höchstes Konsumgut mitaufgenommen werden in den Katalog einer geheilten Konsumwelt.

Spätestens hier jedoch entlarvt sich die Realitätsferne des Konzepts. Denn Aufklärung und rationale Entscheidungskriterien haben bislang nur höchst bescheiden Einzug gehalten in die Konsumwelt der zivilisierten Gesellschaft – allen Informationen und Informationsbemühungen zum

Trotz. Entscheidungen pro oder contra Konsum vollziehen sich in aller Regel noch immer nach höchst irrationalen Regeln. Und das Soll oder Haben auf den Bankkonten der Verbraucher generell oder speziell Ebbe und Flut im Geldbeutel des Käufers in einer konkreten Kaufsituation sind doch nach wie vor weit verläßlichere Indikatoren für Konsumentenentscheidungen als das doch sehr abstrakte, weil nicht sofort und konkret nachvollziehbare und meßbare Abwägen zwischen "lebensfördernden und lebensbehindernden Bedürfnissen".

Hinzu kommt, daß auch das Geschäft mit der Information ein Teil jener Welt ist, die es eigentlich zu humanisieren gilt. Bleibt also der Triumph doch jenen Kritikern des Konsums, die den Verbraucher als hilfos und den Anbieter als Terroristen bezeichnen? René König hat diese Hypothese überzeugend widerlegt. Gewiß sei der Mensch, so argumentiert König unter Bezug auf Kant, "ein leicht verführbares Wesen ...; aber man darf nicht vergessen, daß er sich ein soziales Weltgehäuse errichtet hat, nämlich bestimmte Gruppen, die ihm in kritischen Situationen die Entscheidung u.U. weitgehend abnehmen."[5] Auch und gerade als Konsument ist der Mensch also keineswegs allein und auf sich gestellt und den übermächtigen Instrumentarien einer omnipräsenten Werbewelt ausgeliefert. Er ist gerade im Konsumieren ein Sozialwesen, das sich von anderen leiten und führen läßt. Aus der Gruppenzugehörigkeit erwachsen ganz bestimmte Konsumgewohnheiten, die sich nicht plötzlich ändern – weder einer flottgemachten Werbung[6] und schon gar nicht eines rationalen Appells wegen. Letzteres beweist ja der Zigarettenkonsum beispielhaft. Sein Rückgang ist nicht Folge des warnenden ministeriellen Zeigefingers, sondern Konsequenz einer sich sozial manifestierenden Verketzerung, die ihre Protagonisten in kämpferisch gewordenen Nichtraucher-Gruppen gefunden hat.

Nicht der rationale Appell also, sondern der soziale Druck beeinflußt in aller Regel die individuelle Konsumgewohnheit. Das genau aber ist der archimedische Punkt, an dem eine "Humanisierung des Konsums", wenn sie denn erfolgversprechend sein soll, ansetzen muß. Die Werbung gibt in dieser Hinsicht das strategische Muster übrigens vor. Sie zielt nie auf Individuen, sondern versucht immer, die Einstellungen ganzer Gruppen zu beeinflussen. Dies mit den subversiven Mitteln der Emotionalität. Daß einer solchen Strategie immer auch eine rationale Analyse des konkreten Problems in der konkreten Zeit innerhalb einer konkreten Gesellschaft vorausgeht, versteht sich von selbst. Methodisch ähnlich müßten die Strategien des "Humanisierungs-Konzepts" verfahren. Denn der letztendlich rationale Konsens der Meinungsbildung in der Gruppe setzt voraus, daß der emotionale Boden entsprechend bereitet wurde. Ist diese Voraussetzung nicht erfüllt, läuft der Versuch rationaler Einflußnahme so gut wie immer ins Leere.

Anmerkungen

1 *Erich Fromm,* Die Revolution der Hoffnung, Reinbek 1974, S. 99.
2 ebenda, S. 99.
3 ebenda, S. 102.
4 Das Vorhandensein von Hunger in der Welt verdeutlicht doch mit erschreckender Klarheit, wie "weit" die Sorge wirklich trägt.
5 *René König,* Menschheit auf dem Laufsteg, Frankfurt, Berlin 1988, S. 321.
6 vgl. ebenda, S. 321. Die Kapitelüberschrift dort lautet bezeichnenderweise: "Der Mythos vom Konsumterror".

GRUNDLAGEN

Herausgegeben von Alphons Silbermann

Band 1 Heinz-Dietrich Fischer (Hrsg.): Medizinpublizistik. Prämissen-Praktiken-Probleme. 1990.

Band 2 Clemens Hennes (Hrsg.): Informatik. Wesen, Chancen und Risiken einer neuen Wissenschaft. 1990.

Band 3 Siegfried Zielinski (Hrsg.): Video – Apparat/Medium, Kunst, Kultur. 1992.

Band 4 Kurt E. Becker (Hrsg.): Konsum. 1992.

In Vorbereitung sind folgende Bände:

Heinz-Dietrich Fischer / Ulrike G. Wahl (Hrsg.): PR, Öffentlichkeitsarbeit.

Knut Hickethier (Hrsg.): Fernsehen.